铁路与淮河流域社会变迁

(1897—1937)

黄华平 著

合肥工業大學出版社

本书系安徽省教育厅人文社科重大项目“铁路与淮河流域社会的演变（1895—1937）”（项目编号：SK2016SD61）的研究成果

本书系2015年度安徽省博士后研究人员科研活动经费资助项目“铁路与淮河流域社会的演变（1895—1937）”的研究成果

皖南医学院马克思主义学院资助学术著作出版

《中国铁路史研究丛书》
编　委　会

总　序

铁路是世界资本主义发展到一定阶段的产物，列宁指出：“铁路是资本主义工业的最主要的部门即煤炭和钢铁工业的总结，是世界贸易发展与资产阶级民主文明的总结和最显著的指标。”[①] 铁路的出现对近代以来的世界产生了深远的影响，中国近代早期维新思想家王韬就看到：“今日欧洲诸国日臻强盛，智慧之士造火轮舟车以通同洲异洲诸国，东、西两半球足迹几无不遍，穷岛异民几无不至，合一之机将兆于此。”[②] 有学者断言：“最能象征 19 世纪全球性转变的东西，就是铁路了。”[③] 马克斯·韦伯认为，“就总的经济生活而不是单单就商业来说，铁路是有史以来最具有革命性的一种工具”[④]。

1825 年，世界上第一条铁路在英国出现。10 年后，在西方各国开始出现第一轮铁路建设热潮的时候，有关铁路的知识就传入我国，随后出现了要求在中国建造铁路的设想、呼声和舆论；中外各种力量的博弈，造就了我国第一条自建铁路的诞生，1881 年，开平煤矿的运煤铁路——唐胥铁路建成。自此以后，在探索如何建设铁路、管理铁路和经营铁路的过程中，铁路的利权在丧失，收回利权、国权的斗争在开展，中国的铁路线在艰难曲折地延展，近代中国逐步形成了半殖民地半封建社会条件下的铁路网。1912 年，孙中山在辞去临时大总统担任全国铁路督办时曾指出：“交通为实业之母，铁路又为交通之母。”[⑤] 从宏观方面强调了铁路在国民经济中的重要作用。事实上，铁路对于近代中国的影响不只限于国民经济领域，有识之士认识到：“铁路，是

---

① 《列宁全集》第 22 卷，人民出版社 1958 年版，第 182 页。

② 王韬：《弢园文新编》，生活·读书·新知三联书店 1998 年版，第 2 页。

③ ［美］彭慕兰、史蒂夫·托皮克：《贸易打造的世界——社会、文化与世界经济》（黄中宪译），陕西师范大学出版社 2008 年版，第 88 页。

④ ［德］马克斯·韦伯：《经济通史》（姚曾廙译），上海三联书店 2006 年版，第 186 页。

⑤ 胡汉民编：《总理全集》第 2 集，上海民智书局 1930 年版，第 151 页。

沟通文化的血管，是开发富源的先锋，是培植政治力量的利器，是树立国防策略的首要工具。"[①] 近代著名的铁路工程专家和路史研究专家凌鸿勋的看法更令人深思，他说："举凡我国社会的转变，思想的醒觉，经济的发展，以及政治的演进，国运的隆替，在在与铁路问题有关。"[②] 一部中国近代铁路史，有着丰富的内涵和深刻的意蕴。

新中国成立后，本着铁路是经济发展的先行官的认识，中央人民政府非常重视铁路建设，完成了成渝、宝成、贵昆、成昆等重大的铁路建设工程。但是由于当时国情的限制，铁路建设的规模仍然有限，铁路运输作为经济发展的瓶颈问题未能从根本上得到解决。改革开放以来，随着经济的快速发展和社会的日渐开放，我国加快了铁路建设步伐，进行了一系列铁路建设和运营管理体制的改革尝试，铁路线在迅速地延伸，铁路网在不断地完善。进入新世纪以后，铁路作为绿色环保的交通运输方式，在世界各国交通运输发展战略中占有重要地位。我国顺应世界交通发展趋势和国内经济社会发展的需要，制定了中长期铁路发展规划，在维护和改造既有线路的基础上，铁路运行速度在稳步地提升；同时，在吸收、借鉴国外高速铁路技术的基础上大胆进行自主创新，在高速铁路建设领域独占鳌头，使我国迎来了高速铁路时代。一部中华人民共和国铁路史，是中国铁路从落后走向领先的历史，也是中国人民探索中国特色社会主义道路、建设中国特色社会主义事业的历史的重要组成部分。

1881 年以来 130 多年的中国铁路史值得研究，也需要研究。我们出版《中国铁路史研究丛书》的目的有三：第一，为促进中国铁路史研究的深入做铺垫。丛书各著作的研究方法不拘一格，采用政治史、经济史、社会史、思想史、文化史、技术史等史学分支学科的视野，运用多学科的理论和方法多角度地对中国铁路历史的诸面相进行新的探讨，以期形成中国铁路史研究的新范式和新话语。第二，为大型综合体《中国铁路史》的编纂做准备。丛书拟分为五大系列：线路史系列、区域铁路史系列、铁路人物研究系列、铁路专题史系列、国外铁路史系列，五大系列的著作积聚到一定规模，意味着中

---

① 张惟恪：《东北抗日的铁路政策》，（台北）文海出版社 1982 年版，第 1 页。

② 凌鸿勋：《中国铁路志·前言》，（台北）文海出版社 1982 年版，第 1 页。

国铁路史研究队伍的形成，这将为大型综合体《中国铁路史》的编纂创造良好的学术条件。第三，为当代中国铁路的发展做参考。丛书将力图展现中国铁路发展的历史全貌，总结中国铁路的历史成就、经验和教训，阐明铁路系统与社会各系统的相互关系，揭示中国铁路发展的基本规律和总体趋势，从而为当代中国的铁路建设和铁路决策提供有益的历史借鉴，为中国特色铁路文化的建设提供丰富的历史资源。

丛书采取分批出版的形式，著作成熟一批即出版一批。我们竭诚欢迎丛书的读者对已出版的著作提出中肯的批评意见，并希冀有志于路史研究的工作者热情赐稿，共同推进中国铁路史的学术研究事业和中国铁路文化的建设事业。

《中国铁路史研究丛书》编委会

2014 年 5 月

目　录

插图、表目录

绪 论

铁路作为现代交通体系的重要组成部分，自诞生以来，就对人类社会的生产、生活产生了极为深刻的影响，成为人类跨越时空进行社会交往活动，以及社会不断向前发展的基础和催化剂。德国学者马克斯·韦伯指出：“就总的经济生活而不是单单就商业来说，铁路是有史以来最具有革命性的一种工具。”① 我国民主革命先行者孙中山也曾论断：“交通为实业之母，铁路又为交通之母。”② 近代我国著名铁路工程专家和路史研究专家凌鸿勋，则更进一步认为：“举凡我国社会的转变，思想的醒觉，经济的发展，以及政治的演进，国运的隆替，在在与铁路问题有关。”③ 因此，铁路史研究不仅仅是经济史，更是一部有着丰富内涵的铁路社会史。

本书正是基于对铁路社会史的浓厚兴趣，从笔者原本注重的铁路基本形态研究，转向以社会史视角进行铁路史研究的一次尝试。本书构建“社会影响下的铁路”和“铁路影响下的社会”两个研究层面，前者考察社会诸要素影响下的铁路筹建和运营，后者则考察作为社会子系统的铁路如何影响社会系统。本书的撰写，总的期望在于丰富铁路史研究的内容，审视铁路与社会变革之间的复杂关系。

---

① ［德］马克斯·韦伯：《经济通史》（姚曾廙译），生活·读书·新知三联书店 2006 年版，第 186 页。

② 引自胡汉民：《总理全集》（第 2 册），上海民智书局 1930 年版，第 151 页。

③ 凌鸿勋：《中国铁路志·前言》，参见沈云龙编：《近代中国史料丛刊续编》（第 93 辑），（台北）文海出版社 1982 年版，第 1 页。

第一节 选题意义

众所周知，当前铁路史研究的范畴可谓空前宽泛，从原来铁路的政治属性，拓展至经济属性，再至铁路的社会属性，其中社会属性研究是大势所趋。这一方面反映了铁路史研究良好的发展态势，极大地丰富了铁路史研究的内容，为更加全面认知铁路的重要性奠定了基础；而另一方面，铁路史研究的泛社会史化，也产生了两种不良倾向，值得重视。一是脱离铁路史基本形态的研究。铁路史基本形态研究即是铁路史的本体研究，包括铁路规划、铁路建设、铁路工程及其过程中的政治、经济、外交和民生，还包括铁路管理体系、管理规章、运营体系、运营效益等方面的内容，脱离了这些内容，或者没有搞清楚这些内容就去分析铁路的社会属性，显然有本末倒置之嫌。实际上，铁路社会属性的发生及其程度、广度，都与铁路本体及其运营效益的良弊有着密切关系。二是虚无或模糊铁路社会属性的界限。社会史视角下的铁路研究，主要探究铁路子系统与社会系统的互动关系，特别是铁路子系统对社会系统的影响。但在研究过程中，著者往往出现的问题是：要么夸大了铁路对社会的影响力，要么想当然地错配了铁路影响力的范围，要么忽视铁路对社会的不良影响，还有就是没有重视社会系统对铁路的影响。

业师朱从兵教授对社会史视角下如何把握铁路史研究的内容有过论述，值得借鉴：

从具体内容来说，铁路筹建、建设进程中的各种利益关系非常复杂，铁路的筹款、购地、施工都对沿线百姓的生产、生计和生活产生直接的影响，铁路的经营和管理也会给影响区域内人们的社会生活带来这样或那样的变化，人们的物质生活（衣食住行用）、精神生活（意识、观念、思想、境界和信仰）和人际关系（人际交往活动与交往圈）因此而发生一系列的变迁，这些变化、变迁的主导趋势当然是利好，但我们也要正视一些负面的、消极的、不利的因素。在特定情势和时空视野内，铁路带给人们的并不全是福祉和安全、舒适、便利的感觉，要关注铁路的“反日常”现象及其基本规律，探讨铁路“反日常”现象与铁路部门“利日常”努力的辩证关系。因此，这就需要研究铁路安全事故、铁路沿线治安和犯罪、铁路沿线生态和景致景观、铁路系统各种不合理的制度，需要研究流动中的车厢社会中人们各种各样的感受和体验，并由此建构起由铁路社会到车厢社会再到外部社会的互动关系。事实上，近代铁路建设、经营和管理中各种利益关系的互动导致了近代社会力量的成长，晚清时期绅商阶层的活跃和民国时期铁路工人运动的开展就是社会力量成长的两个重要标志。特别是在晚清时期社会各阶层对铁路建设的诉求和围绕铁路利权问题所展开的一系列运动在一定程度上塑造了近代公共领域，这在公共领域的休闲性层面、事务性层面、舆论性层面、组织性层面都有充分的反映。以社会史视角考量铁路系统员司职工的生活史和福利史，以此为基点考察铁路工人由自在阶级向自为阶级的历史转变，并以社会力量的成长为视域进一步分析铁路工人运动发生、发展的历史轨迹，从而说明铁路与近代社会力量的成长这一命题在民国时期的新特点。对这些问题的探讨构成了铁路社会史的基本内容，是近代社会史研究的深化在铁路史领域的有益尝试。①

南开大学江沛教授将“现代交通体系与社会变动间的关系”列为中国近代交通社会史研究的主要范畴之一，并就其研究的具体内容提出了建设性的看法：“由于现代交通体系推动了产业化发展、贸易运输的快速发展，市场竞争带来了产业、贸易内部及外部环境的利益分歧及重新分配，于是传统社会较为缺少的社会组织应运而生，诸如各个层次的商业、产业工会、员工协会逐步产生并发展，成为协调利益、保护工人、理顺产业内部机制的重要组织和手段，带动了新职业的兴起和就业机会的扩大，对于市场的有序运作具有重要作用。现代交通体系的兴起，大大加快了城市化进程。交通枢纽的建立，是近代经济中心所必需也是市场链式扩张的需要，由此，不少地区因交通线路所经而完成了乡村到城市化的进程。”江沛教授还认为：“现代交通体系与行政管理、移民、救济、疾病传播、犯罪、工人运动、军事、现代时间观念形成间关系的探讨，是考察现代交通体系特征及功能不可缺少的。”②

本书的研究，也是迎合当下泛社会史化在铁路史研究领域的一个体现，显然从学术趋新方面来说已是落入俗套。不过，本书在研究内容上尽量避免泛社会史化的几种倾向，并尽可能沿着上述两位学者指明的研究范畴进行。这就是本书最为重要的意义之所在。

当然，本书的意义尚不止这点，还包括其他两个方面的价值。第一，从铁路与区域社会关系的研究来看，学界在铁路与淮河流域社会变动的关系研究上存在缺失，特别是在考察铁路与整个淮河流域社会变迁时，研究内容上

---

① 朱从兵：《中国铁路史研究方法漫谈》，《社会科学辑刊》2017 年第 4 期，第 113—114 页。

② 江沛：《关于开展中国近代交通社会史研究的若干思考》，参见安徽师范大学经济管理学院等编：《第四届中国近代交通社会史学术研讨会论文集》，编者 2016 年印行，第 6 页。

比较注重铁路对区域经济领域的变革作用，忽视铁路对社会层面的正负面影响。本书意在弥补上述的不足，并从相对微观的区域社会层面，审视中国近代社会进步的动力。第二，从学术关怀层面而言，该课题研究具有一定的现实价值。淮河流域曾经拥有繁荣的经济和灿烂的文明，但黄河夺淮以来，特别是清末至民国时期淮河流域呈现全面的衰落景象，经济凋敝，流民泛滥。直至今日，该区域仍是鲁豫皖苏四省中较为落后的地区，其形成因素是多样和复杂的，其中肯定也包含了铁路在内的交通因素。

事实上，铁路虽然具有巨大的能量，能够推动落后区域的社会、经济、文化等方面的向好发展，但如果整体社会环境恶劣，交通体系又非常脆弱，管理制度不良，也不可能产生良好的社会效益。今天，我国正在实施以淮河流域为核心区域的中部崛起战略，为此必须重视该区域铁路交通体系的构建、铁路运营管理制度的优化，以及良性运作的社会系统的创建。因此，探讨铁路与该区域社会的关系，无论从学术研究的需要，还是从学术研究的现实价值来看，都具有重要意义。

第二节　学术回顾

关于近代中国铁路问题的研究可以追溯到晚清时期曾鲲化的《中国铁路现势通论》（化华铁路学社，1908 年），民国以后则主要有曾锟化的《中国铁道史》（燕京印书局，1924 年）、谢彬的《中国铁道史》（中华书局，1929 年）、金士宣的《铁路运输业务》（天津大公报馆，1932 年）、吴绍曾的《铁路货等运价之研究》（新业印书馆，1936 年）、金家凤的《中国交通发展及其趋向》（正中书局，1937 年）、朱子爽的《中国国民党交通政策》（国民图书出版社，1943 年）、张嘉璈的《中国铁道建设》（杨湘年译，商务印书馆，1945 年）、陈晖的《中国铁路问题》（商务印书馆，1955 年），以及《交通史路政编》（共 18 册）、《铁道年鉴》（第 1—3 卷）和《铁路沿线经济调查报告》（共 15 册）等论著和史料汇编。另外，晚清至民国时期关于铁路问题的论文也屡见报端，为数不菲。

在这些著作、史料汇编和论文中，铁路问题的方方面面均受到关注，铁路与社会的关系研究也有所涉及，如铁路与市场建构、铁路与人口迁移、铁路与市镇等关系。郑宝照、章江波、吴绍曾、高凤介、劳勉和陈晖等人则重点探讨铁路与 20 世纪 30 年代我国农村复兴的关系，章江波在其文章中认为："今日我国农村的衰落，受铁道运输不便的影响，是很大的。要想复兴农村，自不能不从铁道运输方面设法不可。”[1] 陈晖的《中国铁路问题》和《铁路建设对于中国农村经济的影响》，则揭示了西方列强控制下的中国铁路对农村经济的消极影响[2]。这其中也有少许文章考察了铁路与淮河流域部分区域社会经济变迁的关系，如督辉的《中国棉业概况》提及铁路对天津、石家庄和郑州等棉花市场形成的重要影响[3]；《河南政治月刊》上刊发的《地缩南北之漯河》和《日趋繁荣之郑县》，分别揭示铁路对漯河和郑州的积极影响[4]；张善玮的《淮南铁路沿线生产交通情形及其业务发展之计划》，则阐述了该路对沿线农业品种改良的积极意义[5]。

1949 年至今，海内外学术界在近代中国铁路史方面的研究已取得了丰硕成果，涌现的学术著作至少在 30 部以上[6]。路史研究的硕士、博士学位论文

---

① 章江波：《铁路运输对于复兴农村经济上之责任》，《铁路月刊——津浦线》第 4 卷第 9 期，1934 年 9 月 30 日，第 11 页。

② 陈晖：《中国铁路问题》，商务印书馆 1955 年版；《铁路建设对于中国农村经济的影响》，《中国农村》第 2 卷第 7 期，1936 年 7 月，第 37—43 页。

③ 督辉：《中国棉业概况》，《钱业月报》第 3 卷第 10 号，1923 年 10 月 15 日，第 12—21 页。

④ 参见《地缩南北之漯河》，《河南政治月刊》第 3 卷第 3 期，1933 年 4 月，第 1—3 页；《日趋繁荣之郑县》，《河南政治月刊》第 2 卷第 5 期，1932 年 5 月，“调查”，第 7 页。

⑤ 张善玮：《淮南铁路沿线生产交通情形及其业务发展之计划》，《铁路杂志》第 2 卷第 8 期，1937 年 2 月 27 日，第 41—53 页。

⑥ 学术著作主要有：

李国祁：《中国早期的铁路经营》，(台北)“中央研究院”近代史研究所 1961 年版；

何汉威：《京汉铁路初期史略》，香港中文大学出版社 1979 年版；

宓汝成：《帝国主义与中国铁路（1847—1949）》，上海人民出版社 1980 年版；

张瑞德：《平汉铁路与华北的经济发展（1905—1937）》和《中国近代铁路事业管理的研究——政治层面的分析（1876—1937）》，(台北)“中央研究院”经济研究所 1987 年、1991 年版；

拉尔夫·威廉（Ralph Willim Huenemann）：*The Drangon and Iron Horse*：*The Economic of Railroads in China* 1876－1937. Cambridge Harvard Unviersity，1984；

李占才：《中国铁路史（1876—1949）》，汕头大学出版社 1994 年版；

朱从兵：《铁路与社会经济：广西铁路研究（1885—1965）》，广西师范大学出版社 1999 年版；

马陵合：《清末民初铁路外债观研究》，复旦大学出版社 2004 年版；

丁贤勇：《新式交通与社会变迁——以民国浙江为中心》，中国社会科学出版社 2007 年版；

熊亚平：《铁路与华北乡村社会变迁（1880—1937）》，人民出版社 2011 年版；

郭海成：《陇海铁路与近代关中经济社会变迁》，西南交通大学出版社 2011 年版；

王斌：《近代铁路技术向中国的转移——以胶济铁路为例（1898—1914）》，山东教育出版社 2012 年版；

葛玉红：《沪宁铁路与江苏社会（1903—1927）》，江苏大学出版社 2014 年版；

庞广仪：《民国时期粤汉铁路历史研究》，合肥工业大学出版社 2014 年版；

黄华平：《国民政府铁道部研究》和《近代中国铁路卫生史研究（1876—1949）》，合肥工业大学出版社 2011 年、2016 年版；

寇兴军：《中国近代铁路体制演变史（1835—1949）》，中华书局 2016 年版；等等。

和期刊论文也相当丰富，限于篇幅，兹不赘列[①]。

铁路史研究的内容，开始由传统的铁路建筑史、利权史、外债史和制度史向铁路社会史转向，目前铁路与社会变迁（或称铁路社会学）已成为该领域的前沿和热点。现有的研究成果，按铁路影响所及范围，可以分为全局性、沿线性和区域性三类。

全局性是指从宏观和整体的角度，探讨铁路与整个近代社会演变的关系，如宓汝成的《帝国主义与中国铁路（1847—1949）》，该书考察了铁路对社会经济发展的影响和作用；苏生文的《中国早期的交通近代化研究（1840—1927）》[②]则探讨了交通近代化与晚清民初中国社会的关系，包括交通与城市兴衰、交通与近代文明、交通工具与旅行、交通与民生和移民等几个方面，但行文中作者并没有就此进行深入的研究。

沿线性是指某条铁路对其沿线区域社会变迁的影响，如葛玉红的《沪宁铁路与江苏社会（1903—1927）》，该书将沪宁铁路置于世界范围内和近代中国社会的宏观视野下，考察其建设和发展的社会历史背景，侧重于分析沪宁铁路独特的经营、管理、余利交涉，以及它对沿线传统交通系统、社会经济、城市演变、社会文化变迁和矛盾冲突等方面的影响。葛玉红指出："清末，铁路进入中国，铁路的通车运营与社会发展是相辅相成、相互促进和共同发展的"，"沪宁铁路为民初江苏社会带来了新的活力，在近代江苏社会的现代转型中扮演了极为重要的角色，也为江苏现代化奠定了坚实的基础"[③]。郭海成的《陇海铁路与近代关中经济社会变迁》一书"以近代关中经济社会变动中的铁路因素为切入点，强调近代关中经济社会变迁中陇海铁路的引导与推动作用，并着重就陇海铁路与关中交通体系的重构、工商业的发展、城镇的兴衰、城市空间结构的变化及经济社会外向化发展间的互动进行剖析"[④]。郭海成的研究，为我们展示铁路交通体系这一现代技术系统对于经济结构、社会结构的深刻影响，提供了不少具有新意的启示。赵志强的《京汉铁路研究（1897—1937）》[⑤]和丁戎的《津浦铁路研究（1898—1937）》[⑥]，分别探讨京汉和津浦两条铁路与沿线社会经济的变迁。

区域性则是指一条或多条铁路共同影响超省区的或者约定俗成的地理或经济上的区域，如熊亚平的《铁路与华北乡村社会变迁（1880—1937）》，该

① 具体请参阅黄华平：《中国近代铁路史探微》，合肥工业大学出版社 2015 年版，第 1—22 页。

② 苏生文：《中国早期的交通近代化研究（1840—1927）》，学林出版社 2014 年版。

③ 葛玉红：《沪宁铁路与江苏社会（1903—1927）》，江苏大学出版社 2014 年版，第 11—12 页。

④ 郭海成：《陇海铁路与近代关中经济社会变迁》，西南交通大学出版社 2011 年版，第 3 页。

⑤ 赵志强：《京汉铁路研究（1897—1937）》，南开大学 2008 年博士学位论文。

⑥ 丁戎：《津浦铁路研究（1898—1937）》，苏州大学 2013 年博士学位论文。

书以华北地区为空间范围，研究铁路与该区域交通体系重组、近代工矿业创办、生产结构变迁、社会结构变动、市镇发展及城乡经济关系的演变等，阐明铁路对华北乡村社会变迁的影响，同时揭示铁路影响下的华北乡村社会变迁的特征。岳钦韬的《以上海为中心：沪宁、沪杭甬铁路与近代长江三角洲地区社会变迁》，以长江三角洲地区的上海为研究空间，创制了“铁路工程性影响”和“铁路运营性影响”两个概念，并从铁路的路线布置、土地征收、工程建设等工程影响的几个方面考察铁路的经济社会效应[①]，新意迭出。张瑞德的《平汉铁路与华北的经济发展（1905—1937）》也属于此类。众多研究成果所关注的重点，侧重于强调铁路对经济的影响，包括对工矿业、农业、商业以及城镇化的影响等，同时也略有论及铁路与人口、文化、风俗及城乡结构等纯社会层面的内容，如岳钦韬的《近代长江三角洲地区的交通发展与人口流动——以铁路运输为中心（1905—1936）》[②]、熊亚平的《近代华北铁路沿线乡村地区人口的社会流动（1905—1937）》[③] 和李占才的《铁路与近代的民俗嬗变》[④]，等等。

另外，一些经济史和城市史方面的专著或论文，也涉及铁路与社会变迁之间的关系，如严中平的《中国棉纺织史稿（1289—1937）》[⑤] 和张利民的《近代环渤海地区经济与社会研究》[⑥]。

与本书紧密相关的研究成果，著作类的主要有业师吴春梅教授等合著的《近代淮河流域经济开发史》，该书专设《近代淮河流域的交通运输业》一章，除简要陈述淮河流域所涉及的平汉、津浦、陇海和淮南等干支线铁路的建筑历程外，还特别就铁路对该区域的社会变革所发挥的作用进行了论述。作者认为：“近代以来，平汉、津浦、陇海、淮南等铁路的建成和通车，有力推动了淮河流域社会经济由传统向近代的嬗变。受惠于铁路运输的廉价与便利，农产品与矿产品的销量倍增，一些市场前景较好的农作物在铁路经行地区大规模种植，主要或骨干工矿企业在铁路沿线地区建立并取得发展，大量货流被铁路所吸引，传统以水运为主的交通运输格局受到一定程度冲击，铁路沿

---

① 岳钦韬：《以上海为中心：沪宁、沪杭甬铁路与近代长江三角洲地区社会变迁》，中国社会科学出版社 2016 年版。

② 岳钦韬：《近代长江三角洲地区的交通发展与人口流动——以铁路运输为中心（1905—1936）》，《中国经济史研究》2014 年第 4 期。

③ 熊亚平：《近代华北铁路沿线乡村地区人口的社会流动（1905—1937）》，《学术研究》2012 年第 7 期。

④ 李占才：《铁路与近代的民俗嬗变》，《史学月刊》1996 年第 1 期。

⑤ 严中平：《中国棉纺织史稿（1289—1937）》，科学出版社 1955 年版。

⑥ 张利民：《近代环渤海地区经济与社会研究》，天津社会科学院出版社 2003 年版。

线城镇迅速成长，运河、淮河沿岸城镇转趋衰落。”[①] 沈世培的《文明的撞击与困惑：近代江淮地区经济和社会变迁研究》认为：“津浦路与淮南路的兴建，对江淮地区的经济、社会发展都有促进作用，特别是津浦路的修建，使江淮地区成为开放的地区。”[②] 张瑞德的《平汉铁路与华北的经济发展（1905—1937）》和熊亚平的《铁路与华北乡村社会变迁（1880—1937）》中所提到的华北地区与淮河流域的部分区域重叠，即山东省与河南省部分区域。张瑞德关注平汉铁路对该区域经济发展的影响，包括商业、工矿业和农业等三个方面；而熊亚平既关注铁路与城市、乡村经济发展的关系，又关注其与社会结构变动的关系，熊亚平认为：“1937 年前，铁路运输对华北地区工矿业起步、城乡市场体系重构、产业结构变迁、社会结构变动、市镇发展和城乡关系演变产生了巨大的影响。”[③]

论文类的研究成果，数量相对较多，可以分为线路史和区域铁路史两大类[④]。这些论文，无论是线路史还是区域铁路史，在论及铁路与淮河流域社会

---

① 吴春梅、张崇旺、朱正业、杨立红：《近代淮河流域经济开发史》，科学出版社 2010 年版，第 396 页。

② 沈世培：《文明的撞击与困惑：近代江淮地区经济和社会变迁研究》，安徽人民出版社 2006 年版，第 278 页。

③ 熊亚平：《铁路与华北乡村社会变迁（1880—1937）》，人民出版社 2011 年版，第 308 页。

④ 线路史中涉及铁路与淮河流域社会变迁的文章主要有：

赵志强：《京汉铁路研究（1897—1937）》，南开大学 2008 年博士学位论文；

丁戎：《津浦铁路研究（1898—1937）》，苏州大学 2013 年博士学位论文；

秦熠：《津浦铁路与沿线社会变迁（1908—1937）》，南开大学 2008 年博士学位论文；

张忠广：《陇海铁路中东段的修建和沿线地区社会经济的变迁（1909—1949）》，安徽大学 2012 年硕士学位论文；

尚姗姗：《京汉铁路与沿线河南经济变迁》，华中师范大学 2008 年硕士学位论文；

张艳春：《抗战前陇海铁路沿线河南段的经济变迁》，河南大学 2007 年硕士学位论文；

江沛、陈夏琼：《京汉铁路与近代漯河城市的初兴》，《中州学刊》2014 年第 2 期；

郭少丹：《努力与效应：近代陇海铁路与沿线农业发展》，《兰州学刊》2013 年第 12 期；

范矿生：《近代路矿关系新探：以津浦铁路与中兴煤矿为中心的考察》，《社会科学》2011 年第 11 期；

马义平：《铁路与近代河南的棉业发展（1906—1937）》，《中国历史地理论丛》2010 年第 1 期；等等。

区域铁路史研究中相关论文主要有：

章建：《铁路与近代安徽经济社会变迁研究（1912—1937）》，苏州大学 2013 年博士学位论文；

宋谦：《铁路与郑州的兴起（1904—1954）》，郑州大学 2007 年硕士学位论文；

廖德明：《近代安徽铁路及其与社会经济的发展》，安徽师范大学 2005 年硕士学位论文；

秦熠：《铁路与淮河流域中下游地区社会变迁（1908—1937）》，《安徽史学》2008 年第 3 期；

朱正业、杨立红：《民国时期铁路对淮河流域经济的驱动（1912—1937）》，《福建论坛》（人文社科版）2010 年第 10 期；等等。

经济变迁中，均强调铁路对社会经济发展的重要影响。而一些有关淮河流域社会历史地理变迁的研究成果，也考察了铁路交通发展的重要意义，如张晓芳和任文杰两人的论文均探讨了包括铁路交通在内的新式交通对蚌埠城市化兴起、城市空间结构形成和社会经济发展所产生的积极作用①。周德春的论文，除阐述清末淮河流域交通线路的变迁外，还简要地探讨了交通变迁与城镇兴衰、社会经济之间的关系②。另外，也有极少数论文关注到铁路引发的区域社会问题，如丁戎的《津浦铁路研究（1898—1937）》一文则谈到该路沿线的走私、匪患和战乱等。

综上可知，近代中国铁路史的研究成果是相当丰硕的，在数量和研究的深度与广度等方面都有了全面的提升，这无疑为后学者继续进行近现代铁路问题的探索奠定了坚实基础。但同时对此也要有清醒的认识，在铁路史研究繁荣的背后，还存在着比较明显的问题。如前述所言的，一是铁路史的基本形态研究尚显不足，在没有弄清楚我国铁路史发展的基本状况和发展规律的情况下，去过多地讨论铁路是如何重要，如何影响我们社会，显然会存在底气不足的问题，正如一些学者所指出的那样，铁路史研究存在着“纵通不足”③。二是在泛社会史化的浪潮下，一些学者以社会史视角研究铁路与社会变动的关系，但又不甚清晰铁路与社会关系之间究竟包含了什么问题。好在业师朱从兵教授与南开大学江沛教授就此已有阐述，为后续的研究指明了方向。

就本书的选题而言，目前的研究仍有诸多不足。一是铁路与淮河流域社会变迁的关系研究相对偏少，且无整体性考察。在已有的铁路与区域社会关系研究中，学术界偏好选择华北和江南两个地区，京津、河北、山西、山东、河南，以及上海和江浙等省市研究得较为充分，而豫皖苏鲁相交集的淮河流域，虽已有部分研究成果，但将其作为一个整体来考察的论著还没有。二是铁路与淮河流域社会变迁的研究在内容上偏重于经济领域，对社会层面问题的关注甚少，经济领域主要分析铁路与工矿业、农业、商业和城市化等的关系，而社会层面的问题仅略提及铁路走私、匪患等，对铁路与人口流动、职业群体、社会力量、铁路犯罪、行车事故与水患等诸多社会结构变动和社会新问题关注很少，这是铁路与区域社会关系研究上共有的缺失。三是铁路与

① 张晓芳：《蚌埠城市历史地理研究》，复旦大学2007年博士学位论文；任文杰：《交通变革与蚌埠城市化进程（1911—1938）》，复旦大学2006年硕士学位论文。

② 周德春：《清代淮河流域交通路线的布局与变迁》，复旦大学2011年硕士学位论文。

③ 崔罡、崔啸晨：《中国铁路史研究综述及展望》，《西南交通大学学报》（社会科学版）2017年第5期，第15页。

区域社会互动性研究不足，现有研究侧重于铁路对区域社会的影响，较少讨论复杂社会因素影响下的铁路。本书的框架也存在这样的问题，但本书在铁路工程建设、路线布局和铁路运营方面，考察了社会因素的影响，以作弥补。四是铁路与区域社会变迁关系的解析路径过于单一，目前，学术界通用的思路是以铁路兴筑前后该区域社会、经济的变化来论证，铁路对于社会经济的影响，本书也自然以其为主要思路。但同时，我们应该知道铁路对社会经济的影响不是与生俱来的，它的影响力主要在于铁路效能的发挥，即通过铁路管理（主要为铁路运营管理）让其效益发挥至最大化的。因此，本书还注重于铁路运营制度改变对于社会经济变迁所产生的作用，以为铁路的影响力提供实证。

第三节　研究框架

本书的考察对象为两个，一是经行淮河流域境内的铁路，具体包括平汉、津浦、陇海和淮南四条铁路，以及其支线，其中前三条为国有铁路，淮南铁路为公营铁路①。为使研究具有针对性，本书所指的铁路空间具体为平汉铁路南阳至郑州段、陇海铁路连云港至洛阳段、津浦铁路凤阳至济宁段及淮南铁路合肥至淮南段。关于此四路在淮河流域境内的运营里程、站点分布等内容均在第一章有较为详细的阐述，此不赘述。二是铁路影响下的淮河流域社会变迁。这里，首先必须明确淮河流域在地理空间上的范围。

业师吴春梅教授在其《近代淮河流域经济开发史》一书中指出："晚清至民国时期，淮河流域范围不断变化，行政建制也有相应调整。作为一个地理单元，其范围主要依淮河水系而定。历史上，淮河水系不断变迁，淮河流域范围相应的也不断调整。"② 尽管历史上的淮河流域范围具有不确定性，但晚清至民国时期，尤其是1900年以来，淮河水系基本稳定，不断变化的则是区域内的行政建制。

在地理位置上，淮河流域位于北纬31°～36°、东经112°～121°，西起河南桐柏县伏牛山，东临黄海，北屏黄河南堤和沂蒙山脉，同黄河流域紧邻，南以大别山和皖山余脉与长江流域分界，东西长700公里，南北宽平均约400

① 国有铁路系指中央政府经营之铁道，公营铁路系指地方政府经营之铁道。参见《铁道法》，《交通公报》第376号，1932年8月17日，第12页。

② 吴春梅、张崇旺、朱正业、杨立红：《近代淮河流域经济开发史》，科学出版社2010年版，第1页。

公里。流域面积约27万平方公里①。在行政建制上，据《近代淮河流域经济开发史》记述，北洋政府时期淮河流域有“直隶、河南、安徽、山东、江苏5省，除直隶省大名道的东明县外，河南省有开封道、河洛道、汝阳道；安徽省有淮泗道；江苏省有淮扬道与徐海道；山东省先有济宁道、胶东道，后有兖济道、琅琊道、曹濮道”②。按照今天的行政区域划分，淮河流域的范围主要涉及河南东南部的开封、商丘、郑州、周口、许昌、驻马店、漯河、南阳和信阳，安徽北部的亳州、阜阳、宿州、蚌埠、淮南、滁州、六安及合肥，山东南部的菏泽、济宁、枣庄、曲阜、兖州、临沂，江苏北部的连云港、徐州、宿迁、淮安、盐城、泰州和扬州等市的全部市县或部分区域。

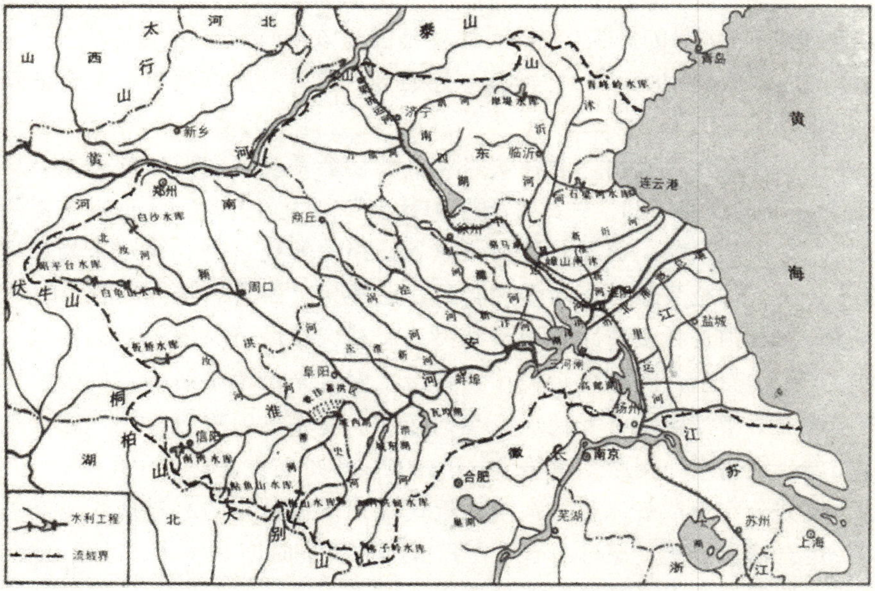

图0-1 淮河流域地理范围概况

图片来源：罗枢运：《华夏名川》，河南教育出版社1985年版，第75页。

其次，则是重点理解“社会变迁”的内涵，因为该词是本书最为主要的考察内容。在社会学中，“社会变迁”重点是指社会结构变化过程及其结果的总称，具体包括社会结构、社会系统、社会关系以及生活方式、行为规范和

① 水利部淮河水利委员会《淮河水利简史》编写组：《淮河水利简史》，水利电力出版社1990年版，第1页。

② 吴春梅、张崇旺、朱正业、杨立红：《近代淮河流域经济开发史》，科学出版社2010年版，第3页。

价值观等的变化[①]。因此，“社会变迁”，并不是简单某个社会现象，或者是社会变化，而是具有社会系统性的变革。本书主题贯以的“社会变迁”尽管有所“夸大”，但众所周知社会系统的变迁均是由组成区域的各社会子系统引起和组成的。

另外，在人类历史的变革中，技术进步是社会变迁的重要推动力。铁路作为一项新技术和先进经济元素必然会引起新的社会演进，从而推动社会系统的“社会变迁”。因此，本书所言的铁路影响下的“社会变迁”，并非都是铁路经济效益的现象，而是旨在强调铁路是其中一个重要推动力而已。当然，铁路对于“社会变迁”的影响也并非都是正向的，往往是积极和消极并存。

本书研究的时间范围，上限以 1897 年平汉铁路（初称卢汉铁路）兴筑之年为起始，下限以 1937 年为终点，主要是因为该年日本帝国主义发动了全面的侵华战争，致使 1938—1949 年间铁路破坏严重，其对淮河流域社会变动的影响也难以构建。

本书以社会史为视角，考察铁路与区域社会系统之间变迁的关系，构建“社会影响下的铁路”和“铁路影响下的社会”两个研究层面，前者重点阐述在复杂社会因素影响下，经行淮河流域各铁路的筹建过程、线路布局和运营效益，是属于铁路基本形态方面的研究，也是为“铁路影响下的社会”研究作铺垫；后者则是考察铁路影响下淮河流域社会在经济领域、社会领域两个方面所产生的变革，同时也将关注铁路给社会带来的消极影响，以及铁路运营制度改变对于社会经济变迁所产生的作用。在本书研究过程中，综合运用了历史学、社会学、交通运输学等学科的有关理论与方法。

全书共分 5 个章节：第一章阐述近代淮河流域铁路的兴筑历程、交通网更新及运营情形，重点探讨了当时在我国特殊历史时期的经济、政治、文化、军事及人群等社会因素对淮河流域铁路线路走向、站点分布和铁路运营良弊等方面的影响，即“社会影响下的铁路”，旨在说明复杂社会因素对该区域铁路形成的影响；

第二章考察铁路对淮河流域煤矿业、农业和新式产业的直接与间接影响，旨在表明铁路的首要效能还是表现在经济领域；

第三章考察铁路与淮河流域市镇演变，包括新兴市镇的兴起、传统市镇的分化及市镇空间结构的演变，旨在阐述铁路对市镇变迁的影响；

第四章考察铁路影响下淮河流域社会层面的进步，包括人口流动上升、社会文教和卫生事业传播、社会职业群体成长，以及社会组织的建立与社会

---

① 徐祥运、刘杰：《社会学概论》（第 4 版），东北财经大学出版社 2015 年版，第 321 页。

力量凝聚；

第五章是第四章的延续，但探讨的内容是铁路给淮河流域社会带来的消极性影响，旨在表明铁路并非只会产生正向影响，消极性和负面的问题也是铁路产业的附属“产品”。

上述五章内容，并不能代表铁路与社会变迁的全部面相，本书的研究只是在诸多的面相中进行了自我适应性的截取，并不是对于铁路与社会其他方面关系的否认或忽视，而这些则是后续继续努力的重点所在。

第四节　创新与不足

“铁路与淮河流域社会变迁（1897—1937）”是在当前铁路社会史研究热潮下的一次尝试，其研究思路及研究观点基本上都遵循学术界业已形成的共识，因此要想做到创新并不容易。但通过上述的学术梳理和本研究的展开，也体现了如下几点创新之处：

一是本书选择研究的区域具有创新性。从已有研究来看，考察铁路与华北、东北和江南等区域变迁的研究成果比较丰富，而考察铁路与豫皖苏鲁相交集的淮河流域的变迁，虽已有部分研究成果，但仅涉及淮河流域的部分省市，如皖北、苏北、中原地区等，考察铁路与整个淮河流域社会变迁的研究尚无。因此，本书以淮河流域为整体考察对象，研究铁路与其社会变迁关系，既可以丰富铁路社会史的研究，同样也可以填补近代淮河流域史研究在该方面的空白。

二是本书关注的研究内容具有创新性。现有铁路与区域社会经济关系的研究，虽然也提到社会，但在实际研究过程中，还是偏重于对经济领域的描述，对社会层面问题的关注甚少，即便有也仅略及铁路走私、匪患等，像铁路与人口流动、职业群体、社会力量、铁路犯罪、行车事故与水患等诸多方面的内容是当前铁路与区域社会关系研究方面共有的缺失。因此，本书在关注铁路与经济领域问题的同时，重点研究铁路与社会领域的问题，既包括铁路促进区域社会进步的积极方面，也探讨铁路引发的社会新问题。另外，本书在研究内容上还从铁路工程建设、路线布局和铁路运营方面，考察了社会因素对铁路的影响。

三是本书总结的几个观点具有创新性。（1）社会因素是路线规划布局、运营的先决性条件，即是表明，铁路是复杂社会因素共同影响的产物，其线路选择和站点布局是不同利益主体之间博弈的结果，其运营效益受制于政治、军事的影响极大；（2）铁路推动经济变革和社会进步具有一般规律性，即是阐明，无论是近代乃至现代铁路，对于中国这个后发国家而言，在经济变革和社会进步方面都扮演着重要且具积极性的角色；（3）铁路对社会领域的影响往往是积极与消极并存，旨在提醒，铁路虽然具有重要价值，但其消极影响也不能忽视，必须加以重视且需制定应对之策；（4）铁路主体的能动性能提升其对社会影响的程度，即是阐明，近代时期铁路的积极意义并非是铁路一经产生就自然而然生成的，它实际上与铁路当局的积极作为有密切关联。

本书的研究是当前铁路社会史热潮下的“跟风”，在研究方法、研究思路和框架结构上不免都会“落入俗套”，虽有一些创新的亮点，但不足之处是显而易见的：一是研究资料的挖掘方面存在较大不足，主要是档案资料、地方志资料使用偏少。客观的原因是铁路部门对档案开放有限，中国第二历史档案馆馆藏的民国时期铁道部及部分路局的档案均于2008年停止调阅，主观的原因则是本人努力得不够，没有很好地挖掘外围档案史料。当然，档案资料不足并没有对本课题的研究产生较大的影响，因为本书中所采用的资料多数是由路局和铁路主管机关编印的，不仅信息丰富，而且内容的可信度很高。二是研究视角陈旧，仍旧学步于学术界业已形成的路子，说服力不够。三是研究内容不全面、不深入，特别是在铁路与区域社会变迁关系方面，既存在研究的盲点，如铁路与区域社会文化、民俗民风的关系如何，也存在已涉及的方面不够深入和细致等问题，如铁路与城市空间形态变迁的论述浮于表面，比较粗糙。上述诸多方面的不足，是笔者进一步提升需要努力的方向。

第一章　铁路到来与淮河流域交通更新

交通是社会发展的结果，这是包括交通史学、交通社会史和交通社会学等领域学者的共同认知，正如我国交通社会学者黎德扬等人在回答“交通的社会形成机理”时所言：“交通运输方式不是由一种完全自主的、内在的力量决定的，而是各种社会因素和关系作用的产物”，“交通的发展可以从社会不同领域获得动力，各种因素交织在一起对交通的发展进行推动。”[①] 基于这一观点，本书在阐述近代淮河流域铁路的兴筑历程和运营情形的基础上，重点探讨了在当时那个特殊历史时期，经济、政治、文化、军事及人群等社会因素对淮河流域铁路线路走向、站点分布和铁路运营良弊等方面的影响，即“社会影响下的铁路”。它们共同构成了合力或阻力，促进或制约了该区域铁路工程的建设与铁路运营。

铁路工程建设和铁路运营分别构成了铁路的两种存在形式：以线路工程，如轨道、车站等为形式的存在；以铁路运营，如旅客运输、货物运输等为形式的存在。这两种存在形式引发了区域内交通体系的更新。

第一节　淮河流域铁路交通的到来

1825 年，世界上第一条现代意义的铁路——斯托克顿至达灵顿（Stockton & Darlington）铁路修筑完竣，乔治·斯蒂芬逊（George Stephenson）驾驶

① 黎德扬、高鸣放、成元君等：《交通社会学》，中国社会科学出版社 2012 年版，第 18—20 页。

着他的“旅行号”蒸汽机车（Traveling Locomotive），以19公里的时速行驶在这条铁路上；1830年，利物浦至曼彻斯特铁路（Liverpool & Manchester）通车运营，标志着人类从此迈入交通历史上的铁路时代。19世纪20年代至50年代，铁路技术自英国而至美国，乃至于欧美诸国都有大的发展。19世纪中后叶，铁路技术也伴随着外国资本集团的资本侵略传入中国，1876年中国境内第一条铁路——吴淞铁路在长三角地区产生，而后铁路又出现于华北地区。19世纪末，淮河流域也开始迎来铁路时代。

一、由英国而至全球的铁路扩张

人类交通方式是与人类社会同步产生和发展的，并随着人类社会经济因素的积累而不断向前推进，社会现实对交通道路和工具的需要是人类交通方式变革的根本动因。在相当长的封建社会里，人类交通道路与交通工具的变化并不明显，无论是西方还是东方，泥泞的土路，间或城市里的石头路，用马、驴等畜力和风作为动力的车、船，构成了交通的基本图景，人类的位移速度非常缓慢，出行的空间范围十分有限，社会的贸易量也大受限制。

18世纪以后，随着西方国家工业革命的开始，人类交通方式的革命也拉开了序幕，揭幕者即是英国。1825年9月27日，英国人斯蒂芬逊主持修筑的斯托克顿至达灵顿铁路通车，但起初这条铁路并不理想，正如英国铁路史学者克里斯蒂安·沃尔玛尔所言：“尽管斯托克顿—达灵顿铁路被认为是第一条蒸汽牵引的公用铁路，但实际上它只是之前就发展了数百年的矿山轨道逻辑上的扩展。如上所述，斯托克顿—达灵顿铁路仅是一条单轨的地方线路，主要目的是用于拖运煤炭，几乎不载客。该线路上的大部分列车，包括早期的客运服务，都是使用马匹牵引。单轨意味着不仅速度不得不保持缓慢，而且在列车相遇时，还会导致谁应该退到最近的岔道上让路的激烈争论。此外，1825年该线路开通之后，仅有一辆史蒂文森（即斯蒂芬逊，在汉译著作中两种译法都很常见——作者注）的机车可供使用，虽然之后有更多的机车交付使用，但它们却因不可靠而声名狼藉。实际上，董事们曾一度考虑将铁路改回用马匹牵引，在史蒂文森不顾一切的恳求之下态度才缓和下来。”①

5年后，同样由斯蒂芬逊负责修筑的利物浦至曼彻斯特铁路的影响远超它的前驱斯托克顿至达灵顿铁路。对此，沃尔玛尔在其 *Fire Steam: How the Railways Transformed Britain* 一书中有这样一段评价：

It was not by chance that the world's first steam-hauled and twin-tracked

---

① ［英］克里斯蒂安·沃尔玛尔：《铁路改变世界》（刘媺译），上海人民出版社2014年版，第6页。

railway should have run between Liverpool and Manchester. In 1830 when the line opened with much fanfare and, unluckily, a terrible tragedy, they were two "world-class cities" of their age. Manchester and its lancashire hinterland was the centre of the cotton trade while Liverpool had been built up on a rather more sinister industry-slavery and despite the decline of that trade remained Britain's second most important port, thanks to the burgeoning imports of cotton from the USA. The Liverpool & Manchester represented the start of the railway age——just as it marked a significant advance in the technology and was far grander in scale and conception than any of its predecessors. ①

这段话的大意是利物浦至曼彻斯特铁路代表着铁路时代的到来。它不仅完全使用蒸汽机车作为牵引，而且还是双轨铁路。它连接了英国棉花产地和棉纺织工业的中心，造就了两座世界性的城市。实质上该路的意义还远不止于这些，因为通车初期该路的货车车厢还未备好，它开通之后首先运送的却是旅客，而铁路经营者很快发现，旅行的需求异常巨大。由此，铁路运输旅客，而后是货物，实现了人类自身和货物贸易的双向空间跨越。

英国作为现代意义上铁路的发源地，实现了人类交通方式的重大变革，其促成动力是多方面的，归纳起来至少有两个重要方面：

第一，英国社会经济发展的现实需要是根本动因。18 世纪以来，英国进入工业革命时代，棉纱业、煤炭业和钢铁业快速发展，而为解决煤炭和其他货物运输问题，起初英国人掀起大规模的运河建设热潮，迅速形成国内水道运输网。在 18 世纪中期，英国就是依靠运河来转运各种工业原料，使各个地区的工业得以顺利的发展②。但随着工业、农业的进步，工矿业、农业货品产量剧增，1700—1760 年，英国煤产量由 300 万吨增加至 500 万吨，1760—1800 年又由 500 万吨增至 1 100 万吨③。随着需要输运的货物愈来愈多，运河不足的问题日益突现，已不能满足经济发展的需求。正是在这种情形之下，更具革新意义的交通方式——铁路应运而生。

克里斯蒂安·沃尔玛尔在其《铁路改变世界》一书中即认为："31 英里长的利物浦—曼彻斯特铁路的开发，就像之前的铁路一样，因运输货物的需要

① ［英］Christian Wolmar. *Fire Steam: How the Railways Transformed Britain*. Atlantic Book, 2007, 21.

② 林举岱：《英国工业革命史》，上海人民出版社 1957 年版，第 66 页。

③ 引自［英］P. Deane&W. A. Cole. *British Economic Growth* 1688－1959. Cambridge, 1969, 216.

而受到了推动。利物浦是原棉的主要到达站，这些棉花需运往曼彻斯特的棉纺厂。这是一座兴旺繁荣的码头，堆满了来自西印度群岛的朗姆酒和白糖、弗吉尼亚的烟草，而英国整个西北地区的煤炭运输，因使用蒸汽设备工厂的涌现而急剧增长。到 19 世纪 20 年代，利物浦和曼彻斯特之间的公路完全不能满足需要了，而唯一额外的选择就是运河运输，但它却昂贵而缓慢。兰开夏郡当时是世界上工业化程度最高的地区，正因为它的繁荣经济，世界第一条主要铁路在这两座发展中的城镇之间得以修建，就不单是一个偶然事件。”①

第二，英国铁路技术的积累使其诞生具备了客观条件。人类跨越数个世纪的一系列技术发明让铁路成为可能，其中包括铁轨、蒸汽机和机车的发展。据现有研究表明，人类早在 4 000 年前就开始使用石头凿成的“辙道”，约在 17 世纪德国人开始改用木材制成木轨。木轨虽然制作轻便，但是牢固性不够，磨损又太快，人们便不断探索解决这种缺陷的办法。“到 1738 年，英国的怀特黑文（英国港口——作者注）出现钉有加强铁皮的木梁轨道。自 18 世纪 60 年代起，铸铁轨道开始取代木轨。随着英国工业革命深入发展，铁路轨道进入一个新的发展阶段。18 世纪末，英国纽卡斯尔附近的煤矿开始使用熟铁轨道，至 19 世纪初就已普及开来。”② 除了轨道外，铁路所需的蒸汽机及机车等其他技术的发展进程则复杂和困难很多。据沃尔玛尔的研究，第一批能够工作的蒸汽机车或许是约翰·纽科门（John Newcomen）所制造的，他和其他工程师先后制造了 300 多台蒸汽机，18 世纪末英国人詹姆斯·瓦特（James Watt）通过改良蒸汽机的效率将蒸汽动力推向市场，使其在广泛的领域内得到运用③。但将蒸汽动力运用于铁路交通，则起于被称为“机车之父”的查理·特里维西克（Richard Trevithick），“1801 年，威廉的弟弟特里维西克提出了可移动的蒸汽机的概念，制造了第一台能在一般道路上行驶的蒸汽动力车辆。1804 年，特里维西克发明了世界上第一台行驶于轨道上的蒸汽机车，由此开辟了世界铁路史上蒸汽机车发展的道路”④。但特里维西克的机车，不能持续行驶较长的时间，也没有得到推广，真正普遍应用于运输业的蒸汽机车，是由一个矿工的儿子斯蒂芬逊发明的。

---

① ［英］克里斯蒂安·沃尔玛尔：《铁路改变世界》（刘媺译），上海人民出版社 2014 年版，第 7 页。

② 参见葛玉红：《沪宁铁路与江苏社会（1903—1927）》，江苏大学出版社 2014 年版，第 14 页；徐凤丹：《浅析工业化时期英国铁路兴起的原因》，《江苏教育学院学报》（社会科学版）2009 年第 2 期，第 70 页。

③ ［英］克里斯蒂安·沃尔玛尔：《铁路改变世界》（刘媺译），上海人民出版社 2014 年版，第 4 页。

④ 引自徐凤丹：《浅析工业化时期英国铁路兴起的原因》，《江苏教育学院学报》（社会科学版）2009 年第 2 期，第 70 页。

1814 年，斯蒂芬逊就完成了第一部蒸汽机车的试制工作，并在基灵华斯的矿场中行驶。不过机车还有许多缺点，比如出现蒸汽走漏等毛病，而且每小时只能走 6.5 公里，当时就有人嘲笑它比马车还要慢。但经过斯蒂芬逊的不断改进，到了 1821 年，他的机车就比较完备了。同时，由于采用熟铁制造铁轨，运行的安全性也稳定下来。1821 年，斯蒂芬逊担任修建斯托克顿到达灵顿铁路的工程师。在他的主持下，架桥、修建涵洞和筑堤等路基方面的施工技术已经相当成熟，所以铁路的修建工程在 1825 年就顺利完成。这是英国同时也是世界的第一条铁路①。

除了上述两个重要的社会因素之外，英国开创人类的铁路时代还有更加丰富的其他因素。如克拉潘在其《现代英国经济史》中认为："铁路迄所得到的像当时那一点成就，主要应归功于地方实业界一些小集团的决心；乡土观念的激发；和对工程比股息更加关心的少数工程师的信心和推动力。"② 克里斯蒂安·沃尔玛尔则提出了"资本推动"的观点，他指出："It was not only knowledge and technology that were needed to create a railway. There was the baser requirement of capital-lots of it that would enable engineers to turn plethora of inventions and concepts into an effective transport system. The brave investors who raised the vast amounts required to build to a railway were taking a plunge in the dark by putting their money into an unknown concept and it was not really until the beginning of the nineteenth century, with the Industrial Revolution in full swing, that such funds became available. "③

1830 年利物浦至曼彻斯特铁路的兴建，迅速激起了英国人对铁路的兴趣，迎来了 1830—1850 年英国历史上的第一次铁路狂飙时代，尤其是在 40 年代初期的维多利亚女王统治时期。《现代英国经济史》中对这一时期铁路发展的轮廓有如下记载："到 1843 年年底为止，经国会核准的公共铁路，包括爱尔兰的区区之数在内，据后来计算，共长二千二百八十五英里。其中已经通车的计一千九百五十二英里。1844 年条例在已核准的里数上又增加了三分之一以上——计八百零五英里；1845 年条例增加了二千七百英里；1846 年条例（或称议案）增加了四千五百三十八英里，前后计有单行条例二百一十九例。

① 林举岱：《英国工业革命史》，上海人民出版社 1957 年版，第 67 页。

② ［英］克拉潘：《现代英国经济史》（上卷·第二分册）（姚曾廙译），商务印书馆 2014 年版，第 524 页。

③ ［英］Christian Wolmar. *Fire Steam：How the railways transformed Britain*. Atlantic Book，2007，2.

继而这个增加数在 1847 年降到一千三百五十四，在 1848 年降到了三百三十。到 1848 年年底，在联合王国通车的铁路整整五千英里，其中爱尔兰不到四百英里。”①

1849—1851 年，仅三年时间英国人又修筑了近 1 100 英里的铁路，使该国铁路总里程达到 6 100 英里之多。

图 1-1 The railway network of Great Britain (1907)

图片来源：［英］Christian Wolmar. *Fire Steam：How the railways transformed Britain*. Atlantic Book，2007.

① ［英］克拉潘：《现代英国经济史》（姚曾廙译）（上卷·第二分册），商务印书馆 2014 年版，第 532 页。

英国人对铁路的浓厚兴趣“传染”给了北美洲的美国人，美国人迅速接受了铁路并“复制”了英国人对铁路的狂热，很快美国就拥有了比世界各地加起来还要多的铁路里程数。1828 年，美国第一条铁路巴尔的摩至俄亥俄州铁路（Baltimore & Ohio railroad）开始动工兴建，查尔斯顿至汉堡铁路（Charleston & Hamburg railroad）也同期兴筑；7 年后的 1835 年，美国的铁路里程超过 1 000 英里，美国的铁路时代到来①。在美国联邦政府与地方政府的共同支持下，经过 40 年发展，1870 年美国铁路里程达 7 万余公里；到 19 世纪末，铁路里程超过了 30 万公里，成为世界上筑路最多的国家。而早在 19 世纪 30 年代末，美国铁路里程达到 3 000 英里时即已超过了世界上所有其他国家而雄踞第一，1870 年时其铁路里程占世界铁路总里程已超过三分之一②。

继英美之后，欧洲的其他国家也很快融入世界铁路时代的大家庭，建造了属于自己的铁路，掀起了世界历史上第一次铁路建设的高潮。法国第一条铁路通车于 1832 年，比利时和德国（系指巴伐利亚和后来的萨克森）为 1835 年，俄国为 1837 年，1838 年有奥地利帝国，1839 年有意大利和荷兰；瑞士和西班牙则较晚，分别于 1844 年和 1848 年修成了自己的铁路。

19 世纪 50 年代之前的铁路狂潮集中于欧洲与北美洲，但随着帝国主义对外扩张和殖民掠夺，铁路也随着资本跨越重洋，来到南美洲、大洋洲、非洲和亚洲。南美洲的巴西第一条铁路修筑于 1851 年，澳大利亚为 1854 年，非洲最早的埃及为 1855 年。亚洲铁路首先产生于英属印度，1853 年 4 月由大印度半岛铁路公司修筑的孟买至特纳铁路（Mumbai & Thana railway）开通运营；次之则为日本，1872 年 10 月由东京新桥到横滨的铁路线开通，标志着日本铁路时代的开端③。

在英美主导的铁路狂潮向外扩张的同时，1850 年至 19 世纪末，欧美等西方国家铁路继续呈现高歌猛进的态势，铁路里程不断刷新。至 1900 年，美国铁路里程为 311 152 公里，英国为 35 165 公里，法国为 36 800 公里，德国则为 49 878 公里。亚洲的日本也不甘落后，奋起直追，1900 年铁路里程也达到

---

① ［英］Christian Wolmar. *The Great Railroad Revolution*: *The history of trains in America*. Public Affairs 2012，19—23.

② 参见苏敬之：《美国铁路历史与现状的分析》，《北京交通大学学报》1978 年第 2 期，第 91—93 页；［英］克里斯蒂安·沃尔玛尔：《铁路改变世界》（刘媺译），上海人民出版社 2014 年版，第 61 页。

③ 参见金士宣、徐文述：《中国铁路发展史（1876—1949）》，中国铁道出版社 1986 年版，第 4—5 页；［英］克里斯蒂安·沃尔玛尔：《铁路改变世界》（刘媺译），上海人民出版社 2014 年版，第 35 页；［美］斯蒂文·J. 埃里克森：《汽笛的声音：日本明治时代的铁路与国家》（陈维、乐艳娜译），江苏人民出版社 2011 年版，第 3 页。

6 000公里，居亚洲之首[①]。

二、由长江三角洲而至淮河流域的铁路萌芽

由英国而至全球的铁路交通浪潮，也席卷了中国，但中国铁路的兴起姗姗来迟，直至1876年第一条铁路才在经济相对发达的长江三角洲地区出现，此后便进入艰难的跋涉之旅。而地处内陆、经济落后的淮河流域，铁路种子萌发的时间更晚，19世纪末才破土而出。

中国人起初对于铁路的热情并没有像今天这样浓厚，也不如19世纪50年代至60年代同属亚洲的日本人。但两国在铁路的起源上完全相同，并对铁路形成了一致的历史性认识，即铁路是西方的舶来品，是伴随帝国主义国家的海外侵略和扩张而传入世界各地，并以资本的大规模展现作为其表现形式的。为此，这些帝国主义国家不遗余力地向大清帝国输出它们的杰作，先是进行“礼貌性”的游说或“普及性”的展示，效果欠佳后则通过武力或武力威胁强索在中国修筑铁路的权力。

据路史专家宓汝成先生和业师朱从兵教授等人的研究，19世纪30年代欧洲来华传教士在鸦片战争前撰写的汉文外国史地书籍里，已简要提到铁路或类似的名词[②]。在1840年刊登的传教士郭士立撰写的《贸易通志》中，对铁路则有了比较详细的记载：“且火机所施不独舟也，又有火轮车，车旁插铁管煮水，压蒸动轮，其后竖缚数十车，皆被火车拉动，每一时走四十余里，无马无驴，如翼自飞。欲施此车，先平其险路，铺以铁辙，无坑坎，无纡曲，然后轮行无滞。道光十年（1830），英吉利国都两大城（即利物浦和曼彻斯特——作者注）间，造辙路九十余里，费银四百万圆，其费甚巨，故非京都繁盛之地不能用。近日西洋各国都多效之。此外又有火轮机，凡布帛不假人力而自成织，巧夺天工矣。然地有纡曲高下，不可行火轮者，惟在填平道路，将碎石墁地，使其平坦；两旁轨辙，以铁为槽，行时溜转如飞，则一马之力牵六马之重。”这位传教士最后还发表评论，认为火车和铁路“皆中国所无，亦中国所当法”[③]。

鸦片战争中国战败后，更加刺激了西方列强来中国冒险的精神，其间有三个人物必须提及，一位是英国的铁路工程师、东印度铁路公司董事长麦克唐纳·史蒂文森爵士（Sir Macdonald Stephenson），另外两位分别为英国商人

---

① 欧国立：《轨道交通经济学》，中国铁道出版社2014年版，第61—63页。

② 宓汝成：《帝国主义与中国铁路（1847—1949）》，经济管理出版社2007年版，第14页；朱从兵：《李鸿章与中国铁路》，群言出版社2006年版，第28页。

③ 引自魏源：《海国图志》（下册），岳麓书社1998年版，第1 989—1 990页。

杜兰德和清政府的海关总税务司、英国人赫德。

麦克唐纳·史蒂文森与乔治·斯蒂芬逊之间是什么关系，现已不可考，但麦克唐纳和乔治一样，都是这一时期英国铁路的“使者和播种机手”。他先后在欧洲大陆推广蒸汽机车，还在英国的多个海外殖民地规划铁路建设，1844 年他为印度提供了第一份铁路方案，后来证明是比较正确的[①]。20 年后，麦克唐纳受英国怡和洋行的鼓动和邀请由印度来到中国，在广州，他指出修筑铁路对于广州衰落的商业具有重要意义，像印度一样他也为铁路在中国落地制定了一份方案。据英国人肯德所著的《中国铁路发展史》所载，麦克唐纳的这份铁路方案有如下内容：“麦克唐纳爵士建议以扬子江流域的华中商业中心汉口为出发点，筑路东通上海，西行经过四川、云南等省直达印度。又计划从镇江经过天津至北京作为扬子江流域的一条大干线，同时再从汉口南行直达广州。这样一来，中国的四个主要的通商口岸，也是最重要的商业中心将由铁路互相沟通。除掉这几条干线之外，又计划把上海和宁波连接起来，又从福州筑路通往内地，以发展富饶的福建省的贸易。又建议在广州与计划中西通印度的干线之间筑一条连接线，这一条线就是本书后面附图中所载的，向南绕了一个大弯，抵达中国西部边境的那一条铁路。”[②]

麦克唐纳为了使铁路规划看起来可行，并让“中国政府能够亲自体验铁路交通所带来的好处”，他建议先修建几条较短的线路，比如北京至天津铁路、上海至苏州铁路或者是广州至佛山的铁路[③]。麦克唐纳在中国的铁路扩张雄心，没有像在他的祖国、欧洲和英国的殖民地那样被得到热情回应。根据笔者的查询，麦克唐纳对于中国的铁路计划并未出现在官方的任何报告当中，即便是清政府官员的个人日记中也未出现，显然是被无视了。

杜兰德（Durant）是位名不见经传的英国商人，他因为代表外国资本家向中国推广铁路，而成为中国铁路史上经常谈起的人物。杜兰德没有麦克唐纳对于铁路的整体规划，但他知道要想让中国人了解火车是何物，当务之急是做什么，于是 1865 年 8 月，这位英国商人自己出钱在北京宣武门外修建了一条长约 600 米的小铁路，展示铁路模型，并试行小火车。

杜兰德的这次火车模型展示，笔者尚未发现更多的记录。而这种以火车模型展示进行游说的活动早有先例，美国人马修·佩里为使铁路引入日本，1854 年 3 月在日本横滨就曾修筑 1 英里长的铁轨，并提供了一辆实物

① ［英］克里斯蒂安·沃尔玛尔：《铁路改变世界》（刘媺译），上海人民出版社 2014 年版，第 34 页。

② ［英］肯德：《中国铁路发展史》（李抱宏等译），生活·读书·新知三联书店 1958 年版，第 7 页。

③ ［法］约瑟夫·马纪樵：《中国铁路金融与外交（1860—1914）》（许峻峰译），中国铁道出版社 2009 年版，第 6—7 页。

四分之一大小的火车模型，美国人斯蒂文·J. 埃里克森的书中对此有精彩描述："在横滨的接待大厅后面，美国人铺下了大约周长为1英里的环形轨道，然后向在场的贵族们做了展示。根据佩里远征队的官方记录，'许多日本人聚集起来，看着火车顺着轨道不断循环，非常高兴和诧异，每一声汽笛响，他们都不可抑制地发出喜悦的欢呼声。'其中一位观察者，'认为一定能够驾乘'，甚至坐到了小火车顶上。美国官方记录这样描述这位'尊贵的贵族'，'以20英里每小时的速度围着环形轨道前进，他松开的袍子在空中飞舞。他拼命抓住屋檐，带着极大的兴趣笑了，他蜷起的身体由于大笑而痉挛般地摇晃，而火车快速地沿轨道前行。'另一位驾乘者，一位将军幕府'新孔子派'的官员在其日记里这样描述此次经历：'飞速，就好像在飞，（火车）不断转圈。非常好玩！'"①

中国人有没有像日本人那样对铁路感到新奇？这个现在不好说。但杜兰德火车模型展示的结局却是非常明确的，京师的步军统领衙门以担心引起骚乱为由而饬令拆除②。

另一位游说清政府建造铁路的重要人物是赫德（Robert Hart），他是清政府非常倚重和信赖的外国友人和中国官员。他在1865年秋向清廷总理衙门提交了一篇名为《局外旁观论》的说帖，用教训的口气说："凡有外国可教之善法，应学应办，即如铸银钱以便民用，做轮车以利人行，造船以便涉险，置电气以速通信。外国之好法不止四条，然旁观劝行之意不在此，系在外国日后必请之事……盖万国来往，向来各国让各国之事。中国若仍不让，各国必不服；若让，而中国作万国之友，其地广大，其民众多，文义均通，安分务工，止有国政转移，无难为万国之首；若不转移，数年之内，必为万国之役。日后之内情，均由此日之外情而生。"③

赫德的话听起来很苛责，连诸多研究近代中国史的学者都觉得不恭敬，冒犯了天威。但赫德的劝说没有改变总理衙门大臣们对新事物的态度，结果是其所说的"万国之役"最终成为现实（即八国联军侵略中国——作者注）。

游说、劝说和铁路展演只是前奏，在清政府毫无兴趣的情况之下，西方列强开始使用武力或武力威胁声索在中国的筑路权。从已有研究可知，尽管19世纪50年代开始就有俄、英、美、法等国想将铁路传入中国，并乘机获取在中国铁路的筑路权，但至少到1874年，他们的图谋都没有得逞。1872—

① [美]斯蒂文·J. 埃里克森：《汽笛的声音：日本明治时代的铁路与国家》（陈维、乐艳娜译），江苏人民出版社2011年版，"简介"第2—3页。

② 曾锟化：《中国铁路现势通论·庚编·年表》，化华铁路学社1908年版，第1—2页。

③ 李天纲：《万国公报文选》，生活·读书·新知三联书店1998年版，第183—190页。

1877年，英国商人决定改变策略。1872年11月，他们先是假意成立英国吴淞道路公司（Woosung Road Company），向上海道台申请修筑一条由虹口至吴淞的普通道路。1874年8月，英国人却用“暗度陈仓”的方式将普通道路改为铁路，即为后来的吴淞铁路（Woosung Railway），成为西方列强将铁路输入中国的突破口。此段仅15里的铁路也由此成为中国最早的铁路。“1876年12月（吴淞铁路）全线开通，共建有蕰藻浜（Woosung Greek）、吴淞口（Woosung Bar）、江湾、上海4座车站，其中上海站址位于三摆渡桥（今河南北路桥）西北堍。”但英国人的冒险和既成事实，未能使“生米做成熟饭”，“次年10月，该路被清政府赎回拆除。路基则改作普通道路，（上海）工部局称为‘Old Railway Road’中方俗称‘铁马路’，后被命名为北河南路”[①]。

长江三角洲的铁路萌芽很快被扼杀，这表明清政府此时对铁路的态度还是极度的排拒，这让西方列强感觉到光靠游说和商人们的个人行动并不能很快让这个处于保守国家的官员接受铁路，必须用政府的行动获得筑路的“特许权”。从1884年中法战争开始，帝国主义列强们在中国争夺铁路的“特许权”[②]，通俗的说法即是用政府名义，以武力或武力相威胁强迫中国政府承认其筑路的合法性。

至19世纪末，各国展开对中国铁路“特许权”的争夺，具体情形如下所载：“外人攘夺路权，始于光绪廿一年（1895）十月法人索办广西龙州至越南河内铁路，同时俄人挟甲午助我收回辽东之德，要求报酬，订立东清铁路之约。廿三年（1897）二月德人以胶州教案，要求胶济铁路及胶沂铁路敷设权。同年法人复要求由越南筑路经云南蒙自至云南省城，以抵制英人，且索北海至西江间修路权。英人又索云南境内修路之利益与法均沾，政府与订约十二条。而中法广州湾之约，复允其修赤坎至安铺铁路。廿五年（1899）中法协约成，政府允法国建筑安南至昆明铁路全权。廿七年（1901）英使请将缅甸铁路展进华境，以践修路利权英法无别之约。盖是时外人洞知吾国之积弱，群起要求，直视我国如殖民地。英法诸国复互争利权，各谋均势，莫肯相下，而吾国坐受其敝，举凡不平等条约之订定，莫不与铁路问题有关。借款造路，丧失主权之不已，更变为外人攘路自办，实开历来未有之奇局，列强势力范

① 岳钦韬：《以上海为中心：沪宁、沪杭甬铁路与近代长江三角洲地区社会变迁》，中国社会科学出版社2016年版，第33—34页。

② ［法］约瑟夫·马纪樵：《中国铁路金融与外交（1860—1914）》（许峻峰译），中国铁道出版社2009年版，第79页。

围遂起于此时。”①

列强的游说和强迫声索路权，迫使清政府重新评估铁路的重要性，从19世纪40年代至80年代，清廷对铁路的态度也悄然发生了变化，经历了从“初拒”“改变”“试办”“争论”到“争办”的过程。以李鸿章为首的淮系集团与顽固派形成了“挺路派”与“拒路派”，最终“挺路派”获得完全胜利，1881年12月，唐胥铁路（唐山至胥各庄）在华北地区告成，长约18华里，是为中国第二条铁路，且为第一条自建铁路，此后这条铁路逐渐延伸至天津。

1888—1889年，清廷围绕铁路的“修”与“不修”进行最后一次论争，李鸿章占据上风，修筑铁路成为国策。但李鸿章原本计划的华北铁路网计划被搁置，湖广总督张之洞的卢汉铁路（卢沟桥至汉口）成为清政府计划修筑的第一条国家铁路。而这条铁路正是最早经过淮河流域的铁路线，由是淮河流域铁路网的构筑开始萌发，继而是陇海和津浦，最后为淮南铁路。

第二节　路线的规划与布局

1937年前，经过淮河流域的铁路线包括平汉铁路、津浦铁路、陇海铁路和淮南铁路，以及各铁路的若干支线。这些铁路中除淮南铁路筹建比较顺利和快速外，其余几条主要干线，均经历了非常复杂的过程，其在淮河流域境内的规划与布局是多重因素集合的结果，也包括像传统商路或驿路这样的重要历史因素。

一、平汉铁路：过境淮河流域西缘

平汉铁路，初名卢汉铁路，继称京汉铁路，国民政府定都南京后，先称汉平铁路，1929年4月正式称平汉铁路②。

平汉铁路的修建最早源于粤督张之洞的奏请。1889年4月1日，张之洞为调停朝廷内外关于铁路“修”与“不修”、津通铁路（天津至通州）“建”与“不建”的争论，向清政府奏陈《请缓造津通铁路改建腹省干路折》，提出修筑卢汉铁路的设想。其规划的方案是：“宜自京城外之芦沟桥起，经行河南

① 《交通大学校史》撰写组：《交通大学校史资料选编（1896—1937）》（第2卷），西安交通大学出版社1986年版，第461—462页。

② 《铁道部训令第724号》，《铁道公报》第6期，1929年5月，第56页。

达于湖北之汉口镇，此则铁路之枢纽，干路之始基，而中国大利之所萃也。盖豫鄂居天下之腹，中原绾毂，胥出其涂，铁路取道，宜自保定、正定、磁州、历彰（德）、卫（辉）、怀（庆）等府，（黄河）北岸在清化镇以南一带，（黄河）南岸在荥泽口以上择黄河上游滩窄岸坚、经沉不改之处作桥以渡河，则三晋之辙下于井陉，关陇之骖交于洛口，西北声息刻期可通。自河以南则由郑（县）、许（州）、信阳（州）驿路以抵汉口。”[①]

张之洞对平汉铁路的规划有三点值得注意，一是北段终点并没有选择京师的要地，而是离京师尚有数十公里的芦（卢）沟桥，目的是有意避开政治上保守派的反对；二是平汉铁路过黄河的方案设计，他计划北岸在清化镇南，南岸在荥泽口以上，之所以如此，张之洞认为黄河下游，沙多松软不宜建桥，后来这一方案得以实施，结果使河南的政治中心开封无缘平汉铁路，而郑州自此崛起；三是规划的线路基本是按照传统府道驿路一路南下的，体现了唐朝以来我国区域行政规划的基本规律。

铁路线路规划是一门比较高深的科学，体现政治、经济、区域地理、工程学和经费预算等各个方面的高度融合，很显然张之洞并不是这方面的专业人才，他的规划方案最初也是源于德国工程师锡乐巴的意见。

筹办初期，张之洞并不乐意接受外债，尽管英法美等国都极力表示了“襄助”之意。但到甲午战后，张之洞的自筹路款计划未能如愿[②]，在不得已的情况下，张之洞只得采纳津海关道盛宣怀官款、商股、洋债并用的办法，以中国铁路总公司（China Railway Company）的名义进行融资，但官款和商股并无进展，最终“several attempts were made to raise the capital required by means of a chinese company，but this of course failed”[③]，张之洞不得不寻求“借债”。

“借债”意向一出，各国资本集团纷纷加入“竞标”的行列。盛宣怀与张之洞等人先与美商议借，次与英商议借，结果是美国“要挟多端”，而英国“涉粤路，虑有深心”[④]，唯独比利时“仅购料雇工斤斤较量，别无他志”[⑤]。1897 年 5 月 27 日，盛宣怀与比利时公司（Belgian Syndicate）签订了《芦汉铁路借款合同》，中国铁路总公司借比款 450 万英镑，利息 4 厘，九折付款，

---

① 苑书义、孙华峰、李秉新：《张之洞全集》（第 1 册），河北人民出版社 1998 年版，第 665 页。

② 平汉铁路管理委员会：《平汉年鉴》，编者 1932 年印行，第 6 页。

③ Arthur John Barry，M. Inst. C. E，*Railway development in China*. Journal of the royal society of arts，No 2948，Vol 57，548.

④ 平汉铁路管理委员会：《平汉年鉴》，编者 1932 年印行，第 7 页。

⑤ 交通部、铁道部交通史编纂委员会：《交通史路政编》（第 8 册），编者 1935 年印行，第 588 页。

期限 30 年，国家批准，以路作保，5 年完工；用人行政权概归铁路总公司，督办用比籍工程师，其他外籍工程人员由比公司遴选；督办委派购办外料给佣 5 厘，并可包办一半外料①。

草约签订后，比方多有不满，于是年 7 月 27 日又与盛宣怀签订《芦汉铁路借款续增合同》，凡六款②。这仍然是个草约，双方的正式合同延至 1898 年 6 月 26 日才最终签订，包括《芦汉铁路比国借款续订详细合同》和《芦汉铁路行车合同》。通过这两个合同，清政府虽然获得了筑路资金，但也丧失了平汉铁路的筑路权和该路日后的经营权。

1896—1898 年，在与各国商借"路款"的同时，张之洞与盛宣怀等继续就平汉铁路线路的走向组织人员进行勘测，而勘测重点是南线走向。"1896 年，张之洞组织了两个勘测队。一队勘测'信阳线'，即由汉口以北的滠口为起点，经黄陂、孝感、应山等县直达河南信阳至郑州黄河岸边，即此前张之洞上奏中所说的卢汉铁路，就是这个走向。另一队由德国籍工程师锡乐巴（Hildebrend）带领，勘测'襄阳线'，也以滠口为起点，经汉川、应城、京山、钟祥、宜城至襄阳，进入河南新野，向北到郑州过黄河。经过勘查，取道襄阳沿汉水至汉口里程长、地势低、水患多。张之洞向朝廷提议选择'信阳线'。此线路驿站大道，过黄河也最直捷简省。但也有两个困难地段，一是汉口至滠口 20 公里'低地患水'，筑路不易；二是要穿越分隔豫、鄂两省的大别山，须开挖武胜关隧道。这在当时是个不小的工程。可是'襄阳线'也要开挖枣阳岭隧道，而且线路长出'三百二十里，以造价每里二万（两）计，须多费六百四十六万两'。因此，张之洞认为'干路由楚入豫，当以径行信阳为得策'。"③

由上所述，张之洞之所以选择"信阳线"而弃用"襄阳线"，主要考虑的是工程预算过于庞大。至于说"襄阳线"的水患问题确实存在，但"信阳线"的水患也很严重（本书第四章对此问题会有论及）。而正是张之洞的这一选择，才使得平汉铁路与淮河流域发生了更为亲密的联系，因为若照"襄阳线"的走向，包括信阳、驻马店和漯河等在内都将错失设站的可能（如图 1-2 所示）。

---

① 《芦汉铁路借款合同》，参见王景春、任传榜等编：《中国铁路借款合同全集》，《北京日报》1916 年版，第 13—25 页。

② 《芦汉铁路借款续增合同》，参见王景春、任传榜等编：《中国铁路借款合同全集》，《北京日报》1916 年版，第 35—40 页。

③ 赵志强：《京汉铁路研究（1897—1937）》，南开大学 2008 年博士学位论文，第 41 页。

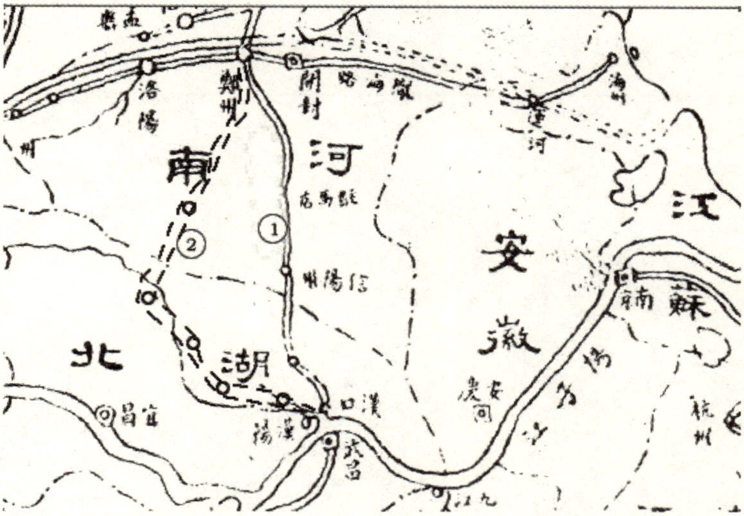

图 1-2　平汉铁路南线勘测示意图

本图根据书中内容绘制。①为“信阳线”；②为“襄阳线”。

1897—1898 年，比国借款达成后，比利时公司利用债主的身份取得平汉铁路所有的基本权利，他们派出工程师沙多（Jadot）对线路进行了复勘，其也取张之洞的“信阳线”方案。但在平汉铁路两端终点选择上，比国公司进行了变更，一是改南端终点为汉口玉带门；二是改北端起点，在 1900 年八国联军强占北京后，由法、英、比三国共同将芦保段（芦沟桥至保定）展延至北京西便门和正阳门。

平汉路正线于 1897 年 4 月开工，1906 年 4 月 1 日全线正式通车①。其支线包括坨里煤矿、周口店、临城煤矿、保定南关、新易及六河沟 6 条。其中，4 条支线为运输煤炭而设，即坨里煤矿支线，自平汉铁路良乡站至坨里石子山矿区，全长 16.3 公里，1904 年完工；周口店支线，自琉璃站至周口店煤矿石灰矿区，长 15.2 公里，1898 年建成；临城煤矿支线，自鸭鸽营站至临城煤矿，长 16.7 公里，1908 年修竣②；六河沟支线，自丰东镇至六河沟煤矿，全长约 18 公里，1920 年竣工③。另外两条支线，保定南关支线，自保定站至保定南关，为平汉铁路北段运输工程材料专线，长 6.2 公里，1904 年通车④；

① 金士宣、徐文述：《中国铁路发展史（1876—1949）》，中国铁道出版社 1986 年版，第 96—97 页。

② 李占才：《中国铁路史（1876—1949）》，汕头大学出版社 1994 年版，第 626—631 页。

③ 谢彬：《中国铁道史》，中华书局 1929 年版，第 340 页。

④ 保定市地方志编纂委员会：《保定市志》（第 2 册），方志出版社 1999 年版，第 533 页。

新易支线，由新城县高碑店站至易县梁各庄的清西陵，是专为清政府皇室修筑的谒陵专线，1903 年完竣[①]。

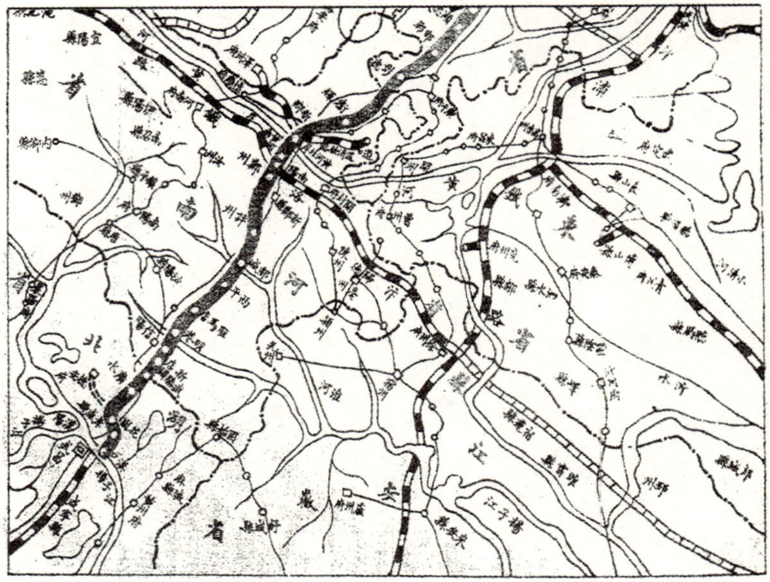

图 1－3　平汉铁路淮河流域段示意图（20 世纪 30 年代）

图片来源：《铁路月刊——平汉线》第 34 期，1933 年 2 月，“平汉铁路全图”。

如图 1－3 所示，平汉铁路在淮河流域的部分位于河南省东部，在整个流域的西缘，呈南北走向，自郑州站至信阳州站止，全线长约 257 公里。沿线共设有大、小车站 29 个，包括郑州站、小李庄站、谢庄站、薛店站、新郑县站、官亭站、和尚桥站、苏桥站、许州站、大石桥站、临颍县站、小商桥站、郾城县站、郭店站、西平县站、焦庄站、遂平县站、大刘庄站、驻马店站、马庄站、确山县站、黄山坡站、新安店站、李新店站、明港站、三官庙站、长台关站、彭家湾站及信阳州站[②]。平汉铁路的 6 条支线均不在淮河流域境内，由此可见，淮河流域西缘并无重要的煤矿资源。

二、津浦铁路：连通长江三角洲

津浦铁路是由津镇铁路规划而来，光绪二十四年（1898）江苏候补道容

---

① 《石家庄铁路分局志》编辑委员会：《石家庄铁路分局志（1897—1990）》，中国铁道出版社 1997 年版，第 113 页。

② 谢彬：《中国铁道史》，中华书局 1929 年版，“附录”，第 57—58 页。

闳首倡借美款修筑自天津至镇江的铁路，名为津镇铁路[①]。容闳的奏请虽获得清政府的认可，但却遭到德国方面和铁路总公司督办大臣盛宣怀的极力反对：前者的理由是津镇铁路过境山东，山东为德国势力范围，德国不允许其他人在山东修筑该路；后者则担心该路会夺去平汉铁路的客货运输业务，结果容闳的计划被搁置。

同年，英国取得了包括津镇、浦信、广九等五路在内的筑路权，并很快与德国在津镇铁路问题上达成一致意见，协议共同承揽该路的借款与筑路工程。1899 年 5 月，清政府与英德两国的汇丰、德华银行及汇丰所约之怡和洋行共同签订《津镇铁路借款草合同》。合同规定，借款 740 万英镑，九折交款，年息 5 厘，借款期 50 年，5 年内全路造成，“所有造路及行车一切事宜，悉照芦汉铁路办法”[②]。但不久因国内先后发生义和团和收回利权运动，津镇铁路因是拟借洋债，故而招致国人的反对和诟病，悬而不决。直至光绪三十三年十二月初十（1908 年 1 月 13 日），双方才正式签订《天津浦口铁路借款合同》，该合同除在借款条件上发生有利于中国方面的变化外[③]，还有个重要的变化即是，“变更路线，改由天津筑至浦口，而津浦铁路之名乃定”[④]。

津镇何以而为津浦？在现有史料中并没有发现清政府与英、德等方面在谈判时就此问题展开过讨论和争议，似乎是自然而然就形成的默契。丁戎在其博士学位论文《津浦铁路研究（1898—1937）》中，除列举学术界的四种观点外，还认为“实际情况应该是，英、德要求改道浦口，中方当时的督办大臣袁世凯也予以认可”[⑤]。但出于什么动机呢？笔者以为津镇改为津浦，就是使津浦与沪宁两路衔接而已。美国商务部 1919 年的一份材料中谈及该路有这样一段话：“The original concession was for a railway from Tientsin to Chinkiang（镇江）and was granted to a Chinese named Yung Wing（容闳），with permission to raise funds by foreign loans. Later，when it was concluded to build the Shanghai-Nanking Railway，the southern terminus of this line was

---

① 交通部、铁道部交通史编纂委员会：《交通史路政编》（第 10 册），编者 1935 年印行，第 2235 页。

② 《督办大臣工部左侍郎许景澄帮办张翼奏订立津镇铁路英德两国银行借款草合同折》（光绪二十五年四月十三日），《鹭江报》（第 6 册），光绪二十八年（1902）六月初一日，第 5—6 页。

③ 这个变化被称为“天津浦口模式”（Tientisn-Pukow terms），其主要内容为：“借款英金五百万磅，年息五厘，九三扣，三十年期限，十年后全数清还则每镑加价二镑半，若二十年后还款则无须加价；所造路程分为南北两段，四年完工，建造工程及管理一切之权全归中国国家办理，且聘用德、英两国总工程师由督办大臣独定”等。引自《天津浦口铁路借款合同》，参见王铁崖编：《中外旧约章汇编》（第 2 册），生活·读书·新知三联书店 1957 年版，第 456—457 页。

④ 津浦铁路年鉴编纂委员会：《津浦年鉴》，南京大陆印书馆 1933 年版，第 1 页。

⑤ 丁戎：《津浦铁路研究（1898—1937）》，苏州大学 2013 年博士学位论文，第 46 页。

changed to Pukow（浦口）, which is directly across the Yangtze River from the Shanghai-Nanking terminal. "①

上述这段话表明，沪宁铁路一经确定修建后，津镇铁路的南端改为浦口就顺理成章，因为完全没有必要修筑两条都经过镇江的铁路，这样会造成资金的浪费。而沪宁铁路正式确定修筑是在1903年7月，笔者发现就在次年，一家名为《萃新报》的报纸刊发了这样一则信息："津浦铁路磋议合同，初由外务部交北洋大臣，北洋又咨外部，令又咨行北洋大臣，一时尚难就绪。"②这段话也表明，早在1904年时津镇铁路已被部分人视为津浦铁路，只是当时官方没有确认罢了。

1908年，津浦铁路两端确定后，中经何处？《天津浦口铁路借款合同》只规定了大概，具体路线走向则要经过多次踏勘、初勘、定测，以及结合各种社会因素的影响，才能最终确定。该路与淮河流域相关的线路选择，主要有四处。

第一，是南线走向的选择。津浦铁路南线走向有两种方案，即"苏北线"（或称东线）和"安徽线"（或称西线）之分。关于两线选择问题，该路督办吕海寰给邮传部的一份奏折中有详细的阐述：

> 津浦铁路原本于津镇，虽易镇江为浦口，仍同隶江苏辖境合同内所载路线。系由天津经道德州济南府至附近山东南界之峄县，均称天津浦口铁路北段。再由峄县至附近扬子江南京对岸之浦口，均称天津浦口铁路南段。并未声明由峄县至浦口，应行经由何处。臣海寰奉命后，当即详考舆图。自山东峄县起，与江苏接壤者，为徐州府属铜山县。若由铜山县取道安徽之宿州、灵璧、凤阳、定远、滁州等州县以入江浦县境而至浦口镇，均系驿路，其势较为直捷。若由铜山县取道邳州、宿迁、桃源、清河、天长、六合等州县以入江浦县境而至浦口镇，其势似较迂折，内惟天长县系属皖境，余均江苏属地。论轨道以直捷为便，路工以省费为主。然遇通都大邑，商埠市场应行迁就者，虽取道稍迂，亦不可但图省费。总之，以便利商贾行旅，增益日后养路之资庶为合算。
>
> 正在核议间，复据苏省铁路公司津浦路线与津镇截然不同，正当规划，应由峄县经江苏徐州府城而入皖境，苏路北线自清江经桃源、宿迁、徐州以

① U. S. Dept. Of Commerce. *Far eastern markets for railway materials, equipment, and supplies by Frank Rhea, Trade commissioner*. Master Negative No. 94 - 82205 - 9, Columbia University, United States Washington, Govt. Print. off, 1919, 89.

② 《津浦铁路纪闻》，《萃新报》第1期，光绪甲辰（1904年）五月十四日，第3页。

达豫，复自清江东北接沭阳以达海州，又由清江南至瓜州各线，呈请概由公司筹筑。又据安徽京官以津浦路线须经过安徽省辖，与原订津镇铁路，未曾涉及安徽省界不同，应与三省一律。伏查三省均蒙钦派督抚会办，皖抚亦有购地保护之责，公呈奏请加派，以专责成。并准邮部先后据情咨会，请饬属勘定津浦南段路线，复部核办各等因前来。

臣海寰与臣之洞等熟商，此次津浦铁路虽系官为借款办理，而十年后仍准三省绅商，自集成本将此项债票拨与一半，任其收回。即为官商合办之路，并各视其境内地段若干里，为摊买债票准绳，与他路借款办法迥别，是该路线无论如何勘定，但求有裨权利，官商即交受其益。苏路公司，本可无所用其争论，惟查光绪三十二年（1906）间商部奏准江苏绅士筹办本省铁路折，内曾声明自江以北由海州经徐州以达于豫等语，则海徐一路，自应遵照奏案，由苏路公司筹筑。

现考诸舆图，采诸众议，既以南段路线，必须取道皖境，而皖省京官，亦愿照三省一律，相应请旨饬下安徽巡抚一并会同办理。臣海寰即一面饬派南段总理，以及总工程司，按照所拟路途，赶紧前往详细勘测。究应取道何处为宜。禀候臣海寰再行亲往覆勘审定。如果自徐州以下全由皖境，则皖省自应按照二省摊买债票，以期利益均沾。按铁路通例，必以枝路交汇为有益，今干路南端若改由皖境，取道洪泽湖以西，则江北淮扬海等府州，商务繁盛之区，凡在洪泽湖以东者皆与此干路隔绝，江北商民未免向隅。应请自徐州横造枝路一条达于清江，以利江北商民。此路尽先准江苏省商民集款修造，限于四年内与干路一律造成，如四年内干路造成以后，查看情形，倘苏路公司所筑轨道尚未能与津浦轨道相接则由官为集款，即从徐州筑一枝路，以抵清江，使苏省商民亦得共出其途，早获交通之益，届时仍当酌定年限，准该公司限满备款赎回一半，与津浦干路一律均作为官商合办之路，以归划一而照平允。所有拟议津浦铁路南段路线缘由。①

这段话表明，吕海寰本意是要取道“苏北线”，即便认为该线要绕行洪泽湖，路途迂折，工费较巨，但沿线为经济繁荣之区，取道该线仍较为合算的。显然，“安徽线”尽管为驿路，路线较直，但沿途多为偏僻之地。可是后来吕海寰改变了主意，取西而舍东，其主要原因是受东西两线所经地方政府态度的影响，安徽表现积极，希望选择皖境，而江苏则不希望取道东线，以避免与本省规划的“苏北线”之间产生冲突。

① 《吕大臣及张袁两军机会奏津浦路线取道皖境并准苏路公司赶筑北线折》，《申报》1908 年 4 月 19 日，第 1 张第 4 版。

为此，苏省铁路公司还专门就线路走向发表了一份“说帖”，公开表示反对津浦铁路选择“苏北线”，“峄县向浦口之线系由东北而西南，以直线言必中贯洪泽湖，故其路线必绕湖，绕湖乃分二线，右绕之线系由峄县经徐州及安徽之宿州、凤阳、滁州以达浦口，左绕之线则由峄县经宿迁、清江、蒋坝、天长、六合以达浦口。右绕者道出湖西，左绕者道出湖东，就西则舍东，就左则舍右，非可兼营也。就二线比较之，西线所经名城巨市，度无舍西就东之理。即使就东线则由清江经天长、六合而至浦口，原系通衢，若谓绕道镇江而后沿江以至浦口，无论溢出合同范围断无允理，且与沪宁一孔出气，沪宁线既由镇沿南岸以达宁，此更与之夹江平行，似无此自相争利之下策，故津浦线之决不关涉清（江）镇（江），可断言也。”[①]

在这份“说帖”中，苏路公司认为津浦线不应当选择“东线”，理由包括“西线”所经为“名城巨市”，“东线”已有水运，若绕道镇江，既与《天津浦口铁路借款合同》不符，且和沪宁路线相冲突等。在这些理由中，苏路公司认为“西线”所经为“名城巨市”，实与当时皖省实际相去甚远，不过却充分表明苏省人士反对“苏北线”的决心。因此，津浦铁路南线走向，对于安徽来说是“争”，但对江苏而言，则为“避”。

这一“争”一“避”成就了后来该路南线的走向，但吕海寰并没有完全放弃“苏北线”，他提出附带方案，由苏路公司筹办苏北线，并与津浦铁路干线接轨。这种考虑，虽然周全，但最终并未实现，结果是津浦铁路通车多年，苏北线尚无着落，皖境得利于铁路，而苏北重镇清江浦则因交通等种种原因而逐渐衰落。

第二，兖济支线。兖济支线由兖州至济宁，全长 31.5 公里，本来是没有这条支线的，全凭济宁地方力争而来，但即便如此济宁地方还是吃了大亏，因为原本济宁是津浦铁路干线上的站点。那么济宁是因何丧失在干线设站点的机会呢？现有研究表明，主要是因为德国人想把这条线路拐向鲁东地区，并向曲阜修筑一条支线，这样一来他们的矿权就可以延伸到最有前景的地区[②]。而“（津浦铁路北段）勘路委员李德顺受德国工程师杨德尔（Jandl）之左右。杨以德人在山东享有沿路开矿权，济南以下路段舍济宁而就曲阜、滋阳、邹县，即因其多丘陵，富煤矿”[③]。

---

① 《苏路公司筹筑北线说略》，《申报》1908 年 3 月 18 日，第 3 张第 4 版。

② 袁静波：《“兖济支线”与“济宁火车站”修建小史考略》，参见济宁市政协文史资料研究委员会编：《济宁文史资料》（第 1 辑），编者 1985 年印行，第 5 页。

③ 张玉法：《中国现代化的区域研究：山东省（1860—1916）》，（台北）“中央研究院”近代史研究所 1982 年版，第 487 页。

津浦铁路舍济宁而从兖州直趋曲阜，让济宁地方士绅大感意外和不满，遂不断派员向铁路督办大臣及邮传部呈书，阐明立场，要求津浦铁路改道济宁。济宁地方提出改道的底牌，彭慕兰总结如下："这班人把路线问题提交给津浦线将要穿越的所有4省绅士，并把它与刚刚开始的'收回利权运动'联系在一起。在做这些事的时候，他们对拒绝德国人的采矿权的强调，远多于对这条铁路给济宁——鲁西南的枢纽并且是一个铁路和运河运输可以交汇的地方——所带来的商业利益的强调。济宁的一份呈给更高级别政府的请愿书中，按照另外一种自强的观念，把济宁这样做说成是一件积极的事例：它认为商业集中于济宁而非兖州或曲阜是非常有利的，它是因为那里商业利润的进一步积累可以激发工业化。但尤为重要的是，请愿者们强调最初的线路威胁到了中国主权及其现代化所必需的资源（特别是煤）的控制。这种观点及许多绅士的关系，把这项济宁意见背后的江苏、安徽、山东和直隶的绅士和巡抚们集结到了一块。"①

由此可见，当时济宁地方为获得改道的可能，将济宁的重要商业地位与当时的民族主义观念结合起来，试图说服铁路当局不要屈服于德国。这种陈词也确实起到了效果，一是督办大臣对改道的可行性进行了重新评估，提出两条改道线路：一由济南、平阴、东阿、东平、汶上以达济宁至滕县，此线比原定济南、兖州线多出90里，建筑费约需增360万两，且"沿途附近黄河，一遇漫堤则路自悉被冲毁，全功尽弃，若将路线东移高处建筑则重山离沓，小河无数均须建筑铁桥而路线过于坡斜、地险、工艰，尤须备马力较大之机车方能合用"；另一条由济南、泰安渡大汶口至宁阳以达济宁至滕县，此线工程稍易于前，但比济南兖州线要多出78里，费用约需增200万两。二是在改线计划不可行的情形之下，督办大臣提出折中的办法，"欲使干路得通济宁，只有筑一枝路由兖州直达济宁，此路约长六十里，地势平衍，无重山大桥，施工甚易，近北处亦无水涨之患，建筑费及火车价约共需银一百六十万之谱，以此路与前二线相较则各费俱省，而所入有加，实有裨于干线"②。宣统元年（1909）11月，新任津浦铁路北段督办朱启钤拒绝改道的要求，决议修建一条支路接连济宁，算是对济宁地方的安抚。他还略带劝慰地说："铁路之输运不能与江河并论。江河有大小，铁路无大小。非干路输运便，枝路即

① ［美］彭慕兰：《腹地的构建：华北内地的国家、社会和经济（1853—1937）》（马俊亚译），社会科学文献出版社2005年版，第152页。

② 交通部、铁道部交通史编纂委员会：《交通史路政编》（第10册），编者1935年印行，第2303页。

不便也。总之改造此线，无益于兖曲，亦无益于济宁。”①

最终，人口较多、商旅较繁的南运河重镇济宁府只能成为津浦铁路上的一个支线小站，对于其日后的交通地位与区域地位都产生了极大的负面影响。

第三，淮河桥选址。淮河桥选址对整个津浦线路走向的影响微乎其微，但对于沿淮两岸城镇的交通条件及后来的发展影响巨大。《津浦铁路月刊》记载当时津浦铁路淮河桥选址的大概经过和结果：“规划之始定桥址于临淮（关），光绪三十四年（1908）十月总工程司德纪（T. W. T. Tnckeg）亲往测勘，以为地势低下，河流汎澜（泛滥——作者注），盛夏水涨，恐将溢过桥轨，乃改于临淮上游十二英里之蚌埠建桥渡淮，其地势较高，虽河水甚深工作较难，而河身恰系石底，建桥必易巩固。长淮卫河底虽亦坚硬，而地势洼下，须多越数大河流，且经过村落太多，迁让尤难，究不如蚌埠为得势。后虽怀远绅董有改筑路线由荆涂山麓建桥之请，然两山夹峙，淮流汹涌，于以施工艰险尤甚，故因势制宜而卒以蚌埠定议焉。”②

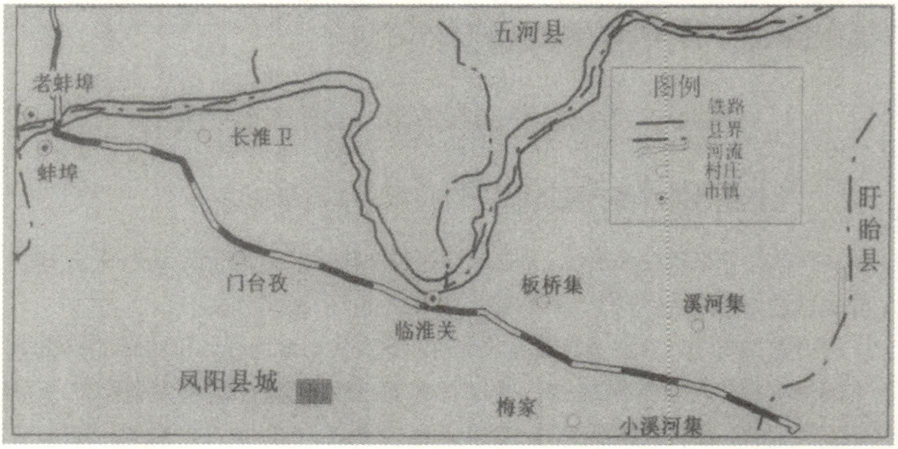

图 1-4　津浦铁路淮河桥桥址示意图

图片来源：谢国兴：《中国现代化的区域研究——安徽省（1860—1937）》，（台北）“中央研究院”近代史研究所 1991 年版，第 498 页。

这段话说明，淮河桥址初定于临淮关，主要考虑临淮关繁荣的商业贸易和便利的水运交通。然而经实测发现，临淮关地势低，易发生水患；另外临淮关两岸村落聚集，征地拆迁比较繁杂。淮河桥最终舍临淮关，而就蚌埠。

① 《本部咨鲁抚准津浦铁路大臣咨复仍照前议改修济宁枝路文》，《交通官报》（第 8 期），庚戌年（1910 年）2 月，第 15 页。

② 《路史·津浦铁路沿革纪实（续）》，《津浦铁路月刊》第 3 卷第 2 期，1933 年 2 月 28 日，第 1 页。

这样，蚌埠迅速崛起，成为皖北交通中心，而临淮关的地位逐渐下降。

第四，临枣支线。临枣支线是专门为运输中兴煤矿的煤炭货品而修筑的，它不像兖济支线是由济宁地方“争”来的，它是津浦铁路和中兴煤矿两家互取所需的结果。就津浦铁路而言，可以通过支路将该矿煤炭吸引过来，有利于货运业务发展；而对中兴煤矿来说，更是迫切期待交通条件的改善，有了铁路则煤炭可以很快销售到长三角地区。

实际上，1908 年之前这家煤矿公司为解决运输困难，就开始着手修筑从矿区枣庄至大运河岸边台儿庄的铁路，称为台枣铁路。而津浦路局也早已看上该矿的资源，希望从津浦正线上的韩庄筑一支路通往枣庄，因此对煤矿公司私筑台枣铁路不满，便以未履行合法手续为由强迫停工，试图以韩枣铁路取代台枣铁路①。为此，路矿双方展开交涉，津浦路局不想将来韩枣铁路与台枣铁路竞争，中兴煤矿则既不愿意舍弃台枣铁路，也不愿意与津浦铁路闹翻，更寄希望于将煤矿与津浦铁路干线连接起来。最终，双方达成一致，由煤矿公司提供垫款 60 万元，修筑干线与矿区的支路，并向津浦铁路提供价格较为优惠的煤炭，而津浦路局也同意以优惠运价承运该矿煤炭货品，同时准予台枣铁路继续保留。

但是支路由干线何处至矿区，有两条线路可供选择，如图 1－5 所示，一是由津浦线上的韩庄站至台枣铁路上的峄县，使两路合二为一；二是由津浦线上的临城站修至枣庄，直达矿区。路局最终选择了第二条线路。虽然“当时，总工程司之意见以第二线较第一线加长六启罗米达（千米），用款多费五十万马克，主张由韩庄修至峄县。总办朱启钤、卢祖华则以由临城至枣庄直抵公司之矿厂转运时便于装卸，将来南北通车用煤正多，前与公司订立买煤运煤合同，原有互相维持交换利益之约，临城一线适当产煤之中心，公司正拟续开井口，扩充分矿，由此线运输更形利便，将来如赎回公司已成之路与之衔接，直达运河其势亦顺”②。

线路走向确定后，施工很快步入正轨。津浦铁路北段由德国工程司承办，南段由英国工程司承办。北段自山东峄县韩庄运河桥至天津，1908 年 7 月开工，1911 年夏基本完工。南段自浦口至临淮关间桥梁多达 80 座，1910 年完工。1911 年 2 月已铺轨至徐州，5 月蚌埠淮河大桥完工。9 月南北两段接轨，除黄河大桥外，津浦全线已可分段通车。黄河大桥则是津浦铁路的控制性工

① 苏任山：《台枣运煤铁路与枣庄煤矿》，参见山东省地方史志编纂委员会编：《山东史志资料》（总第 3 辑），山东人民出版社 1983 年版，第 138 页。

② 交通部、铁道部交通史编纂委员会：《交通史路政编》（第 10 册），编者 1935 年印行，第 2303 页。

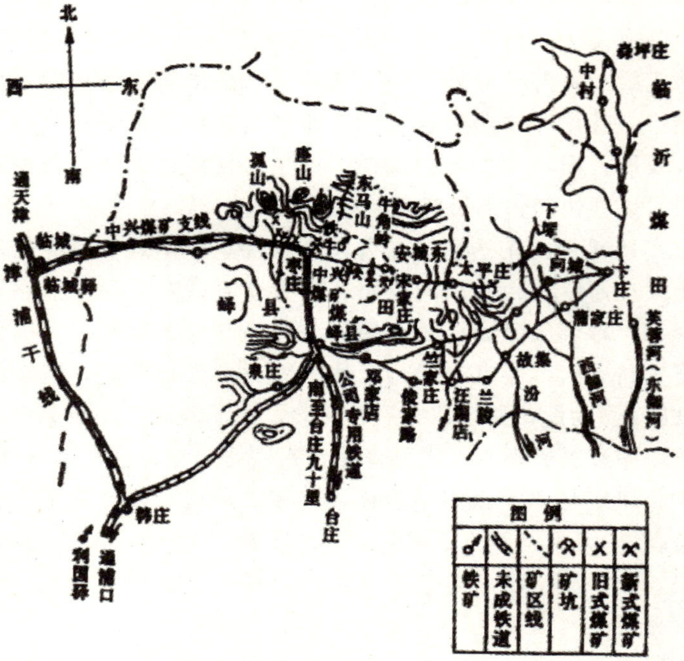

图 1－5　津浦铁路临枣、台枣支线示意图

图片来源：《中国近代煤矿史》编写组：《中国近代煤矿史》，煤炭工业出版社 1990 年版，第 139 页。

程，难度较大，至 1912 年 12 月才最终完成。

津浦铁路支线较多，除前述的兖济和临枣支线，还包括泺黄、柳泉和良陈等支线，其中兖济、临枣和柳泉三条支线位于淮河流域境内。兖济支线 1911 年 10 月动工，1912 年 11 月通车；临枣支线 1911 年 5 月动工，1912 年 5 月竣工通车，全线 31.5 公里；柳泉支线，是自徐州的贾汪煤矿至津浦铁路柳泉站，主要是方便该矿运煤，全长 15.6 公里，1917 年由贾汪煤矿建成[①]。良陈支线，则是为了便利运输黄河以北的轨料起见，路局修筑的一条自良王庄至天津海河南岸陈唐庄的支线，长 25.5 公里，1908 年 9 月动工，1910 年 4 月通车[②]；泺黄支线，位于济南市北郊小清河与黄河间，西起津浦铁路泺口站，东至小清河南岸的黄台桥码头，与胶济铁路的黄台桥支线接轨，全长 7.8 公里。1906 年，山东盐运署即建有自黄台桥至泺口码头的轻便铁路，名为清泺小铁路，专为运盐之用。津浦铁路建成后，经盐商请求改建，与津浦铁路泺口站相接，

① 王林绪、孙茂洪：《徐州交通史》，中国矿业大学出版社 1988 年版，第 148 页。

② 张雨才：《中国铁道建设史略（1876—1949）》，中国铁道出版社 1997 年版，第 97 页。

是为泺黄支线。该支线于 1913 年 1 月开工，同年 6 月竣工通车①。

根据图 1－6 所示，津浦铁路主要干、支线均分布于淮河流域的鲁南、皖东和苏北地区，呈南、北走向，在淮河流域的起点为山东兖州府站，终点为安徽的乌衣站，过境线路约 468 公里。淮河流域内设立的大、小站，含临枣、兖济和柳泉等支线，共计 47 站。其中，津浦铁路干线 40 站，包括山东南部的兖州府站、邹县站、雨下店站、界河站、滕县站、南沙河站、官桥站、临城站、沙沟站、韩庄站；江苏北部地区的利国驿站、柳泉站、茅村站、徐州府站、三铺站、曹村站，以及安徽东部地区的夹濡站、李家庄站、符离集站、南宿州站、四寺坡站、任桥站、固镇站、新桥站、曹老集站、蚌埠站、门台

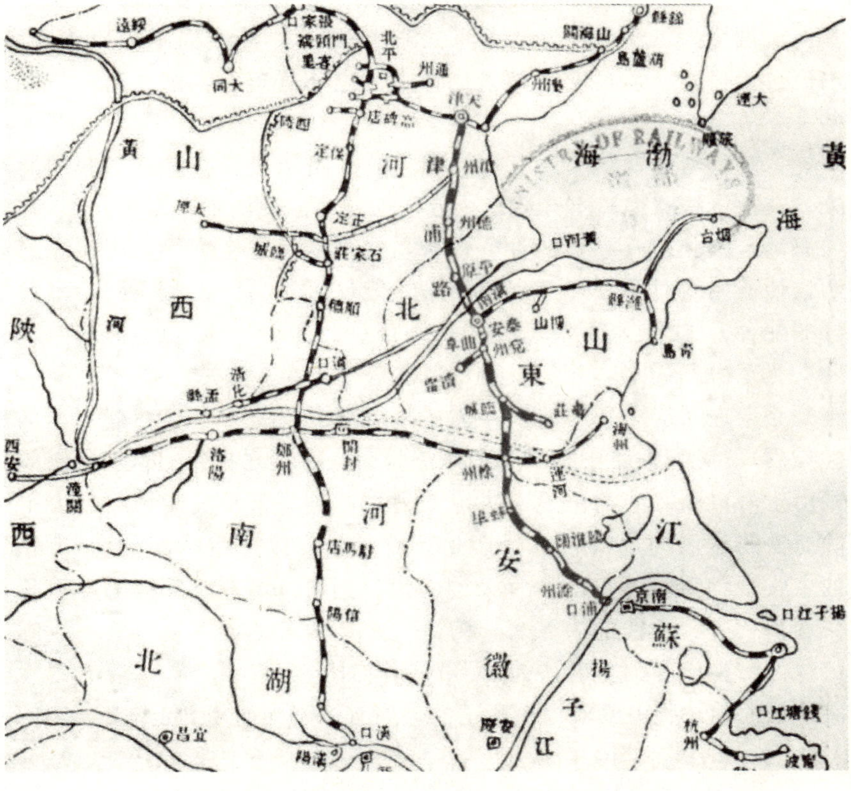

图 1－6　津浦铁路干、支线示意图

图片来源：《铁路月刊——津浦线》第 5 卷第 11—12 期，1935 年 12 月 31 日。

① 济南铁路局史志编纂领导小组：《济南铁路局志（1899—1985）》，山东友谊出版社 1993 年版，第 107 页。

子站、临淮关站、板桥站、小溪河站、石门山站、明光站、小卞庄站、管店站、三界站、张八岭站、沙河集站、滁州站、担子街站及乌衣站[①]。临枣（含台枣）支线设站5个，包括临城站、山家林站、邹坞站、齐村站、枣庄站。兖济支线设有兖州府、孙氏店和济宁州3站，柳泉支线设有柳泉和贾汪2站。临城、兖州府和柳泉3站为干、支线共有[②]。

三、陇海铁路：沟通腹地与港口

陇海铁路是我国东西走向的干线，发轫于平汉铁路支线——汴洛（开封至洛阳）铁路，此后以汴洛铁路两端为起点，东展至海州（连云港），西筑至兰州，全称"陇秦豫海铁路"，通称陇海铁路。陇海铁路以郑州为中轴，东向位于淮河流域境内，经常称为"陇海铁路中东段"，其线路走向以连通海港、寻找出海口为目标，从而实现路港一体化。之所以若此，则是路港之间互相依存的关系决定的。

首先，港口需要铁路交通支持，通达的铁路网才能将港口与腹地紧密连接起来；其次，铁路也离不开港口，近代铁路专家凌鸿勋曾指出："铁路沟通内陆与海港，则必须有港口的种种设备，使水陆运输有直接的衔接，方能装卸便利，使费用与时间都可节省，如是才能促进贸易，因此铁路与港口必须有良好的配合。"否则，不但影响"铁路自身的运输"，亦为"对外贸易一大障碍"[③]，两者相得益彰，相失俱损，兴衰与共，休戚相关。

正是路港之间这样高度的依存关系，决定了铁路与港口在规划上的相互决定性作用。"陇海铁路中东段"向东展筑自是必然之事，但该如何规划线路走向则由出海口和海港的位置来决定。为此，自清末至民国初年地方士绅围绕着陇海铁路东展的出海口选择产生严重分歧，遂产生线路的南、北之争。南线的主张者，为淮（安）、（南）通、海（门）士绅或本籍京官，以著名实业家张謇为代表；北线的主张者，为海（州）属士绅或本籍京官，以邮传部右侍郎沈云沛为代表。前者认为出海口和港址定于崇明为佳，后者则力主海州最宜，从而使"陇海铁路中东段"的走向有了不同的规划走向。

---

① 津浦铁路管理局总务处编查课：《中华国有铁路津浦线营业一览：民国九年分（份）》，编者1921年印行，第4—5页。

② 济南铁路局史志编纂领导小组：《济南铁路局志（1899—1985）》，山东友谊出版社1993年版，第100页。

③ 凌鸿勋：《中国铁路志》，参见沈云龙编：《近代中国史料丛刊续编》（第93辑），（台北）文海出版社1982年版，第402页。

张謇的南线规划有个变化过程，清末时期他主张的港口并非是崇明，而是天生港，处于崇明上游，离出海口较崇明更远。相应的，张謇主张陇海东端应由开封修至南通，以徐通（徐州至南通）线代替江苏铁路公司（系指1906年成立的苏省铁路公司）原先规划的瓜清（镇江至淮安）线。民初以后，张謇对于陇海东向出海口才有了崇明的选择，崇明因与天生港同属南通的滨江地区，且距离不远，因此张謇的陇海东向线路规划仍如从前，只是里程略远一些。之所以要选择崇明及南向路线，抵制北线方案，张謇对此有过详细的阐述：

国家造路，所以利交通也。交通利，则商农事业、文化灌输无一不利。吾国铁路之已筑者不足三万里，言乎筑路本身作用以营业为本位，故线必求长，必多经人口繁密、物产丰盛之区，为一定不易之目的。陇海路之属于他省者且不计，以江苏言，江北徐（州）海（州）、淮（安）扬（州）旷荡荒昧之区，将来农工商业之为衰为旺，当然视路线所经为转移。东西连岛孤悬海中、屏蔽临洪口之外，自是最宜军港之形势，是否适宜商港尚属疑问，何以故？该岛地位狭小而险且隔海，估计工款在二千万元以上，而结果之良否尚不可知也。其路线经行平地者徐塘（徐州）以下，仅有沭（阳）东（海）灌（云）三县，又横截沂水、沭水，自鲁南高原入苏之上游，而过路口水利相关之重，自不待言。而三县中之物产种类盐为大宗，若豆麦向以中运河为转输，额数有限。若大港地连平陆，建筑不如东西连岛之繁难，而路线所过则由徐塘、而宿迁、而泗阳、而淮阴、而淮安、而涟水、而阜宁、而盐城、而东台、而如皋、而南通、而海门、而崇明，纵横十二县，其间人口之多、物产之富，决非沭东灌三县所能比拟。一彼一此，以铁路营业互较，孰衰孰旺，不辨自明。即为文化灌输起见，若涟若阜若盐若东，滨海各县交通素极困难，非有铁道以为之枢，则面积十万方里、居民五百万户永无奋兴之望。今日东路工程仅及徐塘口，正当可南可北之时，自宜请（北洋）政府饬下路局暂缓工作，一面派路政专家实地查勘，必待终点决定而后进行，毋自贻将来之悔，国家当亦乐于从事也。

上言路线经过地方多少之比较也。以路线计，徐塘至东西连岛不足三百里，若至大港则三倍之，路线长则需款多，当更计财力。按造路程序，首地方，次桥梁，次钢轨，次车辆车站。徐塘至东西连岛所经之地，无一寸不当购买，且无旧堤旧阜可循，桥梁宽度如沂如沭至少需四五千尺，港费则逾二千万元，约计所需总数在三千万元以上。若言大港，则由徐塘口东，下至淮阴，计程二百里，有中运河堤或旧黄河堤可以沿用，淮阴境内自杨庄至江运码头旧有铁道三十里为当日之苏路北线，尚适于用，又东自淮阴至阜宁之北沙镇亦二百里可用旧黄河堤，又东南自阜宁之千秋港起至东台之角斜场止亦三百里可用必筑之新运河堤。（此堤筹议兴筑，预计面宽七丈、底宽十丈、高七尺，足敷铁道之用，将来运工与路工各任其半，经费之省亦在一百万元以上）三共合计已七百里，虽徐塘至淮阴，淮阴至北沙所有之堤未必能完全使用，但即间段培筑，而较诸购地而后筑路者，其省费之数相差远矣。其自北沙至千秋港七十里，角斜至南通一百十五里，南通至大港二百里，则均有待于购地而后兴工亦不过四百里耳。若言桥梁，则射阳河新洋港门龙港王家港竹港以及通海十一港，计其总宽不过二千尺，只占沂沭桥梁五分之二，大港工筑必不致东西连岛之巨，约计所需其总数在四千万元以上。故以路之距离计，南线增于北线为三与一之比，而经费增加约为四与三之比，纵有出入，度不甚远。若大港建筑费以一千万元计，则与北线之用款总额，且相等矣。

说者曰，交通利地方之农商事业与文化灌输，徐淮扬通因此为利矣，海沭灌独不当有此希冀乎。海人昔日之百计而争，宁无说乎，是说也诚然。当十余年前本有清江至通州建筑铁道之议，其时曾计海州盐产每年运费四十万元，本拟清通路成，再自清江至海州另筑支线以利盐斤及粮食之运输，今兹所议者虽非清通原案，而海属之支路仍可酌量，上避沂沭之水冲，下就便利之地势或循盐河堤或另测度以达转运重心之地也，是海沭灌亦无不利，至于路之规划必以利益大小、路线长短为权衡，此世界公例，不闻专以节省经费为标的也。[①]

张謇的这段话，从诸多方面比较了港口和南、北两线的优劣。首先，以港口而言，东西连岛地位狭小，宜军港而非商港，而且造价约在 2 000 万元。比较而言，崇明大港的工程不若东西连岛复杂，工款则只需要 1 000 万元左右；其次，以铁路营业而言，北线所经地区经济不如南线所经地区繁盛，人口也不如南线地区众多；第三，以线路工程而言，北线平地较少，且与多条河流相交，桥梁工程众多，而南线则地势较平，桥梁虽多但规模很小，且南线有现成的旧堤可循；第四，以线路工费而言，南线虽长，费用虽巨，但按公里造价而言，南线较北线要节省很多。

相比较而言，主张陇海铁路东展海州的北线方案，则比南线方案要早，可以推及 1905 年，当时汴洛铁路刚处于兴工之际，商部尚书载振即奏请将该路东展徐（州）海（州），西展陕甘及新疆[②]。此建议得到邮传部的支持，特别是邮传部时任右侍郎沈云沛，其本人也属海州人士，更有意注重于推进家

① 《陇海改线与张謇之意见》，《申报》1923 年 6 月 9 日，第 3 张第 10 版。

② 宓汝成：《中国近代铁路史资料（1863—1911）》（第 3 册），中华书局 1963 年版，第 1 160 页。

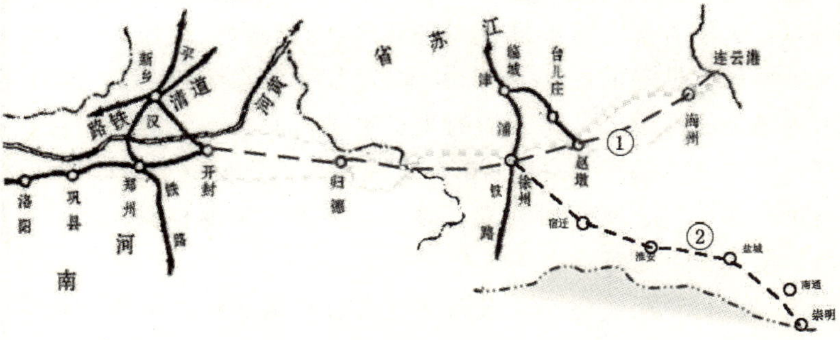

图 1-7　陇海铁路东段线路规划示意图

本图根据文中内容绘制。①为陇海铁路东段北线规划；②为陇海铁路东段南线规划。

乡实业发展，对该路东向从海州出海，竭力支持。而且在海州设港，以及北线方案，一直都有超过南线方案的支持力度，包括政府和地方士绅。

宣统二年（1910），主管交通的邮传部在奏折中即明确提出："该路大概以开封为起点，以自开商埠之海州为尾闾"，并规划"自徐州至海州其线有三，一由徐州经邳州境以达海州，是为直线；二由徐州顺黄河故道东南至宿迁，折向东北以达海州，为弧线；三由徐州经宿迁以抵清江，折向北行以达海州，是为勾弦线。"[①] 次年，三条线路中的由徐州经邳州直达海州的直线方案获得邮传部的批准[②]。

民初，陇海路局曾有变更出海口的设想，徐协华在其《中国港务问题》一书中就提道："陇海铁路原定西起兰州，东至海边为至，最初曾有以扬子江右岸之海门或通州为尾闾"的设想[③]。尽管如此，海州作为出海口并没有被否定。1913 年，陇海铁路总公所委托比利时公司代请法籍工程师格锐奈为海港测量队队长，对江苏全省海岸进行测量，认为海州最适宜作陇海路东展终点，位居云台山与东西连岛之间的老窑最具有建筑优良海港的自然地理条件，其理由是：首先，地理上距徐州很近，就将来营业而言，必远远好于浦口；其次，老窑因前有连岛、后有云台山，又面临海州湾，且极易疏浚，其避风条件和航道情况尤胜于临洪河口和大潮河口（灌河口）[④]。

① 《本部奏勘明开徐海清路线情形筹拟及时兴办折》，《交通官报》（第 9 期），庚戌年（1910）2 月 15 日，第 8—9 页。

② 谢彬：《中国铁道史》，中华书局 1929 年版，第 393 页。

③ 徐德济：《连云港港史·古近代部分》，人民交通出版社 1987 年版，第 51 页。

④ 徐德济：《连云港港史·古近代部分》，人民交通出版社 1987 年版，第 45—46 页。

沈云沛一贯力主铁路通达海州，他认为海州“位于临洪口，是陇海铁路最近入海口，运输方便，该港已经对外开放，需要运输线作为补给，此段路程短，施工容易，投资少，工期快”[①]，故为东西干线最佳线路。与之相联系，在终端海港港址的选择上，沈云沛的观点更是匠心独具，他提出独特的三港并建思想，其中就包括筑港西连岛部分。他认为西连岛筑港条件极佳，“风平浪静，虽不甚深，但于此稍加疏浚，便可与黄浦江深度相同，可以在此建造转运海港，便等于将陇海路修筑到上海”[②]。

直至20世纪20年代初期，陇海路出海口和南北线之争仍有余音，北线的支持者包括海属国会议员谢翊元、江苏省议会议员冯弼仁及安徽军务督办马联甲等人。他们对南线主张进行批驳，其论点如《民国日报》所载：“他们认为，从历史方面观察，海州早就开为商埠，‘如无开埠之必要，则政府又何必多此一举？’至于条约中之所以没有明确规定海州为陇海路终点，乃因‘当时吾苏某巨公（系指张謇——作者注），心怀私意，力争陇海之海为南通附近之海门。政府俯就其请，乃将条约定为扬子江以北沿海之区为终点，先事测量，择其优者而从之。’最后经测量，‘仍定海州之西连岛为商港’，而崇明大港却无案可稽，‘崇明大港，对于陇海路，有何史籍可寻？’从地理上观察，海州不仅资源丰富，‘东濒黄海，渔产素丰，日人久已觊觎’，‘即本地农产，不亚江南’，而且港口形势堪优，‘可容航轮巨舶逼近岸边，如稍加浚深，即可成吃水二十尺之船之海港。地距青岛相近，可与青岛互成犄角’，再者海州‘既为商埠，则交通必求便利，而铁路者陆运交通之工具也一。故陇海路之终点，既当止于海州，有案可稽。’他们也自称不是仅为海州着想，‘海州者，非我海州人之海州，乃我中国人之海州也’。”[③]

如上所述，正是因为辟港海州既具有历史成因，也具有港口的地理条件，且资源丰富，北线方案从一开始即占据明显的优势，即使在南北线争论激烈之际，陇海东向线路工程仍在不断向前进展，且是朝海州方向伸展，至1923年底路线之争终告结束。崇明和南线方案彻底被否定，不仅如此，连淮扬地区之中心清江浦也未能成为该路节点，清江浦后来的衰落与此不无关系。

陇海铁路正线的汴洛段1910年全线竣工通车，长185公里。民元之后，陇海铁路向东、西两端同时展筑。1915年9月，开封至徐州段和洛阳至观音

① 连云港市政协：《连云港市文史资料》（第2辑），编者1984年印行，第52页。

② 连云港市政协：《连云港市文史资料》（第8辑），编者1989年印行，第155—156页。

③ 《陇海路南北线争点之剧烈》，《民国日报》，1923年5月29日，第10版。

堂段同时建成通车。20 世纪 20 年代，东、西两段的续展工程因战事和资金问题进展缓慢，至 1925 年东段修至新浦。国民政府铁道部成立之后，铁道部长孙科利用“庚关两款”修筑铁路计划，将陇海铁路列为优先修筑。从 1930—1937 年，陇海路正线之灵宝至潼关、潼关至西安、西安至宝鸡、宝鸡至天水，以及陇海东段新建与连云港码头的联络线等 5 段，先后完工。其中，陇海东段的码头线为新浦至老窑，长 28 公里，1932 年 7 月动工，1934 年 12 月完工，同时在建的连云港码头于 1935 年底完工[①]，从而使陇海路有了出海口，并能开展水陆联运业务。

陇海铁路支线包括台赵和咸同两支线。其中，台赵支线位于淮河流域境内，是解决中兴煤矿煤炭运输问题而兴筑的，自陇海铁路赵墩站至台儿庄站，并与津浦铁路临枣支线接轨，筑路资金由中兴煤矿垫款 100 万元。1933 年 12 月，台赵支线动工，1935 年 3 月竣工通车，全长 30.3 公里[②]。从此，中兴煤矿的煤便可以直接运往连云港出口转销上海等沿海诸地。

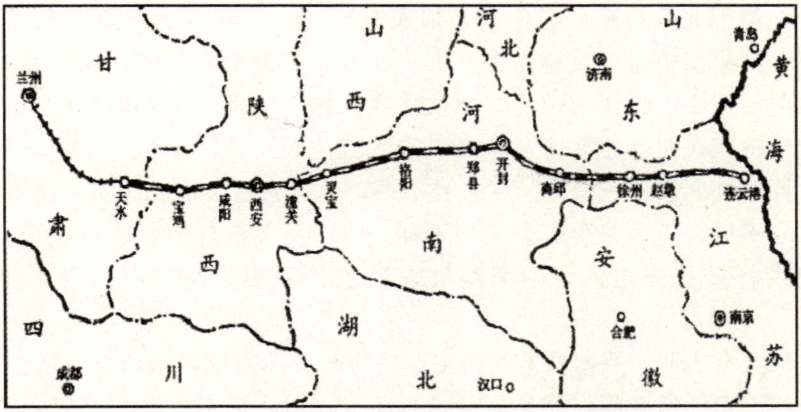

图 1-8 陇海铁路线路示意图

图片来源：郭海成：《陇海铁路与近代关中经济社会变迁》，西南交通大学出版社 2011 年版。

陇海铁路线横贯淮河流域东西，由最东端的大浦站起至郑州北站止，长约 565 公里，经过江苏和安徽两省北部，以及河南省东部。该路在淮河流域境内共设站 49 个，其中，陇海铁路干线 46 站，包括苏北地区的孙家山站、墟沟站、盐场站、猴嘴站、大浦站、新浦站、白塔埠站、曹浦站、牛山站、阿湖镇站、新安镇站、瓦窑站、炮车站、运河站、赵墩站、碾庄站、八义集

① 铁道部秘书厅：《铁道年鉴》（第 3 卷），商务印书馆 1936 年版，第 194 页

② 铁道部秘书厅：《铁道年鉴》（第 3 卷），商务印书馆 1936 年版，第 748—749 页。

站、大许家站、大庙站、大湖站、徐州站、铜山站、郝寨站；皖北地区的杨楼站、黄口站、李庄站、砀山站；豫东地区的杨集站、刘堤圈站、马牧集站、商丘站、小霸站、柳河站、民权站、野鸡岗站、内黄站、兰封站、罗王站、兴隆站、开封站、韩庄站、中牟站、白沙站、古城站、郑州南站及郑州北站[①]。台赵支线共有3站，即台儿庄南站、宿羊山站、车辐山站[②]。

四、淮南铁路：贯穿皖境南北

淮南铁路可谓因矿而生的典型。《铁路杂志》登载的一篇文章，对淮南铁路兴修的动因进行了阐述与总结："民十九年（1930）建设委员会张静江先生，为谋长江流域燃料之供给，成立淮南煤矿局，日产五六百吨，并敷设由矿址至淮河码头洛河镇之轻便铁道，长十八华里。由此路，该矿煤斤经洛河、淮河干道、津浦铁路而浦口，再转长江下游各埠，数经转折，既为津浦路运输能力所限，复受转辗多量之亏耗，成本甚重，难期发展，重以吾国南方燃料，向仰给于北方各矿，自中央政府奠都南京，长江流域工商业愈臻繁盛，人口集中，煤焦销量，日益增多。惟华北各矿类皆外资经营，权不在我，一旦非常时期莅临，长江一带将有断炊之虞，感于淮南煤矿于国计民生责任重大，益觉淮南铁路（自淮河南岸之田家庵直达长江裕溪口岸）有亟求实现之必要。同时皖北淮上一带，又复素号不靖，蕉符遍地，生灵涂炭，民不聊生。虽有大好平原，可事耕种，奈交通不便，农产品无法外销，非有铁路沟通江淮，民生将日益穷迫，为国家经济人民生计着想，斯淮南铁路之急于完成也。"[③]

这段文章表明，兴修淮南铁路主要是为解决淮南煤矿局的煤炭运输问题，缓解长江三角洲地区煤炭供给不足的危机。同时，淮南铁路的修筑还可以改善皖北、淮上一带交通不便的情形，有利于农产品外销，改善民生。

由张静江担任委员长的国民政府建设委员会拟议修筑的淮南铁路，初拟线路有两条：一由矿区至蚌埠与津浦路接轨；一由矿山经合肥、巢县而达长江边。"嗣经详细研究，通蚌铁路线路虽短，但须受津浦之限制，煤运仍不能

---

① 中国国民党陇海铁路特别党部：《陇海铁路调查报告》，编者1935年印行，第8—9页。

② 济南铁路局史志编纂领导小组：《济南铁路局志（1899—1985）》，山东友谊出版社1993年版，第107页。

③ 张善玮：《淮南铁路沿线生产交通情形及其业务发展之计划》，《铁路杂志》第2卷第8期，1937年2月27日，第43页。

自由发展，遂决兴筑通江铁路。”①

1930 年起，铁路勘测工作全面启动，先是勘测矿山经合肥、巢县而达芜湖对江的二坝，表明最初淮南铁路的通江港口是准备设在二坝的；至 1931 年 5 月，测量工作完成，矿山至二坝全线长约 215 公里，工程预算 841 万元。可是后来张静江并没有将港口设在二坝，而是选在离二坝并不远的下游的裕溪口②。

之所以选择裕溪口作为淮南铁路终点，是因为二坝水浅，大轮无法停泊，须建码头，费用大；而裕溪口水深，江水最浅时亦达 8 米，可停泊大轮。二坝至芜湖 10 华里，裕溪口至芜湖 20 华里，所增路程有限，但建设费用可省 60 万元。且二坝建码头，须增加土方 200 万方，势必延长半年始能通车。故而建委会同意以裕溪口为淮南铁路终点③。

对于淮南铁路的规划，国民政府铁道部却持反对意见。铁道部认为：淮南铁路“大部分与津浦京沪平行，……如淮南煤矿专线作运煤之外兼营客货运输，则淮河长江两流域之货，经由该线者势必甚多，津浦京沪沪杭甬诸路营业上必将大受影响，且各路所负外债甚重，若将来营业因受影响而趋于冷淡，则外债之偿还更属困难”④。

对于铁道部的反对，张静江进行了辩护。“一方面，修建淮南铁路的目的在于缓解京沪地区的‘煤荒’，而现有的运输线路实在是不足以满足淮南煤炭外运需要的，由此淮南煤矿的生产也势必受到影响；另一方面，他又向铁道部‘承诺’，‘该路纯为运输矿产而设’，专司运煤，不及其他客货运输。”⑤同时张静江还声明，该路经费“国库未能拨给，概系本会向各方抵借而来，所有本息，须由本会负责清偿”⑥。言外之意，该路非国库拨款，铁道部不应该“横加干涉”和“反对”。

而事实上，1932 年颁布的《铁道法》规定，铁道部拥有对全国铁路管辖和监督的权力⑦。因此，张静江的辩护和声明并非理由充分。已有的研究普遍

---

① 国民党中央党部经济计划委员会：《十年来之中国经济建设（1927—1936）》（上篇·第 1 章），南京古旧书店 1990 年版，第 43 页。

② 《民国二十四年三月十二日淮局呈文》（1935 年 3 月 12 日），《建设委员会档案》，档案号：23-24-10-(2)，中国第二历史档案馆藏。

③ 《民国二十四年三月十二日淮局呈文》（1935 年 3 月 12 日），《建设委员会档案》，档案号：23-24-10-(2)，中国第二历史档案馆藏。

④ 《文书：关于采矿事业案》，《建设委员会公报》第 37 期，1934 年 2 月，第 86—87 页。

⑤ 章建：《铁路与近代安徽经济社会变迁研究（1912—1937）》，合肥工业大学出版社 2015 年版，第 43 页。

⑥ 《文书：关于采矿事业案》，《建设委员会公报》第 38 期，1934 年 2 月，第 78 页。

⑦ 《铁道法》，《立法院公报》第 40 期，1932 年 8 月，第 95—96 页。

对张静江在淮南铁路修筑过程中发挥的重要作用给予充分肯定，也支持其反对铁道部的意见，但这显然与法相悖。铁道部最终让步，同意修筑淮南铁路，还是基于张静江所恃的“党国元老”身份。

图 1-9　淮南铁路全线示意图

图片来源：http：//www.huainanbang.comhuainanbangnews2018－5－67703.html。

1933 年，建设委员会以南京电厂、戚墅关电厂以及淮南煤矿局等为抵押，从上海银行团分两次共借款 670 万元①。1933 年 12 月，淮南铁路工程处成立，由程士范担任总工程师，全路分三段建设，第一段自矿区至合肥，第二段自合肥至巢县，第三段由巢县通往裕溪口②。首段工程全长 87 公里，1934 年 3 月动工，6 月底完成，12 月通车；第二段工程包括由田家庵至矿山的通淮段

① 《文书：关于采矿事业案》，《建设委员会公报》第 47 期，1934 年 12 月，第 96—97 页。
② 《淮南铁路开始动工建筑》，《铁道》第 5 卷第 10 期，1935 年 10 月，第 202 页。

和合肥至巢县段，前者约 10.5 公里，后者约 67 公里，1934 年 6 月兴工，1935 年 9 月竣工通车；第三段工程长约 50 余公里，1935 年 3 月兴工，年底完成[①]。1936 年 1 月 20 日，淮南铁路全线正式运营。

淮南铁路呈南北走向，全线位于皖北和皖中地区，自安徽省淮南煤矿区至芜湖长江对岸的裕溪口，共 215 公里。该路沿线共设有田家庵、大通、淮矿、水家湖、朱巷、下塘集、罗集、双墩集、合肥、撮镇、桥头集、烔炀河、中埠、柘皋河、巢县、林头、东关、铜城闸、沈家巷、裕溪口等 20 站[②]。

淮南铁路的修建，是近代淮河流域境内铁路建设的尾声。至抗日战争爆发前（1937），淮河流域境内的铁路交通分布格局如下图：

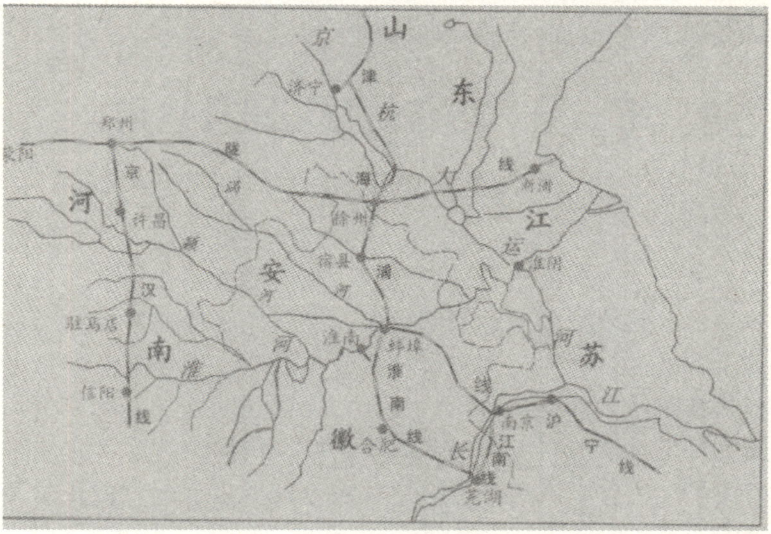

图 1－10　淮河流域铁路交通分布图

注：淮河流域内铁路不包括沪宁线和江南线。图片来源：张晓芳：《蚌埠城市历史地理研究》，复旦大学 2007 年博士学位论文，第 61 页。

根据上图所示，近代淮河流域各铁路的布局是，平汉铁路基本上是从淮河流域西部边缘过境，将豫东南的重镇郑州、许昌、驻马店和信阳等城市，与北平和汉口连成一体。津浦铁路位于淮河流域的东中部，跨越淮河流域的鲁、苏、皖三省，在长江对岸的浦口设站，或通过长江水运，或通过轮渡与

---

① 《淮南铁路已正式通车》，《皖事汇报》第 1—2 期，1936 年，第 20—21 页。

② 《淮南铁路现行行车时刻表》（民国二十六年四月一日起实行），《交通月刊》第 1 卷第 1 期，1937 年 1 月。

沪宁铁路连接，沟通了淮河流域与长江三角洲的联系。陇海铁路地处淮河流域的北部顶端，与最东端的海州港相接，使豫、皖、苏三省腹地与国内外的联系更为便捷。淮南铁路位于淮河流域南部，里程较短，但它将安徽的北部和中南部连接起来。近代淮河流域各铁路的布局不足之处是，一是铁路线分布呈现南北向居多，东西向偏少的局面；二是线路分布于淮河流域边缘多，处于淮河流域腹地少；三是铁路与港口的连接不足，虽然有海州港的开设，但时间上很迟，尚未形成对淮河流域的有效辐射。

综上所述，近代淮河流域内铁路的走向和布局并没有政府的整体规划，而是受当时政治、人为、工程和自然等多种因素的共同影响，其中以政治和人为等社会因素最重，自然和工程因素次之。

第三节　运营效益与路外致因

在近代中国，除了铁路的走向受社会因素的影响巨大外，同样为社会因素所左右的，还包括铁路的运营效益。现有的铁路史研究普遍认为，近代我国铁路的运营效益低下，入不敷出，究其原因也通常归结为铁路自身因素，如设备低劣、管理经营手段落后及腐败等。而事实上，已有的研究忽视了近代铁路运营效益的阶段性变化，无区别地强调铁路自身因素，对社会因素在特定时期的至关影响了解不够。即便如台湾学者张瑞德等已注意到路外军事、政治等因素对铁路运营效益的极大影响，但也只是就个别铁路而言。

本节对 1906—1937 年，平汉、津浦和陇海三路的客、货运量，营业收支与盈余数据进行了统计，并绘制了三路上述各项指标变化的折线示意图，发现这一时期三路的经营效益均经历了几乎一致的阶段性变化。1925 年之前，平汉、津浦和陇海三路的客货运营效益均呈现良性的、稳中有升的向上态势，但 1924—1930 年却呈现出向下的剧烈波动，而这一时期恰是军阀混战尤为频繁和猛烈的阶段。这表明，近代淮河流域各条铁路运营效益的变化，很大程度上受制于路外的社会因素，而非仅仅是路局自身管理的效率。至 1937 年，淮南铁路因正式运营时间仅一年有余，故不纳入本节考察范围。

一、“三路”客、货运量及其变化

铁路运量，即铁路运输的数量，包括客、货两类。客运以旅客人数或延人公里为单位，货运则以货物吨数或延吨公里为单位。其中，延人公里是指“将每旅客旅行里程加总而得，代表一条铁路之客运成绩”，延吨公里则是“将每一吨货物输送里程加总而得，代表一条铁路之货运成绩”①。因数据收集的问题，本书采用了旅客人数和货运吨数作为计量单位，分析各路客、货运量及其变化。

表 1-1　平汉铁路历年客、货运量统计表（1906—1937）

年 份	客运人数	货运吨数	年 份	客运人数	货运吨数
1906	1 418 037	1 258 655	1922	3 727 223	3 632 597
1907	1 600 717	1 244 529	1923	4 274 835	5 260 219
1908	1 732 733	1 375 244	1924	4 457 068	4 563 273
1909	1 886 817	1 619 878	1925	4 212 300	2 098 209
1910	2 165 837	1 919 031	1926	2 146 693	1 126 642
1911	2 147 586	1 854 370	1927	2 038 045	931 959
1912	2 187 691	2 079 509	1928	2 821 481	756 333
1913	2 671 243	2 418 746	1929	2 469 305	1 118 559
1914	2 766 393	2 178 835	1930	2 063 160	1 279 802
1915	2 728 532	2 457 898	1931	2 445 714	2 829 042
1916	3 115 940	2 659 646	1932	3 036 312	3 357 479
1917	3 383 067	2 928 196	1933	3 326 584	2 876 519
1918	3 598 788	3 145 805	1934	3 258 235	3 578 271
1919	4 023 458	3 658 748	1935	3 837 938	4 325 058
1920	3 720 536	3 683 908	1936	4 260 810	5 192 265
1921	3 531 734	4 183 463	1937	——	——

资料来源：交通部、铁道部交通史编纂委员会：《交通史路政编》（第 8 册），编者 1935 年印行，第 1 346—1 350 页；平汉铁路管理委员会：《平汉年鉴》，编者 1932 年印行，第 633 页。

① 张蕙：《铁路运输学理论与实务》，（台北）商务印书馆 1984 年版，第 83 页。

表 1－2　津浦铁路历年客、货运量统计表（1912—1936）

年 份	客运人数	货运吨数	年 份	客运人数	货运吨数
1912	1 709 331	578 326	1925	3 658 832	1 985 677
1913	2 278 272	87 710	1926	——	——
1914	2 929 698	968 135	1927	——	——
1915	3 358 094	1 345 461	1928	——	——
1916	2 914 188	2 147 429	1929	2 791 454	1 074 110
1917	2 764 684	1 983 814	1930	2 109 239	1 212 055
1918	2 600 528	2 315 832	1931	3 067 380	1 701 018
1919	2 709 862	2 661 782	1932	3 007 264	2 277 679
1920	3 210 240	2 895 050	1933	2 971 866	3 175 173
1921	2 751 661	3 545 650	1934	2 959 335	3 664 232
1922	3 090 974	2 921 413	1935	3 060 695	4 082 594
1923	3 996 463	3 036 091	1936	3 589 557	3 669 636
1924	4 104 738	2 755 013	1937	——	——

资料来源：交通部、铁道部交通史编纂委员会：《交通史路政编》（第 10 册），编者 1935 年印行，第 2 813—2 815 页；《历年运输成绩统计表》（1915—1932），津浦铁路年鉴编纂委员会：《津浦年鉴》，南京大陆印书馆 1933 年版，“第 2 编 3 章”；《表一：国有铁路运输概况》，《统计月报》第 32 号，1937 年 6 月，“统计资料”，第 63 页。

表 1－3　陇海铁路历年客、货运量统计表（1912—1936）

年 份	客运人数	货运吨数	年 份	客运人数	货运吨数
1912	414 838	163 679	1925	3 030 331	965 846
1913	473 542	192 864	1926	2 482 325	1 061 079
1914	533 872	246 384	1927	2 015 860	526 974
1915	529 973	284 405	1928	——	——
1916	563 516	392 028	1929	——	——
1917	558 786	469 412	1930	293 874	338 698
1918	592 697	393 407	1931	505 079	730 948
1919	767 811	491 652	1932	829 048	838 422
1920	888 604	478 763	1933	1 264 634	795 101
1921	890 440	728 448	1934	1 307 136	887 046
1922	917 131	494 486	1935	1 956 819	1 414 520
1923	2 024 210	1 119 071	1936	2 351 692	1 409 538
1924	2 478 213	1 109 614	1937	——	——

资料来源：《表一：国有铁路运输概况》，《统计月报》第 32 号，1937 年 6 月，“统计资料”，第 65 页；交通部统计科：《交通部统计图表汇编》（中华民国二年至五年），共和印刷局 1919 年版，第 113—114 页；铁道部总务处统计课：《中华国有铁路会计统计汇编》（1915—1929），编者 1931 年印行，第 152—173 页。

根据上表，绘制了“三路”客、货运量变化的走势示意图，如下：

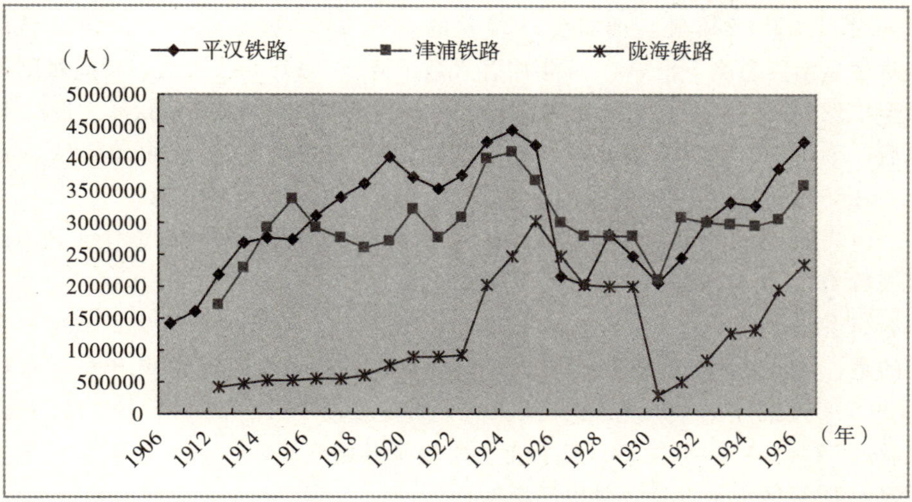

图 1-11　平汉、津浦和陇海三路旅客人数变化示意图

注释：1926—1929 年国有铁路客、货运量受政治剧变、军事干扰而缺失统计，示意图中旅客人数以相近年份的最低水平代替。

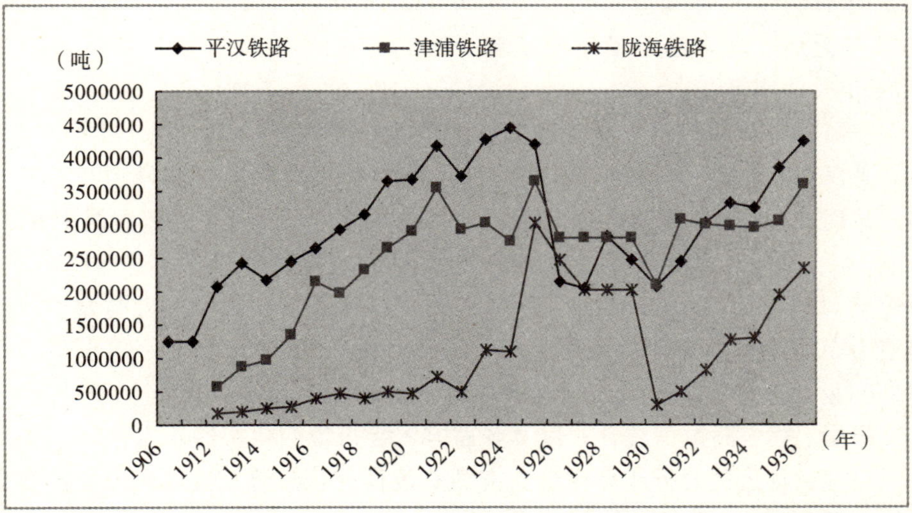

图 1-12　平汉、津浦和陇海三路货运量变化示意图

注释：1928—1929 年国有铁路客、货运量受政治剧变、军事干扰而缺失统计，示意图中货运量以相近年份的最低水平代替。

由表1-1可知，平汉铁路1906—1924年客货运量逐年递增，其中旅客人数从1906年的1 418 037人次，增加至1924年的4 457 068人次，货运吨数从1906年的1 258 655吨，增加至1924年的4 563 273吨。1925—1930年，该路客货运量出现急剧下滑，1926年旅客人数下降至2 146 693人次，货运量则下降至1 126 642吨，与1924年相比较，各跌去近42.96%和75.32%。1931年以后，平汉铁路客货运量又开始逐渐恢复，至1936年已达4 260 810人次和5 192 265吨，超过1924年时的水平。

由表1-2可知，津浦铁路在1912—1924年客、货运量均有增长，其中旅客人数1924年达4 104 738人次，货运吨数在1921年达3 545 650吨。1922—1924年则呈现徘徊状态。1925—1930年，虽然部分统计数据缺失，但可以肯定的是，这段时间该路客货运量出现双降，且幅度非常大，1930年旅客量仅2 109 239人次，比1924年减少近50%，货运量仅1 212 055吨，较1924年减少超过57%。1930年之后，该路客、货运量开始恢复，1936年旅客量已达到20年代的正常水平，货运量也逐渐接近。

由表1-3可知，陇海铁路1912年载运旅客414 838人次，货运量为163 679吨，至1924年客货运量水平均有大幅提升，分别达2 478 213人次和1 109 614吨。1925—1926年，客、货运量有波动，但并不明显。1927—1930年，该路客货运量出现双降，1930年达至最低点，客运为293 874人次，较1924年时减少近90%，货运为338 698吨，也较1924年减去70%。1931年之后，陇海路运量呈现反弹，1936年的客、货运量已接近或超过1924年时的水平。

三路中平汉铁路客、货运量最巨，陇海铁路最次。以1920—1924年为例，平汉铁路旅客人数常年维持在350万至440万之间，最高峰达445万之多；津浦铁路处在270万至410万之间，最高值为410万；陇海铁路则在47万至111万之间，最高峰为110万。货物运量方面，平汉铁路常年保持在360万吨至500万吨之间，最高水平为520万吨；津浦铁路为300万吨左右，最高值为350万吨；而陇海铁路仅为50万吨至100万吨之间，最高水平不过111万吨。

根据上述三路数据统计，以及各路客、货运量变化折线示意图，笔者发现三路客、货运量的折线呈现出共有的阶段性变化态势。具体来说，其变化整体上可分为三个阶段。

第一阶段是1906—1925年，三路客、货运量趋势基本均是向上递升，并在1923—1924年达到该阶段的最高水平。平汉铁路1924年的客、货运量相比1906年运营之初，分别增长314%和363%，陇海铁路1924年的客、货运量相比该路 1915 年的水平，则增长了 476%和 821%，津浦铁路 1924 年相对于 1912 年的客、货运量也分别增长了 240%和 476%；第二阶段从 1925—1930 年，其折线图显示三路的客、货运量均呈巨幅下降，甚至于三路某些年份的统计数据都没有记录，客、货运量减少的比例，与 1930 年与 1924 年时相比，平汉路减少 53.70%和 71.95%，津浦路减少 48.61%和 56.01%，陇海路则减少 88.14%和 69.48%；第三阶段，自 1931—1936 年，三路客、货运量都开始反弹，至 1935 年前后接近或超过 20 年代的水平。

二、“三路”营业收支、盈余及其变化

铁路营运收入、支出是铁路运营良弊的重要体现，特别是有无盈余更是直接反映了铁路的运营效益。

表 1－4　平汉铁路历年收支、盈余统计表（1906—1935）

单位：元

年份	收入	支出	盈余	年份	收入	支出	盈余
1906	7 283 074	2 233 957	5 049 123	1921	25 161 566	12 138 851	13 022 715
1907	8 177 560	2 740 885	5 436 675	1922	26 388 117	11 444 303	14 943 814
1908	9 693 358	3 330 181	6 363 177	1923	32 012 578	12 664 932	19 347 646
1909	11 026 412	3 459 041	7 587 371	1924	28 859 816	13 152 029	15 707 787
1910	12 134 476	3 609 999	8 524 477	1925	27 111 837	13 048 526	14 063 347
1911	11 311 536	3 642 043	7 669 493	1926	14 739 137	11 874 787	2 864 350
1912	13 630 036	4 233 701	9 396 335	1927	11 492 820	10 231 328	1 261 492
1913	16 366 675	5 119 804	11 246 871	1928	18 138 127	11 452 747	6 685 380
1914	15 012 203	5 800 621	9 211 582	1929	18 109 236	13 030 705	5 078 531
1915	17 141 095	7 120 173	10 020 922	1930	20 138 648	14 799 986	5 338 662
1916	20 466 622	7 027 542	13 439 080	1931	22 744 820	16 417 357	6 327 463
1917	18 750 636	7 009 226	11 741 410	1932	30 142 390	19 739 554	10 402 836
1918	23 822 621	7 977 854	15 844 767	1933	31 006 609	20 587 426	10 419 183
1919	26 313 681	9 060 474	17 253 204	1934	34 330 586	18 656 878	15 673 708
1920	25 827 213	10 320 780	15 506 433	1935	36 706 224	19 845 413	17 220 811

资料来源：张瑞德：《平汉铁路与华北的经济发展（1905—1937）》，（台北）“中央研究院”近代史研究所 1987 年版，第 14 页。

表 1-5　津浦铁路历年收支、盈余统计表（1912—1937）

单位：元

年份	收入	支出	盈余	年份	收入	支出	盈余
1912	4 684 826	——	——	1925	15 747 328	10 985 003	4 762 325
1913	6 514 635	2 684 495	3 830 140	1926	6 119 258	5 838 625	280 633
1914	7 468 804	3 995 382	3 473 422	1927	6 327 685	5 562 102	765 583
1915	4 376 149	2 660 419	1 715 730	1928	10 004 105	6 810 868	3 193 237
1916	10 188 976	5 121 879	5 067 097	1929	15 958 414	11 461 264	4 497 150
1917	10 560 945	5 378 013	5 182 932	1930	13 377 823	11 202 295	2 175 528
1918	12 603 359	6 334 726	6 268 633	1931	19 631 780	12 715 619	6 916 161
1919	14 101 983	6 819 051	7 282 932	1932	20 440 534	13 566 925	6 873 609
1920	16 155 459	7 646 963	8 508 496	1933	22 2060 24	16 412 994	5 793 030
1921	16 780 535	8 992 345	7 788 190	1934	2 591 970	17 481 803	8 437 367
1922	16 121 893	9 678 609	6 443 284	1935	——	——	——
1923	19 030 995	9 895 350	9 135 645	1936	——	——	——
1924	19 226 756	9 789 454	9 437 302	1937	——	——	——

注：1934 年数据为 1934 年 7 月 1 日至 1935 年 6 月 30 日之间的统计。

资料来源：《历年营业进款比较表》（1915—1931）、《历年营业用款比较表》（1915—1931），津浦铁路年鉴编纂委员会：《津浦年鉴》，南京大陆印书馆 1933 年版，“第 2 编第 5 章”，第 8—14 页；交通部统计科：《交通部统计图表汇编》（中华民国二年至五年），共和印刷局 1919 年版，第 119—123 页；《民国二十二年营业收支比较表》，铁道部参事厅第四组：《铁道年鉴》（第 2 卷），汉文正楷印书局 1935 年版，“插页”；铁道部秘书厅：《铁道年鉴》（第 3 卷），商务印书馆 1936 年版，第 953 页。

表 1-6　陇海铁路历年收支、盈余统计表（1907—1935）

单位：元

年份	收入	支出	盈余	年份	收入	支出	盈余
1907	329 559	111 926	217 633	1912	577 856	408 116	169 740
1908	293 589	288 066	5 523	1913	984 487	464 464	520 023
1909	317 248	990 958	－673 710	1914	1 105 752	606 426	499 326
1910	——	——	——	1915	1 156 155	531 733	624 422
1911	614 846	524 714	90 132	1916	1 286 794	568 290	718 504

（续表）

年份	收入	支出	盈余	年份	收入	支出	盈余
1917	2 964 481	1 505 063	1 459 418	1927	5 511 591	3 117 858	2 393 733
1918	3 006 239	1 730 513	1 275 726	1928	8 529 853	3 465 319	5 064 533
1919	4 249 903	1 777 438	2 472 465	1929	8 671 502	3 802 107	4 869 395
1920	4 578 698	2 114 624	2 464 074	1930	7 524 695	3 876 756	3 647 939
1921	4 853 521	2 112 615	2 740 906	1931	9 886 831	6 711 442	3 175 389
1922	5 581 748	2 429 110	3 152 638	1932	10 095 402	6 689 990	3 405 412
1923	6 118 273	2 806 301	3 311 972	1933	10 999 068	7 343 686	3 655 381
1924	6 837 783	2 809 904	4 027 879	1934	10 326 477	6 630 866	3 695 610
1925	7 866 923	3 350 047	4 516 876	1935	——	——	——
1926	7 180 433	3 356 351	3 824 082	1936	——	——	——

注：陇海铁路的收支数据，1907—1916 年为汴洛铁路的数据，1917 年后为陇海铁路（含汴洛段）的数据；1934 年数据为 1934 年 7 月 1 日至 1935 年 6 月 30 日之间的数据。

资料来源：交通部、铁道部交通史编纂委员会：《交通史路政编》（第 14 册），编者 1935 年印行，第 716—725 页；交通部统计科：《交通部统计图表汇编》（中华民国二年至五年），共和印刷局 1919 年版，第 119—123 页；铁道部总务司统计科：《中华国有铁路会计统计汇编》（1915—1929），编者 1931 年印行，第 109—117 页；铁道部总务司统计科：《民国二十一年中华国有铁路统计总报告》，编者印行，出版年份不详，第 25—31 页；铁道部总务司统计科：《民国十九年中华国有铁路统计总报告》，编者印行，出版年份不详，第 10—15 页；《民国二十二年营业收支比较表》，铁道部参事厅第四组：《铁道年鉴》（第 2 卷），汉文正楷印书局 1935 年版，“插页”；铁道部秘书厅：《铁道年鉴》（第 3 卷），商务印书馆 1936 年版，第 953 页。

由表 1-4 可知，1906—1925 年，平汉铁路的收入、支出和盈余都呈现递增的态势，1923 年收入超过 3 200 万元，支出增加至 1 266 万余元，盈余1 934 万余元。从 1926 年开始，该路营业进款明显下降，1927 年仅为 1 149 万余元，只相当于 1923 年的三分之一，而营业用款并没有明显下降，结果导致路局营运盈余的急剧萎缩，1927 年降至 126 万余元，只相当于 1923 年的十分之一还不到。1930—1935 年，平汉铁路的营业收入开始逐步回升，至 1935 年已超过 1923 年的水平，同时营业支出也超过 1923 年。1930 年路局盈余也缓慢反弹，1935 年已接近 1923 年的水平。

由表 1-5 可知，津浦铁路自运营以来营业收入稳步上升，至 1924 年达到 20 年代的最高峰为 1 922 万余元，营业支出也相应增长至将近 1 000 万元，盈余也逐年增加，1924 年达 943 万余元。1925—1930 年，津浦铁路营业进款减少，特别是 1926—1927 年降至 600 万余元，只相当于 1924 年的三分之一还不足，营业用款也有减少，但相对于收入而言占比较多，故致这两年该路盈余创历年最低，1926 年仅为 28 万余元。1931 年以后，路局的营业收入和盈余开始恢复，1932 年的营业收入已超过 1924 年的水平，但因营业用款居高不下，盈余却不及 1924 年。

由表 1-6 可知，汴洛铁路时期，陇海铁路的经营效益很差，每年的收入只有几十万元，最高也不过 61 万元，而营运支出很高，导致路局盈余为负值，1909 年亏损达 67 万之巨，几年的净收益也不能弥补。民元之后，随着陇海铁路的延展，路局运营收入和支出也呈现相应的快速增长，至 1925 年营业收入达 786 万余元，支出从 1912 年的 408 116 元增长至 1925 年的 3 350 047 元，因支出大大低于收入增长的速度，故路局的盈余在这期间增长非常明显，1925 年达 451 万余元。1926—1927 年，路局收入明显下降，而支出略有增加，至其盈余出现下降，但并不是很明显。1928—1934 年，路局收入又出现增长，至 1932 年已超过 1 000 万元，超越 20 年代的最高水平，但由于其营业用款也呈现激增，营业盈余没有增加，一直在 300 万至 400 万元左右徘徊。

由三路的经营效益折线示意图（如图 1-13、图 1-14 和图 1-15）可知，三路的收支和盈余与其客货运量在变动趋势上具有共同性，即在同一时期都呈现几乎相同的阶段性变化。比如，三路在 1924 年或 1925 年之前，无论是客货运量，还是收支与盈余均呈向上的态势，而 1926—1930 年都有明显的下

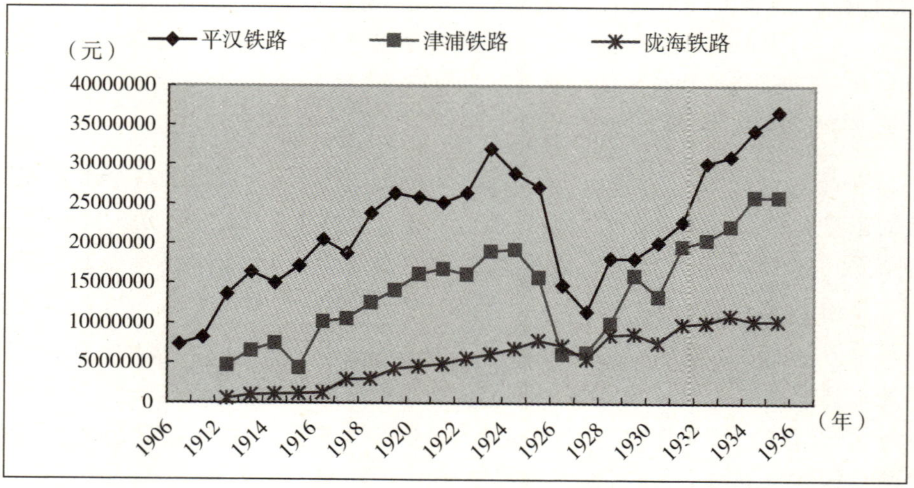

图 1-13　平汉、津浦和陇海三路收入折线示意图

注释：部分收入年份数据缺失，以其相近年份替代。

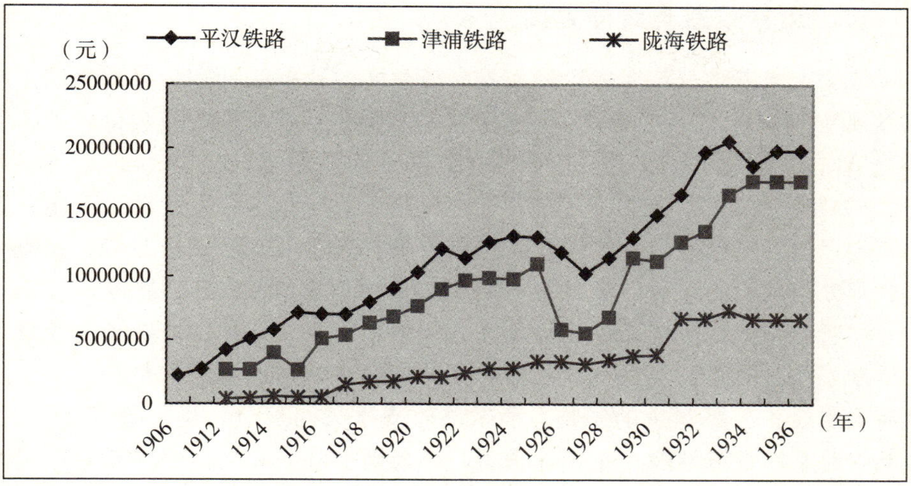

图 1－14　平汉、津浦和陇海三路支出折线示意图

注释：部分支出年份数据缺失，以其相近年份替代。

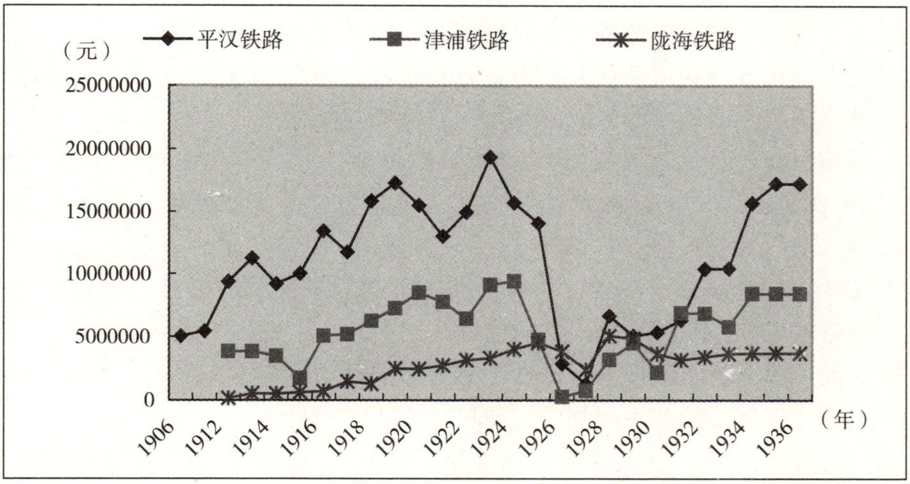

图 1－15　平汉、津浦和陇海三路盈余折线示意图

注释：部分支出年份数据缺失，以其相近年份替代。

降，只是支出方面下降不是那么明显，正因为如此，在收入减少的情况下，这一时期路局的盈余跌入谷底。1930 年之后，路局收支和盈余又重新走上向上发展的态势，与各路的客货运量变化走势完全相同。只是在这个阶段性的变化过程中，陇海路局收支和盈余变化并没有其他两路表现得明显而已。

三、运营效益与路外致因

依据上述三路历年客货运量、收支与盈余的数据统计和折线示意图，可以发现在1924年之前，平汉、津浦和陇海三路的运营状况比较良好，各项数值均呈向上发展的态势，这主要得益于铁路运量的上升。但1925—1930年（陇海铁路主要集中在1926—1927年）各路运营均产生较大波动，旅客人数和货物运量，也包括营业进款和铁路盈余呈现同步急剧下跌的趋势，在整个近代都处于最低的水平，至1930年以后各路的运营情形又开始好转。

尽管影响铁路运量、收支和盈余变化的因素众多，比如，客、货运量不仅受制于铁路沿线社会经济发展的水平，还受铁路客、货运输价格水平，以及有无水运和公路竞争的影响。而铁路收支不仅与运量、运价等密切相关，也与铁路基础设施维护、保养等相关，盈余则受收入和支出之间相对增减的直接影响。但像1925—1930年三路运营效益的猛烈剧变，还是不能用上述因素来解释的，因为正常情况下，这些因素的变化对于铁路运量、收支和盈余的影响还是比较温和的、有规律可循的，路方也会想办法予以纠偏，所以促动这一时期铁路营运效益变动的因素主要是来自铁路之外的社会因素。已有的铁路史研究，如张瑞德的《平汉铁路与华北的经济发展（1905—1937）》和笔者的《国民政府铁道部研究》也注意到这点，即1925—1930年影响铁路运营的社会因素主要是军阀混战。

军阀混战到什么程度呢？1930年《新思潮》上一篇文章是这样记载的："中国军阀的战争，已经继续了十多年，年年打仗，年年闹兵灾。就拿去年（1929）来说，湖南、江西、湖北、广东、河南、安徽，那一省没有经过几次以上的兵灾？全国二十一省，几乎没有一省逃开了混战的灾难，也就是几乎没有一省的群众，躲掉了军阀战争的蹂躏。"①

由此可见，淮河流域大部分地区都受军阀混战的影响，而直接冲击平汉、津浦和陇海铁路运营的军阀战争主要包括1922年的第一次直奉战争、1924年的第二次直奉战争、1925年郭松龄倒奉、1926年直奉联合进攻国民军，以及1926—1928年的北伐战争和随之而起的蒋、冯、阎、桂之间的争斗，1930年则演变为更大规模的中原大战。

这些军阀混战多半都发生在包括淮河流域在内的中原和北方地区，而铁路对于战争的重要性也使得这些战争基本都围绕着铁路线及城镇展开，直接或间接导致铁路运营的秩序混乱，铁路基础设施和车辆遭受严重破坏，许多

① 朱破云：《军阀混战成绩一览》，《新思潮月刊》第6期，1930年5月15日，第1页。

车辆还被征用从事军事运输，而军阀强索军事协饷更加剧了路局收支失衡和盈余减少。具体分述如下：

第一，铁路基础设施和车辆遭受严重破坏。关于破坏的情形，从几则史料中可以窥见。

第一则：1929 年 5 月《申报》报道的冯玉祥破坏平汉、陇海路情况。

平汉路南段冯军，自十四晚起命张允荣师将武胜关隧道炸毁，计北段毁十五公尺、南段五方公尺，并铁桥三座，信阳以北长台关铁桥亦经于十七晨被炸毁，离信阳二三十里双河桥于十六晨被毁，并将信阳站电线等截断。信阳以南，被毁之铁桥共有三座，一在东双河，一在李家塞，一在长德湾。东篁店以北至武胜关一段铁道亦被冯军破坏，平汉路北段漳河桥及附近三铁桥系十五（日）午被毁，交通完全断绝，并闻冯密令各师于退却时，将所过铁路桥梁及电线等物，尽行破坏。陇海路方面，杨集路桥十六日被毁，马牧集、刘堤圈间计破坏电杆八十五根，枕木一百八十六根，破坏地段三英里有奇，大小桥被炸各二座，刘堤圈以西十七里之铁桥十七晨四时破坏后，冯部铁甲车并发炮三响，遂退归德。自归德至马牧集一段，于十七晚计被毁桥梁二十八座，并将破车填置桥心，马牧集以东同时拆去铁路三里许，铁轨枕木、悉数携去，沿路电报电话杆拔去约十余里，十七（日）起陇海客车已在归德被冯军扣留。[①]

第二则：1929 年 6 月《申报》载铁道部公布的冯军破坏陇海路的损失统计。

（甲）电线方面。开封至刘堤圈间，毁坏多处。归德以东被拆去线路长七法里半，该处业已着手修复，应需之材料计分六项：（一）八法尺长之电杆二百根（二）电话机十全副（三）两向换线器十只（四）勒格浪式电瓶一百只（五）十分之九米立皮线五卷（六）二米立之白铁丝十卷。（乙）桥架方面。开封及徐州间，在第六六法里至二五六法里计长一九零法里间三十法尺，十五法尺钢桥架均被毁坏，计被毁或取去之桥架数目如下：（一）三十法尺桥架十四座（二）十五法尺桥架五座（三）十法尺桥架七座（四）七法尺半桥架一座（五）四法尺桥架一座（六）三法尺桥架二座（七）二法尺半桥架五座。[②]

① 《冯军在豫之行动》，《申报》1929 年 5 月 21 日，第 2 张第 5—6 版。
② 《陇海路被破坏情形》，《申报》1929 年 6 月 6 日，第 2 张第 6 版。

第三则：1928年《银行月刊》载津浦铁路损失列表。

（一）路轨。（工务处报告）估计损失金额洋一十五万八千七百三十七元四角六分。内韩庄至浦口间计损失钢轨二二一条、鱼尾板一一五三条、鱼尾螺丝六四七二个、道钉六二五八〇个、枕木一二七四二根、辙岔一七付、尖轨三〇条、扳机一六具、尖轨轴九条。又济南至韩庄间计损失钢轨一一四条、鱼尾板九四七条、钩板四九七块、垫板三一四六块、鱼尾螺丝五八五一个、枕木螺丝二九五一九个、道钉七九二五个。又其它损失枕木七九五八根、辙岔六付、石橛二处。（二）桥沟涵洞。（工务处报告）估计损失金额洋一十五万一千五百三十九元四角二分。（黄河桥未列在内）计韩浦总段毁坏甚重之桥梁十三座、微遭损坏之桥梁七座、其余零件损失甚多，不及备载。又济韩总段毁坏甚重之桥梁三座、微遭损坏之桥梁八座。（三）车站房屋。（工务处报告）估计损失金额洋九万七千二百七十四元一分。计韩浦段各房屋各项装造，因军事期间或被窃取，或遭拆毁，或经流弹，损失甚多。（四）厂站房屋。（工务车务两处报告）估计损失金额洋六万五百二十五元。计工务处报韩浦及济韩两段损失二万五百二十五元，情形与三项略同。又车务处报告，浦口五号、十二号货栈均被敌军焚毁，损失洋四万元。（五）办公房屋。（车务处报告）驳莲装卸货栈各公事房损坏，估计损失金额洋六千元。（六）员司住房。（工务处报告）估计损失金额洋三万七千零二十三元二角二分，情形与三项同。（七）机厂机件。尚无重大损失。（八）机车。（机务报告）损失机车八十三辆，估计损失金额洋六百六十四万元。计南段损失二十八辆，北段损失五十五辆。（九）客车。（机务处报告）损失车辆三百十五辆，估计损失金额洋六百五十九万五千元。计南段损失一百六十六辆，北段损失一百四十九辆。（十）货车。（机务处报告）损失车辆一千零五十八辆，估计损失金额洋四百二十二万元。计南段损失三百七十六辆、北段损失六百八十二辆。（十一）电报电话。（车务处报告）估计损失金额共洋二万五千九百三十三元。计电线二万四千六百四十磅，值洋二千二百元。电杆二百四十根，值洋二千五百六十八元。电机一百十二部，值洋二万一千一百六十五元。（十二）电气路签。（车务处报告）计损失十九对均全付，估计损失金额洋六万七千元。（十三）各种材料。（机务处报告）估计损失金额洋三十万零六百六十元三角四分。（十四）转盘。此项尚无损失。（十五）水塔。（工务处报告）计蚌埠站水池水柜、张夏站水塔顶、均被流弹击穿、估计损失金额洋二百八十五元。（十六）码头。（工务处报告）计浦口下关间趸船码头栈桥上之揽木护木及木板、木栅等或被窃取，或被毁坏。又钢板及铁篷顶被流弹击损，估计损失金额共洋二万一百三十八元。（十七）船只。（车务处报告）估计损失金额洋八万一千元。

计军队扣去轮船二只，值洋七万五千元。又因战事损失坏木船二只，值洋六千元。（十八）其它一切设备品。（工务车务机务三处合报）估计损失金额共洋一十六万五百四十六元六角四分……总共损失金额，洋一千八百六十二万一千六百六十二元九分。①

上述几则史料表明，军阀们为战争需要，不光破坏铁路基础设施，还使路局车辆受损严重，表 1－7 对平汉铁路 1924—1930 年的各种车辆状况进行了粗略统计。

表 1－7　平汉铁路各种车辆一览表

年份	机车数	挽力（公斤）	货车数	货车吨位	客车数	座位数
1924	229	2 732 553	3 924	107 495	317	10 955
1925	229	2 732 553	3 924	107 320	317	12 709
1926	229	2 732 553	2 745	74 150	183	5 714
1927	229	2 732 553	1 430	38 610	147	5 023
1928	105	1 853 193	1 956	52 803	232	8 115
1929	149	1 778 557	1 384	30 029	172	7 085
1930	180	2 005 310	3 246	87 150	229	7 169

资料来源：交通部、铁道部交通史编纂委员会：《交通史路政编》（第 8 册），编者 1935 年印行，第 1 137—1 140 页；《本路历年运输能力比较表》，平汉铁路管理委员会编：《平汉年鉴》，编者 1932 年印行；平汉铁路管理局：《平汉铁路统计年报》（1934 年上半年份），编者印行，年份不详，第 16—20 页。

数据表明，1926—1930 年，该路的机车与客、货车辆数锐减，其中机车数量从之前的 229 辆，减至 1928 年的 105 辆，降幅达 54%；货车数量和吨位则从 3 924 辆、107 495 吨减至最低的 1 384 辆和 30 029 吨，降幅达三分之二；而客车的数量和座位也有超过二分之一的降幅。

而同期的津浦路车辆也是损失严重。1928 年时，路局总计有机车 171 辆、客货车 2 346 辆，但蒋冯战争期间路局损失机车 45 辆、客货车 843 辆，尚余机车 126 辆、客货车 1 503 辆，其中，机车损坏的有 53 辆，客货车损坏的有 468 辆，因而可用机车仅 73 辆、客货车 10 35 辆。此后陇海和津浦两路成立军事运输司令部，陆续由司令部调用及各军扣留的，计机车 48 辆、客货车 874 辆，加之在厂修理的机车 49 辆、客货车 336 辆，各工程材料占用机车

① 《津浦铁路之军事损失》，《银行月刊》第 8 卷第 8 号，1928 年 8 月，第 21—23 页。

3 辆、客货车 50 辆。最后，路局真正能运用客货运输的机车，计大号机车 15 辆、小号机车 11 辆、客货车 205 辆①。

第二，铁路车辆多被征用从事军事运输。近代以来，因政治混乱，常有军事战争，所以各条铁路承担的军事运输向来所占比例都比较高，但在 1925—1930 年这一比例异常高起。

在平汉铁路，据统计 1919—1924 年客运中军运的比重，平均已达 22.09%，但到 1925 年这一比例一下子上升至 34.03%②，即该路超过三分之一的客运是输送军人。而 1925 年还不是军阀斗争的高潮，1926—1930 年的北伐战争和中原大战接踵而至，使平汉路的军运更加频繁，军阀为保障其军事行动时的需要和方便，强行征用铁路机车和客货车辆。

1926 年春，该路被国民军扣留客货车辆达 1 300 余辆，机车 30 辆③。1928 年，武汉的国民革命军入豫北伐时，平汉线郑县、郾城一带破坏不堪，尤其以 5 月间奉军溃退时，沿路败坏更甚。奉军退出关外时，扣去机车 76 辆、煤水车 74 辆，客货车 2 300 余辆，几乎扣去中国所有车辆之半，以致平汉铁路中、北二段空空如也。据报道，平汉路原有车辆 4 000 余辆，除各军扣去之车辆外，尚有 1 400 余辆，其中仅 100 辆可供使用④。

国民政府铁道部成立初期，经部长孙科的多次交涉，各地军阀归还了平汉路的部分车辆，但未能根本解决问题。1929 年蒋冯之争时，平汉铁路北平至顺德一段仅存机车 27 辆、客车 97 辆、货车 573 辆，货车大多被军方占用，许多机、客车的状况不良，结果造成几无车可用的局面⑤。据铁道部公布的数据，1929 年 11 月，平汉路共有机车 104 辆，军用 53 辆，客车共 108 辆，军用 48 辆，货车共 1 511 辆，军用 920 辆⑥，军用上述三类车辆分别占比 51%、44%和 61%，较 1924 年占比蹿升 2 倍及以上。1930 年中原大战期间，平汉路再遭践踏，该路机车 40 辆、客货车 738 辆为军队扣用⑦。

在津浦铁路，据铁道部公布的数据，1929 年 11 月，津浦路共有机车 45 辆，军用 12 辆，客车共 106 辆，军用 12 辆，货车共 793 辆，军用 279 辆，军用上述三类车辆分别占比 27%、11%和 35%。1930 年中原大战期间，津浦路

---

① 《津浦铁路最近将来之希望》，《津浦铁路月刊》第 1 卷第 2 期，1930 年 11 月 30 日，“论著”，第 5—6 页。

② 严中平：《中国近代经济史统计资料选辑》，科学出版社 1955 年版，第 210 页。

③ 章勃：《内战中铁路的状况》，《现代评论》第 4 卷第 88 期，1926 年 8 月，第 10 页。

④ 平汉铁路管理委员会：《平汉年鉴》，编者 1932 年印行，第 640 页。

⑤ *Kin Han Line Faces Bankruptcy*，The Chinese Economic Bulletin，1929.7.13，p24.

⑥ 《各路最近机车客车货车数目表》，《铁道公报》第 20 期，1929 年 11 月 30 日，第 104 页。

⑦ 陈晖：《中国铁路问题》，商务印书馆 1955 年版，第 10 页。

被征作军运的车辆大增，至11月战争结束前共有机车28辆，客货车560余辆[①]。在陇海路，共有机车42辆，军用19辆，客车共58辆，军用17辆，货车共960辆，军用735辆，军用占比分别为26%、29%和77%[②]。

第三，军阀强索军事协饷导致路局收支失衡和盈余减少。军事协饷，即是军阀为筹措军费，向路局强制摊派的军费，近代以来平汉等路均有巨额的军事协饷负担，而以1925—1930年尤为突出。

1920年，直鲁豫巡阅使吴佩孚先于平汉铁路南段设立监收处，劫取路款。此后冯玉祥、石友三和阎锡山等人纷纷效仿，向路局强取协饷。据北洋政府交通部1925年2月提交的"交通行政权统一案"中称，交通收入之任意为军阀所提取，京汉路每年提额即达千万元之巨[③]。其中单就军阀吴佩孚一方，自1919年进入洛阳至1924年，就从路局获得军费达680余万元[④]。1928年，国民政府铁道部成立前后，军阀任意提取路款的情形依旧很严重，铁道部长孙科在一次记者招待会上指出，平汉路在旺月收入不过150万元，而每月必需的经费110万元，所余已属无几，在该年四月以前，所供各军协饷计第二集团军50万元，第三、第四集团军各35万元，共计每月需120万元，以致路局员司薪俸亦且无着，遑论整理[⑤]。而1928年8月至11月，各集团军从平汉铁路提用路款295万元[⑥]。1928年6月至1929年6月，该路共支付军事协饷达619.2万元[⑦]。

津浦和陇海两路也承担了一定的军事协饷。1922—1928年，津浦路局分别向直鲁豫巡阅使署、四省（苏赣鲁豫）剿匪司令、奉系军阀、东三省宪兵司令、东北陆军执法处、山东军阀、直鲁联军张总司令、山东兵工厂等军队和军事机关提供过巨额军事协饷。具体而言，1922年7月至1923年，共向直鲁豫巡阅使署提供军事协饷220万元；1924年，津浦路局每月向苏赣鲁豫剿匪司令提供协饷6 180元至6 183元，至1925年共计86 550元；1925年，奉系军阀和山东军阀分别从津浦路摊派80万元和45万元，此后直鲁联军于1926年向该路摊派32万元；1926—1927年，津浦路局还向山东兵工厂提供71万元协饷。至1928年6月，路局共支出军事协饷高达1 080万元，这还不

---

① 《津陇两路清算车辆》，《申报》1930年10月28日，第2张第8版。

② 《各路最近机车客车货车数目表》，《铁道公报》第20期，1929年11月30日，第107页。

③ 叶恭绰：《遐庵汇稿》，（台北）文海出版社1968年版，第32页。

④ 吴佩孚先生集编辑委员会：《吴佩孚先生集》，编者1960年印行，第316—317页。

⑤ 《铁道部公函第367号》，《铁道公报》第4期，1929年3月，第108页。

⑥ 《国民政府铁道部呈第39号》，《铁道公报》第2期，1929年1月，第82—83页。

⑦ 《铁道消息·一年来华北铁路之协饷》，《铁道公报》第10期，1929年9月，第142页。

包括1925年以后津浦铁路南局向各军拨付的款项①。蒋冯混战时期，冯军强索平汉和陇海两路路款，据报道1929年每月合计80万元②。

军事协饷具体占各路进款之多少，没有明确的统计。据宓汝成先生的研究，1925—1930年铁路军事协饷占营业进款的比率分别为18.3%、26.8%、67.6%、21.79%、20.42%和43.08%③。由此可见，铁路每年平均超过30%的营收要用于支付军事协饷，这无疑会导致路局收支失衡。

军阀混战所引发的毁路、征用车辆、强提路款充济军饷，彻底将淮河流域三路的经营秩序打乱。因为路毁，列车不得不停运；而车辆被征用，客货无法运出，商旅裹足，积货成山；又因为路款被强提，路局支出剧增，盈余锐减。描述路局此类困境的报道屡见报端："（1928）奉直鲁军退却之际，运去（平汉、陇海和津浦各路——作者注）车头三百余，车亦四千余辆。假使东省因公需用，或竟供商民需要，则同是国民，同是国家之物，何有畛域之分？无如堆积沈阳，如同废弃、机件停滞、损坏堪虞，而关内商民希望恢复交通，有如大旱之望云霓。现在名为交通已经恢复，而平奉、平汉、陇海、津浦各路车辆，无不异常缺乏。商货运输困难万状，有路无车，货物不能流通，金融因而阻滞，商业上之损失固极巨大，国税上之收入亦因而减少，病国病民，莫此为甚，请设法放还。"④ 这是1928年10月全国总商会临时代表大会，向国民政府呈文表达他们对直鲁联军破坏铁路、征用车辆的不满。

"阎逆锡山自十七年（1928）秋投机加入本党（系指中国国民党——作者注）后，种种罪恶，罄竹难书。两年以来，在平汉平绥两路提取协饷、扣留车辆，几于无日无之，致两路财政濒于破产。据现已报告者，由平汉平绥两路提去协饷共约五百五十余万元，又平绥正太两路自十七年十二月起，至去年七八月止，共亦不下四十万元，未报告者尚不在内。至其数年来沿平汉路所扣留之车辆，为数已达数百辆以上，始终未还路局，致令平汉铁路之交通日趋衰落，无可整顿。总之，阎逆盘踞北方，强占平汉平绥两路，视同私产、目无国家、弁髦法令。更复纵容军队，擅卖车皮，晋煤运输，强制减价，以饱私囊，以致平汉平绥等路营业一落千丈。按平汉路往昔每年营业进款至少在三千万元以上，而去年全年进款不过一千万元左右，平绥路昔时进款亦在九百万元以上，而去年尚不足五百万元。阎逆最近又扣留津浦北段通车及各

① 《本路历年拨付直鲁奉等军队协饷及军事机关用款数目清册》，《津浦铁路公报》第24期，1929年，第1—8页。

② 《孙良诚已回潼关》，《申报》1929年10月5日，第3张第9版。

③ 宓汝成：《帝国主义与中国铁路（1847—1949）》，经济管理出版社2007年版，第402—403页。

④ 《全国商会临时代表大会昨日闭会》，《申报》1928年10月28日，第4张第13版。

次客车，以输送军队，并监视电报，劫持路务，德州以南之路轨及铁桥亦被炸毁，其破坏交通之罪恶，较之冯（玉祥）唐（生智）实又过之。”[①] 这是1930年4月中原大战爆发前，国民政府指责阎锡山破坏铁路交通的恶行。

“汉平（平汉）一路最近情形更属迫于眉睫，该路自去年（1928）六月起至本年（1929）二月上旬止计八个月零十日内共收入客货运费8 975 415元，连同一切附加捐项及杂项收入共计11 279 266元，平均计算每月客货收入为1 077 049元，每月总收入为1 341 511元。期间总支出12 951 119元，收支两相比较已短收177万余元。皆由该路局向来往银行透支填补，但现已到透支项额，无法再借。而此期间之支出如薪饷方面，已积欠四个月未发；在材料方面除煤斤欠款不计外，工程修理亟待举筹者计350万元；即以协饷而论久属强弩之末，曷尝能照原定120万元之数拨付，在军事当局方面则坐催强索，而路方面久已罗掘俱空，杀鸡求卵，终亦两败。然此种种尚就冬季旺月而言也，现已出正自春去夏向属淡月，预计嗣后收入更将锐减，而该路必须薪饷及行车用料最少限度仍须100余万元，又况该路钢轨枕木十余年来未能依法补换，沿线桥梁则自军事破坏以后仓猝修复多属便桥性质，春潮涨发毁塌堪虞。兹据该局长呈称，春潮涨发转瞬即届，非速筹350余万修换桥梁、钢轨、枕木等项，则行车往来将发生极大危险，此项紧急工程经费急待筹拨，倘仍依照原定协饷之额强行提拨，出入不敷岂能无中有生……”[②] 这则是1929年2月铁道部向军政部咨文，阐述巨额军事协饷给平汉路带来的困难。铁道部希望“从本月（1929年2月）起至编遣区成立日止，所有汉平路负担各军协饷暂照原定数目一例减支半数”[③]。

正因如此，1925—1930年才会出现三路运量、收支和盈余剧烈向下波动的情形。通过以上对1912—1937年，平汉、津浦和陇海三路的客、货运量，营业收支与盈余的变化情形的数据统计和折线示意图的分析，笔者发现这一时期三路的运营效益经历了几乎一致的阶段性变化，即1912—1924年三路处于“良性”上升期，1925—1930年是急剧“恶化”期，而后则呈现温和的回升，并有超越20年代初期的趋势。这至少表明两个问题：一是近代我国铁路运营效益并非始终如一的“低下”，也有相对“良性”的发展时期；二是近代铁路运营效益的变化很大程度上受制于路外的社会因素，而非仅仅是路局自身管理的效率高低。

---

① 《我们为什么要讨伐阎逆锡山》，《申报》1930年4月7日，第4张第16版。

② 《铁道部咨391号》，《铁道公报》第4期，1929年3月，第102页。

③ 《铁道部请减汉平路协饷》，《南浔铁路月刊》第7卷第3期，1929年4月1日，“专载”，第1—2页。

第四节　交通网的更新

在铁路时代到来之前，淮河流域交通是以传统的河运和驿路为主，木帆船与马车是主要交通工具。铁路的到来，削弱了传统交通的地位，引发轮船、公路和港口等新式交通的发展，形成新旧交通互补局面，促成区域交通运输网络的不断更新和重塑。

一、铁路时代之前的交通

铁路出现之前，传统河运和驿路陆运是淮河流域交通体系的构成，河运集中于淮河干支流和运河，陆运则由传统的驿路和商路构成。

淮河干支流和运河是淮河流域水运交通的主要载体。淮河干流发源于河南省桐柏县西南的桐柏山脉，向东先后经过桐柏、信阳和息县，由三河尖进入安徽境内。三河尖以下至正阳关，颍河、淠河在此相汇。正阳关以下淮河向东北流，经硖石口至怀远荆山口，涡河自西北在此入淮。又东经蚌埠、长淮卫、临淮关至五河县，浍河在此入淮。五河以下，水路渐宽，池河自西南定远、明光而来入淮。淮河经江苏盱眙入洪泽湖，与黄河、运河汇合，最后至扬州的三江营入长江，全长 1 000 公里。淮河流域全段，以淮源（桐柏山）至豫皖两省交界的洪河口为上游，洪河口至洪泽湖出口的三河闸为中游，洪泽湖以下为下游[①]。

淮河两岸支流众多，南岸支流发源于桐柏山区、大别山区和江淮丘陵区，水量丰沛，源短流急，较大支流有浉河、史河、淠河、东淝河和池河；北岸支流水系较多，且较为庞杂，主要包括汝河、颍河、西淝河、涡河、北淝河、浍河、沱河和濉河等。其中，颍河是淮河最大的支流，它源远流长，上游支流众多，周口镇（今周口市）以上有三源：主流的源头在中岳嵩山的西南，向东南流至周口镇。北源贾鲁河，发源于荥阳与密县交界处的大周山，与源于嵩山东麓的双洎河汇合至周口镇入颍河，长 246 公里；贾鲁河在郑州以北一段距黄河南堤很近，黄河南堤决口，常借贾鲁河的河道流入淮河，因而它成了黄水侵淮的重要线路之一。南源沙河，发源于鲁山县西尧山，向东流与北汝河相汇，至商水（县）周口镇入颍河。颍河过周口镇向东南在安徽阜阳

① 主要参见水利部淮河水利委员会《淮河志》编纂委员会：《淮河志·第 2 卷·淮河综述志》，科学出版社 2000 年版，第 87—97 页。

接纳泉河、茨河，经颍上至正阳关附近入淮河[1]。

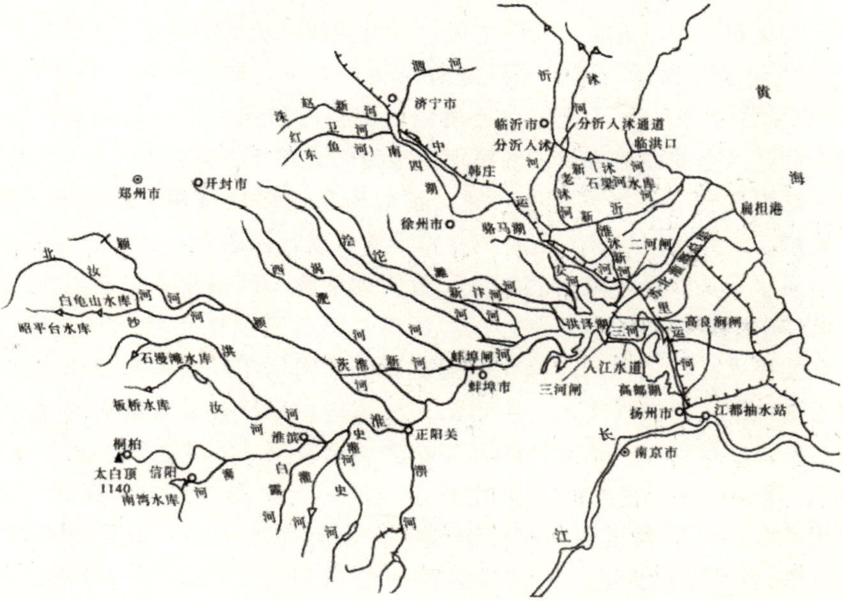

图 1-16 淮河流域水系示意图

图片来源：杨邦柱、郭振宇：《中国水利概论》，黄河水利出版社 2009 年版，第 86 页。

淮河干流桐柏至信阳段因河道狭窄，水道较浅，无法通航；长台关至息县，可通竹排木筏。“息县以下，舟楫颇盛，直达正阳关。贩盐木商，夏秋间，结队往返。其支流史河，以固始东门外为船舶聚集至埠，下达三河尖，与淮河会。”[2] 淮河干流经三河尖入安徽境内，沿干流河道至苏北盱眙港，常年可通商船。沿淮而上各支流或可通小舟和木筏，主要支流还可以通行商船。清代时期的淮盐即是通过淮河干支流行销沿淮各州县。

作为淮河的主要支流，颍河四季均能通航。船运货物溯淮河而上至正阳关，经颍河可至周家口、西华和临颍等地；或由周家口入贾鲁河，可通扶沟县；由沙河则可至郾城、襄县和邓县。颍河水运最繁盛的是在秋季，“安徽正阳关、蚌埠挽舟自界首泝流而上，阜阳、太和之船最多，由安徽阜阳之沈邱集来者，视隔省如近邻，船名对连划，一船可分为两截，体轻而易转”[3]。由颍河外运的本地产品主要有麦、大豆、芝麻、高粱、西瓜及西瓜子，从河南

① 锡荃、苏法崇、梅安新：《中国的河流》，商务印书馆 1995 年版，第 130 页。

② 马茂棠：《安徽航运史》，安徽人民出版社 1991 年版，第 231 页。

③ 林传甲：《大中华河南省地理志》，商务印书馆 1920 年版，第 156 页。

周家口镇经颍河运往淮河下游的货物有铁、烟草、药材、杂货等。由镇江运至正阳关，再由颍河运往上游各地的货物有布、药品、杂货、石油、砂糖等。故颍河流域有“十里五十只船”之说，可见颍河水运较为旺盛[①]。

19世纪中叶以后，贾鲁河濒遭黄河决口影响，同治七年（1868）六月，“黄河决荥泽十堡”后，黄河浊流漫溢，贾鲁河淤塞，到光绪八年（1882），河道淤淀，豫东的商业重镇朱仙镇街市被淹。光绪十三年（1887），贾鲁河再遭黄河泛流的侵夺，淤塞更为严重，清政府虽有多次疏浚，但成效不明显，终至光绪二十六年（1900）贾鲁河舟楫不通，航运停滞[②]。

运河水系是淮河流域南北水运交通的大动脉，运河水系包括山东南部与江苏北部的中运河、里运河和通扬运河等。中运河自北运河济宁以下，经韩庄、台儿庄入江苏境内，过徐州、宿迁而至淮阴杨庄，山东南部的煤产品主要就通过该段运河向外输出。中运河在江苏境内以宿迁至淮阴段为主干，全年可通航，水运繁忙，所运之物品以小麦、金针菜、花生、酒、煤炭等项为最多[③]。里运河在杨庄与中运河衔接，经淮阴、淮安、宝应、高邮、邵伯、扬州南入长江。这条运河的行经路线，古今有很大变化，但它始终是一条沟通江淮水运的重要运道。通扬运河西起扬州，东经江都、泰州、泰县，达于海安与串场河交会，又南经如皋，止于南通。它初为运盐而凿，古称盐河[④]。

19世纪中叶以后，山东和苏北运河因经常受黄河泛流影响已开始衰落，1855年黄河大堤崩决，彻底断绝山东临清至韩庄段的运河通航，东南沿海省份的漕粮不能再从京杭运河运至京师，只得改为海运。1901年，清政府又颁布停漕令，漕运遂改用招商局轮船进行海运，再转火车运京仓，河漕基本全废，河运的地位走向衰落。

山东南部与苏北的沂沭泗水系，在1855年之后因黄河夺淮之缘故而与淮河水系一分为二，成为独立水系，但与鲁南和苏北的运河形成互通，也属于广义上的淮河流域。

淮河流域的陆路交通由驿路和商路构成。驿路在清季称官马大路（亦称国道）和官马支路（亦称省道），简称官路，包括官路及其支线，是京师通往各省省会及各省内主要城镇之间的道路，承担传递重要的军事信息、公文以及通商的重任。

---

① 马茂棠：《安徽航运史》，安徽人民出版社1991年版，第223页。
② 张圣城：《河南航运史》，人民交通出版社1989年版，第179—180页。
③ 实业部国际贸易局：《中国实业志·江苏省》，编者1933年印行，第155页。
④ 郭孝义：《江苏航运史——近代部分》，人民交通出版社1990年版，第10页。

清代淮河流域是京师至江南、湖广驿路必经之地。至江宁府有东路、中路和水路三条：东路是由京师经山东沂州（今山东临沂）、郯城入江南界，经运河以东宿迁、淮安、扬州等地至江宁府；中路由京师至徐州府，由徐州南下经宿州、固镇、凤阳府、红心驿（今凤阳县东南红心镇）、滁州至江宁府；运河水路自京师南下经徐州、宿迁、淮安至扬州入长江，沿江而上可至江宁府。其中，京师至江南驿路的中路由宿州向西经永城、归德府（今河南商丘）有支路可通开封府，由红心驿向西南可经定远、庐州府（今安徽合肥）、桐城至安庆府。

京师至湖广驿路，自汲县卫辉驿分道南行，经新乡县新中驿、获嘉县境亢村驿，过黄河后经开封府荥泽县广武驿、郑州管城驿、新郑县郭店驿、新郑县治永新驿、许州长葛县石固驿、许州马驿、临颍县马驿，郾城县马驿、汝宁府西平县马驿、遂平县马驿、确山县马驿、明港驿、信阳州马驿，出省境至湖北应山县观音店驿。以达湖北省城武昌府江夏县将台驿计算，京师至江夏共设 45 驿，路程 2 690 里。自江夏南行至湖南省城长沙府长沙驿，京师至长沙共设 60 驿，路程 3 590 里。自长沙西南行达广西省城桂林府临桂县东江驿，京师至桂林共设 71 驿，全程 4 659 里[①]。

各省省城也设有官路支线通地方重要都市，豫东南的淮河流域范围内就有开封至商丘、开封至濮阳、开封至许昌及开封至汝州等官路支线[②]。除上述沿淮主要官路外，淮河流域内各州县之间还有铺递路，以州县为中心向四方延伸。

淮河流域内的商路分东西和南北两个走向，南北走向的商路与官路基本相同。东西走向的商路即是从淮扬至豫东南，分为两条，“一路自淮安经凤阳府、颍州至汝宁府、陈州，其中由凤阳分路西北经怀远、蒙城沿涡河河岸有陆路可至亳州，由颍州分路向西北沿沙颍河而上经陈州及沙颍河而行。另一路自扬州经滁州、庐州府、六安州至光州、信阳州，其中自扬州西北经盱眙、泗州至宿州，自滁州西北分路经红心驿至凤阳府，自庐州西南分路达安庆府。此路沿江淮丘陵及淮河南岸而行”[③]。陆路运输以骡马、大车等为运载工具。

由上可见，铁路出现之前，淮河流域的交通是以河运为主，陆路为辅。但河运的主导地位已有所削弱，淮河上游支流贾鲁河和运河水系因受黄河泛

---

① 刘嗣懋、欧阳典：《河南公路史》（第 1 册），“古代道路近代公路”，人民交通出版社 1992 年版，第 140—141 页。

② 开封市交通志编纂委员会：《开封市交通志》，人民交通出版社 1994 年版，第 18 页。

③ 周德春：《清代淮河流域交通路线的布局与变迁》，复旦大学 2011 年硕士学位论文，第 19 页。

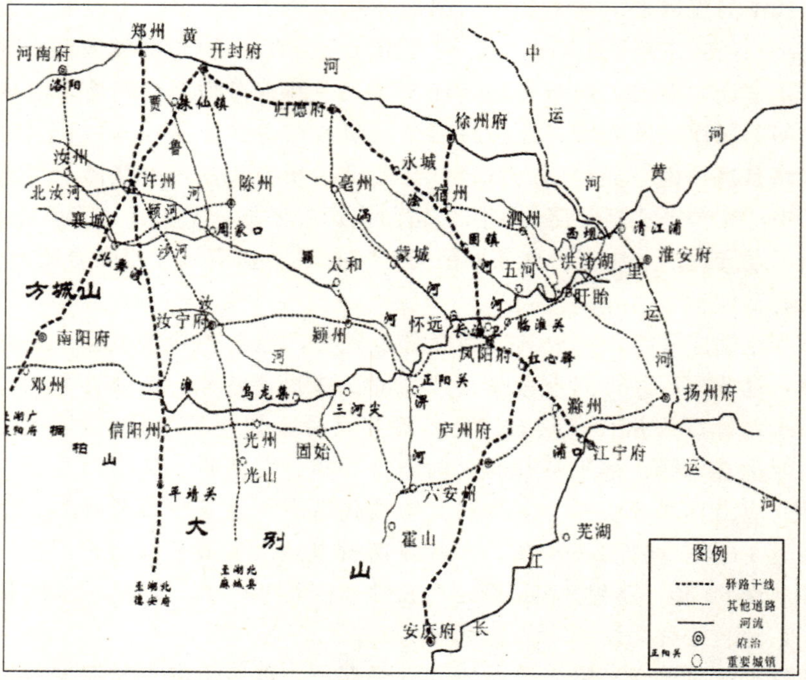

图 1－17　清末淮河流域陆路交通示意图

图片来源：周德春：《清代淮河流域交通路线的布局与变迁》，复旦大学 2011 年硕士学位论文，第 21 页。

流的影响而淤塞难行，几于停滞。当然，这一时期淮河流域的河运也发生了积极的变化，新式轮船业开始兴起，与传统木帆船争夺生意。由于新式轮船业具有安全、快捷、装载量大和获利高等特点，故在一定程度上改善了淮河流域的水运条件。

二、铁路时代的交通更新

20 世纪初，淮河流域交通运输格局中增添了新的元素，铁路以其低廉的运价、快捷的速度和巨大的运力对传统交通体系产生了极大冲击——驿路被淘汰，河运地位亦受到削弱。同时，伴随着公路、港口和轮运业的发展，淮河流域构筑起以铁路为基干，新旧混合的交通网络，与区域内外相连接。

首先，铁路运营后，传统驿路逐渐被淘汰。铁路对传统驿路的冲击主要表现在两个方面：一是驿路与铁路走向重合的则尽数为铁路所取代，其原来的市镇日益繁盛；二是驿路与铁路平行的则逐渐荒废，驿路沿线的工商业也走向衰落。

平汉铁路通过淮河流域的豫东南地区，其走向与晚清时期京师与湖广驿路的路线基本一致，结果京师至湖广原来的驿路全部被铁路所取代，原有驿站改称车站。郑州境内之郑县、新郑、荥泽、南阳寨、小李庄、薛店等先后由驿改为站名①。豫东南周边各县州通往省城开封的驿路，其于铁路平行部分先后被铁路淘汰，如开封至汝南之省道，铁路开通前，“凡汝南以南各县及潢、光、固、息、商等县，大小官吏赴任及乘传回省，俱由此前。自铁路兴，赴汝南者皆由陇海火车至郑县，转平汉火车至驻马店下车，此道之不行也三十年矣”②。同样，“自京汉铁路开车，光邑（光山）达省之路俱走信阳，而息县之路亦废”③。开封至临汝省道，“凡递送公文、解送饷项，皆依此路线按站行走。自铁路兴，而自开封至新郑一段不免少异，现自临汝至洛阳与自临汝至许昌汽车路修竣，而开临路线全部变迁，旧日驿程已为陈迹”④。传统驿路的衰落，造成驿路沿线城市与商业的变迁，汝宁府因非铁路、公路通衢，衰落尤为明显；相反，漯河、驻马店等则因铁路而开始兴起。

津浦铁路北段走向基本上是循京师至江宁驿路，这样由北京经过山东至南方的江苏、福建和广东的官路，尽行淘汰。而津浦南段，除由淮安、扬州、宿迁至徐州驿路仍旧使用外，淮河以南经转向蚌埠至滁州一线，即原凤阳府经红心驿至滁州驿路遂日益荒僻，据《滁州文物志》记载：“乔阳古道在担子乡工农村乔阳庄到邓圩庄一段，修建于明代以前，是自南京经滁州清流关、珠龙桥、凤阳去京都的‘九省通衢’，津浦铁路和滁宁公路通车以后才逐渐废弃。现存此段为所废驿路中保留较好者，其长 2 公里，宽约 3.5 米，其路半遭破坏，路面时有青石，石上有独轮车辙。”⑤ 与此相对应的是蚌埠的兴起和凤阳的衰落。

陇海铁路初段汴洛铁路运营后，由京师至湖广驿路纷纷取道郑州，沿平汉铁路南下。随着该路向东拓展，开封通向徐州等省际驿路也都纷纷废弃。

其次，铁路的开通使河运地位受到进一步削弱。淮河流域河运在铁路兴起之前已开始步入衰落期，铁路渐次运营后，其受到更大冲击。

---

① 郑州市交通志编纂委员会：《郑州市交通志》，方志出版社 1999 年版，第 226 页。

② 河南省交通史志编辑委员会：《河南省交通史志资料汇编·古代部分》，编者 1982 年印行，第 150—151 页。

③ 晏兆平：民国《光山县志约稿》卷一《地理志·交通》，1936 年铅印本。

④ 河南省交通史志编辑委员会：《河南省交通史志资料汇编·古代部分》，编者 1982 年印行，第 150 页。

⑤ 安徽省滁州市文化局：《滁州市文物志》，编者 1987 年印行，第 76 页。

一是部分水运航路被铁路直接取代，这主要发生在平汉铁路与淮南铁路沿线。平汉铁路未建成前，豫东的输出贸易多集中于漯河、周家口，经沙河沿淮河下游水系输出镇江；平汉铁路通车后，则改由周家口至漯河由铁路输往汉口①。平汉线上的明港，出产以黄豆为大宗，东与新息、正阳等县相连，未有铁路前，所产货物经由水道运往镇江、上海等处，铁路通车后，则十之八九改为车运②。而"自京汉铁路筑成，豫东土产之运输以颍河淤浅，率舍颍而由铁路，芦盐乘机南渐，淮盐因以滞销。淠河阻淀，六安茶之销路亦减，（正阳关）市况大不如前"③。豫省重镇朱仙镇的衰落亦不可避免，因"自通商以后，有京汉、陇海两铁路之便，此镇市面，遂形衰败，向之航河转运者，均改集火车载运矣。贾鲁河上，帆船之盛，不可复睹，河道亦渐淤塞，今仅有煤船经行"，而且"朱仙镇街市，今已为一片瓦砾，满目荒凉"④。

淮南铁路运营前，淮矿所产煤炭靠矿局自修的小铁路运往洛河码头，装船运至蚌埠，再由津浦线转运销往宁、沪等地，几经中转，荒时费事⑤。淮南铁路建成后，这条运煤通道被废弃，"小铁路已于本年（1936）八月一日起停驶"，虽然"所有机车、车辆应妥为保存，路轨暂勿拆除"，但该小铁路退出历史舞台已是不争的事实。同样，原来行驶于洛河至蚌埠之间的"淮河之一号轮及铁驳四艘调驶芜湖，以备行驶裕（溪口）芜（湖）之用"⑥。

陇海铁路台赵支线未通前，"运河与本路交错于运河车站，往来民筏帆船载货运销于长江各埠者年约十万吨，因具运价低廉向与本路运输有竞争性质，峄县中兴煤矿公司昔由矿区运煤到站，再行装车出口运费颇属不赀"，台赵支线建成后，"一切货物由连云港出口极为便利，运河航行宜落后矣"⑦。

二是在水运依旧畅通的地区，铁路与河运开展竞争，这主要发生在津浦铁路南段沿线。"蚌埠为津浦南段一大站，以前亚细亚、美孚两煤油公司自用小轮由镇江入河，拖运至蚌，不由车运淮河由蚌向东南以达大江出口之处，距镇江最近。内地杂粮暨其他土产运往东南各省及洋货煤油等由上海镇江等

---

① 东亚同文会：《京汉线铁路调查报告书》第2卷第5期，出版年份不详，第51页。

② 《本部札河南劝业道南汝光淅道澈查豫省仝郭两姓私抽车上米捐文》，《交通官报》第22期，庚戌年八月（1910年8月），第11页。

③ 武同举：《淮系年表全编·淮水第五段》，编者1929年印行，页码不详。

④ 白眉初：《中华民国省区全志》（第3册），《鲁豫晋三省志·第1卷·河南省志》，北京师范大学史地系1925年印，第32页。

⑤ 安徽省地方志编纂委员会：《安徽省志·交通志》，方志出版社1998年版，第270页。

⑥ 《建设委员会指令第970号》《建设委员会指令第979号》，《建设委员会公报》第68期，1936年9月，第146—147页。

⑦ 中国国民党陇海铁路特别党部：《陇海铁路调查报告》，编者1935年印行，第89页。

处，输入内地，淮河实为捷径，故淮河实津浦路蚌浦间分利之敌。由津至京，有江海轮船之便利，津德浦韩，复有淮河之交通，宜乎津浦河道之竞运为烈也。”①

1934年，蚌埠银行界的钱晓升发起组织大江南航运公司，预备轮船4艘。货船30艘承运水上客货业务，试办自蚌埠至清江一段。津浦路局知悉后，向铁道部请求帮助阻止该公司注册，其理由是：“该团体前曾在蚌埠设有公记堆栈专营仓库事业，本路已受其相当影响。兹又有航运公司之组织，则本路视为唯一生命线之蚌埠站，将来大批货运势必被其攘夺。且本路已决定扩充蚌埠站货场并筹议建筑蚌正支线，设该组织藉多数资本之势力，营业日形扩大，则豫东皖北之货运，必被其吸收无疑，而本路斥巨资扩充蚌埠虚掷，至将来蚌正支线受其影响更不待言。为国营事业前途计，应请钧部设法阻止其注册，并以政治力量，消弭其进行，以资应付。”② 结果，铁道部也认为津浦路局的担忧有道理，遂向实业部提出意见以阻止该公司的注册。

尽管铁路与水运之间存在竞争，但由于铁路具有速度与运价等多方面的绝对优势，铁路运输在竞争中始终占据上风。但这种优势也并非绝对，在陇海铁路新安站水运就占据优势，因为新安镇（今新沂市）位于运河和铁路相交处，“出口以花生仁、豆、豆饼、麦、栗子、核桃、白果、金银花、香附、金针菜等数种，每年共约四千吨之谱。花生仁、小麦多销上海、青岛，豆饼则以新浦为集中市场，豆子则销徐州及长江一带，其运销山东者多由陆路用骡马车装载，沭水高涨时水运较为便利，运长江一带者可由运河顺流而下直达扬州霍家桥，分运上下游，自十九年（1930）厘卡取消后，运河上下运行无阻，货运顿旺。盖本站由内河运转上海较由本路大浦出口者，运输费约廉百分之四十，而运输日期亦相差无几，故商人咸舍车运而群趋水道矣”③。

三是伴随着公路、港口和轮运业的发展，以铁路为基干的新旧混合交通网络逐渐形成。

淮河流域内公路交通事业发展相对迟缓，民国初年才开始发端。南京国民政府成立后，始有较大的进步。据不完全统计，至1936年淮河流域内已建成干支公路线计长6 422.5公里，形成以济宁、临沂、徐州、扬州、蚌埠、阜阳、郑州、开封等主要城市为中心向外辐射的放射状公路网，公路覆盖面积

---

① 浑：《铁路货运与河道竞运》，《铁路协会月刊》第4卷第7期，1932年7月，第1页。

② 《蚌埠大江南航运公司注册》，档案号422-（4）-1 021，中国第二历史档案馆藏。

③ 陇海铁路车务处商务课：《陇海铁路全线调查》，商务印书馆1933年版，第30—31页。

明显扩大，诸如独山、时村、石婆店等边远地区都通了公路[①]。

连云港为陇海铁路的东端终点，是该路海陆联运的唯一出口，但在20世纪30年代之前，该港所使用的大浦码头非常简陋，且淤塞严重，不易停泊大船。当时的报纸对大浦港的淤塞情况也有报道："大浦港为陇海铁路之终点，地滨临洪口，轮轨辐辏，人烟稠密。惟近日以来，港口逐渐淤塞，轮舶搁浅之事，层见迭出，青沪航轮视为畏途。日前大振公司之泳平轮由大浦启碇赴沪，驶至大湾地方搁浅，截止（1933年11月）六日止，已历三日尚未出口，又该公司之泳安轮及合众公司之郑州轮，由沪开驶来海，同日驶抵大湾亦先后搁浅。兹悉，该船主、大副等近正测量水量，拟云无潮时最浅处水仅三尺，潮来不过七、八尺。关于搁浅三轮，须俟潮泛来时，始能开出。"[②] 1932年，经铁道部批准，陇海路局开始动工修建码头，历经3年于1935年底至1936年间，正式建成连云港两座码头。连云港码头的修成，大大便利了陇海铁路货物出海运输，陇海路以此港与中国轮船招商局办理水陆联运[③]，提升了铁路在区域交通中的干线地位。

20世纪30年代，淮河流域内的铁路交通事业也有进一步发展，除陇海铁路继续向西延展外，位于淮河流域腹地的淮南铁路也建成通车，特别是这一时期铁路负责货物联运制度的建立与推行，使铁路与其他交通工具互有衔接，提升了交通运行效益。

铁路联运是指由一路至另一路之货物或旅客无须中转，可直接到达之运输。因此，铁路联运是至少经过两条以上路线的运输，即"旅客之起程站或货物之起运站属于一路，而到达站则另属一路"[④]。这种运输不仅能节省行旅的成本，也能节约铁路运输能力，对铁路运输业发展具有重要价值。而在中国铁路运营的早期，各路之间存在差异，"英资创办之沪杭甬、京沪及北宁三路与津浦南段一部，一切制度，悉以英制为依归，而法款之平汉陇海正太皆以法制为标准；胶济与津浦北段悉以德制为循规"[⑤]，因此各路彼此独立，"互不统协"，结果造成铁路旅客和货物运输在两路之间难以过轨。民元以降，铁路当局基于铁路运输业务的发展，开始创设铁路联运，中经曲折发展，至抗战前铁路联运体系初步建立。淮河流域各路也都实行联运。

负责运输本为铁路部门应尽之责，但在1932年前我国铁路货物实行货主

---

① 吴春梅、张崇旺、朱正业、杨立红：《近代江淮流域开发史》，科学出版社2010年版，第350—352页。

② 《大浦港日见淤塞》，《大公报》1933年11月10日，第3张第9版。

③ 陇海铁路管理局：《陇海铁路年鉴》，编者1933年印行，第138—139页。

④ 金士宣：《铁路运输学》，商务印书馆1948年版，第290页。

⑤ 陆庭鏖：《我国铁路联运业务》，《交通杂志》第3卷第7、8期合刊，1935年6月，第37页。

负责制度，即自负自责，“在铁路运输之货物，如有遗失或损坏，其过失无论是否属于铁路，但铁路绝对不负责，对货物之损害，丝毫不予赔偿，故货商在铁路运输货物，可谓毫无保障”[①]。1933 年 11 月，为推动铁路货运业务发展，铁道部规定：“各路对于客商要求损失赔偿时，如一经证明，确系由铁路负责者，应迅速赔偿之。”[②] 淮河流域内各路率先加入，陇海、津浦两路实行盐斤负责联运，陇海、平汉两路开展特种货物负责联运；平汉、湘鄂与津浦、陇海等路实行粮食负责联运，津浦、陇海、平汉和湘鄂四路进行淮盐负责联运[③]。

铁路运输事业的发展，有力地提升了铁路交通在淮河流域交通体系中的重要地位。至 20 世纪 30 年代中期，津浦铁路“衔首都而绾南北主干交通，纵贯苏皖鲁冀四省，横连江淮河济，远连海而近襟运（河）。其与各路连轨者，则有京沪、陇海、胶济、北宁。水路交通，无远弗届。实居我国今日唯一主要干路”[④]；平汉铁路将淮河流域与京师连成一体，穿越豫东南向南与长江水运贯通，并与陇海路相汇于郑州；陇海铁路为东西横行之唯一之大干线，与津浦、平汉两路相交，连接西北腹地、淮河流域和沿海地区；而淮南铁路告成，“江淮二大流域，得以贯通，其经济上之价值，不仅限于淮南一矿也”[⑤]，其“对于活络皖北之货运与商旅，作用极大”[⑥]。这些铁路干线和淮河干流共同构成淮河流域内“井”字形的交通格局，“井”字交汇处的郑州、徐州、蚌埠则是全流域的主要交通枢纽[⑦]。遍布“井”之间的淮河流域腹地，则由公路、淮河支流相互联系，与铁路共同构筑淮河流域的交通新体系。

但是，淮河流域内豫皖鲁苏 4 省所涉区域存在地理条件、交通便利程度和经济发展程度等方面的差异，导致淮河流域各省的交通状况并不相同，也并不总是由铁路交通占主导地位。例如，安徽地区水运一直占据绝对主力的

---

① 《国民党四届五中全会行政院工作报告》，参见秦孝仪：《革命文献》（第 78 辑），《抗战前国家建设史料·交通建设》，（台北）“中央文物供应社”1979 年版，第 439 页。

② 《平沪间直达联运货车通车及经行站名》，《铁道公报》第 718 期，1933 年 11 月，第 17—18 页。

③ 《平绥北宁两路津张间开行联运直达零担货车》，《铁道公报》第 1 039 期，1934 年 12 月 13 日，第 11—12 页。

④ 孙鹤皋：《津浦路之过去（二年内）及未来》，《津浦铁路月刊》第 1 卷第 1 期，1930 年 1 月，“论著”，第 8 页。

⑤ 佘定义：《最近三年之交通建设》，《中行月刊》第 12 卷第 1—2 期，1936 年 1—2 月份，第 64 页。

⑥ 谢国兴：《中国现代化的区域研究——安徽省（1860—1937）》，（台北）“中央研究院”近代史研究所 1991 年版，第 308 页。

⑦ 参见本书“第 1 章图 1 - 9”。

地位，无论是运能还是运量，当时的铁路都无法与水运抗衡。在有数据记载的文献中，安徽水运的年旅客量占总旅客量的87%，货运量的比例也大致如此[①]。而蚌埠之所以能成为皖北地区的商贸中心，不仅是由于津浦铁路的通车，也因为“它的发展与水运的基础有着密切的关系”[②]。

尽管铁路在淮河流域内的交通地位上升，但其必须与其他交通方式协作，方能发挥优势。比如平汉铁路漯河站、驻马店站，陇海铁路炮车站和津浦铁路临城站及蚌埠站等的客货业务发达，就充分体现这种协作的必要性。

平汉铁路漯河站濒临漯河，该河“由豫西各县，源流而来，下经周家口，直穿皖北数县，入洪泽湖，而通运河，贯通江海，均有舟楫可行。以是货运畅通，商业发展”[③]。平汉铁路通车后，漯河站与漯河水运既有激烈的竞争，也有紧密合作，漯河站逐渐成为豫南地区最为重要的货物集散地和中转站，1921年，漯河站“（输出货物）每月杂粮五十余车，芝麻五十余车，香油四十余车，小麦三十余车，鸡蛋水果黄豆金针菜杂货等项各十余车，输入货物每月自井陉、道口、丰乐镇运入煤炭百余车，芦盐五十余车，从汉口运入杂货五十余车”[④]。这些输出货物均来自漯河站周边的叶县、襄县、舞阳、临颍、周家口及漯河寨、郾城县等地，输入之货物则主要运至郾城县，供本地需要，各县、镇之间则以帆船、大车、骡马车、人力车及汽车等交通方式相互联络。“舞阳、叶县及周家口附近运来（货物），农人用舟或车，输送来漯，投入经售之坊子，以待善价而沽”[⑤]。“漯河寨距郾城车站三里，交通恃牛车、马车、骡车、手推车、人力车。”[⑥]

驻马店站与漯河站相比，因其水运不便，全赖陆上交通，其货物集散的程度远不如漯河，但周边的“东之汝南、上蔡、新蔡，西之泌阳、南阳、唐县及枣阳、谷城等北部之货物，仍集中于此，由平汉路输出”。其交通则是“东有汽车路通汝南、上蔡、新蔡，西有大路通南阳、唐县、泌阳、枣阳等地。货物运输藉牲口拖车或背负以运送者为主；人力肩挑背负或推车运送者亦不少。舟楫之利，则完全享受不到”[⑦]。

---

① 安徽省地方志编纂委员会：《安徽省志·交通志》，方志出版社1998年版，第566页。

② 宋霖、房列曙：《安徽通史·民国卷》（下），安徽人民出版社2011年版，第57页。

③ 李景班：《漯河商业调查记》，《兴业邮乘》第31期，1935年3月9日，第29页。

④ 《京汉铁路民国十年第三期商务择要报告》，《京汉铁路管理局公报》第62期，“调查报告”，1922年8月，第38页。

⑤ 李景班：《漯河商业调查记》，《兴业邮乘》第31期，1935年3月9日，第29页。

⑥ 白坚：《会事纪实：运漯河之粮振（赈）巨鹿广宗平乡鸡泽四县旱灾日记》，《救灾周刊》第21期，1921年1月9日，第5页。

⑦ 草盦：《驻马店见闻录》，《朝气》第7号，1935年2月，第7—8页。

陇海铁路邳县境内的炮车站向外输出的货物主要为小麦、黄豆、花生、烟叶、兽皮等，产自炮车站“东北数十里外及鲁境之郯城、临沂一带，普通用四轮双牛车，长途运送来站，手推小车较少，秋水涨装船河运（到站）比较便捷”①。

津浦铁路蚌埠站更是反映了铁路运输与其他交通工具之间既竞争又协作的关系。当时蚌埠站输出的货物，每月约有 2 万吨，皆由淮河运至蚌埠，然后由津浦列车运至南京。其中，部分货物再由南京、上海对外出口，货源主要来自皖北 21 县，加上豫东鹿邑、柘城、信阳以及鄂东北一带共 40 余县以及皖南山区和六安等地，货物经淮河舟运至蚌，再转火车分送南北，“凡长淮流域所产粮谷以及颍河、山河一带所产黄豆、大米等，均舟运到蚌。装包车运出口，南赴上海、无锡，北赴济南、天津等处，是以蚌埠车站运输业极为发达”②。正如《论中国国内贸易》一文记载：“皖北以小麦、黄豆、高粱、芝麻等类为大宗。故粮业在蚌埠亦占重要位置。”1933 年后，皖北、豫东粮食连年丰收，各地的粮食通过淮河汇集蚌埠，平均日成交量达 100 多万公斤，使粮业成为蚌埠商业的支柱行业③。而输入蚌埠的货品主要有洋布、煤油、白糖、杂货等，每月约有两三万吨，由南京运至蚌埠，再分销到淮河上下游各地，主要依赖于水运和公路运输。行销豫皖的淮盐，原在江苏省西坝集中，经淮河分运各岸；是年后大都由陇海、津浦铁路运输，蚌埠成为淮盐、海州盐销售之总汇。车装食盐运到蚌埠后，除小部分市销外，绝大部分经由淮、涡、淝等河及蚌宿、蚌阜、蚌合等公路，散销至皖北、豫东及鄂东北 40 余县的广大农村④。每年（指 1933 年前——作者注）通过蚌埠远销皖北、豫东的淮盐不下千万担。“就蚌市而论，税款最多能收至二百万，盐行佣金能收到六十万。”⑤

铁路的兴筑和运营，给该区域的交通带来巨大冲击，造成传统运输体系的逐渐瓦解，代之以新的交通格局形成。其中，铁路无疑是中长途运输的中坚，但水运仍是重要的组成部分，而公路和传统商路则成为铁路、水运的补充，三者不可或缺。新的交通体系形成，使得平汉路可以将淮河流域与东北、华北和华中联通起来，津浦路沟通了江南，陇海路则深入西北腹地，通过连云港更构建了便捷的出海通道。

---

① 陇海铁路车务处商务课：《陇海铁路全线调查》，商务印书馆 1933 年版，第 44 页。
② 《各埠商情》，《上海总商会月报》第 5 卷第 3 号，1925 年 3 月，“商情”，第 12 页。
③ 冯和法：《论中国国内贸易》，《国际贸易导报》第 5 卷第 8 号，1933 年 8 月，第 104 页
④ 蚌埠地方志编纂委员会：《蚌埠市志·商贸》，方志出版社 1995 年版，第 412 页。
⑤ 冯和法：《论中国国内贸易》，《国际贸易导报》第 5 卷第 8 号，1933 年 8 月，第 103 页。

本章小结

上述研究的目的和结论，重点在于向读者揭示铁路的筹建和运营与其所处的社会环境休戚相关。无论是铁路筹建，线路规划、布局和最终走向，还是铁路运营管理，都不是仅依赖于铁路自身的内在动力就能“一蹴而就”的，而是在包含政治、军事、经济、文化、自然和人等多种社会因素的社会动力系统影响下运行的。

就上述淮河流域各路筹建和运营的情形而言，首先，淮河流域各路的筹建是在世界铁路浪潮下的必然趋势，也是落后国家走向工业化道路的必由之路。在这个过程中，西方帝国主义者扮演了“积极的”推介角色，尽管他们的初衷只是为其经济和政治利益服务。

其次，淮河流域各路的规划和布局，主要是人、政治和经济之间关系的协调。比如平汉铁路的启动和建设主要依赖于“强人”张之洞，淮南铁路则是张静江的杰作。路线选择也受人的左右，平汉路黄河大桥按照传统的驿路，应在开封，但张之洞错误地认为桥址宜在上游，而不宜在下游，遂舍开封而定郑州；津浦路南线取道皖北，是由于皖省士绅迫切希望打破本省没有铁路的历史，采取了较为积极的申诉，相反苏北士绅因专心苏北铁路网而不去争取津浦路，此消彼长，促成了安徽境内第一条铁路的诞生；陇海铁路东段的走向，更反映了地方政治、经济和人的影响。由此可见，在近代诸多社会因素中，忽略政府及相关机构对线路的整体规划，人的因素恐怕是要排在最先的，而与人密切关联的政治和经济因素次之，工程技术和自然因素有时则显得不是那么重要了。

再次，淮河流域各路的运营效益取决于社会因素的优劣，受其自身管理效能的影响甚微。这个可以从1925—1930年“三路”的客货运量、营业收支和盈余的急剧变化中得到印证。

总之，近代淮河流域境内各路是复杂的社会因素共同影响下的产物，其线路选择和站点布局亦是不同利益主体之间博弈的结果，而其运营效益则受制于政治、军事的极大影响。另外，铁路工程和铁路运营促进了淮河流域社会交通运输网络的不断更新和重塑，导致了传统交通方式衰落和新式交通体系的构建，铁路以其速度、重载、便捷和价廉成为陆路交通的中坚，并与其他交通工具实现对接，缩小了区域内外市场的距离，为区域内外贸易的发展奠定了基础。

第二章　铁路与淮河流域产业变革

铁路对经济的刺激作用是不言而喻的，在英、法、美等铁路最先发端和发达的国家，铁路“转变了自人类走出山洞以来一直占主导地位的农业经济，把人类带入了工业时代”[①]。与欧美国家相比，至少在整个19世纪至20世纪上半叶，铁路对中国经济的影响力并没有那么具有颠覆性。但其在中国经济由传统向现代的嬗变过程中的重要性不可否认，即使在贫瘠、落后和相对闭塞的淮河流域，铁路也带来了诸多经济变革的新气象。本章考察铁路对淮河流域煤业、农业和新式产业的直接或间接影响。

第一节　煤业兴起与生产变革

煤炭和铁路的关系是共生共栖的，因为铁路除了运输煤炭，还需要消耗大量煤炭。在英国，“煤炭刺激了第一条铁路的产生，而铁路使矿山开采成为可能。反过来，铁路降低了煤炭的价格，使得城市居民能够负担起家中取暖的费用，（铁路部门）并附带从煤炭运输中获得巨大的收益”[②]。李鸿章亦有这样深刻的表述：“中国既造铁路，必须自开煤铁，庶免厚费漏于外洋，山西泽潞一带，煤铁矿产甚丰，苦无股商以巨本经理。若铁路既有开办之资，可于

① ［英］克里斯蒂安·沃尔玛尔：《铁路改变世界》（刘媺译），上海人民出版社2014年版，第159页。

② ［英］克里斯蒂安·沃尔玛尔：《铁路改变世界》（刘媺译），上海人民出版社2014年版，第169页。

此中腾出十分之一，仿用机器洋法，开采煤矿，即以所得专供铁路之用。是矿务因铁路而益旺，铁路因矿务而益修，二者又相济为功矣。”[①]

正因为铁路与煤业之间的这种关系，当淮河流域境内铁路建成并投入运营后，区域内几座煤矿迅速发展，同时煤业生产管理方式也随之得到改进。

一、煤业兴起

近代淮河流域内最主要的煤矿有山东的中兴煤矿、江苏的贾汪煤矿以及安徽的两淮煤矿。中兴煤矿、贾汪煤矿和淮北煤矿分布在津浦、陇海铁路沿线附近或者距离并不远的地方，如中兴矿区离津浦铁路仅 60 余里，而淮南煤矿则与淮南铁路从一开始即是紧密相连的。但在这些铁路未开通运营之前，上述煤矿均因运输不便、运费高昂，而致销售不畅、市场狭小，生产规模也常年徘徊不前。民元以后，随着交通条件的改善，煤矿业务迅速扩展。

中兴煤矿公司位于山东西南部峄县城北的枣庄，是近代纯华资的最大煤矿企业，也是仅次于抚顺、开滦的全国第三大煤矿。该矿在津浦铁路未运营前，主要依赖京杭大运河。当时公司雇佣当地民夫，以人力及牛车将所出之煤运输到距矿区 90 里之遥的运河重镇台儿庄，“以牛车踯躅台枣间，日必百余辆，颇极一时之盛”[②]。煤炭运至台儿庄之后，再用船装运至京杭大运河沿岸各码头乃至更远的江南地区。中兴煤矿的主要销售地为兖州府属各县，济宁是当时中兴煤的主要集散地，有煤炭商铺六七十家[③]。但此种运输难以有效解决该矿煤炭积压问题，一是从矿区至台儿庄的陆路为土路，受天气影响很大，一遇雨天则道路泥泞，人车行走困难；二是牛车本身装载量有限，且运输费用较高。据有关研究，台儿庄至枣庄铁路未修成以前，该段运费平均每吨需 4 元以上，而当时煤炭市场价格也仅 6 元左右，可见运费占据成本的主要部分，而且需要时间还很长。1908—1910 年，随着该矿生产规模的增加，产量与销售之间的矛盾渐趋突出，1910 年该矿产煤 145 425 吨，销煤 113 874 吨，存煤达 166 038 吨。“如果把一九〇九年和一九一〇年两年的平均数同一九〇八年相比，产煤量增加了一半以上，销煤量仅增加百分之十，而未经运销出厂的存煤量却增加了一倍多。”[④]

为解决煤炭运输难题，中兴煤矿总办张莲芬提议修筑台儿庄至枣庄矿区

---

① 《妥议铁路事宜折》（光绪六年十二月初一日），参见顾廷龙、戴逸编：《李鸿章全集》，“奏议九”，安徽教育出版社 2008 年版，第 257 页。

② 高树校：《中兴煤矿公司调查纪实》，《劳工月刊》第 2 卷第 5 期，1933 年 5 月，第 67 页。

③ 枣庄矿务局志编纂委员会：《枣庄矿务局志》，煤炭工业出版社 1995 年版，第 395 页。

④ 中共枣庄矿务局委员会：《枣庄煤矿史》，山东人民出版社 1959 年版，第 19 页。

的运煤专线，以利于煤炭及时有效地运至运河。1906 年 4 月，他在给股东的一封信中就明确指出："自矿至台庄，运煤铁路一日无款购造，即一日不能扩充大办，且不能称为完全之矿，与外人抗衡争利……尚希诸股东或认添新股，或转代招集，以期众擎易举，克奏全功，永享利益。"[①]

1910 年，台枣工程完竣；1912 年 1 月，台枣线正式通车。该路修成之后，中兴煤的运输速度加快，"往日尽数日或十数日之力始可到者，今则数小时可到"[②]。公司产煤出井之后即可快速运输到台儿庄码头，相较之前牛车、人力的落后方式，既节省时间、增加运输总量，也降低了成本，增强了中兴煤在全国各销场的竞争力。但这并未完全改观中兴煤矿的运输条件，只是在矿区至台儿庄之间变得通畅，煤运台儿庄后仍需通过运河转运各处，因此水运的不利影响仍在。例如，运河通航情形不稳定，煤炭"到台之后，不能直接登船，尚须堆积厂中。缘运河水势无定，沿路水闸密布，上下之水同时未必均便航行，必须静候时机方获一驶也，此类船只北至济宁，南至清江镇江等处"[③]。到了枯水期或浅水期的时候，煤炭的外运很容易陷入停滞。此外，煤运速度相当缓慢，通常要几天几夜方能抵达远处的销场。以韩庄为例，水路距离台儿庄仅 84 里，行程就需要 2 天；至清江和济宁都不足 400 里，而行程需 5 天；至镇江 750 里，行程更是多达 10 天之久[④]。凡此种种，造成运输成本居高不下，尤其是水路脚费颇高，导致煤炭"成本过重，毫无利益"，竞争力下降，直接影响到销路[⑤]。

直到津浦铁路临枣支路通车后，困扰中兴煤矿的运输问题才得以彻底解决，形成了两条对外运输通道：一是由矿区至台儿庄转水运的运河通道，销售至山东、江苏周边的运河沿岸地区；二是由矿区至津浦铁路临城站的铁路通道，销往远至山东德州和上海等更为广阔的市场。两条通道中，铁路因价廉和迅捷很快占据主要地位，公司"每年除由运河行销少数外，不得不全恃津浦路以为运输枢纽"[⑥]。

正是因津浦铁路的关系，中兴煤的分销市场急剧扩展。在铁路未开通前，

---

① 《光绪三十三年四月张莲芬致公司诸股东信》，转引自苏任山：《台枣运煤铁路与枣庄煤矿》，参见枣庄矿务局史志办公室：《枣庄煤炭志资料选》（第 1 辑），编者 1984 年印行，第 166—167 页。

② 高树校：《中兴煤矿公司调查纪实》，《劳工月刊》第 2 卷第 5 期，1933 年 5 月，第 67—68 页。

③ 顾琅：《中国十大矿厂调查记》（第 8 章），商务印书馆 1916 年版，第 2 页。

④ 枣庄矿务局史志办公室：《枣庄煤炭志资料选》（第 1 辑），编者 1984 年印行，第 163 页。

⑤ 《张莲芬享总办路矿大臣请援案奏咨淮宿关免纳船料北钞文并批》，光绪二十八年（1902）四月初十日，《中兴公司文牍》（第 3 册）。转引自范矿生：《社会资本与近代企业：以中兴煤矿公司（1899—1938）为中心的考察》，复旦大学 2011 年博士学位论文，第 15 页。

⑥ 中兴煤矿公司：《中兴公司与津浦铁路关系案略》，编者 1927 年 12 月印行，第 1 页。

中兴公司分销地主要集中于运河沿岸的台儿庄、杨闸、宿迁、盐城、泥沟、清江和更远的镇江、瓜洲等地，临枣铁路开通后公司先后增加滕县、兖州、泰安、济南、徐州、蚌埠、浦口、江阴、通州，以及更南的无锡、苏州和上海等分销市场。特别是津浦铁路南端的浦口成为该矿煤炭重要集散地，1925—1926 年，由矿发至浦口的煤炭分别达 51 120 吨和 24 170 吨，占当时该矿总销煤吨数 212 474 吨和 202 590 吨的 24％和 11.9％[①]。1934 年，陇海铁路东端连云港开港后，中兴煤矿在连云港设立分销厂，经办出口业务，负责向永利、通益、精益 3 个代销公司和上海、香港、广东等地的客户供货，实现了从矿区通过陇海铁路经连云港的海运通道。而为了开辟这条海运通道，中兴煤矿公司专门组建了运煤船队，到 1937 年扩编为中兴轮船公司，总部设在上海，青岛、台湾设有分公司，有大小船舶 19 艘，载重量共计 4 万余吨位，船队停靠上海浦东白莲泾煤栈码头[②]。

良好的运输条件及中兴煤矿自身成功的营销策略，为该公司赢得了丰厚利润，1936 年销煤焦合计 1 824 858 吨，营业收入 17 130 348 元，利润2 980 645元，利润率达 17.4％[③]。中兴煤矿的此番盛景，取决于津浦、陇海铁路提供的便利交通，特别是廉价的运输费用。根据当时的调查，中兴煤远销上海的运费远低于其他煤矿。以 1933 年从蚌埠至浦口每吨煤的运价而言，中兴公司仅 0.68 元，大通煤矿则为 2.20 元，淮南煤矿公司更是达到每吨 3 元[④]。

津浦铁路沿线的另一家煤矿企业贾汪煤矿，也因该路的开通而经历了与中兴相近的发展轨迹。该矿与津浦铁路的直线距离比中兴煤矿更近，运河也近在咫尺，离南方煤炭市场也比中兴煤矿近，但在民初之前一直发展不顺利，主要原因之一即是煤炭外运的通道不通畅，成本较高。

贾柳支线未建之前，贾汪煤若要以津浦铁路运输，则要靠人运、马拉、骡子驮等落后方式送到 15 公里外的津浦铁路柳泉车站，运费高损耗大，故每吨煤的成本也增加了。以比较便宜的牛车运费而论，从贾汪至柳泉每吨约需 7 角，每年运煤 10 万吨的话，仅仅这一段路程即需付 7 万元。若煤矿选择从更近的运河将煤运至南方，也需先用人力或畜力将煤运往相距约 6 公里的泉河装船，此费也不在少数[⑤]。

---

① 学术研究与国立中央研究院、北平研究院：《中国矿业纪要》（第 3 次），农矿部直辖地质调查所 1929 年印行，第 96 页。

② 卢其昌：《连云港港史》（古、近代部分），人民交通出版社 1987 年版，第 111—112 页。

③ 《枣庄煤矿志》编纂委员会：《枣庄煤矿志》，中华书局 2001 年版，第 258—259 页。

④ 中共枣庄矿务局委员会：《枣庄煤矿史》，山东人民出版社 1959 年版，第 46 页。

⑤ 余明侠：《徐州煤矿史》，江苏古籍出版社 1991 年版，第 185 页。

贾柳支线开通后，运煤车每天可从矿区运 400 吨～500 吨煤至柳泉站，每吨运费约 3 角，仅此一段的吨煤运费即比人力或畜力车省 4 角[①]。另外，贾汪煤炭由津浦铁路南运浦口、镇江和上海等地，与全赖水运在运价上相比相差无几，但铁路的速度和运量则是水运无法匹敌的。因此 20 世纪 20 年代前后，贾汪煤矿的产量有较大幅度增加。1915—1923 年，煤产量从 3 万吨直线上升至183 462吨，几年间增加 6 倍之多[②]。煤炭运销市场除传统的运河沿岸城镇淮阴、扬州、镇江外，增加的市场主要集中于津浦铁路沿线的徐州、宿州、蚌埠、浦口、南京和更远的上海等地。据 1923 年 5 月南京煤炭到货行情的记录，“日本煤，价格稳定，但营业不多；抚顺煤，在码头交货，其价格为银 9.5 两。三星期前，中国煤号订购约 2 万吨；中兴和贾汪煤，在浦口存货甚少，随到随销”[③]。30 年代，刘鸿生的华东公司接办贾汪煤矿，与津浦铁路管理局签订运煤专价合同，煤炭产销随之增加。1931—1937 年，该矿产煤从88 328吨增加至 266 056 吨，销量亦从 56 116 吨升至 306 659 吨[④]，成为近代该矿发展最为鼎盛的时期。

安徽的两淮煤矿因与津浦铁路的距离较远，没有得该路运输便利的机会，发展较为缓慢。直至 1936 年淮南铁路修成，两淮煤矿中的淮南煤矿才借铁路交通的便捷与价廉，得以快速发展。“凡本矿自产煤斤可不假津浦而直运裕溪口，每吨收运费只在 2 元以上，如煤矿产煤日 2 000 余吨，则每日可收入 4 000元；此外，大通煤矿所之煤亦经本路运出，以每日 500～1 000 吨计，则日收入可达 1 000 元或 2 000 元。……故本路之基本营业，颇可乐观。”[⑤] 也就是说，铁路的通车使得淮南煤炭运至各大城市的成本大为下降。“例如，淮南煤过去经津浦铁路运至浦口，再转运上海，运费共约 6 元每吨有余，而淮南铁路完工后，运至上海仅需 4 元余每吨，大约可节省经费 2 元左右。换句话说，可减少 30％左右的运输成本。”[⑥] 运输成本下降使得淮南煤在市场上的售价下降，在上海由 1935 年的每吨 11 元，降至 1936 年的每吨 9 元，在浦口的售价则由每吨 8.9 元降至每吨 8 元[⑦]。淮南煤矿凭借淮南铁路外运，1936 年至

① 孙越崎：《津浦铁路沿线煤矿调查报告》，编者印行，年份不详，第 160 页。

② 孙越崎：《津浦铁路沿线煤矿调查报告》，编者印行，年份不详，第 344 页。

③ 上海社会科学院经济研究所：《刘鸿生企业史料》（上册），上海人民出版社 1981 年版，第 13—14 页。

④ 上海社会科学院经济研究所：《刘鸿生企业史料》（中册），上海人民出版社 1981 年版，第 122 页。

⑤ 程士范：《淮南矿六周年纪念特刊》，编者 1936 年印行，第 286 页。

⑥ 章建：《铁路与近代安徽经济社会变迁研究（1912—1937）》，合肥工业大学出版社 2015 年版，第 204 页。

⑦ 宋霖、房列曙：《安徽通史·民国卷》（上），安徽人民出版社 2011 年版，第 522 页。

抗战爆发前，产销两旺。产量方面，1935 年该矿最高月份产煤 29 581 吨[①]，1936 年除 1 月份产煤在 24 093 吨外[②]，其余月份产煤均超过 3 万吨，最高的 12 月份突破 6 万吨[③]；销量方面，淮南铁路投入运营前，淮南煤矿每月的外销量也就在一两万吨，而从 1936 年淮南铁路全线通车后，每月外销量持续增长，到抗战爆发前几达 6 万吨。1936 年的对外实际销售量为 66 万多吨，比 1935 年的 36 万吨增长近一倍[④]。

淮河流域内煤业的快速发展，除交通条件改善和运输成本降低外，还与铁路对煤的需求有着重要的关系。澳大利亚学者蒂姆·赖特认为，一般情况下，煤矿的分布要尽量靠近铁路，而不是相反，这与相对丰富的煤和廉价运输的缺乏有关[⑤]。更明白地说，赖特认为铁路与煤矿之间，铁路据有支配地位，而非煤矿。尽管此种观点适应近世诸多国家铁路发展的情形，但亦并非无懈可击，至少有一点即铁路开通，煤成为其必需品，使铁路对煤矿的依赖也与日俱增。而正是铁路对煤的需求，使得铁路成为煤矿企业的固定消费者，并且是居于主要地位的客源，由此构成了对煤矿业发展的利好。

曾任职于北宁铁路运输处和北方交通大学的许靖就铁路对煤的消耗有过这样的阐述与认识，“在铁道运输上，煤为产生原动力之主要燃料，每年消耗之大，在铁道发达之国家，动辄以数万万元计，即在路线短少之中国，亦以数百万元计。查我国十八年（1929）铁路燃料统计，北宁、津浦、京沪、沪杭甬、正太、道清、吉长、广九、湘鄂、四洮、胶济、株萍十二路，总共用煤 897 599 公吨，合洋 7 874 399 元，其余如平汉、平绥、汴洛、陇海、南浔、广三、漳厦七路之煤费尚不在内。倘各路报告齐全，合而计之，至少当在一千万元以上。……我国铁路对于机车用煤之经济问题，素未注意研究，虚糜浪费，一听自然，若与营业用款比较，当在美国百分十三之比率以上，例如十八年（1929）北宁路煤费 2 487 035 元，营业用款 18 512 682 元，前者占后者百分之十五；同年京沪用煤 1 326 457 元，营业用款为 7 695 853 元，则又为

① 《附载：建设委员会二四五年十月份工作报告》，《建设委员会公报》第 58 期，1935 年 11 月，第 137 页。

② 《附载：建设委员会二十五年一月份工作报告》，《建设委员会公报》第 61 期，1936 年 2 月，第 131 页。

③ 《附载：建设委员会二十五年十二月份工作报告》，《建设委员会公报》第 72 期，1937 年 1 月，第 216 页。

④ 王树槐：《张人杰与淮南煤矿（1928—1937）》，《“中央研究院”近代史研究所集刊》1988 年第 17 期（下册），第 237 页。

⑤ ［澳］蒂姆·赖特：《中国经济和社会中的煤矿业（1895—1937）》（丁长清译），东方出版社 1911 年版，第 112 页。

百分十七之比率，此就机车用煤之数量觇其重要性也”[①]。

正由于机车用煤浩大，在各路局营业用款中占据较大份额，故而北洋政府交通部和国民政府铁道部时期，都曾颁布路局机车用煤的标准和消耗煤料统计表，以督促各路实行节约。据20世纪30年代铁道部统计，1931—1934年，平汉、北宁等14路每年机车消耗燃煤1 118 449吨、1 254 624吨、1 200 701吨和1 259 671吨，价值分别为8 355 558元、10 148 775元、9 038 013元和8 554 891元[②]。就平汉、津浦和陇海三路而言，其运营线路漫长，且沿线物产丰饶，故机车耗煤在国有铁路所占比例颇巨。根据铁道部统计，1933年14条国有铁路共耗煤1 200 701吨，其中平汉、津浦和陇海三路各用煤243 429吨、184 272吨和85 208吨，平汉和津浦居各路之前两名，三路之和则占全路用煤总量的42.71%[③]。

铁路对煤的需求，为煤矿企业提供了稳定的销售市场，其生产的煤炭可以就近向铁路部门推销。津浦铁路沿线的华东煤矿公司，1933年全年共销煤191 957.59吨，其中仅陇海和津浦两路销煤就达54 572.74吨，占该公司1933年销煤总量的28.42%[④]。而津浦铁路所销中兴公司的煤最多，据1921年的一份统计，津浦路“每月用该公司煤斤为最多，公司每年出煤约六十万吨，本路年需用煤十八万吨，将及三分之一”[⑤]。1927年，中兴煤矿煤炭年销量为36万吨，其中21万吨供给铁路用作燃料，占年销量的58.3%。在抗战之前的30年代，该矿每年供给津浦路煤炭约20万吨[⑥]。平汉路也是如此，据1933年统计，平汉路全年用煤24万吨，其中六河沟煤约17万吨、井陉煤7万吨[⑦]，而该年六河沟煤矿产煤约45万吨，其中供应平汉路的需要即占了将近40%[⑧]。

---

① 许靖：《铁路机车用煤之经济问题》，《北宁铁路管理局改进专刊》第5号，1935年2月1日，“论文”，第1—2页。

② 数据来源：铁道部总务司统计科：《民国二十一年份中华国有铁路统计总报告》，编者印行，年份不详，第98页；铁道部总务司统计科：《民国二十二年份中华国有铁路统计总报告》，编者印行，年份不详，第102页；铁道部总务司统计科：《民国二十三年份一月至六月中华国有铁路统计总报告》，编者印行，年份不详，第102页；铁道部总务司统计科：《中华国有铁路统计月刊》第7—12期，1934年7月至12月，第35页。

③ 铁道部总务司统计科：《民国二十二年份中华国有铁路统计总报告》，编者印行，年份不详，第102页。

④ 余明侠：《徐州煤矿史》，江苏古籍出版社1991年版，第326页。

⑤ 交通部铁道部交通史编纂委员会：《交通史路政编》（第3册），编者1935年印行，第2 133页。

⑥ 张玉法：《民国山东通志》（第2册），山东文献杂志社2002年版，第1 326页。

⑦ 实业部国际贸易局：《煤》，商务印书馆1940年版，第119页。

⑧ 河南省地质调查所：《河南省煤矿志》，编者1948年印行，第118页。

二、煤业生产变革

近代铁路的开通对煤业发展而言，不仅仅是交通条件的改善、运输成本的降低以及稳定的消费者，还对近代煤矿企业的生产和管理方式产生了重要推动作用，使其由传统向现代化转型。有学者指出，铁路促进华北内地煤矿生产管理方式的变革主要表现为三点：生产规模上由传统的小煤窑向近现代公司制企业转变，开采方式上由人工开采向机器开采转变，生产管理由粗放型向集约型转变①。这些表述也基本适用于淮河流域内煤业生产的变革。

徐州煤矿在民元之前，经营与管理已开始由传统向现代缓慢转变，经营组织上采用股份制度，蒸汽机和抽水机等机械逐渐被使用，但现代化水平极低；组织形式虽为股份制，仍主要以“官督商办”为主，官的干涉过重；虽有部分机器，但在许多生产环节还主要依赖人工。民国建立之后至 1937 年，徐州煤矿历经贾汪股份有限公司和华东煤矿公司承办的两个时期，其间虽有波折，但总体上呈现出不断向前发展的趋势。

首先，经营与管理方式上有所转变。1912—1930 年，贾汪股份有限公司时期建立股东会，每年召开股东会议。公司在徐州设立采矿部主持煤炭开采，以正、副经理负责，下辖内柜、外柜、井工、材料、铁车、收支等 6 股；在天津设立营业部主持营销，由公司总办兼任经理，下辖业务、会计 2 股；公司还在上海、南京和徐州等地设立办事机构②。刘鸿生实际控制的华东煤矿公司时期则实行董事会制度。公司董事会作为全矿的最高权力机关，定期召开会议，负责总经理的任免，决定经营方针。公司在上海设立总事务所，由董事长主持日常工作；在南京设立办事处，下辖总务、会计、运输和营业 4 科；在徐州贾汪设立矿场办事处，下辖会计、工务、事务和警护 4 处③。华东煤矿公司还建立了比较合理的规章制度，在核算制度方面设立收入、支出、结算等科目，要求各部门定期填报相关表格，以备审核；在奖惩制度上，一方面用较高的薪金吸引技术人员和管理人才，运用职务提升、奖金等措施鼓励职工勤奋工作，并实行承包制和计量工资制激励井下工人多挖煤，另一方面订立严格的处罚条例，防止营私舞弊④。

其次，生产技术得以改进。贾汪煤矿公司时期，先后在贾汪西南开凿出

---

① 唐金培：《近代铁路与华北内地煤矿的现代转型》，《河南师范大学学报》（哲学社会科学版）2015 年第 4 期，第 115—116 页。

② 余明侠：《徐州煤矿史》，江苏古籍出版社 1991 年版，第 170—171 页。

③ 余明侠：《徐州煤矿史》，江苏古籍出版社 1991 年版，第 278—281 页。

④ 姜新：《区域社会经济》，光明日报出版社 2013 年版，第 85 页。

三口新型竖井，改变了徐州煤矿早期矿井狭小浅薄的局面，扩大了煤炭的生产能力。新井口安装有提升机，以罐笼①升降产品、材料及人员；新井内铺设轻便铁道，以铁轮车转运煤炭及材料；新井里还设置了新型抽水机“专事抽水”，代替之前牛皮袋汲水的办法。公司于1915年购置两台大功力的蒸汽机，一部60匹马力，价7 000元；一部40匹马力，价5 000元②。华东煤矿公司时期则引进了比较先进的技术设备：使用金刚石蒸汽钻探机，从而取得了比较精确的数据，为正式建井开采煤炭创造有利的条件；可开凿深达300米以上的竖井，并以双吊车交替升降，提高了采煤能力；铺设主巷道双轨铁道，避免井下交通阻塞；采用绞车水罐与蒸汽水泵并用方式抽水，其排水方法已完全实现机械化；为防止瓦斯爆炸，公司采用新式矿灯，工人一律使用电石灯，矿师、煤师等成员则用手电筒。除了上述举措之外，公司还开始对矿区至柳泉的支线进行改造，加固路基，配备大小机车5台，制造更大的运煤车50余辆，以提高运输能力。1930年，公司还购置15千瓦和60千瓦的发电机组各两组，增加发电能力。1934年，公司兴建夏桥发电厂，1936年建成发电，将电力照明从办公地点延伸到生产场所③。

淮河流域境内最大煤矿中兴煤矿公司，也经历与徐州煤矿相同的发展轨迹，即津浦铁路未开通前，煤矿已有现代化的迹象，只是比较缓慢；津浦铁路建成运营后，该矿发展非常迅速。

在组织上，中兴公司建立股东大会和董事监事制度，再由董事会推选总经理、协理。总经理提出驻矿经理、副经理人选，由股东大会聘任。矿厂组织大致分为两部分：一是驻矿经理处，二是总矿师办公处。其中经理处管理矿厂一切事务及各厂处，总矿师办公处管理井上、井下、采钻等项工程④。

在生产技术领域采用新的技术设备，使用的机械设备主要包括：矿井设备，有变电机、新式电绞车、锅炉、罐笼等；采煤设备，有切煤机等；井下运输设备，有小铁轨、煤车、电动畚箕、下坡电绞车、重力转轮、循环索等；通风设备，有通风机；排水设备，有电泵；动力设备，有发电机、锅炉；照明设备，有电灯和安全灯等⑤。

---

① 罐笼是指矿井中用来运送矿石、煤炭、材料、机器和上下人员的笼状提升容器，其性能与现代的电梯相似。参见余明侠：《徐州煤矿史》，江苏古籍出版社1991年版，第184页。

② 余明侠：《徐州煤矿史》，江苏古籍出版社1991年版，第187—188页。

③ 余明侠：《徐州煤矿史》，江苏古籍出版社1991年版，第300—312页；姜新：《区域社会经济》，光明日报出版社2013年版，第85页。

④ 胡荣铨：《中国煤矿》，商务印书馆1935年版，第251—252页。

⑤ 实业部地质调查所等：《中国矿业纪要》（第5次），编者1935年印行，第403—404页。

淮南煤矿在淮南铁路修成后，生产技术与设备的发展也颇为迅猛，徐州煤矿和中兴公司所使用的机械，诸如柴油机、蒸汽机、交流发电机、马达、锅炉设备、修理厂机械设备、绞车房机械设备、冷风机机械设备、洗煤机、通风机、压风机、抽水机、打钻机设备、运煤车、汽车、火车和电话等在淮南煤矿一应俱全[①]。“淮南煤矿一、二号井内外的机电及搬运设备较为齐全，有双层罐笼出入，井架上有天轮并有钢丝绷绳作为煤车升降用。井底有风道、绕道、水仓、泵房等设施。井口有大桥装煤，上设钢轨四道，为空中煤车道及材料转运道，井口煤车推至翻车内，倒入铁道大煤车，即可以用火车运到淮河南岸洛河煤场。淮矿三、四号井为解决锅炉及砖灰窑用煤而设立的，产煤也很多，各种设备齐全，与一、二号井不同的是，在北面开设了一口斜井，作为工人上下及辅助出煤使用。井下工作一概用安全灯，以防沼气发生危险，购买了电灯百盏，油灯数百盏。”[②]

安徽淮北的烈山煤矿的生产技术设备也有所更新，20 世纪 30 年代拥有锅炉 20 台、发电机 2 台、卷扬机 5 台和水泵 2 台[③]。

尽管这些煤矿企业的生产管理方式和生产技术及设备的现代化，并不是由铁路直接带来的结果，但铁路对其形成所发挥的催化作用还是显而易见的：一是铁路以其自身的现代化引领沿线及周边区域的经济变革，煤炭作为近代中国最重要的产业，受其影响最深；二是铁路能够以其运输能力将煤矿企业所需的生产设备快速运输到内地，特别是像蒸汽机、锅炉、发电机和煤车等较为重型的设备，火车运输最为便捷；三是铁路通过其运输力，将煤矿企业的煤炭大量销出，使这些煤矿企业得到丰厚利润，为其购买生产设备提供了动力和可能。

由上所述，铁路对于近代淮河流域煤矿业的发展具有重要意义，特别是其大规模、长距离和全天候的运输能力。而正是这个缘由，造成煤矿企业对于铁路的依赖，结果是铁路一旦中断或运力下降则煤矿企业受损惨重，烈山煤矿即是最典型的例证。该矿煤炭主要依赖于津浦铁路外销，但在 1926—1930 年的军阀混战期间，由于津浦铁路北段破坏严重，运输秩序大乱，该矿受到极大影响。1926—1927 年，直鲁联军南下以津浦铁路为重要的运输工具，“津浦车纷纷运兵，又无暇输送商货”[④]，致使烈山煤矿“藉运河及牛车转运。

---

① 沈世培：《文明的撞击与困惑：近代江淮地区经济和社会变迁研究》，安徽人民出版社 2006 年版，第 237 页。

② 鲁燕冰：《民国时期安徽矿业研究（1912—1945）》，安徽大学 2011 年硕士学位论文，第 31 页。

③ 实业部地质调查所等：《中国矿业纪要》（第 5 次），编者 1932 年印行，第 339 页。

④ 《蚌埠商民所受军事痛苦》，《申报》1927 年 4 月 26 日，第 3 张第 9 版。

已极困难，益以津浦路车辆缺乏，运载不常，业务更难发展”[①]。由此造成烈山煤矿的大量原煤积压在矿山运不出去，最多时矿山存煤达20万吨。津浦铁路交通的不畅、存煤的大量积压不能销售，使得烈山煤矿的资金枯竭，生产受到很大影响，从此一蹶不振。

而津浦铁路沿线的中兴煤矿和徐州煤矿也未能幸免，一是两矿煤炭产量下滑明显，1922年两矿分别产煤752 266吨和166 252吨，至1927年仅为259 765吨和37 527吨[②]。二是煤炭销路不畅，存煤积压，如远记公司代办贾汪煤矿的1928年因“济案事起，津浦运输无车，存货贮积，以致亏损严重”[③]，至1929年夏宣布破产。中兴煤矿则因津浦运输中断，生产和运销几乎陷入绝境，1928年该公司完全停工，销量也急剧下降，1927—1928年除津浦路销煤和军用煤外，商销煤已基本停顿。中兴此两年的营业亏损（除直接战争损失外）每年都在百万元以上[④]。由是可知，近代淮河流域煤业发展与铁路之间虽然是共生共栖、互为相济，但铁路在煤业的兴起与转型过程中的关键性作用更为突出，而煤业对于铁路运输之依赖亦非常明显。由此造成的结果是，一旦铁路运输受阻，煤矿企业就会受到波及。

第二节　传统农业的改进

铁路交通对于近代中国传统农业的作用，目前国内外学者均持有相同的观点，即铁路交通提高农产品的商品化率、农产生产的传业化和区域化。我国铁路史专家宓汝成指出：“铁路的兴建把农村引向市场，市场经济通过铁路又给农业生产以影响。首先，它影响农民种植作物的选择，使某个地区开始比较多地种值某种作物。随着岁月推移，又发展到这个地区几乎遍种某种作物，终于出现了农作物种植区域化的倾向。”[⑤] 美国学者德·希·珀金斯也指出，19世纪末至20世纪二三十年代，随着中国铁路、轮船等交通事业的发展及现代化加工效率的猛增，传统农业开始发生改变，农民们开始将他们的产品通过铁路或者轮船运往城市进行加工，特别是运往上海和天津。农产品外

---

① 袁枌：《安徽之矿产与矿业》，《安徽建设季刊》第1卷第1期，1933年1月，第81页。
② 孙越崎：《津浦铁路沿线煤矿调查报告》，编者印行，年份不详，第344页。
③ 实业部国际贸易局：《中国实业志·江苏省》，编者1933年印行，“第7编第1章”，第2页。
④ 中共枣庄矿务局委员会等：《枣庄煤矿史》，山东人民出版社1959年版，第32页。
⑤ 宓汝成：《帝国主义与中国铁路（1847—1949）》，经济管理出版社2007年版，第502页。

运量的增加，提高了农产品的商品化水平①。

在淮河流域，平汉、津浦和陇海等铁路的兴建和运营，对于该区域内农业发展也产生了类似的作用。同时，20世纪30年代铁路当局也积极参与农村复兴运动，亦推动了农业生产的改良。

一、农产品运量和商品化率的提高

农业商品化程度是衡量农业发展水平高低的重要指标，其与交通运输条件的优劣休戚相关。20世纪30年代，国人对此就有比较深刻的认识。梁漱溟曾认为运输问题与治安问题、农民负担问题、灾害问题一起，是国内农业发展先要解决的四大障碍，“运销不便是农业产品流通的大障碍，间接影响于农业者很大。……洋米入口，并非是生产不足。若能疏通农产销行上的一切障碍（交通的、金融的、商业的、政治的），则我们相信农业生产力可以飞速地增加”②。曾任浙江省航政局长的孙云霄也有这样的认识：“推其农工商业，不能发达之主因，虽非一端，而运输之不灵便，实为主因之一。”③

铁路的贯通，较大地改善了淮河流域腹地的交通结构和交通状况，使腹地与中心城市、港口连接在一起，使淮河流域的农产品可以通过铁路线输送至沿海港口及海外市场，农产品的市场交易量迅速提高，农产品的商品化率也随之提升。

首先，铁路促进了淮河流域农产品的外运量，我们可以从以下三个方面进行考察。

第一是各路承运农产品的总量。津浦、平汉和陇海三路自开通至20世纪20年代初期，农产品运量均呈逐年增加之势：津浦铁路从1915年的550 110吨，增加到1921年的1 231 404吨，后者是前者的1.24倍；平汉和陇海两路1921年的农产品运量也分别达到1 141 075吨和155 180吨④。1922—1930年，受军阀混战影响，各路运输均受冲击，其中津浦铁路最为严重，1929年农产品的运量仅为325 485吨⑤。30年代初至抗战爆发前，三路农产品运输得以恢复，1932年津浦、平汉和陇海农产品运量分别增加至565 274吨、399 469吨

① ［德］德·希·珀金斯：《中国农业的发展1368—1968》（宋海文译），上海译文出版社1984年版，第183页。

② 梁漱溟：《乡村建设理论》，上海人民出版社2006年版，第318—319页。

③ 《孙云霄序》，参见唐有烈：《浙江省航政之概况》，浙江省航政局1930年印行，第1页。

④ 交通部统计科：《中华民国十年交通部统计图表》，编者印行，年份不详，第146—147页。

⑤ 交通部、铁道部交通史编纂委员会：《交通史路政编》（第10册），编者1935年印行，第2 815页；津浦铁路年鉴编纂委员会：《津浦年鉴》，南京大陆印书馆1933年版，“第2章第3编”，第45页；铁道部总务处统计课：《中华国有铁路会计统计汇编》（1915—1929），编者1931年印行，第152—173页。

和 182 376 吨[①]，1933 年则又分别增至 667 823 吨、425 325 吨和211 144吨[②]。

第二是各路运输的某类农产品数量。淮河流域铁路沿线所产农产品丰富，种类繁多，其大宗者主要有小麦、五谷、杂粮、棉花、芝麻、烟草和花生等，铁路开通后，这些大宗农作物的外运量也有显著的增加。

烟草是平汉铁路沿线重要的经济作物，主要销往汉口和上海（由汉口转运）。1915—1916 年，烟草贸易刚刚起步时该路运输量不大，只有 4 000 余吨，以后逐年上升，1926 年达 61 657 吨。此后，因战事影响烟草运量锐减，20 世纪 30 年代中期开始恢复。

棉花、芝麻和五谷的运输也基本呈现出相同的变化轨迹，棉花运量在 1922 年达 67 090 吨，1936 年更是突破 10 万吨大关，全年运输量达 117 828 吨。芝麻运量 1919 年为 128 101 吨，五谷的运量 1921 年为 465 497 吨[③]。

花生、谷粮、小麦、米和豆类是津浦铁路外运的主要农产品，20 世纪 20 年代初期外运量最大。根据津浦铁路管理局的统计，1919 年、1920 年该路承运的花生为 106 067 吨和 127 786 吨、谷粮为 106 599 吨和 271 384 吨、小麦为 66 514 吨和 13 246 吨、米为 127 480 吨和 155 704 吨、豆类为 307 866 吨和 204 332吨[④]。此后因军事干涉路运受困，各类农产品运量均呈下降趋势，20 世纪 30 年代有所恢复。1932 年，津浦铁路外运的农产品中，花生和谷粮超过 10 万吨以上，小麦和豆类超过 8 万吨[⑤]；1933 年，该路共运出大豆 12 万余吨、花生仁 8 万余吨[⑥]。

花生、棉花、麦子和五谷是陇海铁路主要外运的农产品。据统计，1928—1932 年，该路共运输花生 224 004 吨、棉花 170 818 吨、麦子 132 964 吨、五谷 97 594 吨[⑦]。

第三是各路在淮河流域内重要站点的对外农产品运量。蚌埠站是津浦铁路在淮河流域境内最大的车站。该站自运营以来，淮河上游南岸属于皖西地区的寿县、霍邱、六安，淮河上游北岸属于皖西北地区的阜阳、颍上、涡阳等地，以及凤台、怀远等县，再加上豫东地区的固始、息县等地的农产品，

---

① 铁道部总务司统计科：《中华国有铁路统计总报告》，编者 1932 年印行，第 61 页。

② 铁道部总务司统计科：《中华国有铁路统计总报告》，编者 1933 年印行，第 63 页。

③ 平汉铁路管理委员会：《平汉年鉴》，编者 1932 年印行，第 184—185 页；《平汉铁路最近三年来之概况》，《平汉铁路月刊》第 86 期，1937 年 6 月 30 日，"附表 6—9"。

④ 津浦铁路管理局总务处编查课：《中华国有铁路津浦线营业一览民国九年份》，编者 1921 年印行，第 34 页。

⑤ 津浦铁路年鉴编纂委员会：《津浦年鉴》，南京大陆印书馆 1933 年版，"第 2 章第 3 编"，第 47 页。

⑥ 《津浦铁路货运统计说明附表》，档案号 28－13 807，中国第二历史档案馆藏。

⑦ 陇海铁路管理局：《陇海年鉴》，编者 1935 年印行，第 317 页。

通过淮河水运纷集于蚌埠，转津浦路火车运往江南各地，蚌埠站逐渐成为淮河中上游农产品的集散地和中转站，农产品的外运量明显增加。据1934年统计，蚌埠站输出各种农产品达38万余公吨，输入各种洋货达10万余公吨[①]。除了蚌埠站的粮食外运量大增之外，津浦铁路通车后，滁县的交通区位优势也逐渐显现，1919年时由滁县通过津浦铁路输往天津、济南、南京等地的粮食即有高粱3 400石、小麦22 800石、大米11 000石、黄豆9 570石、豆油3 600石[②]。

郑州站是陇海铁路与平汉铁路的交汇处，地理位置优越，交通方便，河南、陕西和山西的农产品经此可北运天津，东运连云港并经海路到上海，也可南运汉口。郑州站经年运输的大宗农作物包括棉花、花生和杂粮等。陕西、山西、河南的棉花在郑州站的集散期为头年10月至来年3—4月，旺季时一日有1 000吨左右，火车站站前广场（无仓库，露天堆放）四五万担棉花堆积的场景甚是壮观。每年的集散量虽没有一定的统计，但大致上为60万担，其中陕西棉五成、河南棉三成、山西棉二成[③]。1916年，郑州花行同业公会成立，棉业得以快速发展。1920年，棉花外运量由每年7万包增长为17万包（此为虚包，每包重100公斤）。从1923年起，郑州棉市的交易量大幅增加，贸易日盛，可谓是“棉商云集，举凡省境各棉产市场，多有产品运往集中，而陕晋两省棉产亦多经此销售转运，每年棉花交易，常达百余万担，实为我国中部主要棉市”[④]。据陇海铁路车务处调查，在1932年，由郑州转运输出的棉花约6 000吨、小麦约600吨、大米约600吨、瓜子和红枣等400余吨，其他共3 000余吨[⑤]。

除郑州站的花生和棉花等农作物对外运销活跃外，陇海铁路沿线的潼关、常家湾、文底镇、陕州、会兴镇、义井铺、偃师、黑石关等站均有大量棉花运输，而开封、中牟、兰封等站则花生运输显著。在《中华民国全国铁路沿线物产一览》一书的调查统计中，1932年由开封外运销往上海的花生仁数量为800车、花生油为100车，为各站运量之最。据1935年的统计，1929—1934年，开封站共运出包括花生在内的农产品达25 632 886吨，

---

① 安徽省政府统计委员会：《中华民国二十三年度安徽省统计年鉴》，编者印行，年份不详，第234—235页。

② 滁州市（县级）地方志编纂委员会：《滁州市志·商业》，方志出版社1998年版，第434页。

③ 徐有礼：《郑州日本领事馆史事综录》，（香港）天马出版有限公司2005年版，第88页。

④ 全国棉业统制委员会河南省棉产改进所：《河南棉业》，河南省棉产改进所1936年印行，第95页。

⑤ 陇海铁路管理局车务处：《陇海全线调查》，编者1933年印行，第160页。

最高年份是1931年，为6 883 714吨[①]。而到了1936年，开封站全年仅运销上海的花生就高达20万吨，构成了开封输出货物中的最大宗商品，全年运销量总价值为2 000万元[②]。除开封站外，其他重要的花生输出车站还有：中牟站花生仁8 000吨、花生油100吨，销往上海、汉口、广东、洛阳等地；兰封站花生仁3 500吨、花生油300余吨，外销青岛等地；商丘站花生仁3 000吨，销往上海等地；柳河站2 000吨，销往上海等地；民权站300吨，销往上海等地[③]。

其次，铁路促进淮河流域农产品商品化率的提高。农产品商品化率是指农产品作为商品出售部分占农产品总量的比重，简单理解即是农民将生产出来的农产品除部分自用外，其余部分用于面向市场贩运的程度。目前已有的研究表明，中国近代由于通商口岸开放、国内市场和国际市场的整合和对接，以及国内交通条件的改善等原因，中国自然经济开始解体，农产品商品化的程度在不断提升。据统计，全国“粮食的商品率1840年约为10%，1895年约为16%，1920年约为22%，1936年约不足30%”[④]。部分的经济作物棉花、烟草和花生等商品化率更高，如棉花的商品化率1840年约为27%，1894年约为33%，1920年约为42%，1936年则达51%[⑤]。

在近代整体农产品商品化率不断提高的各种促进因素中，铁路交通无疑是一个重要因素。宓汝成等学者都对此有所阐述，这是学术界普遍认同的结论。因此在淮河流域，随着平汉、津浦、陇海和淮南等铁路的运营，该区域农业商品化率得以提高是毋庸置疑的。

第一，从省区大宗农产品的外销情况来看，平汉、陇海、津浦和淮南等铁路的开通，给各路在淮河流域境内经过的省区的大宗农产品商品化带来明显的促动。

山东植棉历史悠久，在未有铁路之前，所产棉花除做衣被外，农家多用来纺织土纱土布，外运很少。陇海铁路通车之后，曹县、菏泽、巨野等处的棉花除自用外，余则集中于济宁、兖州，由陇海路运往郑州，再转运汉口、天津及上海等地[⑥]。位于津浦线上的邹县、滕县盛产小麦，津浦路通车后，小麦作为商品大量外销。以1933年为例，邹县、滕县的小麦外销量分别达产量

---

① 《陇海铁路开封站近五年运输货物统计表》，《河南统计月报》第1卷第12期，1935年12月，第106页。

② 交通部邮政总局：《中国通邮地方物产志》，商务印书馆1937年版，“河南编”，第5页。

③ 铁道部联运处：《中华民国全国铁路沿线物产一览》，编者1933年1月印行，第77—81页。

④ 吴承明：《中国资本主义与国内市场》，中国社会科学出版社1985年版，第272页。

⑤ 章有义：《中国近代农业史资料》（第2辑），生活·读书·新知三联书店1957年版，第221页。

⑥ 实业部国际贸易局：《中国实业志·山东省》（第5编），编者1934年印行，第120页。

的50%和60%，而离铁路较远的定陶县小麦外销量只有8%[①]。山东境内的花生也是津浦路外运的重要农产品。20世纪20年代中后期，山东花生及其加工品出口值已达2 400万两到2 500万两，是1908年花生产品出口值的20倍。据外人调查，当时山东花生产量可达一亿七八千万担，占全国产量的4/5，主要用于出口，出口率达90%左右。1920年前期，除一部分经青岛出口外，多数经津浦路运往天津、浦口装船外运[②]。1935年，经由滕县站、界河站和邹县站运出的花生分别为8 668吨、1 353吨和6 079吨[③]。

河南豫东地区的花生种植历史悠久，但在铁路未通之前"旧种（花生）生产仅供本地榨油及茶食之用，无贩运出口之利"[④]，交换范围为本村及附近地区，仅为内地销场，因此花生产量较少。但随着京汉铁路的开通，以及陇海铁路的不断展修，使得开封、中牟等花生高产区，在交通运输网络和连接外销市场等方面处于有利地位，遂成为花生集散或转运中心。据《申报》记载，1918年"（开封）花生米除就地销用外，仅由开封一埠运售出口者计二千车（每车装33 600斤），兰封、郑州、归德等处运售亦不在少数，每车以千七百元计之，已有三百四十余万元，他埠运售者以一倍计之，可达七百万元之价值"[⑤]。花生大量外销（主要销往上海、汉口、青岛、济南等地），特别是陇海铁路通车后，收买花生之行商遍设于村市，外庄交易日渐发达。根据1937年春中国植物油料公司对河南花生产销状况的调查，中牟、开封和兰封等主产地商品化"程度"很高，分别达71.42%、61.54%和90%[⑥]。

河南的棉花商品化率也较高。在陇海路沿线的巩县邙岭一带，棉花从无到有，很快在农作物的种植中占据优势，"出产饶裕"，"首屈一指"[⑦]。阌乡县本来产棉就不少，现在有了便利的交通，棉花成了主要作物，五谷仅居半数；商丘县居陇海铁道之要津，大宗物产如花生、棉花、黄豆、芝麻、金针菜等都为出口良品，近来更为发达。据《民国日报》对商丘棉市盛况的记载："现值棉市上市之际，所有城关花行以及轧花工厂均先后开张多家，而以城内红阁东之裕华、霍华两轧花厂规模宏大，各有轧花车十数架，每日轧花数千斤。

---

① 实业部国际贸易局：《中国实业志·山东省》（第5编），编者1934年印行，第24—25页。

② 赵琪修、袁荣等：《胶澳志》卷5《食货志·商业》，（台北）成文出版社1968年影印本，第796页。

③ 公：《山东花生之产运销》，《津浦铁路日刊》第1 618期，1936年8月7日，第46页。

④ 《纪河南之落花生》，《申报》1919年10月30日，第2张第7版。

⑤ 《纪河南之落花生》，《申报》1919年10月30日，第2张第7版。

⑥ 陈义初：《豫商发展史》，河南人民出版社2007年版，第395页。

⑦ 刘莲青、张仲有：《巩县志·实业》，1937年版，第10页。

门首絮堆积如山，买入卖出之交易额颇巨。其他棉花之交易为数尚不可胜计，有蒸蒸日上之势。”①

平汉铁路通车之前，河南省所产芝麻经汉口输出海外的每年不到 30 万担，通车后出口量大增，1909 年达 192 万担②。河南省陇海铁路沿线的农产品，不仅销售国内，而且还有一部分输出国外。《河南新志》记载：“洛阳东站，棉花、鸡蛋、牛羊皮、漆、木耳、竹器、木材、牡丹、食盐，产于洛宁、嵩县、卢氏、河东及本县附近各处，运至郑州、开封黄河南岸，转销他处。陕州，棉花、牛羊皮、小麦、黍子、毡梯，产于陕西及西南各县，运至上海、汉口，转销英、法、日本各国。”③

安徽皖北地区主要出产包括小麦、黄豆等在内的传统农产品。铁路未开通前，皖北地区的这些农产品主要通过淮河水运在沿淮地区销售，也有少部分经过长江运销至南京、上海等地。津浦铁路开通后，该区域的小麦、黄豆等农产品均沿淮河水运集于蚌埠，转津浦车运往南北各地，由此使得蚌埠成为皖北小麦、黄豆、杂粮的集散中心，提高了周边农村粮食作物的商品化程度。皖西的“六（安）、霍（山）、立（煌）、霍（邱）四县，每年出产之上等茶，计约四十万篓，每篓以十斤计，综合已达四百万斤之多，亦可觇其产量之丰矣。皖西茶叶，以鲁省为最大销场，每年茶季，济南等处茶商前往贩运者，络绎于途，其行销鲁境者，占十之七八。次如北平、天津及苏北、豫东、皖北一带，亦有相当销场”④，这些皖西茶叶也均沿淮河水运至蚌埠，“然后装火车运往北方”⑤。皖中地区的凤阳、定远等地所产的烟叶也是通过津浦铁路向外运销，据津浦铁路统计，1931—1933 年，门台子和蚌埠两站分别运出烟叶 9 257 640 公斤和 2 463 807 公斤⑥。

第二，从铁路沿线区域农产品的商品化率来看，淮河流域境内农作物的商品化程度也已达到较高水平。以下为 1934 年铁道部联运处对津浦、平汉和陇海三路主要车站附近农产品产销情况的调查表。

---

① 《河南棉业之发达》，《民国日报》1919 年 10 月 24 日，第 6 版，第 642 页。

② 章有义：《中国近代农业史资料》（第 2 辑），生活·读书·新知三联书店 1957 年版，第 132 页。

③ 河南省地方史志编纂委员会：《河南新志（民国十八年）》（中册），中州古籍出版社 1990 年版，第 759—760 页。

④ 《皖西茶市可趋繁荣》，《申报》1936 年 4 月 1 日，第 3 张第 12 版。

⑤ 宋霖、房列曙：《安徽通史·民国卷》（上），安徽人民出版社 2011 年版，第 55 页。

⑥ 《津浦铁路货运统计说明附表》，档案号 28－13 807，中国第二历史档案馆藏。

表 2－1　津浦铁路淮河流域主要车站附近农产的品种、产销一览表

车站名	农产品的品种、产量与运销量	商品化率
兖州府站	小麦 3 000 吨，外销 2 000 吨； 花生米 4 000 吨，外销 3 000 吨	小麦 66.67％； 花生米 75％
邹县站	花生仁 6 000 吨，外销 4 000 吨； 小麦 2 000 吨，外销 1 000 余吨	花生仁 66.67％； 小麦 50％
滕县站	花生米 30 000 吨，外销 10 000 至 20 000 吨； 杂粮 40 000 吨，外销 3 000 吨	花生米 33.33％至 66.67％； 杂粮 7.50％
枣庄站	小麦 10 000 吨，外销 5 000 吨； 花生 7 000 吨，外销 3 000 吨； 杂粮 10 000 吨，外销 4 000 吨	小麦 50％； 花生 42.85％； 杂粮 40％
济宁站	小麦 30 000 吨，外销 20 000 吨	小麦 66.67％
临城站	花生仁 3 600 吨，外销 3 000 吨； 小麦 2 400 吨，外销 1 400 吨	花生仁 83.33％； 小麦 58.33％
韩庄站	红粱 2 000 吨，外销 2 000 吨； 黄豆 600 吨，外销 600 吨； 小麦 400 吨，外销 400 吨	红粱 100％； 黄豆 100％； 小麦 100％
徐州站	绿豆 7 000 吨，外销 4 000 吨； 花生仁 30 000 吨，外销 30 000 吨； 黄豆 2 000 吨，外销 2 000 吨； 小麦 8 000 吨，外销 8 000 吨； 芝麻 2 000 吨，外销 2 000 吨	绿豆 57.15％； 花生仁 10％； 黄豆 100％； 小麦 100％； 芝麻 100％
符离集站	黄豆 60 000 吨，外销 20 000 吨； 高粱 70 000 吨，外销 30 000 吨； 花生 5 000 吨，外销 1 000 吨； 芝麻 2 500 吨，外销 500 吨	黄豆 33.33％； 高粱 42.85％； 花生 20％； 芝麻 20％
南宿州站	小麦 10 000 吨，外销 8 000 吨； 高粱 6 000 吨，外销 4 000 吨； 芝麻 500 吨，外销 300 吨	小麦 80％； 高粱 66.67％； 芝麻 60％
固镇站	芝麻 4 000 吨，外销 3 000 吨； 小麦 3 000 吨，外销 2 000 吨	芝麻 75％； 小麦 66.67％
蚌埠站	小麦 100 000 吨，外销 80 000 吨； 黄豆 130 000 吨，外销 120 000 吨； 芝麻 30 000 吨，外销 10 000 吨	小麦 80％； 黄豆 92.30％； 芝麻 33.33％

（续表）

车站名	农产品的品种、产量与运销量	商品化率
临淮关站	小麦5 000吨，外销5 000吨； 芝麻3 000吨，外销3 000吨；	小麦100%； 芝麻100%
明光站	大米5 000吨，外销4 000吨； 小麦6 000吨，外销5 000吨； 大豆5 000吨，外销4 000吨； 芝麻4 000吨，外销3 000吨	大米80%； 小麦83.33%； 大豆80%； 芝麻75%
滁州站	大米35 000吨，外销31 500吨； 小麦5 000吨，外销4 000余吨	大米90%； 小麦80%
乌衣站	大米4 000吨，外销3 000余吨	大米75%

资料来源：铁道部联运处：《中华民国全国铁路沿线物产一览》，编者1933年1月印行，第41—55页。

表2-2　陇海铁路淮河流域主要车站附近农产的品种、产销一览表

车站名	农产品的品种、产量与运销量	商品化率
白塔埠站	小麦1 000吨，外销500吨； 玉米1 500吨，外销500吨； 高粱3 000吨，外销2 000吨	小麦50%； 玉米33.33%； 高粱66.67%
新安站	小麦1 500吨，外销1 500吨； 花生仁4 000吨，外销4 000吨； 绿豆1 500吨，外销1 500吨	小麦100%； 花生仁100%； 绿豆100%
运河站	高粱3 000吨，外销1 000吨； 小麦5 000吨，外销3 000余吨； 芝麻800吨，外销500吨	高粱33.33%； 小麦60%； 芝麻62.50%
徐州站	花生仁30 000吨，外销30 000吨； 绿豆7 000吨，外销5 000吨； 芝麻3 000吨，外销3 000吨； 黄豆2 000吨，外销2 000吨	花生仁100%； 绿豆71.43%； 芝麻100%； 黄豆100%
黄口站	花生米6 000吨，外销6 000吨； 黄豆600吨，外销600吨	花生米100%； 黄豆40%
砀山站	小麦3 000吨，外销1 000吨； 花生米6 000吨，外销3 000吨； 芝麻600吨，外销300吨	小麦33.33%； 花生米50%； 芝麻50%

（续表）

车站名	农产品的品种、产量与运销量	商品化率
刘堤圈站	花生 3 000 吨，外销 2 000 吨； 小麦 30 000 吨，外销 10 000 吨； 高粱 22 500 吨，外销 12 500 吨； 小米 8 000 吨，外销 5 000 吨	花生 66.67%； 小麦 33.33%； 高粱 55.56%； 小米 62.50%
商邱站	花生米 3 000 吨，外销 3 000 吨； 小麦 5 000 吨，外销 5 000 吨	花生米 100%； 小麦 100%
兰封站	花生米 3 500 吨，外销 3 000 吨	花生米 85.71%
中牟站	花生仁 8 000 吨，外销 8 000 吨； 瓜子 500 吨，外销 500 吨	花生仁 100%； 瓜子 100%
郑州站	瓜子 700 吨，外销 400 吨； 红枣 200 吨，外销 200 吨； 芝麻 500 吨，外销 300 吨	瓜子 57.14%； 红枣 100%； 芝麻 60%
偃师站	棉花 60 至 70 万斤，外销 50 万斤	棉花 83.33%至 71.42%
义井铺站	棉花 2 000 吨，外销 2 000 吨	棉花 100%

资料来源：铁道部联运处：《中华民国全国铁路沿线物产一览》，编者 1933 年 1 月印行，第 69—86 页。

表 2-3　平汉铁路淮河流域主要车站附近农产的品种、产销一览表

车站名	农产品的品种、产量与运销量	商品化率
许州站	烟叶 11 000 吨，外销 10 000 吨	烟叶 90.90%
郾城县站	小麦 50 000 吨，外销 34 000 吨； 绿豆 7 400 吨，外销 6 000 吨； 芝麻 66 000 吨，外销 40 000 吨； 黄豆 3 000 吨，外销 2 000 吨； 黑豆 5 200 吨，外销 4 700 吨； 小米 8 000 吨，外销 5 000 吨	小麦 68%； 绿豆 81.08%； 芝麻 60.60%； 黄豆 66.67%； 黑豆 90.38%； 小米 62.50%
西平县站	小麦 5 000 吨，外销 3 000 余吨； 芝麻 15 000 吨，外销 13 000 吨	小麦 60%； 芝麻 86.67%
遂平县站	小麦 10 000 吨，外销 3 000 吨； 芝麻 5 200 吨，外销 3 000 吨； 黄豆 5 200 吨，外销 3 000 吨	小麦 30%； 芝麻 57.69%； 黄豆 57.69%

（续表）

车站名	农产品的品种、产量与运销量	商品化率
驻马店站	小麦 5 700 吨，外销 800 吨； 芝麻 43 800 吨，外销 40 000 吨； 黄豆 12 800 吨，外销 9 000 吨	小麦 14.04%； 芝麻 91.32%； 黄豆 70.31%
确山站	小麦 5 000 吨，外销 3 000 吨； 黄豆 5 000 吨，外销 3 000 吨； 芝麻 5 000 吨，外销 3 000 吨	小麦 60%； 黄豆 60%； 芝麻 60%
新安站	高粱 600 吨，外销 500 吨； 黄豆 2 000 吨，外销 1 300 吨； 芝麻 400 吨，外销 100 吨	高粱 83.33%； 黄豆 65%； 芝麻 25%
明港站	黄豆 18 000 吨，外销 10 000 吨； 小麦 8 000 吨，外销 8 000 吨	黄豆 55.56%； 小麦 100%
信阳站	大米 40 000 吨，外销 30 000 吨	大米 75%

资料来源：铁道部联运处：《中华民国全国铁路沿线物产一览》，编者 1933 年 1 月印行，第 140—144 页。

从上表统计数据可知，20 世纪 30 年代，津浦、平汉和陇海铁路沿线出产的大宗农作物大米、豆类、小麦、棉花及花生等商品化率与当时我国农作物的平均商品化率（1936 年为 51%）相比处于偏高水平。在津浦铁路沿线，大米的商品化率最高者达 90%，最低者也为 75%，豆类、小麦和花生在某些车站附近商品化率高达 100%，普遍都处在 50%以上；在陇海铁路沿线，小麦、花生、高粱、棉花、豆类和瓜子等农作物在部分区域商品化率均达 100%，其中花生、棉花和豆类的商品化率最高，普遍都在 70%以上；在平汉铁路沿线，小麦、芝麻、黄豆和大米的商品化率最高者分别达 100%、91.32%、70.31% 和 75%，平均水平也都在 50%以上，其中黄豆和芝麻的商品化率最高。

不仅如此，20 世纪二三十年代，在一些铁路沿线地区，农民还利用铁路运输的便利条件，由出售少量精粗余粮或“粜精留粗”，进而发展为“粜精籴粗”“粜贵籴贱”，由此形成了粮食流转和农产品商品化的新模式[①]。

在传统生产模式和市场条件下，农民按家庭食用需要安排粮食生产，上市交易的粮食一般只限于家庭消费后的剩余，亦无精粮、粗粮之分。随着城市的发展和城市面粉工业的兴起，粮食的市场需求扩大，刺激和加速了粮食

---

① 参见刘克祥：《1895—1927 年通商口岸附近和铁路沿线地区的农产品商品化》，《中国社会科学院经济研究所集刊》（第 11 辑），中国社会科学出版社 1988 年版。

流转和粮食商品化的发展，而铁路为这种发展创造了快捷、廉价的运输条件。在这种情况下，铁路沿线农民出售的粮食已不限于消费后的余粮。他们一方面将小米等细粮卖给城镇居民，将小麦卖给面粉厂；另一方面，他们往往必须购进玉米、高粱等粗粮以自食。如平汉铁路沿线的北京、保定、石家庄、邯郸、安阳、新乡、郾城、许昌、汉口，以及天津、开封等，均有机器面粉厂采购小麦，保定、石家庄、彰德、郑州等城镇，居民以小米为第二主粮，这就使小麦和小米空前行销；同时，由于平汉线与正太、京绥、京奉3线衔接，有利于山西、察哈尔和东北地区的杂粮运出，这就为农民的"粜精籴粗"提供了运输和市场条件。平汉线东侧龙王庙、大名府等是产麦名区，天津面粉厂更是直接运载高粱入乡，与农民换购小麦①。

随着"粜精籴粗"的日益普遍，农民的粮食种植结构也开始发生变化。如地跨津浦铁路的河北沧县，"邑之产麦，为田产十之四，而食麦者，不及百之一"②。郑州以北平汉沿线地区，农民大多以高粱、玉米为主食，但在粮食作物种植面积的安排上，却以小麦、小米为主，高粱、玉米居次要地位。一些土地有限、经营规模十分狭小的贫苦农民，也"不得不牺牲谷产自给之安全"，通过粜精籴粗"以获取商品换钱之购买力"③。显然，这种"粜精籴粗"新模式是在农业生产力并无多大长进、农民直接消费后的剩余粮食数量并未显著增加的情况下出现的。它纯粹是铁路运输不断发展，加上广大农民日益贫困化的产物。

二、植棉种烟的扩大与区域化

随着铁路的开通及其他因素的共同作用，淮河流域境内的经济作物运销结构发生重要转变，商品化率得以提升，特别是铁路沿线地区农户除满足自用外，开始将经济作物拿到市场上进行交换，以获得较高利润。于是棉花、花生、烟草和芝麻等经济作物的种植面积急剧扩大，并逐渐呈现农作物种植的区域化和集中化倾向。

在河南，平汉和陇海两路沿线植棉面积发展迅速，"安阳、邓县、洛阳、通许、商水、孟县为最，收数多至七百余万斤，少亦二三百万斤。商丘、虞城、项城、临漳、武安、灵宝、阌乡、汝阳、新野、罗山等县次之。尉氏、

---

① 陈伯庄：《平汉沿线农村经济调查》，上海交通大学研究所1936年印本，第18—19页。

② 《中国地方志集成·河北府县志辑》（42辑），《民国沧县志·卷之十一生计》，上海书店出版社2006年版，第14页。

③ 陈伯庄：《平汉沿线农村经济调查》，上海交通大学研究所1936年印本，第39页。

洧川、兰封、鄢陵、西华、汜水、荥泽、睢州、内黄、获嘉等县又次之”[①]。其余还有陕县、光山和许昌等地也出产棉花。

据华商纱厂联合会及中华棉业统计会历年统计，1919年以来，“河南棉产额在各省当中常居第五位，在全国当中最低如民八年（1919）占总产额2.04％，最高如民十一年（1922）竟占24.02％，通常则多占8—9％”[②]。其中，平汉铁路沿线最著名植棉区是安阳县，“为豫北产棉名区，全县耕地面积为1 590 000亩，棉田约占耕地百分之四十五，分布普遍……全县棉田常在70万亩至90万亩之间，皮棉额亦自十余万担至二十万担左右”[③]，“在昔铁道未通，多半由小车、马车运销卫辉、怀庆一带，远及黄河以南，直达开封、许昌等处。迨广益纱厂成立，遂相率售于纱厂。其后天津、石家庄、郑州、青岛、汉口纱厂日多，于是棉花出境北达天津、石家庄，东至青岛、济南，南通郑州、汉口转销上海，已非往昔之局促于本省者可比。经营棉业者曰花行，全县不下数十家”[④]。陇海铁路沿线的洛阳县是豫中最大棉产地，20世纪30年代初，受棉价上涨刺激，棉田数量激增，县东平乐镇一带棉田最多，县西谷水镇以南地区次之。

表2-4 1932年河南省陇海沿线各县棉产调查表

县名	棉田总数（亩）	中棉总数（亩）	美棉总数（亩）	棉产总数量（斤）	中棉数量（斤）
杞县	84 500	71 000	13 500	23 604	18 744
郑县	42 000	2 000	40 000	10 924	364
夏邑	9 500	7 000	2 500	472 009	467 827
洛阳	133 000	8 000	132 100	680	480
新安	1 000	900	400	5 310	1 280
渑池	10 000	1 600	6 550	37 500	1 500
陕县	50 000	3 450	45 000	59 976	480
灵宝	100 000	5 000	99 880	83 946	72

① 苑书义：《近代中国小农经济的变迁》，人民出版社2001年版，第405页。

② 全国棉业统制委员会河南省棉产改进所：《河南棉业》，编者1936年印行，第27页。

③ 全国棉业统制委员会河南省棉产改进所：《河南棉业》，编者1936年印行，第29页。

④ 方策、裴希度等：《续安阳县志·卷七·实业志》，北平文岚簃古宋印书局1933年铅印本，第4页。

（续表）

县名	棉田总数（亩）	中棉总数（亩）	美棉总数（亩）	棉产总数量（斤）	中棉数量（斤）
阌乡	120 000	120	29 820	580	60
偃师	100 000	200	90 000	34 000	9 000
巩县	80 000	10 000	50 000	345	120
合计	730 000	109 270	509 750	728 874	499 927

资料来源：河南省政府办公室秘书处：《河南省政府年刊》（民国二十一年），编者1932年印行，第70—74页。

花生主要在开封周围沿陇海线附近的县市种植。河南的通许，在未通铁路的1900年，花生种植面积约占耕地面积的10%，通车后的1920年，增至40%；陈留在1920年，花生种植面积约占耕地面积的20%，到1924年，一半耕地种植的都是花生①。甚至有些地方出现挤掉粮食种植花生的现象，“如开封排挤了高粱、大豆和青豆的种植，陈留县排挤高粱、小麦、大豆，通许排挤小麦、豆类、高粱、小米，睢县排挤豆类、小麦、高粱等粮食作物”②。

河南的烟草种植集中于平汉线的许昌和襄县（城）附近。据1929年《河南新志》载：“烟草多产于许昌、襄城。二县平原沃野多种烟草，摘叶时于田中植木贯绳，束烟叶柄排系绳上，曝于日中，遇雨则覆以席，庄农之家，窗前檐下青黄累累，无非此物。近更有炕烟之法，设炉，架烟叶于上，炕而干之，较昔日专恃阳光者成物加速。统二县所产，每年约六七千吨，由铁路输出约二百余车。烟分美国种、中国种二类。美国种运往汉口，中国种运至郑州、新乡等处。此外，邓县亦产烟叶，其品质冠于全省，唯产量较逊于许、襄，岁可产三四百万斤焉。”③ 许昌附近烟农总户数达到137 000户，计932 000余人，种植面积达到370 000余亩，收购烟叶价值达1 680万元④。其中襄县有两个村农户总数429户，种美烟的农户即达272户，烟农占总户数的63.4%⑤。

① 宓汝成：《帝国主义与中国铁路（1847—1949）》，经济管理出版社2007年版，第503页。

② 章有义：《中国近代农业史资料》（第2辑），生活·读书·新知三联书店1957年版，第213页。

③ 河南省地方史志编纂委员会整理：《河南新志（民国十八年）》（上册），中州古籍出版社1988年版，第191页。

④ 陈真等：《中国近代工业史资料》（第2辑），生活·读书·新知三联书店1957年版，第143页。

⑤ 陈翰笙：《帝国主义工业资本与中国农民》（陈绛译，汪熙校），复旦大学出版社1984年版，第22页。

平汉铁路附近除许昌、襄县等地种植美国烤烟叶外，临颍、舞阳两县的烤烟面积也逐步扩大。1921 年，临颍县烟叶面积发展到 1 000 亩以上。1935 年，舞阳、临颍两县种植烤烟 8.13 万亩，总产 419.65 万公斤①。烟草种植面积的扩大，也致河南全省烤烟产量从 1917 年的 2 500 磅，至 20 世纪 30 年代增加 20 余倍，1936 年达 70 000 磅②。

20 世纪初，河南芝麻种植日益发展，“东至息县、新蔡，西至南阳、淅川为河南产芝麻区，中以漯河镇为其集中地，漯河附近京汉铁路之郾城车站为制油之所，运销汉口一带，运输至美洲、加拿大等处，黄河流域产芝麻当以河南为最，其余各县也种芝麻，但为数不多”③。其中，陈州、汝州是芝麻盛产区域。“清光绪三十二年（1906），宛（南阳）、陈（淮阳）芝麻丰收，均在漯河售出，由火车运往南方各省。宣统二年（1910），许昌外销油脂 5 万公斤以上。民国初，驻马店、漯河、确山、西平、周口等地市场由买办经手，年均销给汉口‘美晶时’洋行的芝麻达 2 000 万公斤以上。”④

在安徽，津浦线上的凤阳、定远等是烟叶的重要生产地。“凤阳所产之烟在民国四年（1915）前仅种土烟，每年不过二万包之谱，自民国五年（1916）英美烟公司来凤考察土质，谓凤地西南乡暨附城一带土质轻软，最宜烟草，始发给美国种子，修盖炕房，讲求培植。据商会调查，七年（1918）全县产洋烟一万七千包，土烟二万八千包，凤阳所产之烟，行销颇远，无待推广，且地近津浦路线，交通亦甚便利。”⑤ 仅仅几年的时间，铁路沿线烤烟的种植面积大增，逐渐取代了晾晒烟的优势地位，“产区以凤阳为最普遍，定远、怀远次之，此外如寿县、宿县、灵璧、五河等县，亦有种者，但为数较少。统计数县烟农，当在四万户以上”，至此，“土烟已逐渐淘汰”⑥。1919 年，以凤阳为主的安徽烤烟总产量为 1 050 万磅左右，占当年全国总产量的 23.1%，该年凤阳和定远两地烤烟的种植面积分别为 30 000 亩和 11 500 亩⑦。随着市场需求的不断扩大，津浦铁路沿线及邻近地区的烤烟种植面积亦随之不断扩

① 漯河市烟草志编纂委员会：《漯河市烟草志》，河南人民出版社 1993 年版，第 32 页。

② 陈翰笙：《帝国主义工业资本与中国农民》（陈绛译，汪熙校），复旦大学出版社 1984 年版，第 89 页。

③ 白眉初编：《河南省志》（卷七），第 7 页，转引自贾贵浩：《河南近代农作物种植结构的调整与商品化发展》，《南都学坛》2005 年第 3 期，第 37 页。

④ 河南省地方志编撰委员会：《河南省志》（卷 44），河南人民出版社 1993 年版，第 125 页。

⑤ 安徽省经济调查分会：《安徽省六十县经济调查简表》，编者 1922 年印行，第 176 页。

⑥《各省物产调查》，《实业季报》第 3 卷第 2 期，1936 年 6 月 30 日，第 5 页；《皖北烟叶丰收》，《申报》1936 年 9 月 29 日，第 2 张第 8 版。

⑦ 王鹤鸣、施立业：《安徽近代经济轨迹》，安徽人民出版社 1991 年版，第 120 页。

大。到了20世纪30年代以后，仅凤阳、定远周围方圆百里就有数十万亩烟田比邻相连，一片葱绿[①]。据陈翰笙等人的实地调查，1933—1934年，凤阳县两个村被调查的79个农户，种植烤烟数达58户，占比73.4%[②]。1935年，安徽烤烟产量达1 700万磅，1937年更创历史最高纪录，产量达3 000万磅[③]，成为全国三大烤烟产区之一[④]。

在山东，花生的种植历史悠久，但种植面积不大，产量亦不高。自胶济和津浦等铁路相继通车后，外销渠道畅通，所产花生大量通过青岛运销于西欧、美、日等国，花生种植面积迅速增加，成为全国花生最主要的产地和集中区。1914—1929年，该省花生产量为14 970 000担，占全国总产量的29%[⑤]。山东省位于淮河流域境内的滕县、邹县、菏泽和兖州府等均以花生种植为大宗，1933年滕县花生种植面积为10万亩、年产量达30万担，邹县种植面积为5.5万亩、年产量达22万担[⑥]，形成鲁南的邹滕峄集中产区，花生种植面积约占总耕地面积的8%，而这一比例此后又有所提高[⑦]。

自20世纪以后，随着铁路交通、美棉推广和近代棉纺织业兴起，山东棉花种植面积扩大。据1920年调查，淮河流域境内的巨野县植棉9万余亩、产子棉33 000担；单县为76 000亩、产子棉25 300担；曹县为8万亩、产量为2万担；菏泽为45 000亩、产棉15 000担；定陶27 000亩、产棉9 000担[⑧]。到20年代末，山东省棉田种植占全部耕地的60%，居农业首位，并形成四大产棉区，其中鲁南区即是位于淮河流域津浦铁路沿线，包括曹县、巨野、定陶、单县、郓城、菏泽等县。据中华棉业统计会和上海华商纱厂联合会调查，1931年上述区域中的曹县植棉面积119万亩、单县为635 000亩、菏泽278 000亩、定陶62 000亩；1932年，巨野县植棉116 557亩、郓城为44 535亩。其中曹县植棉面积最大，较1920年激增近15倍之数[⑨]。

在江苏的淮河流域区域内，黄豆、花生、棉花和烟草等经济作物也呈现

① 史州：《皖志综述》，安徽省地方志编纂委员会1988年版，第493页。

② 陈翰笙：《帝国主义工业资本与中国农民》（陈绛译，汪熙校），复旦大学出版社1984年版，第22页。

③ 王鹤鸣、施立业：《安徽近代经济轨迹》，安徽人民出版社1991年版，第64页。

④ 刘学海：《蚌埠烟草业和东海烟厂的发展》，《安徽文史资料选辑》1983年第14期，第40页。

⑤ 转引自李正华：《乡村集市与近代社会——20世纪前半期华北乡村集市研究》，当代出版社1998年版，第84页。

⑥ 实业部国际贸易局：《中国实业志·山东省》（第5编），编者1933年印行，第193页。

⑦ 庄维民：《近代山东农作物新品种的引进及其影响》，《近代史研究》1996年第3期，第208页。

⑧ 《经济新闻·山东之棉业情形》，《钱业月报》第2卷第10号，1922年11月15日，第18—20页。

⑨ 王仙：《山东之棉业》，《国际贸易导报》第6卷第4号，1934年4月10日，第174页。

一定的规模化种植景象，分述如下。

一是随着榨油业和国际市场对油料的需要，黄豆、花生和芝麻等农作物种植增多。据统计，抗战前江苏全省种豆面积以铜山县为最多，达 1 881 000 亩，占全省总种豆面积 23 404 933 亩的 8.07%，产量为 911 000 石，居全省第二位。花生产量江苏省居全国第三位，亦以铜山县为最多，计 1 444 500 石，占全省总产量 8 040 530 石的 17.97%，次之为东海县。睢宁县在 1915 年以前种植花生的面积微不足道，徐（州）开（封）路通车、徐（州）新（浦）路动工后便快速增长。据 1920 年抽样调查结果，该县花生种植面积占耕地面积的 33%，1924 年又增加到 46%[①]。江苏全省芝麻的产量共计 879 990 石，同样以铜山县最多，年产 449 400 石，占全省的 51.07%[②]。

二是棉花和烟草种植渐兴。棉花产区位于津浦铁路以西和陇海铁路以南，主要包括铜山、萧县（今属安徽省——作者注）、沛县、丰县和宿迁等县区。民国初年，铜山县产棉花 160 万斤，价值 16 万银元[③]；萧县“土地宜棉，近来种者渐多”，是著名的产棉之乡，1919 年该县产棉 79 000 担，价值 96 万银元[④]。20 世纪二三十年代，美棉在上述地区得以推广，植棉面积进一步扩大。1934—1935 年，萧县在陶楼、玻里、孙庄、黄口四区进行美棉种植推广，第一年因准备不足遇有挫折，第二年取得很大的成功，当年棉田14 781亩，亩产最高达 200 余斤，最少的亦达 80 余斤，平均约为 120 余斤。1936 年，全县农户欲种美棉的田亩达到 10 万亩以上[⑤]。据中华棉业统计会的估计，至 1936 年，铜山植棉 35 000 亩、产量 11 652 担；萧县棉田 107 526 亩、产量 25 948 担；丰县棉田 49 850 亩、产量 15 761 担；沛县棉田 2 200 亩、产额 348 担；邳县棉田 6 300 亩、产额 1 858 担[⑥]。除植棉外，丰县、沛县、砀山（今属安徽省——作者注）、铜山、萧县、邳县、宿迁、沭阳、淮安等县，亦有烟草分布，以丰县与邳县栽培最多[⑦]。据调查，1920 年，丰县距城四五里西北乡一带，种烟者十家之中，约居七家，种植面积约在 1 300 亩，“盖该县多清沙地，土性宜于种烟故也”。沛县地多沙质，颇宜于种植烟草，尤以夏阳乡之夏镇为

---

① 章有义：《中国近代农业史资料》（第 2 辑），生活·读书·新知三联书店 1957 年版，第 205 页。

② 江苏省中国现代史学会：《江苏近现代经济史文集》，编者 1983 年印行，第 232 页。

③ 唐绍垚：《徐海道区铜山县实业视察报告书》，《江苏实业月志》第 9 期，1919 年 12 月，“调查”，第 4 页。

④ 唐绍垚：《徐海道区萧县实业视察报告书》，《江苏实业月志》第 9 期，1919 年 12 月，“调查”，第 19 页。

⑤ 《萧县美棉推广概观》，《江苏建设月刊》第 3 卷第 4 期，1936 年 4 月 1 日，第 88—92 页。

⑥ 《中华棉业统计会第一次估计报告·江苏》，《纺织时报》第 1 318 期，1936 年 9 月 17 日，第 5 版。

⑦ 杨国安：《中国烟业史汇典》，光明日报出版社 2002 年版，第 968 页。

最，全县约有2 000余亩。铜山县的西北乡、黄集、敬安、马沟等地所产烟草为数较多，“盖因鸦片甫有明令禁种，凡系沙地，多种烟草故也”。睢宁县约在800余亩。萧县当前清宣统年间，每年所产烟草几百万斤。邳县产烟之区最广，土质最宜，而以城东沂河东岸一带尤盛，计长10余里，宽二三里，“几半为种烟之地”，每年种烟面积约为3 000余亩①。

三、农业改良和推广

铁路依赖其自身强大的运输能力与联运制度，不仅促进了淮河流域各省区农产品的商品化和种植的规模化发展趋势，还带动该区域农业品种的改良与新品种、新技术的推广。特别在20世纪30年代世界经济危机和我国农村全面衰败之际，铁路当局积极采取包括农业品种改良和生产技术推广在内的复兴农村措施，扶持农村和农业发展。

首先，淮河流域内棉花、烟草、芝麻和花生等经济作物得到改良和推广，而其改良和推广的路线基本都是按照铁路线布局的。

在20世纪初之前，淮河流域境内植棉基本上都是传统中棉。“中棉属于亚洲棉，有拉力但纤维短粗，混杂不洁，不合乎现代纺机对细长纤维原棉的需要，且产量较低，退化严重。美棉（主要包括德字棉，脱字棉，郎字棉等，统称美棉或洋棉）纤维细长，色泽白亮，拉力强，适合现代机织。美棉的抗旱，抗病虫性较强，产量亦稍高于中棉，价格还较土布优厚。”② 因此，民国初年美棉开始在陇海铁路两侧豫西地区种植。1916年，北洋政府在平汉铁路重要站点彰德（今安阳市）设立中央直辖的模范植棉场。1918年夏，植棉场自美国购入大批脱字（trice）及郎字（lone star）棉种分给农户种植，河南植棉区改良棉种、推广美棉渐呈风行之势③。至20世纪30年代，在河南美棉已超越中棉地位，1936年美棉种植达4 514 872亩，中棉仅为1 531 174亩，前者是后者的近3倍④。

淮河流域山东、江苏和安徽各地的美棉推广也甚为广泛，山东主要集中于黄河以南、津浦铁路以西鲁西南的曹县、单县、菏泽、定陶等地；江苏集中于以徐州为中心的徐州至连云港一线，包括铜山、萧县、丰县和涟水等地；安徽则集中于津浦铁路以西和淮南铁路附近的定远、凤台和涡阳等地。

烟草是近代淮河流域重要的经济作物，河南、安徽和山东三省的淮河流

① 《调查江苏徐属烟草报告》，《江苏实业月志》第14期，1920年5月，第48—63页。
② 刘晖：《略论铁路与民国时期河南省植棉业的现代转型》，《历史教学》2009年第16期，第46页。
③ 严中平：《中国棉纺织史稿》，科学出版社1955年版，第324页。
④ 全国棉业统制委员会河南省棉产改进所：《河南棉业》，河南省棉产改进所1936年版，第3页。

域县区是主要产区，三省中江苏省的烟草产量略次。淮河流域烟草种植面积和产量在近代的突飞猛进，与美国烤烟的推广密切关联。

19世纪中叶之前，淮河流域已有烟草生产，但规模较小，且是本土的晒烟（或称土烟）。至1913年，“英美烟公司派员调查华北烟草种植状况，勘得山东、河南、安徽等省土壤、气候极适烟叶之种植，于是由美输入洋种”，“该公司为了价廉物美，大量的生产，便有计划的暗示给农民改用英美种子，告诉肥料的改良，熏烟的方法，以及其他增加烟叶产生，改良烟叶本质的道理和设计。因此，烟叶的种植，马上就扩大了。不几年，以许昌为中心的烟叶种植，便普遍到附近的十几个县了。这里除了佃农、雇农以外，几乎每家必种烟叶”[①]。此后，“自民国十一、二年（1922—1923）间，一般烟农因见于许昌种植烟叶获利优厚，乃相率仿效，改种美种烟叶。该地又以土地气候之适宜，所产烟叶，品货优良，特为一般烟商所乐购，降至于今，前之种植土烟田亩，已有百分之八十以上改种美种烟叶矣。他如郏县、禹县、郾城、临颍、长葛等县农民见许、襄种植美种烟叶获益之厚，亦均于民国二十二年（1933）间，先后种植。世人不察，多道许昌烟叶生产之盛，实不知许昌之烟叶多来自附近之各县，而其生产反远不如襄、郏等县之多也”[②]。

河南省的棉植区主要分布在豫北的平汉铁路以及豫西的陇海铁路，据当时统计，20世纪30年代初，河南种棉面积在千亩以上的县共43个，其中21县位于铁路沿线[③]。因此，正如有的论者所言，河南许多地方是“由于铁路的便利而广泛种植棉花，其对棉作区域分布与推广的贡献不言而喻”[④]。

同一时期，美国烤烟在津浦铁路沿线的安徽凤阳、定远和怀远等地均有广泛的推广。1917年，英美烟公司在便于交通的津浦铁路门台子站（属凤阳县）投资兴建安徽省内第一座烟叶复烤厂，1919年建成投产，该厂“规模宏大，有东、西两厂，每厂装有烤烟机器，中、外职员五、六十人，工人五百余人”[⑤]。津浦铁路沿线烟农所产美种烟叶的绝大部分，都在经过复烤厂加工后被英美烟公司收购，通过铁路运往上海，除少数外销外，大部分在上海制成卷烟后行销全国[⑥]。

除美棉和烤烟的引进与推广外，淮河流域境内的大宗农作物如小麦、花

---

① 章有义：《中国近代农业史资料》（第2辑），生活·读书·新知三联书店1957年版，第160页。
② 杨国安：《中国烟业史汇典》，光明日报出版社2002年版，第1195页。
③ 曲直生：《河北棉花之生产及贩运》，北平社会调查所1931年，第140—141页。
④ 刘晖：《铁路与近代郑州棉业的发展》，《史学月刊》2008年第7期，第103页。
⑤ 章有义：《中国近代农业史资料》（第3辑），生活·读书·新知三联书店1957年版，第462页。
⑥ 蚌埠市地方志编纂委员会：《蚌埠市志·工业》，方志出版社1995年版，第257页。

生等种子也得到改良和推广。

小麦方面，截至1936年，由江苏省立麦作试验场育成的“萧县火燎芒”“沛县小红芒”的推广面积已增至6 000亩，以铜山及萧县为中心。此外，其育成的“徐州438”，亦在萧县、砀山推广，“较普通种子可增（产）至百分之二十以上”[①]。1933年，河南省开始由设在开封的第一农林局广泛推广“124号小麦”，“凡属于作业区域内之县份，每县各发三十斤，先由县农业推广所栽培繁殖，再分给保甲长依次推广于农户。于不属于作业区域县份，农业推广所有愿领种者，亦酌量分给，广为繁殖”[②]。淮河流域安徽各县的良种推广也渐次开展，如1936年，怀远县“民教馆生机组为实验农产增加收获起见，特于距城东北五里之祖师庙举办特约小麦农田，试种金陵大学南宿州大一号麦种，计面积二亩，田主为农民宋筱齐，如来年丰收获益，超过播种土种之邻地，其超出之数，概归田主，否则由该馆补足”[③]。花生方面，美国大花生在山东也获得推广，逐渐取代本地的小花生。

其次，铁路当局还直接推行一系列农业改良措施。20世纪20年代至30年代初期，“中国农村极其衰败，凋敝之中，到处都是崩溃现象”[④]，这引起社会各界的极大关注，救济与复兴农村经济的呼声甚嚣尘上。在国民政府主导下，农村复兴运动揭开序幕，铁路部门也参与其中。铁路部门除通过运价政策调整以扶持农产品运销外，还进行若干促进农业改良的措施。

一是举办“铁展会”，拓展农产品销路。“铁展会”即全国铁路沿线出产货品展览会，之所以铁路部门要举办，原因在于“使商人明了本国物产状况，运输销售情形，便于投资经营；在人民则得购买国货之机会，调剂供求之需要，奖励国产之繁荣；在铁路方面，可增加运货收入，意至善也”[⑤]。为此，从1932年起由铁道部开始筹办，颁布《全国铁路沿线出产货品展览会章程》，规定展览货品的名称、用途、产量、出货时季、出产地、行销地及行销数量、

---

① 吴春梅、张崇旺、朱正业、杨立红：《近代淮河流域经济开发史》，科学出版社2010年版，第39页。

② “国民党中央党部国民经济计划委员会”：《十年来之中国经济建设（1927—1937）》（下篇），（台北）“中国国民党中央委员会党史委员会”1976年版，第2页。

③ 《怀远举办特约农田》，《大公报》1936年12月25日。转引自吴春梅、张崇旺、朱正业、杨立红：《近代淮河流域经济开发史》，科学出版社2010年版，第40页。

④ 罗廷光：《教育与复兴农村》，《湖北教育月刊》第4期，1933年12月，第1页。

⑤ 曾仲鸣：《最近三年来的路政情形》，《津浦铁路月刊》第4卷第10期，1934年10月，“路政论辑”，第5页。

价值、运输方法、运费和捐税等[①]。1933 年 4 月 10 日—5 月 10 日，第一届“铁展会”在上海开幕，此后又分别在南京、北平、青岛连续举办三届。“铁展会”上，各铁路当局分别设立专馆，展出本路沿线的农产品和工商货品，如 1934 年在北平举办的第三届“铁展会”上共设 10 处专馆陈列，“每日参观者数以万计，各馆之陈列品，琳琅满目”[②]，分为农、林、矿、工、禽畜、水产和药材等 7 类，农产品展出尤其丰富，名产馆有丝与茶，陇海馆有花生、棉花、小米等，平汉路农产品 230 余种[③]。各路“不仅以介绍各地物产与社会为责任，即对于各路沿线货品之产地、销场、价值、捐税、运费、运销之方法、产品列年增减消长之情形，亦均详晰调查，作成统计，分别标载，以供观者之参考”[④]。

二是进行沿线农产调查。为了解铁路沿线农产品的产销情形，国民政府铁道部成立之际即着手进行调查，以便“各计划线沿线经济实况之研究，俾将来决定兴筑程序时有所依据”，及“以供选择新线及改进旧线之参考”[⑤]。铁道部先后对陇海、津浦和平汉等铁路进行实地调查，并编印成数量庞大的经济调查报告，对农产品的产销状况记述尤为丰富。如 1933 年铁道部编印的《陇海铁路全线调查》，专门对该路的“货物运价表”“本路沿线出产概况”“各站附近乡镇”“河南省公路”“二十一年各站运出粮食”“二十一年各站运入粮食”等进行编订，在“本路沿线出产概况”一栏中，调查农产品的项目包括产地、产量、输出量、输出地等[⑥]。

三是宣传和推广良种。铁路部门为宣传、推广农产品信息，除举办“铁展会”进行宣传外，还编印相关铁路沿线农产品一览表，并在一些杂志上刊登广告。1933 年，铁路部门为使国人对国产“因需要以便采择，从此较而事改良”，特将各路之物产编定一册，其内容包括物品的名称、产量、产地、运销地点、销量、工厂名称及资本等[⑦]。陇海路的菽、麦、药材；平汉、湘鄂、

---

① 《全国铁路沿线出产货品展览会章程》，《河北实业公报》第 17 期，1932 年 9 月，“法规”，第 9—11 页。

② 秦孝仪：《革命文献》第 78 辑，《抗战前国家建设史料・交通建设》，（台北）“中央文物供应社”1979 年版，第 443 页。

③ 李战之：《从铁展会平汉粤汉两路沿线物产报告中观察汉口地位》，《汉口商业月刊》第 1 卷第 7 期，1934 年 7 月 10 日，第 2 页。

④ 云尘：《参观北平全国铁路展会后纪略》，《北辰杂志》1934 年第 11 期，第 12—14 页。

⑤ 《铁道部经济调查经过及未来计划》，《铁道公报・铁道部成立二周年纪念号》，1930 年 11 月，第 47 页。

⑥ 陇海铁路管理局车务处：《陇海铁路全线调查》，编者 1933 年印行，“本路沿线出产概况表”，第 3 页。

⑦ 铁道部联运处：《中华民国全国铁路沿线物产一览》，编者 1933 年印行，第 4 页。

广韶路的红糖、豆、麦、油、米、谷、棉、茶、糖果；津浦、京沪沪杭甬等路的粮食、花生、柿、枣、丝等都有详细记载①。此后的1934—1935年，铁道部根据“铁展会”的展品内容相继编成《中华民国铁路沿线货物产品一览》1934年版和1935年版。为提倡农产品生产，平汉铁路还特开专车，于车厢中陈列棉业标本，沿该路各大小站停留展览，宣传棉业之重要及美棉之优点，并编印沿线各站重要之农产品手册，还派员赴沿线各站进行宣讲②。淮南铁路也积极服务农业品种改良，曾与中央农业指导社合作，“改良沿线农产品，增加生产，并设立试验场，邀请沿线地方人士参观，藉资观摩，引起乡民试用改良稻种，及新法耕种，增进生产而益路收”③。

第三节　新式产业的兴起

19世纪中后叶以来，现代棉纺织业、制烟业、食品加工业、电力工业、通讯业、轮船业、新式手工业、现代金融业及假日产业等陆续在淮河流域内出现，而它们的出现，都与铁路交通有着千丝万缕的关联。本节拟从铁路附属工业、假日产业与现代金融业三个方面，考察铁路对淮河流域此种新式产业的兴起与发展所起作用。

一、铁路附属工业伴生

铁路是一项规模宏大的产业链条。它的兴起与发展不仅引发社会经济的多重连锁反应，也会促发其自身作为一种产业的生成，包括构筑铁路基础设施产业和为保障铁路正常运营的附属产业。在近代中国，由于工业技术落后，铁路基础设施基本都是从国外引进，只有一些简单的附属产业随着铁路交通的兴建而伴生，其中机车修理厂最具代表性。在淮河流域境内，平汉和陇海两路的机车修理厂有一定程度的发展。

---

① 铁道部联运处：《中华民国全国铁路沿线物产一览》，编者1933年印行，第3页。

② 李遂贤：《京汉铁路提倡农产始末记》，《京汉铁路管理局公报》第35期，1921年11月中旬，第22—24页；李遂贤：《京汉铁路提倡农产始末记》（续），《京汉铁路管理局公报》第57期，1922年6月下旬，第39页；胡竞良：《中国棉产改进史》，商务印书馆1945年版，第13页。

③ 张善玮：《淮南铁路沿线生产交通情形及其业务发展之计划》，《铁路杂志》第2卷第8期，1937年2月27日，第50页。

中国铁路机厂，早期主要用于修理本路机车车辆，大都与铁路同时建成，如北宁铁路的唐山厂、大连厂、沈阳皇姑屯厂，京沪沪杭甬铁路的上海吴淞厂，胶济铁路的四方厂，平汉铁路的北京长辛店厂等。除上述各厂外，20 世纪初还创办了 10 个铁路机车车辆厂，其中规模较大的有南满铁路哈尔滨厂、平汉铁路汉口江岸厂、津浦路的济南厂和浦镇厂等。总体而言，各铁路的机车厂修理工艺比较简单，主要靠手工操作，工装机具也比较原始，一般都是通用的手工工具，除简易的加工机床外，解体、维修、装配、测试基本无专用的工装设备。操作方法也是一个师傅一个干法，师傅带徒弟，代代如此，没有规范的操作工艺，凭经验操作。在实际工作中，机车主厂房检修、组装线路往往是尽头式的，迂回折返；零件修配按机群组合，布局不合理；各厂承修的机车型号少则 20 余种，多达 30 多种，而且修程大，死复、重造和事故修理等非正常修程占相当大的比例；由于技术资料残缺不全，需要更换的配件不能事先制备；特别是一些杂型车更换重大配件，要以拆下的旧件为样品，现赶制模型铸造或锻造及机械加工，给修理工作带来很大困难；厂房生产面积不能充分利用，生产忙乱被动，机车厂修，在厂日数有的竟达 60 天，中修长达 46 天，产量与工艺之间的矛盾日益突出①。

平汉、津浦和陇海三路都建立有数量不等的机车修理厂，根据 1935 年《铁道年鉴》的统计，平汉铁路共有北京长辛店、郑州和汉口江岸 3 所，津浦铁路共有南京浦镇、济南和天津 3 所，陇海铁路共有洛阳机厂、洛阳机车厂、铜山机车厂、开封机车厂、潼关机车厂和西安机车厂等 6 所。陇海铁路的机厂与机车厂的业务有所区别，机厂“专司修理机车车辆及修制各种机件事务”，而机车厂“专司机车之管理、调查、调度、修养及检验机车车辆事务”②，但两者主要业务还是修理机车车辆。上述机车修理厂在淮河流域境内的有平汉铁路郑州机厂，以及陇海铁路洛阳机厂、洛阳机车厂、铜山机车厂和开封机厂，其中规模较大、设备较为齐全的为洛阳机车厂、铜山机厂和郑州机车厂 3 所。

洛阳机车修理厂位于今洛阳火车东站股道北侧，兴建于宣统元年（1909）11 月，为承担当时汴洛铁路及洛潼铁路的客货车辆修理任务而建。1916 年，汴洛、洛潼两铁路并入陇海铁路，工厂与洛阳机务段机修车间合并，组成洛阳铁路机车修理厂，占地面积 3.3 万平方米。至 1930 年，先后建成机车库、动力车间、钳工车间、材料仓库、办公用房、生活设施等建筑，建筑面积

① 张治中：《中国铁路机车史》（上），山东教育出版社 2003 年版，第 59 页。

② 铁道部秘书厅：《铁道年鉴》（第 3 卷），商务印书馆 1936 年版，第 588—615 页。

2 282平方米，还拥有各种专用设备 220 多台，具有年修理蒸汽机车 23 辆、客货车 220 辆的生产能力。机车库为型钢结构，单跨 8 个柱列，带小天窗，砖墙围护，壁柱间玻璃钢窗采光，瓦楞铁皮屋顶，檐高 7 米，建筑面积 1 600 平方米，有 5 条整备铁路线通入库房内。动力、钳工车间距机车库 5 米，上有天窗，结构与机车库厂房相同，建筑面积 312 平方米。材料仓库为砖木结构，单跨坡屋面平房，长 32 米，宽 6 米，檐高 4 米，小型玻璃门窗，建筑面积 192 平方米。办公用房等均为砖木结构①。该厂为洛阳地区创建时间最早、规模最大、建筑结构最新的机械工业企业。至 1935 年，洛阳机厂成为陇海铁路沿线规模最大机车修理厂。铜山机厂设于 1916 年，负责陇海铁路商丘以东段车辆修理，1924 年陇海路局在海州设立海州停车厂，隶属铜山机厂管辖②，1935 年该厂规模仅次于洛阳机厂。

表 2－5　淮河流域各铁路机车修理厂设备一览表（1935 年）

厂　名	设备清单	
郑州机车厂	原动力	50 马力半固定式蒸汽机、25 马力半固定式蒸汽机，6 千瓦直流发电机、15 千瓦直流发电机各 1 座
	机械工具设备	普通镟机 10 具，机车车轮镟机、客货车车轮镟机、C. 300m/m 螺纹镟机、C. 300m/m 竖刨机、C. 500m/m 成形机、C. 700m/m 双作成形机、C. 250m/m 旋臂钻机、D. 6m/m 火箱螺孔钻机、D. 32m/m 铆钉钻孔机、D. 27m/m 铆钉钻孔机、D. 30m/m 铆钉钻孔机、割金属锯机、D. 500m/m 圆片锯机、剪机（剪 10m/m 厚铁板）、D. 70m/m 烟管去锈机、扇风机、砂轮磨机、石轮磨机、打铁炉、锅炉去锈机、最大径 15m/m 活动电钻、最大径 20m/m 活动电钻、冷气风锤、8T 手摇起重机各 1 具，熔力每小时熔 1 吨熔铁炉、溶铜炉（溶量每小时 80 公斤）各 1 具，C. 230m/m 成形机 2 具

① 河南近代建筑史编辑委员会：《河南近代建筑史》，中国建筑工业出版社 1995 年版，第 305 页；洛阳市政协文史资料委员会：《洛阳文史资料》（第 15 辑），编者 1994 年印行，第 145 页。

② 济南铁路局史志编纂领导小组：《济南铁路局志（1899—1985）》，山东友谊出版社 1993 年版，第 224 页。

（续表）

厂　名	设备清单	
洛阳机厂	原动力	75 马力复涨蒸汽机、卧 40 马力式蒸汽机、15kW 直流发电机各 1 台，7 马力立式蒸汽机、5 马力立式蒸汽车、3kW 汽油发电机各 1 台，立式锅炉 2 座，卧式锅炉 4 座
	机械工具设备	立式镟盘、铆钉机、锯机、剪铳机、水压机、人力水泵、烤炉、刨板机、刨边机、20T 起重机、15T 手摇起重机、10T 高架起重机、1T 人力吊车各 1 台，车轮镟床、成形机、洗机、汽锤、平台、化铁炉、化铜炉、锯木机、木工镟机各 2 台，刨机、横梁支重机各 4 台，钻机 6 台，磨机 8 台，镟机 17 台，千斤顶 24 台
洛阳机车厂	原动力	25 马力卧式蒸汽机车带锅炉、12kW 直流发电机各 1 台，立式锅炉 1 座
	机械工具设备	锅炉进水机、锯机、剪铳机、锯木机、落轴机、横梁支重机各 1 台，烤砂炉 1 座，人力水泵 1 架，手摇高架吊车 1 具，钻机、刨机各 2 台，平台 2 座，磨机 3 台，镟机 4 台，千斤顶 36 台
开封机车厂	原动力	20 马力卧式蒸汽机 1 台，锅炉 1 座
	机械工具设备	锅炉进水机、压风机、落轴机、磨机、横梁支重机各 1 台，钻机、刨机各 2 台，人力吊车 2 架，镟机 3 台，千斤顶 34 台
铜山机车厂	原动力	50 马力卧式蒸汽机车带锅炉 1 套，15.5kW 直流发电机各 1 台，3.5kW 汽油发电机 2 台，立式锅炉 2 座
	机械工具设备	车轮镟机、洗机、锯机、剪铳机、水压机、锯木机、刨板机、刨边钻眼机、木工镟机各 1 台，人力水泵 1 架，氧烧焊器 1 套，化铁炉、化铜炉、烤砂炉各 1 座，人力吊车、风锤各 1 具，成形机、刨机、磨机、蒸汽抽水机、横梁支重机各 2 台，钻机 4 台，镟机 9 台，千斤顶 34 台

资料来源：铁道部秘书厅：《铁道年鉴》（第 3 卷），商务印书馆 1936 年版，第 600—618 页。

二、假日产业兴起

我国近代以旅游服务业为主的假日产业发展缓慢，至迟到 20 世纪 20 年代才有所萌发，30 年代至抗战爆发前为我国近代旅游业发展最快的时期，旅行社、旅馆业、交通业和旅行项目及活动等略具规模。

旅行社方面，1923 年 8 月我国第一家旅行社——上海商业储蓄银行旅行部在上海总行成立[①]，1927 年改名为中国旅行社，发展迅速。据统计，1927—1937 的 10 年间，中国旅行社先后建立的分社、支社和办事处共达 54 个，加上旅行部时期设立的 11 个分部和 1 个夏令办事处，到 1937 年 8 月，中国旅行社共有分支机构 66 处，基本上构成了体系较完善、地区分布较合理的国内外旅游服务网络[②]。

旅馆业方面，据统计，1901—1939 年，在上海、广州、汕头、北京、张家口、天津、石家庄、塘沽、沈阳、郑州、济南、青岛、烟台、威海卫、嘉兴、杭州、宁波、九江、汉口、长沙、昆明、南京等地，先后兴建的西式饭店达 78 家[③]。北京的长安春饭店、东方饭店、中央饭店，天津的国民饭店，上海的中央饭店、大中华饭店、国际饭店等新式旅馆纷纷出现。

而沿铁路线建立起来的交通旅馆更是普遍，据抗战前铁道部联运处所编的《旅行指南》统计，地方交通旅馆全国共有 1 057 家。从其分布情况来看，京沪线镇江至杭州笕桥各站为 61 家，津浦线临城至下关各站为 58 家，临枣支线天津至枣庄、邹坞各站为 66 家，胶济线青岛至济南各站为 35 家，陇海线灵宝至大浦各站为 109 家，北宁线北平至辽宁总站各站为 173 家，平绥线清华园至包头各站为 147 家，平汉线长辛店至汉口至玉带门各站为 176 家，广九线广州至九江、南浔线南昌至九江、浙赣铁路钱塘江至玉山共为 76 家，其他各站约有 143 家[④]。

交通业方面，铁路、公路和民航业均有一定程度发展，特别是铁路交通在 20 世纪 30 年代进步显著，初步构成铁路交通网络体系，“而国有铁路联运之完成，尤增旅行上之便利”[⑤]。

旅行项目和活动方面，一是旅游资源得到一定的开发利用，包括北京名

① 中国人民银行上海分行金融研究所：《上海商业储蓄银行史料》，上海人民出版社 1990 年版，第 828 页。

② 程卫红：《民国时期的旅游业研究》，山东师范大学 2003 年硕士学位论文，第 11 页。

③ 王仁兴：《中国旅馆史话》，中国旅游出版社 1984 年版，第 102—105 页。

④ 仲富兰：《图说中国百年社会生活变迁》，学林出版社 2001 年版，第 91 页。

⑤ 余贵棠：《游览事业之理论与实际》，中国旅行社 1944 年版，第 99 页。

胜古迹、黄山风景区、北戴河度假区以及南京中山陵等；二是包括团体旅游、个人旅游和出国游等旅游活动逐渐兴起。

在20世纪二三十年代的假日产业兴起与发展过程中，淮河流域诸省由于地理位置上紧邻经济发达的江浙沪，又拥有诸多的旅游资源而成为旅游的重要目的地，相关旅游服务业得到发展。

一是中国旅行社在淮河流域各铁路沿线及中心城市设立多处分社或分支机构，至1937年8月，共有蚌埠、徐州、郑州、开封、洛阳、陕州、墟沟和新浦8处分社，连云港和合肥2处办事处①。

二是旅馆业在淮河流域主要城市日渐增多。蚌埠旅馆业兴起于民国元年(1912)前后，在码头、火车站附近，"旅馆都建为瓦屋或楼房了。此时的旅馆、饭店约百户。其中较有代表性的是火车站附近的岑楼，华昌街西口的青云楼、云阳楼，华昌街中段的第一楼，二马路西段的中华客栈，中山街北头的大观楼，大马路中段的华新楼。但最大的要数座落在二马路与华昌街交会点上的东亚旅社"②。至1934年统计，蚌埠商会会员中共有旅馆企业会员56家③。

郑州第一家旅馆为迎宾旅社，1904年在大同路开办，此后随着陇海铁路与京汉铁路的交汇，郑州成为豫、陕、晋等省棉花、药材、粮油、土产的集散地，客商云集，旅馆业也随之兴旺起来，大金台、第一宾馆、五洲大旅馆、通商旅馆、中国旅馆、文明旅馆、东方宾馆、人和昌旅馆和庆升旅馆等先后设立。至1936年，郑州共有旅栈业52家，资本69 000元，员工43名④。

徐州"东关火车站附近一带，旅舍、菜馆、转运公司林立，因津浦、陇海两路交汇于此，旅客往来之众，货物运输之繁，旅社、菜馆、运输三业，允宜兴旺者也"。当时旅馆主要包括花园饭店、徐州饭店、江北旅行、华北旅社、大金台和快活林等⑤。

陇海铁路沿线的开封，新式旅馆业也是在铁路通车后才兴起的，1931年

① 中国人民银行上海分行金融研究所：《上海商业储蓄银行史料》，上海人民出版社1990年版，第828页。

② 蚌埠市政协文史办公室、蚌埠市市志办公室：《蚌埠古今》(第2辑)，编者1984年印行，第129—130页。

③ 絮非：《凤阳风土志》(六)，《津浦铁路日刊》1584号，1936年6月29日，第200页。

④ 郑州市地方史志编纂委员会：《郑州市志》(第5分册)，中州古籍出版社1998年版，第123页；刘晖：《铁路与近代郑州城市化进程研究(1905—1937)》，南开大学2010年博士学位论文，第116页。

⑤ 张春浩：《徐州一瞥》(续)，《铁路月刊——津浦线》第2卷第4—5期合刊，1932年5月31日，"调查"，第1—4页。

共有旅馆65家，职工304人，1936年则增加至88家，主要旅馆有大金台旅馆、大梁旅社、群贤旅社、河南旅社及交通旅社等①。该路东段的大浦、连云和墟沟等地的旅馆业也有一定规模，大浦大型旅社计有5家②；在新浦，大型的旅店也有3家③。20世纪30年代，连云港口码头开始投入使用后，同样带动了旅店业的发展，连云、墟沟两镇设有旅馆20多家④，包括陇海公寓、中央旅社、陇西旅社、东亚旅社和大东旅社等。

三是淮河流域内的名胜古迹和风景区等旅游资源得到一定开发。津浦铁路的著名景点莫过于琅琊山，吸引了包括民国政要在内的南京、上海众多游客。1927年5月，"蒋介石俭（二十八日）夜到滁州，宿游于醉翁亭，艳（二十九日）专车赴蚌埠"⑤。1933年5月，国民政府主席林森、考试院长戴季陶一行"赴陕视察既毕，于二十八日专车南下，途过滁州，林、戴参观琅琊山胜景，登山畅游，在醉翁亭留宿两宵。今晨七时下山……林氏之专车于九时二十分南开，地方长官及民众，到站欢送，甚为热烈"⑥。平汉铁路沿线的鸡公山"山径深幽，泉源甘美，气候清爽，适宜避暑"，吸引了大批外国在华人士来此游玩，至1935年，在鸡公山常住和避暑的外国人达2 201人⑦。陇海铁路东端的西连岛，徐州南站外的纪念塔，开封的铁塔、大相国寺、龙亭公园，洛阳的龙门石窟、白马寺及偃师县的宋陵等名胜古迹也吸引了不少游客。

从近代假日产业及淮河流域境内该业的兴起与发展的促成因素来看，既有近代中国社会经济发展和城市化进程不断加深带来的物质基础，也有人们社会生活观念的改变及近代以铁路为主导的交通条件改善，为人们的方便出行提供了可能。在近代假日产业发展的过程中，无论是中国旅行社的创办及发展，还是旅馆的建立、旅游资源的开发利用，基本上都是以铁路沿线为主轴，而且铁路当局也积极介入。就津浦、平汉、陇海和淮南等路局而言，铁路当局有如下几个方面的工作：

一是根据铁道部的规则，发售优惠铁路游览票。铁路游览票是来回票的

---

① 河南省统计学会、河南省统计局《统计志》编纂办公室、《河南统计》编辑部：《民国时期河南省统计资料》（上册），编者1986年印行，第706页；程子良、李清银：《开封城市史》，社会科学文献出版社1993年版，第231页。

② 连云港市地方志编纂委员会：《连云港市志・商业分志》，方志出版社2000年版，第327页。

③ 连云港政协：《连云港市文史资料》（第7辑），编者1983年印行，第154页。

④ 连云港市地方志编纂委员会：《连云港市志・商业分志》，方志出版社2000年版，第328页。

⑤ 《大公报》1927年5月31日。转引自章建：《铁路与近代安徽经济社会变迁研究（1912—1937）》，合肥工业大学出版社2015年版，第358页。

⑥ 《林主席等今午抵京》，《中央夜报》1933年5月30日，第1版。

⑦ 河南省地方史志编纂委员会：《河南省志》（第21卷），河南人民出版社1993年版，第196页。

一种，其特点在于此种来回票以促进旅游为目的，仅在特定时间和名胜地车站间发售。铁路游览票与普通票相比，票价低且车票有效期长①。铁路游览票价格的计算方法依铁道部颁布的《铁路客车运输通则》附件三《来回票发行规则》的规定："头二等均按普通单程票价两份七五折计算，三等均按八五折计算。"其有效期为1 000公里以内者1个月为限，1 000公里或以上者6个星期为限②。比如1934年8月，津浦路即开始在滁州、兖州、泰安三站，发行头、二等来回游览票，其票价各按双程七五折收费③。

二是进行广告宣传。为吸引旅客出行，各路局纷纷通过广告宣传将有关旅游线路的特点、优惠票价、联络方法等信息传达给旅客。如津浦铁路管理局的广告，首先用醒目的字体招徕乘客："利用宝贵之假期，游览名山胜迹。来回游览票价较普通票价，头二等减25%，三等减15%。"接下去介绍了该路沿线及列车特点："津浦铁路跨越苏皖鲁冀四省，沿线风景如画，多含历史价值，修学旅行之唯一途径也。且本路蓝钢列车驰誉国内，迅疾稳妥，铺座舒服，中西餐膳，清洁精美。"④ 最后还为乘客提供了各地购票或旅游联络方法。除了专门性宣传引导外，各路局在其他各类广告上也往往提及利用铁路从事游览活动的内容。平汉铁路管理局亦将游览事项置于广告前列："本路沿线名胜古迹，美不胜收；农矿各产，均极丰富……"⑤

三是制定合理的列车运行时间和开展旅游联运，为旅游提供便捷交通条件。不仅如此，有的路局还开设旅游专车。在津浦铁路，路局多次开驶赴琅琊山等景点的旅游专车，并与京沪路局合办"泰山、万德、曲阜、滁州游览团"，《申报》上就曾多次出现过这样的旅游广告："定于十月九日晨八时，由上海北站开行之特别快车，加挂游览专车……十三日晨抵滁州，游览琅琊寺、醉翁亭各处，晚七时开车，十四日晨七时一刻抵沪。"⑥ 随着由南京、上海方向而来的游客量增长，"乘客非常拥挤。其中因日期限制致抱向隅之感者，谅亦不少"，为此津浦路局适时发售"星期滁州特价来回游览票"，即"每逢星期日二十二次车（上午9.45浦口开，11.20到滁州），加挂二等钢车一辆，在滁州摘下，于当晚七十一次车（18.33分滁州开，20.15分到浦口）挂回浦

① 吴绍曾：《铁路货等运价之研究》，京沪沪杭甬铁路管理局1936年版，第193页。

② 《中华民国铁路客运运输通则》附件三《来回票发行规则》，参见徐百齐：《中华民国法规大全》（第4册），商务印书馆1936年版，第5 080—5 081页。

③ 铁道部秘书厅：《铁道年鉴》（第3卷），商务印书馆1936年版，第122—123页。

④ 铁道部秘书厅：《铁道年鉴》（第3卷），商务印书馆1936年版，第11章后。

⑤ 铁道部秘书厅：《铁道年鉴》（第3卷），商务印书馆1936年版，第1 362页。

⑥ 《京沪津浦合办游览专车》，《申报》1935年10月2日，第3张第11版。

口，专备游滁之用”[①]，这就使得琅琊山的周末旅游常态化，一时间游客大增。

另外，在20世纪30年代之前，我国各铁路局之间没有实行联运，游客中途需多次换乘，费时费力。30年代后，国民政府铁道部开始推行全面的客货联运，旅游联运也随即得以实施。以津浦铁路为例，该路“发售各站来回游览票站，原仅滁州、兖州府、泰安府三站之该路头二等来回游览票”，但因为自这几处“来回游览票发售以来，成绩极佳”，再加上“该路沿线名胜古迹，以及繁盛都会堪供游览者甚多”，因此“均可发售来回游览票”，故“为招揽客运起见，（路局）拟将下关、浦口、滁州、蚌埠、徐州府、兖州府、泰安府、济南府、天津西站、天津总站、天津东站十一处定为游览地点，由本路各发售联运来回游览票，站点发售至以上所定游览地点之头二三等本路来回游览票”，这其中就新增安徽蚌埠站。在时间上亦规定“游览时期，以上各站拟均定为长年”[②]。

四是改善硬件设施，并提供相关服务。为推动旅游业的发展，铁路当局进行车站硬件设施改善，包括建立和改良路局经营的营业所、旅馆和车站茶点等硬件和服务意识。以津浦铁路为例，路局“为谋招徕旅客发展业务起见”，决定在滁州站的“空地布置花园，藉以点缀风景，而助游兴。……面积约八万四千五百平方英尺”[③]。同时，考虑到滁州站“为该路南段风景区域，每年春秋两季，游人杂沓，拟在该站附近设一诊疗所，以便各站员司工警及旅客之就诊”[④]。不仅如此，由于“旅客前往游览者，日益增多”，所以为便利游览旅客起见，路局在滁州站内“添设‘手提物暂存所’，办理旅客以手提物交站暂存事务”，并制备“手提物暂存所”名牌，“悬挂于行李房适当地点，以引起旅客注意”[⑤]。

三、现代金融业出现

在铁路交通的有力影响下，淮河流域境内商业活动日益频繁，货币流通加速，新式银行也随之产生。

1907年成立的大清银行，分别于1909年和1911年在开封和扬州设立分行。民国初年，大清银行改称中国银行，在河南和江苏设立中国银行河南分

① 《将发售滁州星期来回游览票》，《津浦铁路日刊》第1516号，1936年4月10日，第67页。

② 《津浦路发售来回游览票站》，《铁道公报》第981期，1934年10月4日，第13—14页。

③ 《部路要讯：津浦路在滁州建筑花园》，《铁道公报》第1202期，1935年6月26日，第7页。

④ 《路事消息：（津浦铁路）拟添设滁县诊疗所》，《铁道半月刊》第2卷第1期，1937年1月，第171页。

⑤ 《部路要讯：（津浦路）游览站添设手提货物暂存所》，《铁道半月刊》第1卷第4期，1936年7月，第30—31页。

行和江苏分行，简称汴行和宁行，行下设分号和汇兑所。至1920年，中国银行汴行在淮河流域境内设立的分号有信阳、漯河、周口、禹县、许县和归德6所，宁行设立的分号有扬州、江浦、滕县、济宁、临沂和蚌埠6所，汇兑所有徐州、六安和亳州3处。

1907年开办的交通银行，至民初在淮河流域境内的开封、扬州、徐州设立3处分行，在山东济宁、滕县设立济南分行所属的2个汇兑所。后在河南周家口、漯河、信阳、郑县、归德、禹州设立开封分行所属的6个汇兑所；在安徽蚌埠、江苏清江浦和板浦设立江苏分行所属的3个汇兑所；在安徽亳州设立芜湖分行所属的亳州汇兑所①。

淮河流域境内各省，也纷纷成立省银行。在安徽，先后设立中华银行和安徽地方银行。中华银行成立于民初，资本50万元，总行设于怀宁县，分行设于上海、芜湖、大通、临淮、亳县、屯溪等地，发行钞票，1913年初停闭；安徽地方银行成立于1936年，总行设于芜湖，有怀宁、蚌埠和屯溪3个分行，六安、寿县、宿县、阜阳、亳县、凤阳、定远、颍上、涡阳、蒙城等办事处②。在江苏，先后设立有江苏银行和江苏省农民银行。江苏银行成立于1911年，总行在上海，创立之初，即在淮阴、新浦、扬州、徐州设有分行，扬州分行在1914年1月消歇，1915年又在徐州、蚌埠设立汇兑处，归南京分行管辖；江苏省农民银行成立于1928年，总行在镇江，该行在淮河流域徐州、扬州、泰县、东台、盐城、清江、兴化建有分行，宿迁、阜宁建有支行，沭阳、东坎、宝应、涟水、丰县、睢宁、姜埝、安丰、海安、邳县、沛县等地建有办事处或分理处③。在河南，先后设立河南省银行和河南农工银行。河南省银行成立于1923年，总行在开封，下设郑州分行，以及陕州、洛阳、商丘、安阳、新乡、焦作、道口、许昌、漯河、驻马店、信阳、潢川、南阳、淮阳等办事处；1928年河南省银行改称河南农工银行，分行与办事处基本相同，1931年又恢复旧称④。在山东省，则先后设立山东银行、山东商业银行、山东省银行及山东民生银行等⑤。

除上述中国、交通两大全国性银行和淮河流域各省自办的地方银行外，

---

① 周葆鉴：《中华银行史》，商务印书馆1923年版，第17—106页。

② 安徽地方银行经济研究室：《三年来之安徽地方银行》，编者1939年印行，第9—20页。

③ 参见陈山洪：《江苏省农民银行史略》，江苏省政协文史资料研究委员会：《江苏文史资料》(第31辑)，《江苏工商经济史料》，江苏文史资料编辑部1989年印行，第227—238页。

④ 参见王竹亭：《解放前的河南省银行》，河南省政协文史资料研究委员会：《河南文史资料》(第1辑)，河南人民出版社1979年版，第178页。

⑤ 参见吴春梅、张崇旺、朱正业、杨立红：《近代淮河流域经济开发史》，科学出版社2010年版，第554页。

其他商业银行如兴业银行、金城银行，以及地方银行如上海银行、徐海实业银行、徐州国民银行等也先后创办或开设分支机构。由于淮河流域境内无区域性和全国性的工商业城市，新式银行多是全国性银行和地方银行的分支机构，这些分支都是选择在交通方便、商业贸易相对发达的城市。

在津浦铁路和陇海铁路交汇的徐州，近代银行业较为发达。据 1932 年 10 月国民政府实业部调查，当时官办、商办银行主要有 6 所，其中有 1 所总行、5 所分行，分别是徐州国民银行总行，中国银行、交通银行、河南农工银行、中央银行和江苏省农民银行等 5 所分行①。中国农民银行 1935 年成立后，也在徐州设立分支机构②。

开封的银行业，据 1935 年萧愚所见："（开封）则有一个而七个。当民十七八年（1918—1919）间，只有一个省银行，后来添上个交通银行，中国银行，上海银行，中央银行，又添上个金城银行储蓄处，去年正式改为金城银行。再添上个豫鄂皖赣四省农民银行，去年改为中国农民银行。这七个银行，各有各的做法，在开封人心目中尚有其相当的信用。"③

郑州金融业一向发达，银行有中央、中国、交通、金城、浙江兴业、河南农工、汉口农工等数家，据《河南统计月报》记载："郑县贸易因交通便利关系，首以棉业为大宗，每年由各棉产区集中于本市销售者约 30 万包，价值数千万金。沪、汉、青、济等埠经营棉业者，多派专人坐庄收买，故各大银行亦纷纷于郑市开设分行，除官立银行如中央、河南农工、四省农民等行外，商业银行计有上海、交通、中国、浙江兴业、中国农工、金城、北洋保商等行，市面金融之周转全恃银行界之接济。"④

津浦铁路沿线的蚌埠，新式银行业发展迅速。首先有中国银行、交通银行来蚌埠设立分支机构（管辖徐州、宿县、临淮关、明光、淮南、合肥等地的下属机构），一年后又有上海储蓄银行、安徽银行、江苏银行等分支行和一些银号、钱庄相继开业。到抗日战争前，蚌埠已成为皖北地区的金融活动中心。据 1934 年《全国金融年鉴》记载，当时安徽全省设银行 22 处，蚌埠即占 7 处⑤。

---

① 实业部国际贸易局：《中国实业志·江苏省》，编者 1933 年印行，"第 10 编金融机关第 1 章银行业"，第 33 页。

② 徐叔安等：《抗战以前徐州银钱业略述》，徐州市政协文史资料研究委员会：《徐州文史资料》（第 7 辑），编者 1986 年印行，第 148 页。

③ 萧愚：《开封小记》，《禹贡》（半月刊）第 4 卷第 1 期，1935 年 9 月 1 日，第 99 页。

④ 《经济调查资料》，河南省政府秘书处统计室：《河南统计月报》第 1 卷第 2—3 期合刊，1935 年 3 月，第 168 页。

⑤ 《当代中国的安徽》编辑委员会编：《当代中国的安徽》（下），当代中国出版社、香港祖国出版社 2009 年版，第 379 页。

济宁的银行，有中国银行及上海银行两办事处，均系 1930 年设立[①]。其他县治城市也有新式银行的分支机构，如江苏灌云县有中国、交通各分行一，系专为运盐收税而设，并不营业。1932 年，宿迁、沛县、东台等县商会经江苏省商联会转呈中央、中交各银行，要求在本地酌情设立分行或兑换所[②]。

从近代淮河流域内各省新式金融业的布局来看，国有银行、地方银行及主要商业银行都集中于交通便捷、工商业发达的城市，如安徽的蚌埠，江苏的徐州，河南的开封、郑州和许县，以及山东的济宁等。而这些城市无一例外都是铁路交通的重要节点和枢纽。显而易见，正是铁路交通的发展，促进了区域经济的繁荣与活跃，从而为新式金融业的发展奠定基础和条件。

本章小结

本章考察铁路对淮河流域近代经济领域所产生的积极推动作用，旨在向读者展示铁路文明所具有的经济价值及其重要意义。

第一，区域内工农业在铁路交通的推动下，呈现出由传统向现代化转变的趋势。淮河流域内传统的煤业，因运输条件的改善和铁路自身对煤炭的需求，而呈现产销两旺的局面，为提高产量，煤矿公司还积极进行生产管理方式的改进；农业方面，农产品得以外销，商品化率有所提高，为满足市场需求，铁路沿线出现农作物品种结构的变化，农业生产区域化明显，生产管理技术也有所改进。

第二，铁路还促进新式产业在淮河流域的出现和发展。在淮河流域境内，路局为维保机车，兴建了机车修理厂，能生产简单的零配件；铁路客运使城市人能够便捷前往各地游览；而铁路所引发的商品流通不断增加，经济活动日益频繁，人们的金融服务需求日趋旺盛。

凡此种种，无疑证明铁路对淮河流域经济发展所具有的正面的、积极的作用。但本文必须要说明的是，近代淮河流域的经济面相是极其落后和低下的，工矿业和农业基本是处于停滞状态，但这并不能代表铁路的作用是无效的，而只能说众多的消极因素大致上抵消了区域内铁路等方面的积极因素。

---

① 参见吴春梅、张崇旺、朱正业、杨立红：《近代淮河流域经济开发史》，科学出版社 2010 年版，第 555 页。

② 《商业消息》，《江苏省实业厅半月刊》第 9 期，1932 年 6 月，第 11 页。

第三章 铁路与淮河流域市镇演变

美国学者约翰·W. 雷普斯曾指出："铁路的到来开创了美国城市发展与城市规划的新纪元。铁路影响着城市建设的发展速度，为人口增长提供了广阔崭新的区域，数以百计的城镇也因这种更有效的交通方式而得以出现。铁路运行所必需的新车站、铁路线、调车场、商店等也改变着城市的已有布局。另外，铁路还使得富人们的郊区化发展成为可能——这便引起了至今仍势头不减的城市扩展趋向。"① 在我国，虽然城市化起步较迟，发展速度缓慢，但铁路交通在早期城市化进程中的重要作用也得到学界普遍的认可。

概括来说，铁路交通对市镇的影响体现在两个方面：一是改变了市镇整体格局，市镇有兴有衰；二是它对市镇内部形态产生重要影响，市镇内部形态主要包括空间形态、产业形态和社会形态等。本章即从这两个方面考察铁路对淮河流域市镇的影响，包括"新兴市镇的兴起""传统市镇的分化"和"市镇空间形态演进"三节。市镇内部形态中的产业形态和社会形态在有关章节中已有阐述，本章第三节将不再赘述，仅以市镇空间形态为阐述内容。

第一节 新兴市镇的兴起

随着铁路的修筑和运营，在近代淮河流域产生了一批与铁路共生的新兴市

① John W. Reps. *The Making of Urban America: A History of City Planning in the United States*, Princeton 1965, p382. 转引自王旭、黄柯可：《城市社会的变迁：中美城市化及其比较》，中国社会科学出版社 1988 年版，第 77 页。

镇，主要包括京汉铁路沿线的郑州、漯河和驻马店，陇海铁路沿线的连云港、新安镇和运河镇，津浦铁路沿线的蚌埠和宿县，以及淮南铁路沿线的淮南等。

一、平汉路沿线兴起的市镇

平汉路沿线兴起的市镇包括郑州、漯河和驻马店等。

郑州在有清一代为直隶州，1913 年改称郑县，辖有荥阳、荥泽、河阴和汜水四县。郑州北距黄河 53 里，居河南省中央，为中原通衢[①]。1905 年与 1909 年，京汉和汴洛两路相继筑成，郑州处于十字交叉点，即通过京汉铁路北可达北京，且城北 20 余公里通黄河水运；向南可抵汉口，能连接长江水路。通过陇海铁路向西至观音堂（后至西安等地），向东经徐州北上通济南、青岛、天津，南下达浦口、上海；由徐州继续东行即达海州大埔港出海，由海路南下亦可到上海，北上可至青岛。作为平汉、陇海这两条铁路干线的结点，郑州居于中原近代交通运输网的核心位置，能够与诸多重要通商口岸直接联系，可谓是四通八达。在铁路的联动作用下，郑州逐步发展成为中原地区粮食、棉花等农产品及工业品的转运中心，河南省内及周边诸省的很多商品均以此为集散地。1920 年前后，日本人调查的结果显示："郑州的发展，是最近十几年的事情，即铁路开通以来，河南、陕西、甘肃、山西西南部的物资以此为自然的集散中心地，客商频繁往来，遂形成今日的隆盛局面。"[②] 优越的交通区位条件，给封闭、衰落的郑州带来了发展的契机和驱动力，使郑州逐渐从一个小县城成为中原第一大工商业中心城市，不仅城区面积扩大，工商业聚积，而且具有现代性的基础服务设施，如邮政、电讯、电话和电灯照明等亦开始出现。

随着铁路交通和郑州工商业的发展，大批的工人、破产农户和灾民纷纷来此谋生，城市人口集聚效应呈现。19 世纪末，郑州城市人口不过 2 万[③]。此后，由于军阀混战的影响，郑州城市的人口增长相对缓慢，1930 年郑州市区人口增加至 9.5 万人。20 世纪 30 年代前期，国内局势相对稳定，加之陇海铁路东西两向不断扩展，郑州的商业和金融业更趋于繁荣，人口呈现快速增长之势[④]，1932 年达 257 083 人[⑤]，1934 年增加至 329 635 人[⑥]，1936 年 4 月

---

① 吴世勋：《分省地志·河南》，中华书局 1927 年版，第 73 页。

② ［日］青岛守备军民政部铁道部：《河南省郑州事情》，1922 年印行，第 7 页。

③ 郑州市地方史志编纂委员会：《郑州市志》（第 3 分册），中州古籍出版社 1997 版，第 3 页。

④ 张玲：《铁路与郑州城市地理变迁（1904—1954）》，天津师范大学 2014 年硕士学位论文，第 38 页。

⑤ 铁道部业务司商务科：《二十一年陇海铁路全线调查报告》，编者 1932 年印行，第 159 页。

⑥ 张忠广：《陇海铁路中东段的修建和沿线地区社会经济的变迁（1904—1949）》，安徽大学 2014 年硕士学位论文，第 79 页。

更是达到51 422户、332 168人[1]。郑州交通之畅通，便利于外国传教士进驻传教。美国的基督教士早在1905年便修建了教堂和美华医院。1906年和1915年，意大利、英国天主教也分别来郑州建教堂、医院，传教布教[2]。1917年前后，有13家日商在郑州设立贸易机构，英美商号亦有进驻。1922年，郑州全城约有300名外国人居住，包括铁路技师15人，以法国人、意大利人居多，有日商30～40人，美孚洋行、豫丰纱厂、中华蛋粉公司及美国青年会的美国人10人左右，另有各国传教士若干，以及外国人家属230人左右[3]。

漯河在平汉铁路未开通前，只是郾城县的一个小集镇，但因与沙河、澧河交汇，水运尚属发达。1906年京汉铁路全线通车，建于漯河寨以东1 000米处的郾城火车站因靠近漯河，故以漯河火车站代称，漯河由此水陆交通便利，遂有"水旱码头"之称[4]。从漯河火车站北赴许昌约54公里，赴郑州约140公里，南到驻马店约56公里，到汉口370余公里。

漯河交通条件的改善，商贸日益繁盛。1913年，漯河火车站客货总收入占京汉路的4.4%，在各站中排名第7，其中客运收入占京汉路96个车站总收入的6.6%，排名第4位，可见漯河车站作为头等站的地位[5]。由汉口运来的商货，多由此行销河南南部各地；附近所产芝麻、黄豆、鸡蛋、牛羊皮等由此输出。由于本地商品交易的活跃，不少汉口、周家口等地商号和外国商人进入漯河，漯河商业日益兴盛，商号迅速增多。1912年，仅加入漯河商务分会的商号就有98家[6]。"豫南一段运往汉口售于洋商每年达数十万吨，漯河占十分之四。鸡蛋，每年收鲜货，全省平均值银80万元，漯河占十余万元。香油，每年运输汉口约五万篓，每篓净重100斤。小麦，新乡通丰厂常年在此购办，大约值银70万元。进口货为煤油、纸烟、棉纱、盐、杂货、京广洋货、绸缎布匹、洋靛。其中煤油，亚细亚、美孚、德士古年销额值银800万元。"[7] 产业则以转运业和牲畜业为主。漯河镇人口也迅速增加，民国初年，

---

① 陈建棠：《郑县地方概况》，参见国民经济研究所：《河南省地方概况》，编者印行，年份不详，第1页。

② 曹洪涛、刘金声：《中国近现代城市的发展》，中国城市出版社1998年版，第229页。

③ ［日］青岛守备军民政部铁道部：《河南省郑州事情》，1922年印行，第15—16页。

④ 吴世勋：《分省地志·河南》，中华书局1927年版，第199页。

⑤ 漯河市地方志编纂委员会：《漯河市志》，方志出版社1999年版，第502页。

⑥ 陈金台：《郾城县记》，（台北）成文出版社1976年版，第2 276—2 278页；赵宁渌：《中华民国商业档案资料汇编》，中国商业出版社1991年版，第104页。

⑦ 贾贵浩：《1895—1937年河南集市贸易的发展》，《史学月刊》2003年第6期，第127页。

镇内人口即达万余人[①]。1925 年，人口增至 4 万[②]。1933 年，包括郾城县在内的漯河常住人口多达 41.7 万人[③]，其人口来源，“据记者调查所得，因交通便利关系，客籍者居多”[④]，即部分是来自汉口、周家口和怀庆等地的商人，另一部分则是来自当地的农民。

驻马店在明清时期只是一个传递公文的驿站，因来往公差频繁遂建有客栈，供客商、公差停歇。1904 年，京汉铁路在驻马店设站后，由于交通便利，驻马店成为当时四方货物的集散地，商贾云集。1906 年，经河南巡抚陈夔龙奏请清政府将驻马店开为商埠，各地客商纷纷涌入车站附近购地建房，设立店铺，该镇迅速发展起来。如民国时期的《确山县志》所言：“自铁道行驶，交通便利，富商大贾云集城关，懋迁有无，商业颇为发达。商埠设驻马店。查驻马店车站向为底洼之区，自火车通行争购地基建筑房屋，街道棋布，商贾云集，陆陈盐厂，荟萃于此，并设警察所以资保护南北往来，商旅称便。谓为商埠，谁曰不宜。”[⑤] 1937 年，驻马店镇仅粮行就发展到 140 家，货栈达到 60 余户。当时的陈陆街先后兴建了 60 多座砖瓦房的粮行，成为驰名全国的粮油市场，加之油行、盐行、京广杂货店、澡堂、戏院等共 1 000 余家[⑥]。商业发展，带来驻马店人口的骤增，至 1920 年，驻马店人口增至 6 000 余人。按当时满 5000 人为县辖市的规定，驻马店车站区定为县辖市，属确山县所辖[⑦]。1936 年时城内，“共分五镇，约六十余甲，计六千余户，居民约在三万以上，防卫颇为巩固。商人有汉口、宁绍、怀清，及本地四帮，汉口帮势力最大，宁绍帮人数较少，与怀清帮势力略次，本地帮势力最小”[⑧]。

二、陇海路沿线兴起的市镇

陇海路沿线的新兴市镇除处于该路中部、与平汉铁路相交汇的郑州外，其他新兴市镇主要集中于铁路线东部，这一地区被一些研究者称为徐连经济区，即以徐州和连云港为中心的城镇化趋向开始形成[⑨]。徐州自古以来就是重镇，而连云港则是新兴市镇的典型代表，另外还包括新安、牛山和运河等

---

① ［日］东亚同文会：《支那省别全志》（第 8 卷 · 河南省），编者 1918 年印行，第 65 页。

② 王文楷、毛继周、陈代光：《河南地理志》，河南人民出版社 1990 年版，第 103 页。

③ 崔宗埙：《河南省经济调查报告》，财政部直接税署研究室 1946 年印行，第 5 页。

④ 《地绾南北之漯河》，《河南政治月刊》第 3 卷第 3 期，1933 年 4 月，第 1 页。

⑤ 确山县地方史志编纂委员会：《确山县志（民国二十年）点校本》，编者 1999 年印行，第 273 页。

⑥ 河南近代建筑史编辑委员会：《河南近代建筑史》，中国建筑工业出版社 1995 年版，第 185 页。

⑦ 苏世荣、李润田：《中国城市通览》，江苏科学技术出版社 1992 年版，第 1 008 页。

⑧ 草盦：《驻马店见闻录》，《朝气》第 7 号，1936 年 2 月，第 8 页。

⑨ 参见章银杰：《近代徐连经济区形成和发展研究——以路、港的筹筑为中心的考察》，苏州大学 2007 年硕士学位论文。

小镇。

连云港又称海州，《海州区志》记载："海州地境春秋为鲁之东境，郯之国也。战国时易为楚地……雍正二年海州升直隶州，辖二县，先隶淮徐道，后属淮扬道。"[①] 然清末至民初，海州几经战火，屡遭破坏，以致城墙破损，庙宇废毁，道路坎坷，房舍倾颓。海州地处黄海之滨，自古盛产海盐，行销全国各地，故水陆交通开发较早。然而古代交通多赖于"顺水推舟"，就地筑路，道路多崎岖曲折，故运输多受天时所左右。

20 世纪 20 年代，陇海铁路东展至海州，并在新浦设立火车站；30 年代中期，连云港码头筑成，路、港运输实现一体化，连云港由此迅速发展，大量物流骤积港口，吸引大批包括码头工人、港务人员、盐务人员，以及部分投资客纷纷涌入，一时间，投资、购地、兴业，高潮迭起。据记载，宋子文曾两次来墟沟购地；陈果夫曾在此购地开办大安公司；军界要员顾祝同也曾在这里购地创办蜀渝公司。这一购地开发的热潮促使墟沟地价猛涨，"从每亩 200 元增至 1 500 元"[②]；工商业亦随之兴旺发达，就工业而言，烟草、机械、钢铁、木材、水泥等原材料源源不断地从青岛、上海、天津等地输入，1922 年，新东电灯股份有限公司在新浦创建。据统计："1933 年新浦大型工业有面粉业一家，资本 200 000 元，油坊业 7 家，资本 70 000 元，酒坊业 13 家，资本35 000元，酱园业 13 家，染坊业 8 家，资本 2 870 元，电灯业一家，资本 75 000 元。"[③] 就商业而言，外地客商纷至沓来，包括山东帮、河北帮、河南帮、江南帮、清江帮、安徽帮等。当时新浦经营"洋广杂货"最著名的四大百货店，即公大、义信、华中裕、德厚成等皆有营业楼，且均为河北人所开，故称为"冀州帮"或"河北帮"[④]。连云港的建设和工商业发展，吸引周边人口向该地集中。1936 年时，该港有 1 423 户、7 757 人，其中外来人口占比达 5/6，而本地人只占 1/6；此外尚有外侨 12 人，分属荷兰、立陶宛、白俄等国籍，均为荷兰治港公司之工程师或职员[⑤]。

连云港的发展直接促成连云市的设立，1935 年 1 月，江苏省政府决定在连云港设立普通市，定名为连云市，"其水陆区域，暂以临洪口以南，烧香河

---

① 连云港市海州区地方志编纂委员会：《海州区志》，方志出版社 1999 年版，第 7—8 页。

② 连云港市政协文史资料委员会：《私企旧事》，编者 2000 年印行，第 20 页。

③ 刘洪石：《一座神奇的城市——新浦》，《连云港论坛》2002 年第 3 期。转引自张文凤：《东陇海铁路与近代连云港城市发展作用探析——兼论清末民初"江北名流"沈云霈》，《经济与社会发展》2007 年第 11 期，第 132 页。

④ 连云港市政协文史资料委员会：《新浦街的变迁》，编者 1989 年印行，第 13—15 页。

⑤ 无艾：《连云港之现况》，《国本半月刊》第 1 卷第 4 期，1936 年 7 月，第 66 页。

口以北，东至东西连岛，西沿临洪河，新浦，板浦为范围”，并成立连云市筹备处①。同时，江苏省政府还制定连云市政建设规划方案，新兴的港口城市由此诞生。

牛山、新安和运河等镇，均是位于连云港和徐州两市之间、因陇海铁路的经过由原来默默无闻的小村庄逐渐演变为中心城镇的。

牛山镇原名茅墩，据相关资料记载，其在明朝以前即已出现，有数十户人家居住，以产水晶著名。明清以后，因交通闭塞，经济落后。在铁路通车以前，仅仅限于小村落规模。1925 年，陇海铁路在此设立牛山车站，优化该地的交通条件，车站可以办理客、货运输业务，开通初期该站仅有客货混合列车一对。1931 年，新浦至徐州增开隔日快车一对（星期日停开），货运以煤为大宗，还有少量粮食、油料和日用百货等②。由此车站附近出现零星工商业，人口也逐渐增加。新安镇因“盐河自安东入，径新安镇，合南北六塘河入海”③，而成为苏北水路入海的枢纽。“在近代，当地居民一直与安东县（今涟水县）、安徽省人民‘聚处贸易’，以互通有无。东陇海路兴修后，此地迅即作为粮食集散地而兴盛起来，成为中心城镇。”运河镇“本名三岔河，原只是个居住着数十户人家的小村落。后来陇海铁路与京杭大运河在此交会，陇海路局为了繁荣运河，扩大铁路运输货源，在运河沿岸附近购置了大量地皮，同时在铁路沿线引造了两条支路通至运河码头。这使废弃了的运河运输又重新焕发了活力，有力地促进了当地社会经济的发展和运河镇的建设”④。上述三镇遂成为东海、新沂和邳县三县的县城。

三、津浦路沿线兴起的市镇

津浦铁路沿线兴起的市镇，主要代表为安徽境内的蚌埠，以及宿县、明光等小城镇。蚌埠原本只是凤阳县所属的一个小镇，其淮河北岸地区被称为“小蚌埠”，有较为狭窄的街道，街道上有粮行粮店、油盐杂货店、肉铺鱼行、澡堂、饭馆及糖坊、染坊、裁缝店、花轿坊、酒坊和船行等商户，是本地土特产品的集散地；其南岸则称为“老蚌埠”，是后来兴起的蚌埠市主体部分，据《蚌埠市志》记载：“其集市规模也非常小，‘老蚌埠’最早时仅有由渡口向南延伸的长不足百米的老大街，是一条土路，路边有油盐店数家，又称

---

① 《国内时事·苏省府决议设连云市》，《时事月报》第 20 卷第 3 期，1935 年 3 月，第 78 页。

② 东海县地方志编纂委员会：《东海县志》，中华书局 1994 年版，第 352 页。

③ 赵尔巽：《清史稿》（卷五十八），中华书局 1976 年版，第 1 991 页。

④ 章银杰：《近代徐连经济区形成和发展研究——以路、港的筹筑为中心的考察》，苏州大学 2007 年硕士学位论文，第 67 页。

'油盐小集'。另外还有小饭馆3家、药店1家、茶馆2家，十天逢两集，集盛时三四百人，集闲时百余人。逢集时，赶集的附近乡民多肩挑背负，到油盐小集上出售小麦、黄豆、绿豆、蔬菜等农产品，渔民也到集上出售鱼虾。赶集人卖了东西后，再买油盐及日用品带回。下午集市上人渐稀少，至日落时人走街空，入夜则只闻淮河水浪撞击渡船和渔舟的声音。"①

由此可见，蚌埠在兴起之前只是一个普通的淮河岸边的渡口集。当时整个蚌埠的辖区，不过是东到马村沟，西到席家沟，南至戴家塘，北至"小蚌埠"而已。东西长三里，南北宽二里，方圆五里左右，其时"人口仅百余，日中为市，聚集交易亦不过数百人，凡政府之权利和义务，皆以七分半之比例分配"②。在津浦铁路未修通之前仅有茅屋数十间，唯一一条街道宽不盈丈，加之地域狭小，总户数仅为500户，人口不过4 000人，有"七户半"之说③。津浦铁路通车后，交通便利，市面兴起，人口聚集，遂成皖北重镇。

蚌埠因铁路兴建而凸显其交通地位的重要性，民国人士如此形容："（蚌埠）当津浦之要冲，为首都之门户，扼涡淮流域之交，控鄂东豫南之胜；南趋京沪，北达平津；西更由淮入涡，可通涡蒙宿亳，转入陇海铁路，并可由颍县入豫之光固；东则由淮达五河泗县转入江苏之清江浦。近复筑有蚌肥（合肥），蚌亳（亳县），蚌阜（阜阳）各公路互相衔接，兼可由淮转达田家庵之淮南铁路。"④ 这段话既指出蚌埠是南北交汇之枢纽，也表明自津浦铁路筑成后蚌埠已成水陆交汇之处。

交通便利，促进商业贸易发展，一方面是铁路运来外地各色货物，另一方面皖北周边的土特产品及工矿产品通过该站输入外地市场，蚌埠成为中转市场，中转货物中以盐和粮为主。行销豫皖的淮盐，原在江苏省西坝集中，经淮河分运各岸，1914年后大都由津浦铁路运输，车装食盐运到蚌埠后再行分销，蚌埠遂成为两淮盐销售的总汇。是时，蚌埠盐仓数量之多、规模之大，为豫皖一带之首。所交易的盐，除小部分市销外，绝大部分由淮、颍、涡、淝、淠等河以及相关陆路散销皖北、豫东各县乡村，构成盐销网⑤。1933年，通过蚌埠远销皖北、豫东的淮盐不下千万担⑥。粮食中转则体现在，淮河上游

① 蚌埠市志编纂委员会：《蚌埠市志·商贸》，方志出版社1995年版，第410—411页。

② 蚌埠市政筹备处：《蚌埠市政筹备报告》，1946年12月，第1页，蚌埠市档案馆藏。

③ 安徽省民政厅：《安徽全省第一次户籍调查报告书（1928年）》，安庆三江印书馆1929年版，转引自蚌埠市地方志编纂委员会：《蚌埠市志》，方志出版社1995年版，第98页。

④ 佚名：《蚌埠社会之回顾》(一)，《津浦铁路日刊》1 835号，1937年4月26日，第174—175页。

⑤ 沈世培：《文明的撞击与困惑：近代江淮地区经济与社会变迁研究》，安徽人民出版社2005年版，第136页。

⑥ 冯和法：《论中国国内贸易》，《国际贸易导报》第5卷第8号，1933年8月，第103页。

的粮商，舟运粮食、土产来蚌，售出后再购盐回返；淮河下游的盐商，则来时带盐，返回时带粮。盐粮一并交易，到1930年时，蚌埠仅盐粮交易一项，全年就达50多万吨。1933年后，各地的粮食通过淮河汇集蚌埠，平均日成交量达100多万公斤，使粮业成为蚌埠商业的支柱行业①。1934年是蚌埠粮食行业的鼎盛时期，日成交量达200多万斤，大部远销北京、天津、西安、济南等地。“淮河流域之麦，集中蚌埠者年约10万吨，此为各路中最大之小麦集中站，自首都轮渡告成，京沪津浦实行联运，蚌埠之麦可直达上海，不必过江装卸，较前方便多多。去年（1935）蚌麦到沪涌旺，实为一大进步……存贮蚌埠堆栈之杂粮（小麦及其它杂粮合计）常达数万吨，民国24年（1935）正月底积存杂粮竟达14万吨，其中黄豆约7万5千吨，小麦约1万6千吨。”②随着盐粮贸易的发展，棉布、杂货、油茶、土产、干鲜等百货交易也日渐兴盛起来。皖北地区大宗货物的往来交易皆以蚌埠为转运点，由蚌埠输出的货物主要有小麦、高粱、芝麻、药材、牛皮、鸡鸭、酒等，“合计每月约有三四万吨，皆由淮河上游之怀远、涡阳、亳州、颍上、六安、正阳关以及河南等地运来，在蚌埠换火车南下转运浦口”③。输入的货物主要是煤油、洋布、木材、杂货等，每月大约二三千吨，均由浦口运来，再经由蚌埠分运淮河沿岸。据1934年统计，蚌埠站输出各种农产品达38万吨，输入各种洋货达10万吨④。

因修筑铁路蚌埠涌入第一批移民，此后随着铁路运营和工商业的发展，大量农村劳动力开始向城市聚集，从而促进了蚌埠发展。蚌埠的快速崛起，又进一步吸引周边破产农民进城，为其发展提供了劳动力的保障。1909年，津浦铁路淮河大桥修建，一时云集两万多民工和工程人员。铁路通车后，大部分人定居于此，成为蚌埠城市早期的市民。此后，蚌埠人口基本上呈增长趋势，且增速较快。特别是1917年后，蚌埠工商业日渐发展，在蚌埠站上下车的旅客明显增多，大批筑路工人、外埠商人、破产农民和灾民、流民涌入该地⑤。比如，1931年淮北各地受水灾所害，人民纷纷逃亡，仅1932年春集于蚌埠者约有万余人⑥，总计该年的水灾尚未退去之时，淮河流域皖北的阜

---

① 蚌埠市地方志编纂委员会：《蚌埠市志·商贸》，方志出版社1995年版，第425页。

② 陈伯庄：《小麦及面粉》，交通大学研究所1936年印行，第40页。

③ 王鹤鸣：《安徽近代经济探讨》，中国展望出版社1987年版，第80页。

④ 程必定：《安徽近代经济史》，黄山书社1986年版，第191页。

⑤ 参见章建：《铁路与近代安徽经济社会变迁研究（1912—1937）》，合肥工业大学出版社2015年版，第282页。

⑥ 《要闻·皖北灾民麕集蚌埠》，《申报》1932年5月5日，第2张第8版。

阳、蒙城、宿州等地的灾民便纷纷来到蚌埠求生，涌进蚌埠的人口即达7万多人。水灾结束后，相当一部分人便留了下来，成为因自然灾害而移居城市的破产农民[①]。类似情况，屡屡再现，1936年春，阜阳、霍邱、凤台、怀远、定远、宿县、灵璧、五河、盱眙、泗县等皖北灾民“以蚌埠绾毂南北，为淮上大市，人口众多，乞食较易，于是纷纷离其愁惨穷苦之僻乡，成群结队，相率前来逃荒。大好蚌镇，直成皖北灾民之尾闾，大街僻巷，时见鸠形鹄面之无告灾黎，扶老携幼，沿门乞讨、风餐露宿，不啻一幅流民图画”[②]。

由是蚌埠人口迅速增长，津浦铁路通车之初人口约万余人；1919年时“居民不下万户”；1928年，蚌埠住户19 755户，80 499人；至1933年6月，住户23 389户，96 078人；翌年9月，全埠总户数25 120户，人口105 237人[③]。另据蚌埠警察局1934年的统计，迁入户数为3 079户，人数为12 330；迁出户数为1 721户，人数为5 756；净迁入户数为1 358户，人数为6 574。1935年，全埠人口105 183人。翌年，保甲户口调查结果，全埠计有243保，2 449甲，26 896户，115 427人。至1937年统计，全埠26 743户，114 385人[④]。以有确切数字统计的1928年和1937年相比，蚌埠人口10年间增长达42.09%。同一时期的安徽省会安庆人口约13万，虽多于蚌埠，但增长幅度明显逊色，“因为民国3年（1914），安庆人口已达7万，蚌埠人口可能不及万人，民国25年（1936），蚌埠人口增到11万5千，仍稍逊安庆，不过，蚌埠在20年间人口增加10万以上，安庆则只增加5万”[⑤]。

宿县和明光也因津浦铁路在其境内设站而迅速发展为中心城镇。宿县在设站之前，陆路交通极为不便，仅有部分手工业，津浦路开通后，宿县北有夹沟、福履集两车站，县南有西寺坡、任桥两车站，快车不停，慢车则停，货均上下，“四站遂为冲繁之四镇，为县城之亚。福履集商务较他处尤旺”[⑥]。1916年，宁波巨商杨继青在宿县火车站旁开设元丰蛋厂，规模较大，实行半机械化生产。1920年以后，宿城一些小有资本者先后开办了烟丝制造、印刷、

---

① 章建：《铁路与近代安徽经济社会变迁研究（1912—1937）》，合肥工业大学出版社2015年版，第282页。

② 《皖北春荒奇重，各县满目萧条流亡载道，灾民麕集蚌市亟待救济》，《申报》1936年2月28日，第3张第9版。

③ 安徽省政府统计委员会：《中华民国二十三年度安徽省统计年鉴》，编者印行，年份不详，第54页。

④ 蚌埠市政筹备处：《蚌埠市政筹备工作报告》，编者1946年印行，蚌埠档案馆存件。

⑤ 谢国兴：《中国近代化的区域研究——安徽省》，（台北）“中央研究院”近代史研究所1991年版，第495页，第503页。

⑥ 林传甲：《大中华安徽省地理志》，中华书局1919年版，第278—288页。

糖食加工等小型厂、坊。1917年，宿县商会会长孔灿甫向各方筹集资金创办了宿城电灯公司，后改名为安平电灯公司、明远电灯公司、耀华电灯公司。开业之初，有40匹马力煤气机1部、25千瓦发电机1部。1928年起，又陆续添置45千瓦发电机、煤气发生炉、抽水机等。1935年，全年发电近3万度，实售电近5万度[①]。随着宿县站货运的繁荣，20世纪20年代，宿县有从事转运、仓储大小商号300余家，其中较大的有双合城、范裕和、岐丰、义记、泰纶、长兴泰、大盛、泰昌、豫泰生等。这些商号除在城内设总店外，并在城四周大的集镇开设支店，并通过津浦铁路便捷的交通条件，除大量倾销外货外，还运出粮食、山杂皮油、烟草、纱布、食糖和海味等[②]。

明光地处江淮之间，洪泽湖以西，境内南部山区以产稻为主，兼产麦与杂粮，北部沿淮平原，主产麦、豆，中部稻麦兼产。在津浦铁路设站之前，该地仅是一个小渔村和小集镇，称为明光集，津浦铁路开通后在此境内设有明光、张八岭、管店等多个车站，加之原有之水运，附近盱眙、定远、凤阳和五河等地粮食纷集于此，使明光集成为津浦铁路沿线重要的粮食集散地，经营粮食的公司和粮行大大小小不下100余家，并因有天津、浙江及江苏六合等地商人来此经商，故而有“天津帮”“浙江帮”“六合帮”之称。1932年，安徽省政府以明光镇为县治所在地，设立嘉山县[③]。

除上述三路沿线兴起的市镇外，淮南铁路也催生一座城市，这便是淮南。在该路未筑之前，淮南因煤矿业的开发，已形成大通、九龙岗和田家庵三镇，工商业和人口都有了一定的发展，初步出现集镇的雏形。淮南铁路的通车，一是大大方便了淮南煤的外运，促进煤矿业的发展；二是使原来淮南三镇联成一体，快速兴起成为皖中地区重要中心城镇，特别是作为淮南铁路起点的田家庵，得该路的优势地位，发展最快，成为近代淮南的核心区。

第二节　传统市镇的分化

淮河流域传统市镇在铁路交通的影响下出现分化，即部分传统市镇因远离铁路而逐渐衰落，另一部分传统市镇则因位于铁路沿线而再度得到发展。

① 宿州市地方志编纂委员会：《宿州市志・工业》，上海古籍出版社1991年版，第88页。
② 宿州市地方志编纂委员会：《宿州市志・商业》，上海古籍出版社1991年版，第167页。
③ 嘉山县地方志编纂委员会：《嘉山县志・商业》，黄山书社1993年版，第475—476页。

一、部分传统市镇的衰落

在远离铁路线而逐渐衰落的市镇中，比较典型的有朱仙镇、周家口、清江浦和济宁等。

位于中原腹地的朱仙镇和周家口，在陇海与平汉两路未开通之前都曾盛极一时。朱仙镇，始建于战国初期，穿镇而过的贾鲁河将全镇分为东西两部分。自唐代至晚清时期，朱仙镇一直为中原地区的水陆交通要道和重要商埠，水路由贾鲁河转淮河水道可远达江北的扬州等地，使之成为与汉口镇、景德镇、佛山镇等齐名的“全国四大名镇”。朱仙镇“全盛时的市区范围，北至今离镇四里的小店王，南至八里的腰铺，东至三里的宋寨，西至二里的豆腐店，全镇面积约为五十方里”，“民商有四万余户，人口达二十多万”①。但此后随着黄河决口、水运衰落和陇海铁路通车，朱仙镇的交通优势地位尽失。《河南省志》记载：“朱仙镇在铁路未开通之前，此地为开封运输孔道，贾鲁河纵贯镇中，可南达周家口，舟楫林立，百货云集，为全县商业最盛之区，今铁路建设，此镇失其效用，日就衰微矣。”② 据 1934 年的调查，“全镇大小商店只有二百余家，鼎盛时期年画由 400 余家到光绪三十一年（1906），年画商号仅剩 70 余家，民国初年，已剩 40 余家，其它如杂货店二十余家，红纸作坊十余家，酱菜店十余家，中药店十余家，首饰店十余家，时货店十余家，大小饭店二十余家，纸烟店及烟丝作坊数家，油坊数家，酒馆数家，理发店数家，茶馆数家，客栈数家，粮坊数家，照相馆一家，毒品（鸦片、红丸、海洛因等）售买处十余处。这些酒店多小本经营，较大的不过三十余家，镇中营业税只月收三十余元，其萧条可见而知”，“由于商业的衰退，许多商人、工匠多移往开封、郑州、周家口、汉口、西安等城市。劳动人民也多流亡外地，全镇人口咸丰、同治年间锐减至一万二千户，五六万人，至光绪三十二年（1906）只有三千余户，一万五千余人，至（民国）14 年只有一千七百余户，八千五百余人，其中残废军人教养院一千五百余人，商民三千余人，农民二千余人，无业者一千余人，回族有二千余人，全镇人口不过占全盛时期的二十四分之一。同时，城市外貌也破坏了，关岳庙残破不修，镇西大石桥、二板桥都破坏。房屋不但没有新建，居民由于生活困难，常撤屋出售砖瓦木料，以维持生活。到 1934 年，在三十余年间已撤去全镇房屋的五分之四。全镇市

① 李长傅：《朱仙镇历史地理》，《史学月刊》1964 年第 12 期，第 39 页。
② 白眉初：《河南省志》，编者 1925 年印行，第 35 页。

街，只留下了西大街、估衣街、京货街、杂货街，其它街道，都成为荒院耕地了”[①]。

周家口在光绪初年是中原地区重要的转口贸易中心，当地的金针菜、芝麻、香油、小麦、杂粮等大宗货物由此南下汉口或北上京津，年营销额可达四五百万元[②]。全盛之时，周家口共在沙颍河两岸开辟渡口18个，拥有街道116条。不仅附近的淮阳、西华、扶沟、沈丘、项城、商水等县的农产品和手工业产品以此为集散地，而且江南地区的部分糖、纸、茶叶等也经由此地转运并销售到北方地区的相关市场，鼎盛时期，全镇商号数量估计达1 500～2 000家，全镇人口达20万人[③]。镇上的商人有山西、陕西、甘肃、福建、两湖诸省人，其中以山西帮商人最占优势。山西、陕西票号握有全镇的金融权，他们有沙颍河南北两个会馆，独立修建关帝庙，可见其财力的雄厚。正是由于商业的发达，在周家口定居的各省商贾，纷纷捐资兴建同乡会馆、庙宇等，较大的有40多处，如山陕会馆、江南会馆、江西会馆、四圣会馆、两湖会馆、福建会馆等[④]。但自20世纪初开始，周家口进入衰落阶段，特别“自通商以后，有京汉、陇海两路之便，此镇市面，遂形衰败。向之航河转运者，均改集火车载运矣。……帆航之盛，不可复观……周口商务，因以重受打击，萧条日甚”[⑤]，不少商务和商业人口大量转入漯河，其传统的大宗茶贸易“十减八九，茉莉园存者，今不过一二处”[⑥]。周家口的运销路线和贸易的终点市场地位也发生了变化。“京汉铁路通车前，周家口贸易辐射豫东南地区，以安徽正阳、蚌埠为目的地，1906年，京汉铁路通车后，周家口仍然保持一部分以蚌埠、镇江为终点的水运贸易，但大宗货物主要通过陆路或水路囤积至漯河，改由京汉铁路往南可直达汉口，往北可抵京津地区。周家口原有的贸易资源逐步西移至漯河”[⑦]。据1934年统计，全镇大小商店只有200余家，较大的不过30余家。全镇的营业额每日仅30余元，其萧条可想而知。由于商业的衰退使人口大量外流，许多商人、工匠大都移往开封、郑州、汉口、西安诸城市。清咸丰、同治年间，全镇人口大约有10万人，到

---

① 李步青：《岳飞与朱仙镇》，开封教育试验区教材部1934年印行，第122—128页。

② 白眉初：《中华民国省区全志·鲁豫晋三省志》（第9册），中央地学社1925年版，“河南省部分”，第33页。

③ 苏全有、李长印、王守谦：《近代河南经济史》（上册），河南大学出版社2012年版，第302页。

④ 马义龙：《周家口兴衰历史与地理之缘》，《中州古今》1998年第5期，第51—53页。

⑤ 白眉初：《中华民国省区全志（鲁豫晋三省志）》（第3册），北京中央地学社1925年版，“河南省部分”，第32—33页。

⑥ 吴世勋：《分省地志：河南》，中华书局1927年版，第202页。

⑦ 江沛、陈夏琼：《京汉铁路与近代漯河城市的初兴》，《中州学刊》2014年第2期，第137页。

光绪三十二年（1906）只有6万至7万人，到1934年仅有约4万人[①]。

江苏北部的清江浦，曾是明清时期运河沿线繁荣一时的交通枢纽城市，一度有“七省咽喉”“九省通衢”之称。明清时期，这里设有许多重要机构，驻扎着各类大小官员。明代设有属于户部管理的皇家仓库、隶属于工部的四大漕船厂等；清代南河总督、漕运总督曾先后驻节于此，驻清江浦总督以下的各级衙门曾一度达到近30个。清江浦在全国具有举足轻重的地位，城市异常繁盛[②]。至乾隆四十年（1775），清江浦人口增至54万余人，发展成大型商业城市[③]。此后，随着运河的淤塞、漕运的衰废和海运的兴起，清江浦赖以发展的交通优势逐渐丧失。进入20世纪后，随着津浦铁路的开通且绕道安徽，清江浦的城市地位更是急剧下降，城市走向了全面衰落，仅为苏北一个区域性的商品集散地，虽“仍不失为江北交通经济一中心，可称江北第二大都会”，但毕竟风华不再，“工业不盛，仅面粉厂及蛋厂数家”，“城内市街以纪家楼、屏门街、草市口为繁盛，人口8万”[④]，“昔之都会遂成下邑”[⑤]。到1949年新中国成立时，清江浦人口仅剩3.6万人，不足鼎盛时期的十分之一[⑥]。

山东的济宁，在铁路未筑以前，“东自沂州，西自汴梁，南自徐州，北自济南，莫不以此为百货转运之起点，商业之盛，甲于全省”[⑦]；“江南之材，从河入漕；山西之材，从沁东下，由济濮故渠入漕……服食器用，鬻自江南者十之六七”[⑧]。南方的瓷器、丝织品、竹木等商品都是经运河北上至济宁等中转码头销往各地；北方的棉花、皮毛、烟叶等商品也是先在济宁等运河城镇集聚，然后经大运河南下。济宁转运贸易的兴盛也带动了其工商业与手工业的发展。市区规模不断扩大，道光年间街道数量显著增加，老城区原有45条，此时又增加了59条；郭城区原有53条，此时更猛增加了143条[⑨]。济宁的人口也大为增加，“在城人口已达十万以上，这个数字

① 马义龙：《周家口兴衰历史与地理之缘考察》，《周口师专学报》1995年第1期，第66页。

② 金兵、王卫平：《论近代清江浦城市衰落的原因》，《江苏社会科学》2007年第6期，第205页。

③ 淮阴市地方志编纂委员会：《淮阴市志》（上册），上海社会科学院出版社1995年版，第17页。

④ 李长久：《分省地志·江苏省》，中华书局1936年版，第335页。

⑤ （清）丁晏等：《民国续纂清河县志》卷一《疆域》，江苏古籍出版社1991年版，第1106页。

⑥ 《清河区志》编纂委员会：《清河区志》，江苏古籍出版社2003年版，第78页。

⑦ 民国实业部贸易局：《中国实业志·山东省》（丁），编者1934年印行，第226页。

⑧ 《（万历）兖州府志》卷四《风土志》，上海书店出版社1990年版。

⑨ 《（道光）济宁直隶州志》卷四《建置一》，国家图书馆馆藏尊经阁吏房藏版，清咸丰九年（1859）。

基本维持到清末”[①]。至光绪三十二年（1906），济宁人口已达 701 152 人[②]。此后，随着运河衰落及津浦、胶济和陇海等铁路开通，作为运河重镇的济宁受到巨大冲击，尽管在济宁士绅的极力争取下，津浦铁路铺设了一条支线接连济宁，但其作为货物中转的中枢地位已被代替。由于津浦铁路与大运河济宁段平行且距离很近，“济宁既不在铁路干线上，又有兖州济宁支线与津浦铁路相连，因此（运河济宁段）客货运输大部为铁路所夺，在经济上的作用大大下降”[③]。另据国民政府实业部对山东省的调查报告称：“（济宁）自筑津浦铁路后，客货多改由火车运载，迩时通行运河之船只，仅黄胯子及渔船二种而已。”[④] 明清时济宁运河上往来帆樯如林，河岸上货物堆积如山的繁忙景象已不复存在，人口亦开始流出，1930 年、1931 年分别减少至 563 997 人和 413 818 人[⑤]。

安徽临淮关和正阳关在近代铁路影响下也走向衰落。临淮关古称濠州，自南北朝以来一直是临淮县治所在。该镇北滨淮河，南控群山，为皖豫淮上要冲。据清末《国风报》载：“临淮关者，当淮河贸易之冲，经淮河以横贯安徽北部而入河南省，抵周家口。周家口者，全国五大镇之一也。下经清江浦，以达镇江；又由陆地可通定远，经徐州以达南京，溯浍河则与宿州交通，真四通五达之要区矣。其附近西淮盐，安徽之北，河南之南，民无淡食之虞者，赖有此也。外国货物，则经镇江，过清江浦，以集于此，然后分散各处。其内地输出货物，亦必经临淮关，历清江浦，以达镇江。故商贾辐辏，帆樯林立。凤阳、定远、徐州，虽号称商埠，然不及临远甚矣。”[⑥] 优越的地理位置，使临淮关成为皖北仅次于正阳关的交通中心与商品集散地，也是连接江南、中原两大经济区商品交流的重要枢纽之一，传统商业地位十分突出。津浦铁路通车后，虽也在临淮关设站，但其地位逐渐为蚌埠取代。正如民国《凤阳县志略》描述的那样：“自平浦（即津浦）路成，形势一变，蚌埠因为平浦路南段中枢，一跃而为重镇，直取临淮昔年之地位而代之。”[⑦]

正阳关位于淮、淠、颍三河交汇处，距离寿州（今寿县）城 60 里，“素有

---

① 魏梦太：《试论明清时期运河沿岸城市经济》，《济宁师范专科学院学报》2004 年第 2 期，第 11 页。

② 孔勇、孔茜：《济宁民风民俗》，中国社会出版社 2011 年版，第 13 页。

③ 安作璋：《中国运河文化史》，山东教育出版社 2001 年版，第 2 056 页。

④ 民国实业部贸易局：《中国实业志・山东省》（丁），编者 1934 年印行，第 23 页。

⑤ 滕泽之：《山东人口史》，山东省新闻出版局 1991 年印行，第 202—206 页。

⑥ 竹坞：《津浦铁路情形记》，《国风报》第 1 年第 20 号，宣统二年（1910）七月一日，第 92—93 页。

⑦ 易季和：《凤阳县志略》，（台北）成文出版社 1975 年影印版，第 26 页。

七十二水归正阳”之称。明清时期属于凤阳府寿州。陆路东通府城（凤阳），南通六安州，西南通霍邱县，西北通颍上县，水路上通汝颍，下通洪泽湖①。在传统商路以水运为主的时代，它是皖西、皖北、豫东南水运之中枢及货物之集散地，被称为淮河上流第一巨镇。但随着津浦铁路通车，以及蚌正（蚌埠至正阳关）铁路修筑计划的流产，“淮河沿岸工商均集蚌埠，该地工商亦难免有江河日下之势了”②。

二、部分传统市镇的再度兴起

还有些传统市镇，在近代铁路交通的发展中，因位于铁路沿线而再度发展，典型者如徐州、合肥、许昌和信阳等。

“徐州自古即是水陆交通要道，南船北马的交汇处，曾经是西通中原、南达吴越的孔道，既是驿道要冲，又是漕运要津。徐州不仅是宋、楚故都，且居六大古都北京（距徐州 640 公里）、西安（距徐州 82C 公里）、南京（距徐州 300 公里）和杭州（距徐州 560 公里）的腰部，背负鲁南山区，南临江淮平原，扼苏、鲁、豫、皖四省的咽喉，为六大古都的屏障。”③ 诸种要素相互依存，相互制约，共同塑造着徐州城市的特殊政治地位——苏鲁豫皖接壤地区的区域性政治中心④。同时，徐州还是区域经济和商业中心，特别是元代大运河开凿之后，徐州地位更为重要，经过徐州每年北运京城贡粮 400 万石⑤。漕运使徐州成为外来客商的必经之地，成为四省之交的商业中心和物资集散地，也由此成为古代黄河和淮河流域最重要的商业都会之一。但随着黄河改道、漕运和驿站的衰落，清末民初徐州的交通重要性大大下降，商业地位和城市面貌随之衰落。但最终徐州并没有像清江浦那样一蹶不振，而是在铁路的推动下再度繁盛。

津浦和陇海两路次第开通后，因在徐州交汇，使得徐州的交通枢纽地位失而复得，从徐州可达江南诸城市和华北之京津地区，东西则可通达连云港和郑州。交通结构和体系的改善，促进了大规模商旅的集结和流动。“在民国元年以前，（徐州）交通不便，运输困难，商业甚为幼稚。民初以后，陇海津

---

① 曾道唯：《寿州志》卷四，江苏古籍出版社 1998 年版。

② 龚光朗、曹觉生：《安徽各大市镇之工商现状》，《安徽建设》第 3 卷第 2 号，1931 年 2 月 28 日，第 36 页。

③ 赵良宇：《环境·经济·社会——近代徐州城市社会变迁研究（1882—1948）》，山东大学 2007 年博士学位论文，第 32 页。

④ 刘定汉：《当代中目的江苏》（第 4 编），中国社会科学出版社 1989 年版，第 386—387 页。

⑤ 王林绪、孙茂洪：《徐州交通史》，中国矿业大学出版社 1988 年版．第 88 页。

浦两路筑成，交通渐为发达，他埠物产，可以零星运铜；自此以后，商业始有起色，渐为农产物聚集之区。”[①] 津浦铁路通车不及两年，徐州商业就得到迅速恢复，“商店约计有三千余家，以纱布、南货、广磁、绸缎、皮油、山货等业较为兴盛，记者探询商会所得，据云全市营业统计约在二千万元以上，其中以粮食行、山货行、皮油行、及土产行为中心，约占全市营业统计十分之四五。……全市最繁盛区在大同街，银楼、钱铺、绸缎庄、广货店均集市于此。其次如中山街中正街，繁盛虽不及大同街，但本邑四乡土货买卖，则均云集于此，交易颇盛。至于东关火车站附近一带，旅舍菜馆转运公司林立，因津浦陇海两路交会于此，旅客往来之众，货物运输之繁，旅社、菜馆、运输三业，允宜兴旺者也”[②]。

“周围各省的土特产品也都以徐州为主要集散地，转口销往国内外市场”，“徐州可供出口的土特产品品种繁多，如皮毛、猪鬃、肠衣、蛋品、大豆、花生、豆油、麻油、黄花菜等。市区设有各种专业性行栈，代客买卖，从中收取佣金。这些行栈依其专业经营范围而各自集中在某一地段，在市区的分布状况大体是：粮行多设在四关，以丰储街、彭城路南头剪子股、博爱街、四道街等处较多；道平路为专营干鲜果品的行栈及经营南北货的批发商号。南马路五拱桥东及英士街东段为皮毛行栈；彭城路中段为棉纱棉布批发商号。各种商号成交量相当可观，其中如皮张年吞吐量达百余万张；黄花菜有苏北宿迁、泗阳、涟水一带及山东滕县、河南商邱、安徽黄口等地进入徐州，每年吞吐量可达 1 千万公斤，是国内主要集散地之一，对外还运销南洋一带。综上所述，可见商业贸易发展已经远远超出了徐州市区域范围”[③]。根据 30 年代初实业部调查，徐州城市商店以米粮行为最多，此外皮毛骨行、纱布业、木行业，亦颇发达[④]。

20 世纪 30 年代，徐州当地农产品已经有了相当程度的商品化，“花生每年约为一万二千余吨，价值每华斤约为一角，瓜子一万余吨，每斤约值一角，黄豆六千余吨，每斤约值六分，芝麻三千七百余吨，每斤约值一角五分，高粱五千余吨，每斤约值五分，牛羊皮五千余吨，牛皮平均每张约值二十余元，

---

① 实业部国际贸易局：《中国实业志·江苏省》（第 4 编），编者 1933 年印行，第 87 页。

② 张春浩：《徐州一瞥》（续），《津浦铁路月刊》第 2 卷第 4—5 期，1932 年 5 月 31 日，“调查”第 1 页。

③ 耿继信：《解放前徐州中央银行和全市金融业概况》，徐州市政协文史资料研究委员会：《徐州文史资料》（第 7 辑），编者 1986 年印行，第 167 页。

④ 实业部国际贸易局：《中国实业志·江苏省》（第 4 编），编者 1933 年印行，第 87 页。

羊皮每张约值二元左右，其他如高粱酒山查糕酥糖等物，亦颇闻名”[①]。根据30年代初的调查，徐州出口到外地的商品则主要是农产品，如花生仁，每年约3万余吨；豆饼5 000吨，瓜子6 000吨，花生5 000吨，鸡蛋每年约3万件，芝麻5 000吨，酒2 000余件，猪子1万口，黄豆每年约万余吨，小麦万余吨，牛皮1 200吨，黄花菜1 000吨[②]。

伴随经济的发展，城市人口稳步增长，市政建设亦有所突破。徐州的城市人口，1843年为4.98万，1919年为12.5万，1935年已超过16万[③]。也有学者将徐州列入10万～20万人口城市行列，因为据铜山县政府调查表明，1934年8月，徐州人口已达到186 120人[④]。城市公共设施方面，20世纪20年代起城内就开办了电话公司，30年代已有300多家用户，可与四乡和外埠通长途电话。1924年筑成大路约200英里，开行了通往各县的长途汽车，以联络火车车站与县城。1926年又“竭力整理城内各街道”，并“将新城门内外之马路，皆依次修理竣事，任人往来通过”[⑤]。1935年后，大同街上的天福、天成等几家百货公司还装上了霓虹灯招揽生意，有“小上海”之称，将徐州的夜晚装点得有了现代都市的感觉[⑥]。据说30年代乘火车南下到徐州“搭客陡增”，从车站就能感觉到徐州“气魄很大：车站的轩敞，电炬的辉煌，以及旅客们的拥挤，贩卖者的纷纭，都是以表现徐州是南北交通上的一个要地”[⑦]。1934年，曾在陇海铁路工作、在徐州居住过数月的顾济之再度来到徐州，发现已与当年的记忆“迥殊”，尤其是火车站附近，“向日为一片荒凉之地，旅馆多芦席蓬所建，交通工具，仅藉小驴载人奔驰，今则房屋栉比，马路纵横，人力车且装潢富丽，间有汽车驰骤而过，已俨然都市化矣”[⑧]。由上述可见，铁路的修建使徐州的工商业在长江以北的苏皖两省首屈一指，徐州已成为淮河流域最大的工商业城市。

合肥位于江淮平原中部，其地理位置决定了合肥“具有交通区位优势，也就是有便利的水路交通条件”[⑨]。从水路而言，由南淝河坐船过巢湖到无为州出长江；从陆路而言，向东可到浦口，向西走官道可到六安、商州、信阳，

---

① 张春浩：《徐州一瞥》，《津浦铁路月刊》第2卷第2—3期，1932年3月31日，第7页。

② 实业部国际贸易局：《中国实业志·江苏省》（第4编），编者1933年印行，第88—89页。

③ 丁戎：《津浦铁路研究（1898—1937）》，苏州大学2013年博士学位论文，第215页。

④ 张奉明：《徐州游览指南》，徐州图书馆1934年印行，“第1章”，第12页。

⑤ 《徐州市政之新改进（修筑环城马路）》，《民国日报》1926年5月12日，第4版。

⑥ 赵耀煌：《徐州解放前的电力发展概况》，徐州市政协文史资料研究委员会：《徐州文史资料》第7辑，编者1986年印行，第4页。

⑦ 饶桂举：《六省纪游》，编者1935年印行，第131页。

⑧ 顾济之：《旅行徐海随笔》，《旅行杂志》第8卷11号，1934年11月，第20页。

⑨ 李孝聪：《中国历史城市地理》，山东教育出版社2007年版，第15页。

西北可通正阳关、寿州，东北可到凤阳，因此合肥成为两淮地区交通的必经之地，也是南北军事的争夺之地。作为南北要冲，合肥商旅来往频繁，商业繁荣，特别是粮食业。合肥不仅是粮食的主产区，也是粮食的集散地。“清末民初，合肥地区年均产稻米 50 万石、麦 10 万石、菜油 1 000 余石，而邻县在此集散的稻米也约有 100 万石。随着芜湖米市的兴盛，合肥地区的米麦除供本地居民食用及仓储外，一般通过南淝河、丰乐河、上派河等大小河流经巢湖转运芜湖，通过芜湖再销往全国各地。”① 1912 年津浦铁路通车后，蚌埠兴起，合肥商业“乃衰落不及以前三分之一。以交通之不便，商旅货物，皆舍合肥而趋蚌埠”②。但是，当 20 世纪 30 年代淮南铁路通车后，合肥的交通条件为之一新，大大便利了皖北、皖中货物的输出，尤其是便利了农产品的外运。到 1935 年时，合肥已发展有粮行 10 家、砻坊 30 家、碾米厂 3 家，年输出大米 130 万石、麦 18 万石、食油 8 万石。坝上街成为合肥最大的粮食交易市场③。

合肥的纺织、食品等也快速发展。据 1935 年的调查，合肥时有纺织企业 5 家，其中织布厂 3 家、织袜厂 2 家；另有作坊 142 户，其中织布、织毛巾、织袜 82 户，麻织 18 户，染业 42 户；郊区尚有众多的“一耕二织”户④。合肥的食品业以糕点、饴糖、酱菜、豆制品等的加工历史最悠久。以制作糕点闻名的张顺兴号、刘东泰号，以及红星、兴隆昌酱园等，均为合肥极负盛名的老字号铺坊。其时，食品业的生产方式多为前店后坊，视销定产，一般产量都不大。在长期生产过程中，逐渐形成具有地方特色的土特产品，主要有烘糕、麻饼、寸金、白切、花生糖、花生酥、芝麻糖、酥心糖杠和欢团等。张顺兴号生产的麻饼、烘糕、寸金、白切和镕昌号生产的方片糕，均以其较高的质量赢得了“合肥名点”的美誉。通过铁路运输，合肥的地方小吃也摆到了长三角地区大城市的柜台上。合肥的城市人口也不断增加，1935 年已发展到 7.7 万人⑤。

许昌位于豫省中部，交通便利，地理位置优越，自古以来就是兵家必争之地。据《读史方舆纪要》记载：“（许昌）西控汝洛，东引淮泗，南通蔡邓，

---

① 章建：《铁路与近代安徽经济社会变迁研究（1912—1937）》，合肥工业大学出版社 2015 年版，第 249 页。

② 张善玮：《淮南铁路沿线生产交通情形及其业务发展之计划》，《铁路杂志》第 2 卷第 8 期，1937 年 2 月 27 日，第 45 页。

③ 合肥市地方志编纂委员会：《合肥市志·商贸》，安徽人民出版社 1999 年版，第 1 292 页。

④ 合肥市地方志编纂委员会：《合肥市志·工业》，安徽人民出版社 1999 年版，第 443 页。

⑤ 章建：《铁路与近代安徽经济社会变迁研究（1912—1937）》，合肥工业大学出版社 2015 年版，第 321 页。

北拱神京；舟车辐集，转输易通；原野宽平，耕屯有赖。曹操挟天子于此，北并幽、冀，南抗吴、蜀。说者曰：自天下而言，河南为适中之地。自河南而言，许州又适中之地也。北限大河，鲁无溃溢之患；西控虎牢，不乏山溪之阻；南通蔡、邓，实包淮、汉之防。许亦形胜之区，岂惟土田沃衍，人民殷阜，足称地利乎。"① 许昌凭借便利的交通位置，手工业和商业发展历史悠久，丝织、棉纺、制瓷、开矿、冶铁和造船等行业都有一定发展，但至清末民初，许昌因位于中原腹地，离通商口岸较远，再加上交通条件的制约，并没有得近代开放风气之利，经济发展困难，在铁路通车之前，许昌的经济仍以自给自足的自然经济为主体，生产的产品主要是以满足人们的日常生活所需的农副产品和手工业品为主，是典型的传统市镇。

京汉铁路开通后，许昌再度兴起。一是"自铁路交通，许昌商业日形起色"②。1906 年，京汉铁路通车后，改变了豫东平原的运输条件，许昌成了豫东平原物资出入的主要通道。由于豫东、豫西平原上的物资都向京汉铁路集中，许昌成为附近周边各县商品交易的主要集散地，因而商业贸易活动渐繁，各类商户日渐增多。特别是烟草商业最为发达，在京汉铁路未通车之前，许昌及其周边的襄城、长葛、禹州、叶县等地的晾晒烟，主要集中到禹州制成烟丝，然后再通过沙颍河水运到全省乃至全国各地销售。京汉铁路开通后这种情况发生了变化，襄城、郏县、禹县、鲁山、宝丰、长葛、临颍、郾城等县所产的烟草多集中在许昌进行交易，然后由客商通过铁路运到汉口、上海等地。许昌烟行纷纷建立，"1918 年至 1920 年，许昌烟区的许昌县、襄城县、郏县、临颍县有烟行 58 家，省内外的烟厂和外埠客商如山西潞安转运公司、西安泰丰公司、汉口泰丰分公司、信孚转运公司等均在许昌租地买烟"③；"1920 至 1933 年，许昌地区主要产烟区的烟行增加到 126 家，其中许昌县 50 家、襄城县 51 家、郏县 14 家、禹县 6 家、临颍县 5 家"④。二是近代工业开始发展起来。"近因铁路开通，风气大开，一切工艺莫不竞求新法。"⑤ 民族资本近代工业，如制蛋业和卷烟业发展最为突出。另外，面粉业和电力业也有一定程度发展。

---

① （明）顾祖禹撰：《读史方舆纪要二》（陆岩司等选译）（第 47 卷），山西人民出版社 1978 年版，第 2 008 页。

② 戴鞍钢、黄苇：《中国地方志经济资料汇编》，汉语大词典出版社 1999 年版，第 559 页。

③ 李伟中、张壮强：《对近代中国商品化农业发展历程的再审视——邹平棉作农业与许昌烟草农业的比较研究》，《晋阳学刊》2008 年第 1 期，第 84 页。

④ 许昌烟草志编委会：《襄城县烤烟起源的事实佐证：访颍桥始种烤烟唯一健在者董松山》，《许昌烟草志》，河南科学技术出版社 1993 年版，第 88 页。

⑤ 许昌县志编纂委员会：《许昌县志》，南开大学出版社 1993 年版，第 120 页。

信阳在京汉铁路未开通之前，与许昌的地位相近。虽是千年州、郡、府治所，物产丰饶，居于南北争衡之重要地理位置，但对外交通不便，长期依赖传统的水路和驿路，在浓重的小农经济氛围主导下，进出口商品仅为日用百货和农林产品，近现代工商业发展十分缓慢。

1906 年，京汉铁路全线通车后，信阳被辟为大站，使处于内陆地区交通不便的信阳得以与外界进行广泛交流，从而产生了大量的货流和客流，尤其是火车站附近的大马路至共和里一带，商号日增，居民日众，舶来品触目皆是，新商业区一时繁盛起来，近代工业也随之发展起来。商业方面，以火车站为中心形成了商业圈，逐渐形成大马路、横马路、新华街和戏园街 4 条商业街道。在这里，有在全城外贸业中首屈一指的“仁大”美孚煤油洋烛号，沐浴业名列前茅的华新池，以及元章、永兴两大布店，德美、德泰隆等十余家大的百货商店，盛美、福太和等糕点酱园号，英美、南洋两大烟草公司的经销店等。在信阳城内形成东、西、南、北和小南门五条商业街。北大街、南大街、东大街较繁华，商店林立，出现了许多著名商号，如许兴盛、恒泰丰等绸缎布匹号，崔福泰、陈祥顺等京广百货号，义兴合、汇源长等南货批发号，薛同盛、四美等糕点酱园号，以及老天宝、老凤祥金银首饰店等[①]。商业种类繁多，包括京货业、广货业、文具业、靛青业、卷烟业、盐业、药业、铁业、鞋业、烟业、屠业、染业、粮业、银业、酱业、织业、馆业、豆业、木业、碾业、铜业、磨业、罗底业等[②]。商品市场范围也得到扩展，信阳的鲜蛋、柏油、竹箨、木炭、猪鬃、肠衣、牛皮、羊皮通过火车运至汉口，经汉口码头转运世界各地；外国的煤油、香烟（哈德门、三炮台、红锡包、仙女）、火柴、毛哔叽、华达呢、龙头棉布、小五金、百货、西药（盘尼西林）等洋货，也相继进入信阳市场[③]。近代工业方面，主要为制蛋业和卷烟业。1921 年，上海松茂、森元两公司在乌龙集南街开办打蛋厂，制作蛋清和蛋黄食品原料，有厂房 70 余间，工人 200 余名，属本区当时最大的厂[④]；1918 年，英美烟草在罗山设立烤烟厂，有工人 300 余名，生产“火车头”牌香烟。

---

① 昌少卿：《旧中国的信阳商坛》，《信阳文史资料》第 1 辑，1985 年 5 月，第 92 页。转引自方平：《京汉铁路与近代信阳地区经济发展研究（1902—1949）》，郑州大学 2016 年硕士学位论文，第 27 页。

② 《河南统计月报》第 2 卷第 6 期，1936 年 6 月，第 108 页。

③ 解启逵：《信阳市对外经济贸易概况》，《信阳文史资料》第 7 辑，1994 年 4 月，第 107 页。转引自方平：《京汉铁路与近代信阳地区经济发展研究（1902—1949）》，郑州大学 2016 年硕士学位论文，第 28 页。

④ 信阳地区地方史志编纂委员会：《信阳地区志》，生活·读书·新知三联书店 1992 年版，第 466 页。

电力、纺织和造纸业等也有开端[①]。

第三节　市镇空间形态演进

城市空间形态（Urban Spatial Structure）也称作城市内部结构，是经济地理学、城市规划学、交通工程学领域的重要概念，其基本含义将空间维的概念引入城市结构，强调基于空间视角探索在理性组织规则下城市形态及其相互作用网络的表述范式，研究内容涵盖城市内部要素的空间分布、城市形态及要素之间的反应机理[②]。铁路对区域市镇兴起影响的一个重要方面即是推动城市空间结构的演进，在近代淮河流域境内，铁路交通事业的发展对包括郑州、蚌埠、徐州和开封等在内的市镇产生了深远影响，尤其是在城市空间的延展中起到了坐标性作用。本节以城市内部要素的空间分布，特别是城市空间中的物质空间分布为对象，从铁路车站、城市两个层面考察铁路与城市空间结构演进的关系。

一、郑州的空间形态

直至清朝末年，郑州的城市空间一直在按照原有的历史逻辑缓慢演化，其形态与格局都完全体现着中国传统政治职能型城市的特色。“‘城’整体呈规则的长方形，东西延长，南北微狭，整个格局正朝四方，城门上有城楼四座，环城有城壕，东西城门相对，形成一条横贯城市中心的街道，南北城门相错，各从城门入口向城内延伸出一条与横贯东西城门大街成直角相交的街道，构成两个十字形结构，城内其他街道要么与这3条街道成直角相交，要么则为平行，纵横相交，整体形成规则有序的方格型结构。”[③] 城区范围为“东西2华里，南北1.3华里，城墙高2丈8尺，周长6.6华里，城池的四角分别建有2层的阁楼，东西南北四门分别称为宾阳门、西城门、阜民门和护城门”[④]。

---

① 陈首道、刘辉：《强华烟厂简介》，《信阳文史资料》第5辑，1990年12月，第42页。转引自方平：《京汉铁路与近代信阳地区经济发展研究（1902—1949）》，郑州大学2016年硕士学位论文，第23页。

② 杨汝万、陆大道：《迈向21世纪的中国——城乡与区域发展》，香港中文大学出版社1999年版；顾朝林、甄峰、张京祥：《集聚与扩散——城市空间结构新论》，东南大学出版社2000年版，第3页。

③ 朱军献：《无序生成与近代郑州城市空间结构之变动》，《河南工业大学学报》（社会科学版）2011年第3期，第84页。

④ ［日］东亚同文会：《中国省别全志》（第8卷·河南省），编者1918年印行，第49页。

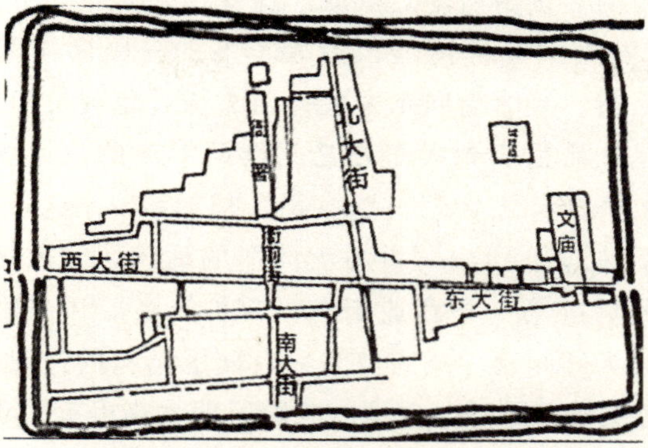

图 3-1　1905 年郑县城区图

图片来源：张玲：《铁路与郑州城市地理变迁（1904—1954）》，天津师范大学 2014 年硕士学位论文，第 17 页。

1905 年，郑州城市空间虽有所延展，“东西大街尚称繁华，不过街道、房屋依然是非常狭小”①。此时郑州作为县级行政中心，规模小，功能单一，受此局限，郑州的城市内部空间结构也非常简单，官府衙门作为王权的延伸而居于城市的中心，郑州依然保持着较为典型的传统城市布局。

但是，随着平汉和陇海两路的相继通车运营，郑州这种稳定的传统城市空间结构随之被打破，出现了以火车站为依托，在火车站至老城区之间形成了商业繁荣的新市街。郑州火车站，一般指南站，系平汉铁路郑州车站，始建于 1904 年 3 月，汴洛铁路作为平汉铁路的支线，于 1908 年 12 月建成通车，与平汉铁路平面交叉，但并未另建车站，两路共用一座车站。“车站占地约 20 000 坪，站内共 4 条铁道，东边两条线为平汉铁路使用，西边两条线为陇海铁路使用”②。火车站是当时郑州最为繁忙的场所，客货交易频繁，往来商旅络绎不绝，因此在火车站周边开始出现商贩和各类服务业。“宣统年间，车站附近即有客栈 10 余家，货栈大转运 8 家，小转运 2 家，到 1921 年左右，新式栈房增至数 10 家之多。”而京汉铁路未通之前，郑州火车站附近及其与郑州老城之间的地区在“光绪三十年（1904）间尚属一青葱无际之田园”，通车之后，随着商业的发展，在老城西门和车站之间，最初聚集于此的商户“尽属席棚摊贩，杂列其间，臭水沟则纵横交错，无所谓道，更无所谓街”，其后“由席棚进化为平房，纷如棋布……日益月增，俨然成街成里”③。聚居的商人

① ［日］青岛守备军民政部铁道部：《陇海铁道调查报告书》，编者 1920 年印行，第 289 页。

② ［日］青岛守备军民政部铁道部：《河南省郑州事情》，编者 1922 年印行，第 26 页。

③ 《郑州的社会》，《大公报》1931 年 7 月 2 日。

增多后，穿插交错的多条街道随之形成，这些街道基本都是以火车站为坐标，“从老城区向火车站方向开辟街道；沿火车站的马路向南北方向发展；德化街、天中里、朝阳街、兴隆街向东发展；西大街、苑陵街向火车站延伸”①。

马路大街，是从吕祖庙到火车站之间逐渐形成的一条大道，其西口正对着火车站的出口，群众称之为“马路大街”。1916 年，这条路改名为大通路，寓意四通八达。后来据孙中山“世界大同”的理念，又改名为大同路。该路成为火车通达郑州后的第一条商业街②。1908 年底，利用碎石碾压成新的路面，马路大街遂成为郑州第一条有路基、有面层结构的过渡式路面③。西大街是与马路大街不太平行的道路。它是由老城区西大街经老城西门再向西延伸而形成的。其他街道要么与二者平行，要么与二者穿插相交。各条街道纵横交错，至 1916 年已初步形成郑州城市新的以商业为主的功能区域和城市空间。

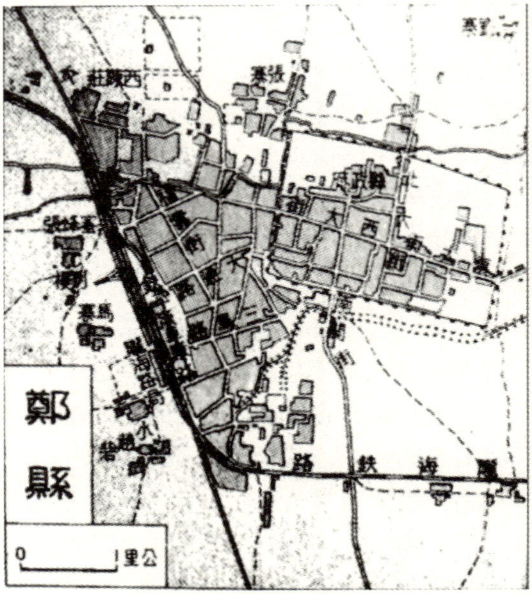

图 3-2　1930 年郑州城市图

图片来源：丁文江、翁文灏、曾世英：《中国分省新图申报六十周年纪念》，中华书局 1933 年版。

此后随着商业和客货运输事业的持续发展，新的商业区在空间上不断扩大，以火车站为中心，在火车站东侧向南北两个方向发展。在 1919 年时，市

① 河南省近代建筑史编辑委员会：《河南近代建筑史》，中国建筑工业出版社 1995 年版，第 78 页。

② 丁晓飞：《大同路上的郑州之最》，二七区政协编：《二七文史资料》2007 年第 3 辑，第 152 页；张玲：《铁路与郑州城市地理变迁（1904—1954）》，天津师范大学 2015 年硕士学位论文，第 17—18 页。

③ 郑州市城乡建设委员会：《郑州市城乡建设志》（第 2 册），未刊稿，第 1 603—1 605 页。

区最繁华之处是火车站前的马路大街，其次是与之相交叉的福寿街、德化街、钱塘里等处[①]；至1920年，火车站以东至老城以西2.5公里地区内，已建成街道纵横，商店林立的新市街[②]；到1927年前，繁盛的街市有大同路（即马路大街）、钱塘里、敦睦里、天中里、三多里、福寿街等处[③]。“到1932年左右，时值抗战前郑州商业最为兴盛时期，车站附近大小商店1 000余家，商业繁盛区域更有较大扩展，各街商业最繁盛者为大同路、德华街、福寿街，此三街中，绸缎店、匹头庄、百货商店无奇不有，每日自早至晚街上行人拥挤异常，可称全市商业荟萃之所；一马路、二马路客栈、旅馆、中西饭馆居多，每日平汉陇海两车临站之时，来往行人途为之拥塞难通；钱塘里、南川街、三马路则除一般资本略小之营业外，设有普乐戏园、聚明舞台、真明电影院等娱乐场所；振兴街、兴隆街具有数十家之花行及多数运输业；顺河街、西关大街粮商及皮行多在此设行经营，每日马车、人力车、来往行人更为繁杂；河北则为娼妓云集之所，甲乙丙书寓500余家。以上诸街皆为民国元年（1912）以来新兴街市，房屋建筑皆系新式，颇为壮观。”[④] 而老城之内“街市房屋建筑皆旧式，铺户约二百余家，各种商业在营业上，不及车站多矣”[⑤]。

新市街的扩展自然会带动城市新生空间规模的扩大，20世纪30年代早期，郑州城市商业最繁盛时，面积又有较大增长，达到了5.23平方公里[⑥]，新生空间的整体规模已为老城之内聚居面积的两倍之多（见上页图3-2）。原来作为城市主体的郑州老城在空间构成方面已退居次要位置。新市街不仅成为郑州新兴的空间结构，也推动郑州城市传统空间结构的变革。在20世纪20年代之前，新市街与老城区之间缺乏互动，尤其是郑州老城墙的阻挡，成为制约郑州城市发展的重要因素。1928年2月20日，经冯玉祥核准后，矗立千年的郑州城墙被拆除，仅留下城址四角炮台土身，作为改造瞭望台及天文台之用。至此，郑州城市空间结构在铁路引发的商业力量推动下最终发生了本质性的变化：一是以火车站为中心，城市空间向外不断延伸，城市空间结构呈现沿火车站东侧、南北方向的带状结构；二是在新的城市空间辐射影响下，老城区与新的城市空间实行连接和互动。

---

① 徐有礼：《郑州日本领事馆史事总录》，香港天马出版有限公司2005年版，第64页。

② 河南近代建筑史编辑委员会：《河南近代建筑史》，中国建筑工业出版社1995年版，第78页。

③ 吴世勋：《分省地志·河南》，中华书局1927年版，第72页。

④ 朱军献：《无序生成与近代郑州城市空间结构之变动》，《河南工业大学学报》（社会科学版）2011年第3期，第86页。

⑤ 《日趋繁荣之郑县》，《河南政治月刊》第2卷第5期，1932年5月，“调查”，第8页。

⑥ 张艳春：《抗战前陇海铁路沿线河南段的经济变迁》，河南大学2007年硕士学位论文，第57页。

在近代郑州城市空间结构的演进中，北洋政府和国民政府都曾制定过城市发展规划。1927年，时任河南省政府主席的冯玉祥力推“建设新河南”“建设新郑州”运动，编制了《郑埠设计图》，规划了郑州城市的早期雏形。1928年，国民政府又制定《郑州新市区建设计划草案》。但这些规划，由于缺乏法律法规的保障和可推行的政治环境，它们对郑州城市空间结构的变迁影响非常有限。因此，在1937年之前的郑州城市空间结构主要是在铁路交通推动下，自发和无序生成的。不过由此也带来诸多问题，比较突出的有：受铁路线约束，难以实现城市空间的跨越式发展；受火车站单一中心限制，城市空间拓展缓慢，特别是铁路客货运输业务的兴衰与城市发展息息相关。

二、蚌埠的空间形态

在津浦铁路未通车之前，蚌埠并无城市建设和城市各要素，因此也无从谈起城市空间结构；由于其位于淮河两岸的集镇都过于狭小，从后来形成的蚌埠城市空间来看只能算是一个点。但随着蚌埠铁路桥和火车站的建成，蚌埠开始走上城市建设的道路。

1908年，津浦铁路淮河铁桥正式开工兴建，筑桥所需要的材料厂、工程局、测量局、包工设在淮河两岸。该地区居住了2万多名建桥民工和1 000多名技工，为满足这些民工和技工的生活需要，蚌埠集上开办了一批饭店、客栈、澡堂、缝衣铺、杂货店等，形成以工棚为主体建筑群的新兴集镇。津浦铁路全线通车后，蚌埠火车站选定在南岸，遂使淮河南岸蚌埠集的商业活动变得活跃，商业中心也由北岸移至南岸，火车站与淮河码头之间逐渐成为蚌埠最初的城市空间。

蚌埠火车站建成后，为了输运和吸引客货业务，实现铁路与水运的结合，于1912年在津浦铁路淮河铁路桥西南方向，即铁路桥上游200米处的淮河南岸开挖出了面积约为1.8万平方米的船塘，时称老船塘，供船只停泊使用。1919年蚌埠大火后，为振兴市容，加之商船很多，老船塘不足使用，蚌埠耗资72万银元，在三号码头处开挖新船塘，至1923年竣工，水域面积16万平方米。新、旧船塘周边形成了蚌埠的码头港区，即从早期蚌埠老大街北首，沿顺河街向西的大通码头，经老船塘渡口西侧中兴码头、亚细亚码头，继续延伸到新船塘一带（具体见图3-3）。船塘附近有铁路支线将船塘沿岸众多仓库连接起来，便于商品转运。在码头港区建有大批货栈，1912年，中兴煤厂在老船塘附近设有煤场；1914年，德国商人在火车站站西北角和华昌街芝麻巷两处各建有堆栈及仓库；1915年，美商经营的亚细亚石油公司在老船塘附近设立煤油堆栈；1919年，德士古煤油公司在中兴煤厂南侧设油池；1920

年，在蚌的中国、交通、金城、上海银行和益丰银行合资于老船塘附近共同创建公记堆栈（后称五行仓库），为当时省内最大的专营性仓库，以储存盐粮、土产品为主[①]。

蚌埠码头的建成，加之货栈和仓库林立，促成了道路的建设。老大街是蚌埠南岸原本就有的一条泥土路，其长度自渡口至今华昌街西口。蚌埠开埠后，1912 年，老大街向东延伸成为头道街（今华昌街），二道街（今凤阳路）和车站后街（今交通路）等也在同年筑成。1916 年，新增大马路、华盛街、国庆街、国安街、国富街、国治街、国强路等街道，头道街更名华昌街，二道街更名二马路。1918 年春，大马路天桥建成。该桥系铁路部门于 1917 年在八亩园附近购地 40 余亩始建，桥面为钢木结构，全长 17.35 米，宽 6 米，桥下净空 5.15 米，载重负荷 8 吨。桥两端与路面成“S”形衔接，为全国第一座公铁市政立交桥[②]。立交桥将火车站的站西和站东两块连接起来。1919 年，蚌埠“最热闹街市为二马路、头道街、二道街等处，各大银行、转运公司、绸缎庄、大旅社及各种大商店，遍设林立，故该地面不广而精华荟萃。俨若一小上海”[③]。至此，从火车站至蚌埠码头之间约 1 华里余，特别是以蚌埠码头为核心，沿淮河南岸形成蚌埠最初的城市空间，也成为后来蚌埠最核心、最繁荣的新街市，并继续呈带状，沿淮河南岸，向火车站东西两个方向扩展。

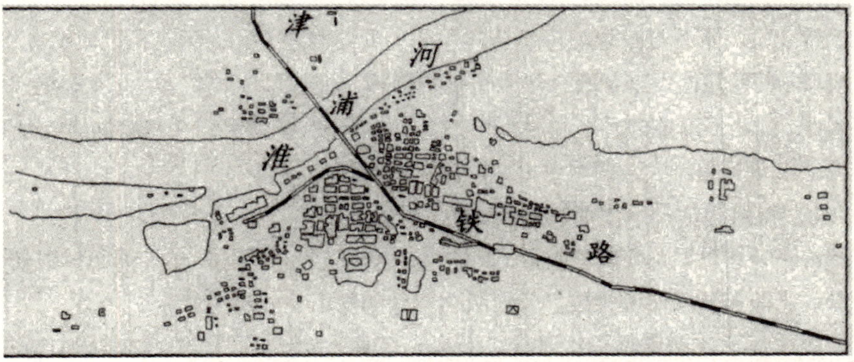

图 3-3　蚌埠城市带状分布图

图片来源：张晓芳：《蚌埠城市历史地理研究》，复旦大学 2007 年博士学位论文，第 133 页。

1919 年春，蚌埠大火，几乎烧掉半个市面，烧毁商民千余家。“大火后，蚌埠城市的主要道路都拓宽取直，并陆续形成中荣街、太平街、中山街、中

① 蚌埠市地方志编纂委员会：《蚌埠市志·商贸》，方志出版社 1995 年版，第 420 页。

② 蚌埠市地方志编纂委员会：《蚌埠市志》，方志出版社 1995 年版，第 14—15 页。

③ 《安徽蚌埠大火纪详》，《申报》1919 年 4 月 17 日，第 2 张第 7 版。

正街、中兴街、中平街等新路。至20年代初，市区已有主要街道20多条。这一时期的道路是碎石路面，路两侧筑箱式块石、条石明盖沟。20年代末，在二马路修建了第一条沥青路面。之后，除沥青、碎石、炉渣路面外，尚有片石、条石路面。但一般小街陋巷，仍为狭窄弯曲的土路"[①]。淮河码头和火车站之间原来的商业区和居民住宅区也得到恢复，并有所扩展。

除上述蚌埠码头与车站之间的城市空间扩展外，在车站的东侧和西北角，有倪嗣冲督皖期间建立起来的城市建筑。1914年，倪嗣冲被委任为安武将军，其购大马路王姓地40余亩，在铁路东建成"将军府"（后改为安徽督军公署），在二马路附近设警察局，在车站西边、二马路东头和老大街三处设立派出所[②]。后蚌埠的军用建筑由火车站西北朝蚌山（今小南山）方向迅速发展：先后在国强路建起"公署卫队营"，购二马路高姓地30亩，建安徽督军行署及皖北镇守使署等军政机关；在蚌山一带建立营房、讲武堂、长江巡阅使公署、炮兵学校等，并且还广为"修马路，整市容"，逐渐形成军政区[③]。

20世纪30年代，在上述空间范围内蚌埠开始大量修筑和翻修马路，建筑新市场和住宅，新建公园、公厕、自流井等，城市规划和市政设施均开始向近代化转型[④]。1936年前后，"蚌埠区占地东西纵长四十余里，南北横宽二十余里，以二马路、白飞路、大马路东段，东通车站、西达河岸为商务最盛之区。他如华昌街、中山路，商业亦有可观"[⑤]。作为一个铁路枢纽型的商业城市，蚌埠已经初具规模。

从蚌埠城市整体空间结构来看，蚌埠城市因铁路而兴，是先有铁路而后有市区，铁路将市区分割成东西两部分，市内街道多与铁路平行。随着两个船塘（即码头）的建成，以及铁路支线和街道的修筑，沿淮河南岸的工商业区形成，城市沿铁路、沿淮河南岸向外扩张，发展为带状的城市空间形态。就铁路对蚌埠和郑州两城市空间结构演进的作用来看，具有高度的相似性，同时也存在不同之处。相似性即是：两个城市空间结构的推动力都是铁路火车站及其吸附的商业，都是以火车站为中心向外蔓延与拓展的空间扩展模式。不同之处则在于蚌埠的城市空间是完全由铁路带来的，不存在与传统城市空

① 章建：《铁路与近代安徽经济社会变迁研究（1912—1937）》，合肥工业大学出版社2015年版，第321页。

② 安徽省政协文史资料研究委员会：《安徽文史资料选辑》（第8辑），安徽人民出版社1986年版，第102页。

③ 李良玉、吴修申：《倪嗣冲与北洋军阀》，黄山书社2012年版，第107页。

④ 徐百揆：《蚌埠市十九年度建设方案》，《安徽建设》第19—20号合刊，1930年8月，第12—16页。

⑤ 絜非：《凤阳风土记》（十四），《津浦铁路日刊》1 592号，1936年7月8日，第56页。

间结构进行互动，同时蚌埠城市空间结构虽然也呈带状，但其带状是在火车站两侧分布，而不像郑州仅是一侧。

三、其他城市的空间形态

在近代淮河流域，分布于铁路沿线的城市，其空间形态基本都受到铁路的影响，除上述郑州、蚌埠之外，徐州、漯河、驻马店和信阳等均同样发生过巨大的变化。

徐州在铁路未开通之前，是一个传统型的城市，其城市空间结构呈不太规则的方形，城市各道路、街区以府衙为中心。随着津浦路火车站在城东约3里处设立，陇海路也于此与津浦路交会后，徐州北通津、平、辽，西走潼洛，南达京沪，东连东海。在铁路交通方式的影响下，徐州的城市格局开始以火车站为中心向外发展。

与其他城市相似的是，在徐州火车站建立以后，南来北往客商、货物云集此处，商业贸易的繁盛，各类旅馆、货栈、杂货店、转运公司等纷纷在火车站附近出现，最初主要是在火车站靠东和东北一侧，这里也成为徐州依托火车站而诞生的新城区。1922年以后，徐州被辟为商埠，新的商埠区成为徐州城市的新空间，而这一地区即位于火车站的站东和站北区域，跨越黄河故道。因此，正是因为火车站的建设，促使徐州城市逐渐向黄河故道东岸延伸，这对于徐州城市发展来说具有深远意义①。

随着城市空间拓展，城市的基础设施也发生变迁。“徐州旧城区的道路分布为东密西疏，小路多，干道少，且多不贯通。1927年之前，以鼓楼街为中心的旧城区，四关各城门之间多无贯通干道，通行须绕城门，故黄河两岸，有的地方还要以船摆渡。当时视为城区主要道路的东门大街、察院街、中道街、兴隆街、鼓楼街、道前街、北门大街等不过是宽4～6米的道路，古旧落后，交通十分不便。”② 1928年，军事当局拆除旧城垣，使内外城相连，“以利交通，并推广市场，以发展商业”③。城中主要街道互连相通，如通往南城的税课街与上街、马市街、笆子街、南关下街相连，北关外土城坝子街道也与城区街道相通。

在京汉铁路未通之前，小镇漯河寨隶属于郾城县，而郾城县治则是一个传统县城。京汉铁路开通后，火车站设在离漯河寨约1公里处。由火车站带

---

① 曹洪涛、刘金声：《中国近现代城市的发展》，中国城市出版社1998年版，第220页。

② 肖爱玲：《徐州城市历史地理浅论》，陕西师范大学2001年硕士学位论文，第23页。

③ 《徐州实行拆城》，《民国日报》，1928年1月18日。

来的商贸和人口流动，使得火车站至漯河寨之间迅速成为繁荣之区。“宣统三年，沙河沿线北舞渡、周口等牲畜、粮食集散中心，渐向漯河转移，刘季东、刘怀二人创办的第一家牛行‘天顺长’，在牛王庙街（今民生街南段）开业”，“民国元年，大同、公兴存、恒源、孚丰、和丰、广兴等十八家转运公司，在铁路东西两侧和老街、中山街次第铺开，商业中心逐步由寨内向车站延伸”[①]。

据记载：“此时漯河寨内的商业以东西向之顺河街和南北向之小西街最为繁荣，两街以‘六陈’、土布、棉花、烟叶、牲畜行点为主；寨外车站附近以煤炭、石油、百货、布匹、杂货、银号、旅馆、饮食业和转运公司为主。20世纪二三十年代，由于农贸市场的扩大，寨内空间已不能满足大宗货物的交易需求，一些贸易行开始向运输方便的漯河、沣河岸边聚集，从而形成寨内外的贸易往来及空间上的交流，同时也吸引寨内市场向外转移。1925 年，一家叫‘公义和’的牛行率先自寨内搬至南门外，接着又有 12 家牛行也陆续迁过去。不久，牲畜市场也从寨内移至寨外。到第二年，南门外已经汇集了 322 家牛行，形成了专门用来牲畜交易的牛行街。1932 年，粮行也逐渐由寨内转到火车站附近。同一时期，火车站附近还兴办了淮漯汽车公司、蛋粉工厂、现代银行等新式工商企业，商人也纷纷在那里投资置地，兴建房产。”[②] 这样，在火车站东西两侧很快形成了马路街、老街、煤市街、万祥街、天桥街等 30 余条街道[③]。

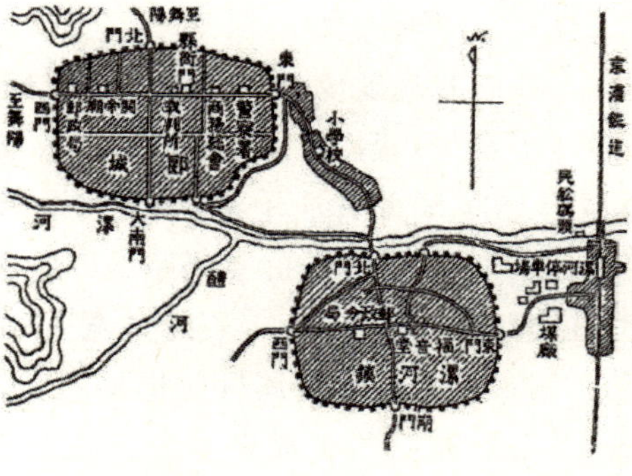

图 3 - 4　1918 年漯河镇和郾城县空间形态图

图片来源：东亚同文会馆：《支那省别全志》（第 8 卷 · 河南省），编者 1918 年印行，第 56 页。

① 漯河市地方史志编纂委员会：《漯河市志》，方志出版社 1999 年版，第 9—10 页。

② 江沛、秦熠、刘晖等：《中华民国专题史》（第 9 卷 · 城市化进程研究），南京大学出版社 2015 年版，第 164 页。

③ 漯河市地方史志编纂委员会：《漯河市志》，方志出版社 1999 年版，第 62 页。

至20世纪30年代，在火车站及其商业力量的推动下，漯河城市空间在火车站和漯河寨之间展开，并形成五权镇和漯河镇，漯河镇以漯河寨和牛行街为主，五权镇则包括火车站附近的马路街、老街、煤市街和竹木街①。随着后续漯河的继续发展，两镇逐渐连成一体，整个城市以京汉铁路为中轴呈团块状形态，而郾城县城仍保持旧县城规模，商廛只集中于东西街，“繁盛不及漯河镇”②。

驻马店和信阳的城市空间形态演进也受铁路影响很大，并且在程序上与漯河基本都是一样的过程。在驻马店，火车站建立后形成了以车站和铁路线为轴的道路网络和街区布局。据记载：“1931年前，车站两侧已辟有大小街道30余条，占地近10平方里。车站左侧为长春街、公所街、长寿街、新市大街合围形成的街区和由公所街、裕民街、长寿街、新市大街合围成的较大街区等。车站右侧主要为太平街、兴平街、永顺街等分割合围而成的几块街区。与此同时，原驻马店镇改称为‘老街’，仅有街道数条，占地3平方里余。”③新老街区由于并行，且新老街区尚未实现对接，所以驻马店的城市空间结构呈现出两头大、中间小的团块形态④。在信阳，火车站建成后以其为中心很快形成繁华之商圈，城市建设也次第展开，大马路、横马路、新华街、戏园街4条商业街道先后开辟。各条路两旁新建的房屋整齐美观，远近商人争相前来租赁，设庄开店，成为新的闹市，繁荣程度超过老城。由是可见，信阳的城市空间形态与驻马店是极其相似的。

本章小结

在传统交通主导时期，淮河流域市镇主要沿水运河流分布，中心市镇集中于水运交汇之处。新式交通出现后特别是铁路交通的诞生，市镇整体格局产生重大的转变，一方面新兴市镇兴起，另一方面则是传统市镇出现分化，有兴有衰。其市镇格局的重塑体现出如下几个方面的特征：

一、新的市镇均以铁路线走向呈线形分布，且新的市镇均以铁路车站所在地为中心。平汉铁路过境淮河流域的车站共计29个，以其为基础发展成为

① 寨内村志委员会：《寨内村志》，编者2002年印行，第46页。

② 从翰香：《近代冀鲁豫乡村》，中国社会科学出版社1995年版，第197页。

③ 熊亚平：《铁路与华北内陆地区市镇形态的演变（1905—1937）》，《中国历史地理论丛》2007年第1期，第75页。

④ 熊亚平：《铁路与华北乡村社会变迁（1880—1937）》，人民出版社2011年版，第271页。

市镇的就有郑州、新郑、许州、郾城、西平、遂平、驻马店、确山和信阳等9个；津浦铁路过境淮河流域的车站，干线共计40站，由此形成的市镇有兖州、邹县、滕县、临城、徐州、宿州、固镇、蚌埠、临淮关、明光和滁州等11个；陇海铁路干线在淮河流域境内共40站，后来成为市镇的有墟沟、大浦、新浦、牛山、新安、徐州、砀山、商丘、民权、兰封、开封、中牟和郑州等13个；淮南铁路沿线则形成淮南、水家湖、合肥、巢县、无为等市镇。

二、中心城市分布于铁路枢纽，或者是铁路与水路交汇之处。比如平汉与陇海交汇的郑州、津浦与陇海交汇的徐州、津浦与淮河交汇的蚌埠、陇海与海运港口交汇的连云港等，这些市镇均发展成为淮河流域的重要城市，成为区域交通、经济、商业枢纽，有的甚至后来居上成为区域政治中心。

三、沿淮河水系和运河水系的市镇，在铁路运营后，其衰退趋势加剧。近代以来，随着淮河和运河水系淤塞，沿淮和沿运河市镇纷纷走上衰败之路，如河南的朱仙镇、周家口、开封，安徽的正阳关、临淮关，山东的济宁和江苏的清江浦等。特别是淮河流域铁路干线的修筑，彻底改变了货物流向，使得这些市镇的衰退愈加不可避免了。

同时，近代时期淮河流域无论是新兴的城市，还是传统的市镇，在铁路交通的影响下，城市空间形态都发生了极大的改变，城市空间拓展均以火车站为中心，沿铁路线一侧或两侧向外延伸，在铁路站点附近的区域往往会形成新的城市中心、商埠区或者新市区。它要么取代老城传统的行政中心（商业中心）而成为新的城市中心，要么与传统的行政中心（商业中心）共同成为该城市的两个中心，即双中心结构。新市区不断延伸，最终会与老城区实行对接和互动，实现城市空间结构一体化，当然新兴的市镇如蚌埠则不存在这种情况。推动城市空间结构演进的动力来自铁路影响，以及由铁路带来的商业力量，它是近代淮河流域诸多城市空间形态演进的坐标。但即便如此，我们也应认识到城市空间的拓展是受社会、历史、文化、经济和政府政策等诸多因素共同作用的结果，铁路只是影响其变迁的一个因素，在强调铁路影响的同时，也要对其他因素给予关注。

第四章　铁路与区域社会进步

——近代淮河流域人口流动、文教卫生和社会结构

铁路不仅引领了区域经济领域的现代化变革，也对整个区域社会系统产生了或显性或隐性的撼动。学术界虽有这方面的意识和研究旨趣，且已有一些成果，但限于资料的缺失和视域关注的不够，对于铁路对区域社会层面的积极影响尚未有细致的考察。本书根据已掌握的资料，阐述铁路影响下淮河流域人口流动、文教卫生和社会结构等方面的变动、传播和整合。

第一节　人口流动上升

铁路交通与人口流动的关系及影响可谓密不可分，因为铁路除了载运货物之外，即以载运旅客为主。对此，学术界已有认识，葛剑雄等在《人口与中国的现代化》一书中即认为，1920 年华北大饥荒之所以只有 50 万人饿死，而不及 1877—1878 年的华北饥荒饿死的 1 000 万之众，主要原因不是因为政府或非政府组织的救济，而是得益于铁路这一现代化交通工具在运输灾民方面发挥的积极作用①。

① 葛剑雄、侯杨方、张根福：《人口与中国的现代化——以 1850 年以来》，学林出版社 1999 年版，第 143—147 页。

近年来，在铁路社会史的大旗下，研究铁路史的学者也开始关注于此，纷纷对近代铁路交通发展与旅客运输（运量）、人口流动、人口迁移（或称移民）等社会问题进行了初步探讨，已取得了一定成果，但研究的区域主要集中于华北地区和长三角地区，以及平绥等部分铁路沿线，其主要观点也基本一致，即近代华北地区铁路的兴筑与发展，特别是铁路网的形成，使该地区人口流动、迁移得以成为可能和最终实现。不仅如此，在研究的内容上也有所区别：马义平关注华北铁路在移民中的作用以及移民所带来的沿线城镇化问题；熊亚平研究了铁路影响下华北乡村人口的社会流动问题，包括乡村人口的地理空间流动、职业变动以及由两者而产生的乡村社会变迁；杨文生与熊亚平的关注点基本相似，只是仅限于平绥一路而已；李海滨等研究了京奉铁路在近代东北移民方面发挥的直接作用，而非延伸的作用①。至于淮河流域则未见相关性研究。

众所周知，淮河流域是近代我国流民的主要发端地和输出地，为数众多的流民自发地、无序地向区域外和区域内流动与迁移，远者达到东北三省，以及西北的甘、蒙、绥等地，略近者则至京津和江南各省；区域内的流向则是趋向于有谋生职业和生存环境的新兴城镇。流民流动所依赖的工具既有新式的交通工具——铁路、轮船和公路，也有传统的水运帆船，以及陆路的漫长步徙。但毋庸置疑的是，铁路作为最为便利、快捷的交通工具，既使长途奔徙有了实现的可能，也将区域内人口吸引到铁路沿线的工商业城市。

一、人口流动量

如上所述，近代时期淮河流域人口因避荒而致外流，其所选择的交通工具众多，因此很难在数据上明确呈现当时人口流动总量。但我们可以通过铁路交通的旅客载运量，管窥一下淮河流域人口的流动量。

首先，我们分析一下平汉、津浦和陇海三路整体的载运旅客人数情况。

① 主要有马义平：《近代铁路通行与华北地区的农村移民》，《郑州大学学报》（哲学社会科学版）2016年第2期；杨文生：《平绥铁路与人口迁移及其职业变迁》，《河北大学学报》（哲学社会科学版）2006年第1期；熊亚平：《近代华北铁路沿线乡村地区人口的社会流动（1905—1937）》，《学术研究》2012年第7期；李海滨、李自典：《京奉铁路与近代东北移民——以20世纪二三十年代为中心》，《兰州学刊》2013年第10期；岳钦韬：《近代长江三角洲地区的交通发展与人口流动——以铁路运输为中心（1905—1936）》，《中国经济史研究》2014年第4期，等等。

表 4-1 平汉、津浦和陇海三路载运旅客人数一览表

年份	载运旅客数	变动率（%）	年份	载运旅客数	变动率（%）
1906	1 418 037	100.00	1922	7 735 328	545.50
1907	1 600 717	112.88	1923	10 295 508	726.04
1908	1 732 733	122.19	1924	11 040 019	778.54
1909	1 886 817	133.06	1925	10 901 463	768.77
1910	2 165 837	152.73	1926	4 629 018	326.44
1911	2 147 586	151.45	1927	4 053 905	285.88
1912	3 897 022	274.82	1928	2 821 148	198.95
1913	4 949 515	349.04	1929	5 260 759	370.99
1914	5 696 091	401.69	1930	4 466 273	314.96
1915	4 520 291	318.77	1931	6 018 173	424.40
1916	6 593 644	464.98	1932	6 872 624	484.66
1917	6 706 537	472.95	1933	7 563 084	533.35
1918	6 792 013	478.97	1934	7 524 706	530.64
1919	7 501 131	528.98	1935	8 855 452	624.49
1920	7 819 380	551.42	1936	7 850 367	553.61
1921	7 173 835	505.90	1937	——	——

注释：淮河流域平汉铁路通行最早，次之为陇海铁路汴洛段，津浦铁路运营最晚。另因数据统计缺失，导致若干年份数据统计不完整，特别是 1926—1929 年津浦和陇海两路数据无法获得。

数据来源：本书第一章表 1-1、表 1-2 和表 1-3。

平汉铁路初始运营的当年即载运旅客 1 418 037 人次，此后淮河流域铁路载运旅客人次逐年增加，1912 年津浦铁路通车运营后，两路载运旅客人数突飞猛进，是年达 3 897 022 人次，较 1906 年增加 2.74 倍强。

陇海铁路的前身汴洛铁路虽于 1910 年 1 月全线通车运营，但由于线路质量低、设备简陋，又是单线铁路，每天只有三至五对旅客列车，有的还是客货混搭[①]，所以该路运营之初载客数并不多。据邮传部统计，1909 年该路尚未全线通车时，开封、中牟、白沙和郑州等站各等车载运旅客约为 188 736 人

① 洛阳铁路分局洛阳车务段：《洛阳车务段志（1908—1985）》，编者 1989 年印行，第 161 页。

次[1]；而邮传部1911年初的调查："汴洛客车之折入本路（指京汉铁路——作者注）者，平均每日赴开封可四百人，赴河南可五十人，为八与一之比例，而郑州至开封为线过短，获利甚微。"[2] 民国之后，随着汴洛铁路的东西延伸，该路与京汉和津浦铁路分别交汇于郑州和徐州，使该路载运旅客能力得到提升。1915年，交通部提供的正式统计数据显示，该年汴洛路客运达520 619人次；而后逐年增加，1924年时已达1 204 947人次[3]，增幅非常明显。

受陇海铁路旅客运营能力提高，以及1914年京汉和津浦两路参加五路联运后运输业务稳步增长的影响[4]，从1916年起淮河流域三条铁路干线的载客量节节攀升，1918年时达679万人次，是1906年的4倍还多。1923年，陇海铁路也加入国有铁路旅客联运，遂至20世纪20年代初期，三路旅客运量达至近代时期该区域铁路旅客流量的峰值，1924年最高至1 104万人次，是1906年铁路初始时期的7.78倍；1923年和1925年也分别超过1 000万人次，以至于在津浦、京汉等铁路出现"主要车站卖票处往往以买票人争先恐后，拥挤不通"的情形[5]。

但是，铁路客流会受到国内战争、自然灾害等不稳定因素的冲击而产生波动，近代淮河流域及其周边的交通运输始终为这些不良社会因素所困扰。

京汉铁路先后受到辛亥革命、二次革命、1916年直皖战争和张勋复辟的冲击，铁路车辆被军事征用，但客运人数并没有下降，反而有所增加，原因在于此时的战火并没有遍及全线，铁路运输也没有中断，且军事运输和部分民众避难而致人口流动迅速扩大。但20世纪20年代中后期的两次直奉战争，以及1925—1926年国民军与直系的开战，以及后来的北伐战争、中原大战，改变了清末民初以来铁路载客量不断增长的态势。

1922年和1924年的直奉之战，使黄河以北铁路沿线战火纷飞。1922年4月，"直奉战起，且延数周之久，津浦、平汉两路交通断绝，直至八月，始稍恢复"[6]。这场战争导致京汉路运输中断4个月之久。1924年9月，第二次直奉战争爆发，"各路车辆，悉被征调，交通阻隔，商务停滞。直到十月下旬，

---

① 《汴洛铁路各等各站等级员役货客数目表》，邮传部：《邮传部第三次统计表》（第3卷），"路政下"，编者1909年印行。

② 《本部铁路总局关提调赓麟报告巡视汴洛铁路情形》，《交通官报》第30期，庚戌年（1910）12月，"报告"，第16页。

③ 交通部、铁道部交通史编纂委员会：《交通史路政编》（第14册），编者1935年印行，第704页。

④ 交通部、铁道部交通史编纂委员会：《交通史路政编》（第4册），编者1935年印行，第2 705页。

⑤ 《交通部训令第464号》，中国第二历史档案馆：《政府公报》（第102册），上海书店出版社1988年版，第381—382页。

⑥ 《天津海关十年报告（1922—1931）》，《天津历史资料》1985年第5期，第42页。

冯玉祥班师回北平，战事始行结束。但铁路交通，迄至年底，尚未恢复。商业处此环境之中，势必趋于落没，自不待言”①。

1930年的中原大战历时半年有余，平汉铁路全线停运，车辆损失巨大。1928年5月“济南惨案”发生后，津浦铁路济南站以下各段全部停运，当时“由于铁路中断”，连蒋介石要离开济南，也“无法乘车南行”，只得“乘马绕道”而走。直至次年4月，津浦路才恢复全线通车，但当时客车缺乏，济南站尚不能自由行驶，路局只能将浦口、泰安间现行的一、二次特别快车及天津、晏城（齐河县境内）间三、四次寻常车，各由泰安和晏城展至济南衔接，“待车辆筹妥后再行直接驶达”②。由于“客货列车不能按照原定钟点驶行，浦口、蚌埠、徐州三大站间囤货山积，又值霪雨时期，霉烂堪虑，旅客则鹄立久候，有至一二日，而仍被拥挤落后者”③，致使许多旅客“改海道而行，来去各船搭客均挤，现在各船票价，亦均增加矣”④。

正是由于这几年兵荒马乱，政局动荡，特别是国有铁路为军阀所操控，使1926—1930年淮河流域铁路载客量大幅下跌。不仅如此，国民政府成立后，原先的交通部与国民政府铁道部又处于路务交接之中，致使陇海和津浦等路连客运数据都不齐全。仅从有数据统计的路局而言，京汉铁路1926年较前一年下降了近5成，陇海铁路则下降了近2成；1927年平汉铁路人口流量创下该路20年代的最低水平。

20世纪30年代以后，在铁道部进行整顿和政局趋于稳定的基础上，淮河流域铁路的载客量开始恢复，1931年陇海和津浦两路旅客人数有明显增长，分别较1929年提高71.86%和45.43%，并呈逐年增长趋势。但这一阶段的增长速度与20年代初期水平相比，仍有较大差距。主要原因，一是各路受30年代初期世界经济危机、我国长江流域大洪灾及“农村破产”等因素的影响；二是新式轮船业发展和公路运输体系的初步构建，分流了部分出行人口。为促进铁路客运业务发展，铁路当局也有意识提高服务水平，试图通过降低客运票价、多设置营业所、举办旅游专车，以及其他一些方式来招揽客运，但效果均难如预期。

上述铁路载客量，只笼统反映了近代淮河流域的铁路人口变动频率，究其实际而言，因平汉、津浦和陇海三路没有一路的运营里程是完全处于淮河

① 《天津海关十年报告（1922—1931）》，《天津历史资料》1985年第5期，第42页。

② 《呈铁道部（民国十八年四月四日）》，《津浦铁路公报》第21期，1929年3月10日，“公牍”，第3页。

③ 《国内要闻二：津浦铁路行车近状》，《申报》1927年7月8日，第3张第9版。

④ 《本埠新闻：航运要讯》，《申报》1930年3月26日，第4张第13版。

流域，因此，淮河流域的铁路人口流量，肯定比前述的数量要少一些。如果能以淮河流域主要车站的运量变化来说明，自然更是确切，只是因为这方面的数据缺乏，难以立言。

二、人口流动原因与流向

无论是区域外流动，还是区域内流动，在“安土重迁”的传统观念下，为何许多人要离开故乡呢？其缘由学术界已有诸多研究成果，综合来说，首推的原因则是近代淮河流域自然灾害频发，逼迫乡民无奈外出谋生。当时的自然灾害包括水灾、旱灾和蝗灾等，以水灾最为严峻。水灾主要有两次，一次是1921年的辛酉大水，另一次则是1931年的大水灾。几则史料反映当时淮河流域被灾的情形：

(1920) 豫、苏、皖、浙、鲁、鄂等水灾，以淮河区域罹灾最重。皖北阜阳、寿县，淮河下游及附淮21县均遭水灾。宿县五月霪雨，七月来客水，秋禾普淹，北部特重。灵璧五至八月间，大雨及淮水倒灌汇集成灾，霉山、夷山湖水漫涨，山堤溃决，长八十里、宽四十里均在水中。固镇南门楼墙上水深一尺多，王岗乡水深丈余，庄周围打堰。泗县、五河、怀远等县五至九月间霪雨，客水涌注、倒灌，破堤倒屋，麦多被霉烂，秋季无收。凤阳五月初三下猛雨，暴涨三天三夜，又自六月半一直下到八月中秋，南岸破堤，冲走车轮、家具，甚至棺料，损失惨重，人畜亦有伤亡。阜阳大水，城内房屋多被淹倒。[①]

本年 (1931) 淮域雨量之巨，向所少有。自六月下旬至七月初，各地霪雨，昼夜不息，尤以淮域西北高区及各支流流域为甚，于是山洪暴发，河水横流。而豫皖淮域，及其支流各县，首受沦胥之灾。嗣上游洪水奔注干河，盈槽拍岸。自七月十一日至十五日间，正阳关以下至五河，所有两堤，先以漫溢，继以溃决，四五百里间堤防，毁弃殆尽。于是干支相通，水陆相连，平地成湖。而皖境滨淮各县，沉沦之痛，无一幸免矣。[②]

1931年的大水，是淮河流域自20世纪以来三次重大水灾中损失最严重的一次。水灾及其他自然灾害交叠发生，造成重大的人员伤亡和财产损失，加之政府救济不力，人们无法得到救济，民不聊生。

其次，诚如池子华教授在《中国流民史·近代卷》一书中所阐述的，淮

① 安徽省地方志办公室：《安徽水灾备忘录》，黄山书社1991年版，第161页。
② 《本埠新闻·各界筹救水灾》，《申报》1931年8月22日，第4张第13版。

河流域的大量人口迁移，亦是多种合力共同促发的，这些因素除自然灾害外，还包括在外力冲击下自然经济的解体、中国近代工业化运动的引力场、农民“安土重迁”观念的转变、人口压力、人地关系紧张、农民生活的贫困化，以及土匪和战争等因素①。正如当时河南省赈务会所言：“豫省自民九以还，灾祲迭见，然皆一时一地，全省元气，犹未大损。最近十六、七、八三载，几乎无县无灾，不过畸轻畸重，略见等差。灾可分为六种，兵、匪、旱、蝗、雹、风，遂使中州噢区，赤地千里，两河沃壤，变为焦土，僵尸遍野，流亡载道，耗矣哀哉……再为豫东，开、许、归、陈、郑各处地本沙碛，丰岁稍足自赡，一遇荒歉，则室鲜盖藏，饥饿立至。十六、七、八三年，雨未沾足蝗复为灾，加之国军北伐，柘城、鹿邑、陈留、杞县、商邱、兰封、民权，各县地当冲要，迭为主客，炮火之下，救死不赡，遑顾耕耨。战罢归来，人各无家，流离之苦，断非想象所能得者。总之，豫省一百十二县，无县无灾，而得到振款者，仅寥寥十余县耳，杯水车薪。”②

在多种压力之下，淮河流域民众只得选择迁徙，寻一条活路。他们中一部分人经由铁路流向区域外的东北、西北地区，或者较为稳定和富庶的江南各地，而多数人则是聚集到本区域内的城镇，或进工厂，或作小贩，或沦为娼妓，直至成为无业游民。其流动在地理上空间上有两个方向：一是因铁路网的形成而向区域外流动；二是因铁路带动工商业的发展而聚集到铁路沿线城镇。

区域外流向的目的地以东北和南京、上海等地居多。近代以来，关内人口向东北迁移，被称为“闯关东”。据学术界研究。“闯关东”的移民者，大多来源于华北各省，其中以直、鲁、豫为多，而尤以山东人为最多。“移往东三省之人口，百分之八十为山东人，次之为河北及河南人。”③ 另有统计，1929 年在东北移民所属籍贯中，山东人 74.2 万，占当年东北移民总数的 71%；河北省和河南省分别为 17.6 万和 11.6 万，占别移民总数的 17%和 11%；其他省份约 1 万，占 1%④。

在山东省和河南省移民中，又有多少人是来自地处淮河流域的鲁西南和豫东南？尚没有统计数字，但可以知道的是，山东境内初以登州、莱州、青州三府为最多。20 世纪 20 年代以后，“直鲁一带，频年战争，又加以匪患与天灾，沂、费、曹、兖、大名等地居民，有田不得耕，有房不得住，相率出

---

① 池子华：《中国流民史・近代卷》，安徽人民出版社 2001 年版，第 20—82 页。

② 《本埠新闻・河南省振务会之呼吁声》，《申报》1928 年 7 月 18 日，第 4 张第 14 版。

③ 陈彩章：《中国历代人口变迁之研究》，商务印书馆 1946 年版，第 119 页。

④ 吴希庸：《近代东北移民史略》，《东北集刊》1941 年第 2 期，第 50 页。

关以求生路者，一年比一年增加”[①]。据陈翰笙对1927—1929年流亡东北的山东难民调查，该省沂州、济南、泰安三地移民占了移民总数的67.27%，约2/3强[②]。另据哈尔滨《晨报》特派通信员1928年调查：“难民中最多者，为山东沂水、黄县二地……据难民言，沂水县人民十分之七，逃荒在外。”[③]由此可见，位于淮河流域的山东省沂、费、曹、兖等州有相当的人口流动至东北。

河南省移民东北的人数位列山东与河北之后，这并非是因为河南省的灾荒要比山东、河北轻一些，陈翰笙认为：“山东难民到东北去的大多在那里有同乡亲友可以投靠”，而“河南人在东北的一向很少，所以河南难民要到东北去更非依仗有组织的移送不可”[④]。再加上路途遥远，川资不足，河南移民异常艰辛。1929—1930年，在河南赈灾会组织下，先后有3万余人[⑤]和10多万人[⑥]到达东北各省。这些河南移民主要以豫北交通便利的安阳、汤阴、巩县等地为多，来自淮河流域的豫东南区域的人数非常有限。东北移民中除来自华北各省外，淮河流域的皖北和苏北等地区也有一些人移民东北，如1931年8月29日的《申报》报道：“天津皖北涡阳难民三百三十余名，二十八（日）到津，请北宁路备送至关外垦荒。”[⑦]

淮河流域流民前往东北，其路径主要是依赖铁路交通。具体而言，鲁南、皖北和苏北移民主要是通过津浦铁路至天津，转北宁路而至东北；豫东南移民则分二途，一由陇海铁路至郑州转平汉铁路而再转北宁铁路，二由陇海铁路至徐州转津浦铁路至天津而再转北宁铁路。如1929年河南灾民先是由陇海中段、西段和平汉北段各站集中于郑州站，并经平汉路先抵丰台。由于平奉铁路在丰台站与平绥铁路及平汉铁路接轨，故灾民往往以丰台为中转站，在丰台作短暂停留之后，少部分灾民过天津，“改乘北宁路敞车出关赴奉”[⑧]，大部分灾民都是由丰台转北宁路直接出关，经打洮（打虎山至洮南）、洮昂（洮安至昂昂溪）两路，分散于东北各地。

淮河流域人口向区域外流动，除东北外，还有大量人口沿津浦铁路，转沪宁铁路到南方的上海、南京和苏州等地谋生。随着近代开埠，上海经济日

---

① 朱楔：《满洲移民的历史和现状》，《东方杂志》第25卷第12号，1928年6月25日，第10页。
② 陈翰笙：《难民的东北流亡》，上海书店出版社1990年影印版，第336页。
③ 朱楔：《满洲移民的历史和现状》，《东方杂志》第25卷第12号，1928年6月25日，第16页。
④ 陈翰笙：《难民的东北流亡》，上海书店出版社1990年影印版，第15页、第20页。
⑤ 《豫省移民东省成绩良好》，《大公报》1929年10月19日，第13张第4版。
⑥ 《十万豫民辽吉黑分别安插》，《大公报》1930年5月13日，第13张第3版。
⑦ 《国内要电三·皖北难民出关垦荒》，《申报》1931年8月29日，第3张第11版。
⑧ 《难民过津出关》，《大公报》1929年7月3日，第3张第9版。

渐繁荣，吸引了众多的远来谋生者。从清末起，苏北人即开始大量涌入上海，特别是灾荒和战争年代，如1931年苏北洪灾最为严重时，据估计当时约有78 045名难民逃往上海[①]。延续数十年的战乱和日军入侵也使大量苏北人避往上海，如1937年约有75 000名难民涌入上海，苏北人约占其中的三分之一，代表了最大的移民群体[②]。“至于安徽，尤其是淮北一带，由于淮河长期失修，经常闹水灾，距离旧上海亦不远，所以通过逃荒方式来上海的安徽人口亦复不少。”[③]

不仅是上海，苏南各地也是淮北流民做工或逃荒集中的区域。根据民国时期的调查，在南京的“江北、安徽等地外来工人约占全市工人总数的35%”[④]，典型的例子是1931年江淮大水灾后，从8月1日至9月11日的40天时间里，在南京聚集的4 500名流亡难民中，来自皖北凤阳、寿县、泗县、五河、灵璧的竟有4 161人，占同期来南京总人数的91.25%[⑤]。在苏州，“江北一带农村，每至荒年，淮北流民辄即扶老携幼，谋糊口于苏城，相沿成例。本年该处田稻亦有丰稔，而流氓之至苏者，仍复纷纷不绝。现虽由沿途各州县随时阻搁，不令南下。而或推小车，或泛扁舟，三五成群，分道而至者，固已实繁有徒矣”[⑥]。在镇江，“每年冬天总有大批由苏北和山东省来的穷人，前来寻求工作，但是到了春天，他们就回去耕作，这种人每年有四千至五千人”[⑦]。

豫东南地区民众外逃也多选择南京、上海等地。1928年11月，计有十余批河南难民逃至南京，除数批难民被“分往镇江等县逃难外，尚有难民千余人。由段某与社会处接洽，分别送往工务局作工，实行以工代赈……”[⑧] 至1929年1月中旬，“对于豫省来京灾民已陆续收至一千四五百名，先后在南关外、雨花台及城内城隍庙设立收容所三处。除年壮者送工务局，编作工程队，以工代赈外，所有老弱妇孺之给养，每日约需百余元……”[⑨] 1929年7月21

① *Shanghai Municipal Council*, Report for the Year 1931 and Budget for the Year 1932, Shanghai Municipal Council, 66.

② 参见［美］韩起澜：《上海苏北人》（Emily Honig. *Creating Chinese Ethnicity*：*Subei People in Shanghai*, 1850—1980）（邵建译），Yale University Press（中文本，未刊稿），1992。

③ 邹依仁：《旧上海人口变迁的研究》，上海人民出版社1980年版，第14页。

④ 李政：《南京市工人生活的一斑》，《南京社会特刊》（未署期号），1931年1月。

⑤ 《各地灾民来京》，《中央日报》1931年9月12日，第4张第2版。

⑥ 《流氓复至》，《申报》，光绪三年十一月初二日（1877年12月6日），第3页。

⑦ 章有义：《中国近代农业史资料》（第2辑），生活·读书·新知三联书店1957年版，第639页。

⑧ 《河南难民之惨状》，《申报》1928年11月23日，第1张第8版。

⑨ 《收容灾民近讯》，《申报》1929年1月14日，“首都市政周刊”。

日，“有河南男女难民共五百余名，皆扶老携幼，在小南门内乔家路一带就路旁歇宿”，后经查知，“此项难民系河南西华、扶沟两县之人民，因遭水旱灾荒，故结伴来此。其中西华籍者三百八十六人，由代表王镇林、凌文昌率领；扶沟县一百二十人，由代表朱永汉、侯敬熙率领。先从该省至汉口，小住七天，由该处公安局长给洋一百元，为购买粮食之用，另给洋八十元，购船票至南京小住五天，亦经该处公安局长给以洋一百元，即行抵沪”[①]。

淮河流域流出的人口中也有借道陇海、平汉、津浦等路辗转前往周边邻省以及北京、天津和西北边疆等地区的。例如，豫省难民多有经陇海铁路逃向陕西，或辗转平绥铁路、正太铁路至山西等地，1920 年旱灾时“从直隶、河南两省有饥民数千逃入山西，每日由各路来者，千百成群，彼等以为山西为丰饶之省，其实在直、豫伯仲之间”[②]。1934 年，“豫省灾民三百余人，前由石庄（指石家庄）沿正太路来并（州），公安局当将该灾团安置于新南门市场，严加防范，并接济小米四担，以资糊口”[③]。还有经平汉铁路逃至湖北的，据《大公报》报道：“汴附近各县灾民纷来，通衢行人索钱者猛增。车站难民更拥挤，十三日午后三时由郑来客车不能进站，仅至西闸口，宛属灾民纷过邓县赴襄樊就食。”[④] 另有豫省难民经平汉铁路到达北京和天津，如媒体报道，1932 年 10—11 月[⑤]，有豫省难民 3 000 余名，从北京乘北宁铁路逃到天津，而天津方面救济无方，力图遣返该批难民[⑥]。淮河流域各省区还有部分人口参与西北垦殖，他们所经路线多由平汉、津浦两路转平绥铁路，至山西、绥远、察哈尔和内蒙古等地垦荒，但在抗战前人数很少。

由前述可知，近代时期特别是在 20 世纪二三十年代，淮河流域的人口流动范围很广，这首先是铁路运输为其流动提供了可能。我们还应该注意到，在“闯关东”和向西北移民过程中，政府、公私救济团体提供了部分饮食方面的保障，而铁路当局则调整运营政策，这些都为流民向区域外流动提供了重要保障和现实可能。铁路当局为难民提供优惠、廉价的移民票，或称难民输送票及小工票等，甚至是免费的车票，目的均是出于国家政治、社会现实，以及社会民生的需要，即“铁路之移民减价，实为铁路对于国家之义务，其核收之票价，亦不能以生产费为标准也……总之，铁路制造移民减价票，不

---

① 《河南大批难民到沪》，《申报》1929 年 7 月 21 日，第 4 张第 16 版。
② 《山西灾区之报告》，《大公报》1920 年 9 月 20 日，第 2 张。
③ 《豫省难民离并返籍》，《益世报》（天津）1934 年 9 月 25 日，第 1 张。
④ 《豫省灾民纷纷到汴垣》，《大公报》1934 年 11 月 14 日，第 1 第 3 版。
⑤ 《豫省难民有出路》，《益世报》（天津）1932 年 11 月 23 日，第 2 张。
⑥ 《饥寒压迫三千豫省难民结队逃来》，《大公报》1932 年 11 月 22 日，第 2 张第 7 版。

能揆之一定法则，应因事制宜，不失为移民之目的可也”[①]。

1925 年，北洋政府交通部特订京奉和京绥两路移民特价票办法[②]。次年，津浦、京汉两路和上述两路联合发行赴东北、西北方向的移民减价联运票，其票价为：津浦铁路方面，由临城、滕县、兖州、泰安、济南、禹城、平原、连镇、泊头、沧州等站至奉天、营口者，每票价分别为 6.5 元、6.4 元、6.1 元、5.8 元、5.45 元、5.2 元、5.1 元、5 元、4.8 元、4.7 元和 4.5 元不等，在牛庄开河后凡上列各站至营口之票价每票减收 1 元，上述各站至天津的票价则分别为 2.5 元、2.4 元、2.1 元、1.8 元、1.45 元、1.2 元、1.1 元、1 元、0.8 元、0.7 元和 0.5 元不等；京汉铁路方面，由信阳、固城、郑州、新乡、彰德等站至丰台或广安门，每票价分别为 8 元、7 元、6 元、5 元及 4 元不等[③]。同年，交通部还颁布《垦民乘坐火车减收四成规则》，规定“凡各省区运送大宗垦民，人数满二十人以上，经行京奉、京绥、津浦、京汉四路，前赴关东、塞北者”，车票均减免四成；1926 年又颁布垦民家属（包括垦民的祖母、母亲、伯母、婶母、妻子、姐姐、妹妹、女儿、侄女）乘坐火车免费的办法[④]。

20 世纪 30 年代，上述各路移民减价票发售成为常态。1931 年，国民政府铁道部重新修订北宁、平绥、平汉及津浦 4 路联运移民减价票的办法，规定“津浦路以由临城、滕县、兖州、泰安、济南、禹城、平原、连镇、泊头、沧州等站往北宁路沈阳（原称奉天）、营口或平绥路张家口、丰镇、平地泉，绥远包头者为限；平汉路以由信阳、郾城、郑州、新乡、彰德、顺德、石家庄、保定、长辛店往平绥路张家口、丰镇、平地泉，绥远包头者为限”，发行移民减价票，票价与 1926 年北洋政府交通部颁布的相同，并规定“移民本身随带农具免收运费，但以四十公斤为限”，“孩童在十二岁以下者免收票价”[⑤]。

同年底，陇海铁路也申请发售移民联运减价票，即由商丘、开封、洛阳和陕州 4 站发售至郑州的车票票价分别为 1.4 元、0.5 元、0.85 元、1.85 元，均按原三等票价减收六成[⑥]。1937 年，陇海路局重新订立新的移民西北减价

① 李振声：《增加铁路营业进款方法之研究》，《铁路杂志》第 1 卷第 5 期，1935 年 10 月，第 86 页。

② 《京奉京绥发售移民减价票规则》，《西北月刊》第 23 号，1925 年 4 月 15 日，第 39—40 页。

③ 《京奉、津浦、京汉、京绥铁路发售移民联运减价票起讫地点票价》，《铁路协会会报》165 期，1926 年 6 月，第 6 页。

④ 伊克昭盟志编纂委员会：《伊克昭盟志》（第 1—2 册），现代出版社 1983 年版，第 375—376 页。

⑤ 《津浦、北宁、平汉、平绥铁路发售移民减价票规则》，《铁路月刊——津浦线》第 1 卷第 8 期，1931 年 5 月 31 日，“法制”，第 1—6 页。

⑥ 《陇海路发售移民减价票》，《南浔铁路月刊》第 9 卷第 10 期，1931 年 10 月，“铁道鳞爪”，第 7—8 页。

票，以陇海铁路东段铜山县、商丘县、开封、郑县、洛阳东站、会兴镇、陕县等 7 站为起运站，西安为终止站，移民获三项优待，“成人移民或家属按本路普通三等票价四成核收现款；已满十二岁至二十岁之移民或家属，按前项减价票目折半核收；移民之子女等年龄未满十二岁者一律免费”。移民所带行李或农具在 40 公斤以内均予以免费[①]。

在发行移民减价票之外，政府和铁路当局还制定多重优惠票价，尤以东北地方及路局为最，如 1928 年 2 月，奉天省政府颁布《奉天救济直鲁难民总事务所简章》，规定：“国有和省有铁路各局优待难民，直鲁难民经过京奉、四洮、洮昂、奉海各铁路，无论男女老少，一律发给免票。”[②] 据海关统计，20 世纪 20 年代至 30 年代初，由天津经铁路去东北的人数总计在 40 万以上。有专家认为，30 年代前，每年从冀鲁豫去东北的约有 40 万至 50 万人，最多的年份超过百万，其中循京汉、津浦、京奉等铁路前往的约占三分之一[③]。

在应对严重灾荒时，淮河流域各铁路也实施免费运输。如 1920 年华北 5 省大旱，北洋政府对铁路运输赈灾粮食减免运费、允许灾民免费乘坐火车，津浦、京绥、北宁、陇海等路每天都挤满了难民。1929 年，为输送河南灾民赴东北垦殖，国民政府“令行平汉、陇海、道清、北宁各铁路局，灾民到站，即予挂车免费起运，自河南一直到达黑龙江，数千里通行无阻”[④]。1935 年 7 月，黄河于山东决堤，鲁西南地区受灾严重，全省则有近 300 多万人成为灾民[⑤]。山东省政府主席韩复榘采用移民的办法，以济宁为中心，调拨津浦铁路大量机车免费运送灾民，且灾民列车由军人护送，优先开行，从而疏散了大批难民，有效减低了灾荒导致的人口死亡。

铁路尽管为淮河流域人口向外流动提供了一种可能，并提供一定的助力政策，但难民乘火车到达目的地的过程也并非一帆风顺，而是存在多种变数。各路局往往会因为无车可拨，而致难民滞留车站，无衣无粮无住宿，饥寒交迫可想而知。例如，1929 年河南灾民听说移民垦荒的消息后纷纷“鬻什物，卖釜甑”，扶老携幼，麇集各车站以待运送。然而，由于车皮所限，灾民痛哭失声，“栖泊道路间，无家可归”[⑥]。“聚集郑州者万余人之多，候车待运。该

---

① 《陇海路订定发售移民减价车票》，《交通月刊》第 1 卷第 1 期，1937 年 7 月 16 日，第 104 页。

② 王贵忠：《张学良与东北铁路建设：二十世纪初叶东北铁路建设实录》，香港同泽出版社 1996 年版，第 211 页。

③ 宓汝成：《帝国主义与中国铁路（1847—1949）》，经济管理出版社 2007 年版，第 473 页。

④ 《旅平河南贩灾会移送灾民事实报告（一）》，《大公报》1929 年 8 月 20 日，第 2 张第 7 版。

⑤ 朱其华：《中国农村经济的透视》，上海中国研究书店 1936 年版，第 48 页。

⑥ 《本埠新闻·河南省振务会之呼吁声》，《申报》1928 年 7 月 18 日，第 4 张第 14 版。

省赈务会已设数处招待，近闻该饥民等露宿郊外，炎日之下，因饥而病，臭气逼人，死亡颇多。”[①] 中途滞留也经常发生，1929 年 6 月 18 日，一批河南灾民“由平汉路开到石门市（今石家庄），灾民二千余人，因车辆过少，遂将灾民留石，老者幼者均在平汉车站西坐卧待车……又以留石门，无食物以充饥，索食求乞，难以启齿，造门告借，尤属困难，因而孩提呱呱呼饥，老者号泣腹饿，来往行人目不忍睹，耳不忍闻”[②]。

近代淮河流域的人口流动，更多的是在区域内部，包括省内或同属于淮河流域的各省之间，这种人口流向的动力源与向区域外流动是一样的，其核心就是谋生，寻一条活路。流民在省内或淮河流域内省际流动的目的地，主要是兴起的工商业城市。20 世纪二三十年代，淮河流域内主要的工商业城市有安徽的蚌埠、河南的郑州和开封、山东的枣庄和江苏的徐州等，它们都成为人口流动聚集的主要区域。

蚌埠原本只是凤阳县所辖的一个小镇，人口不过 4 000 人[③]。津浦铁路通车后，人口不断集聚，1935 年全埠人口 105 183 人，1937 年达 114 385 人[④]。

郑州在 19 世纪末城市人口不过 2 万[⑤]，1904 年达 2.1 万人，1928 年时增加至 8.1 万人，1936 年又增加至 332 168 人[⑥]。

开封在民国时期是河南省垣，人口向来众多。据《开封城市史》统计，开封人口在 1907 年即有 150 000 人，1910 年则增至 159 729 人[⑦]，远超过郑州。随着平汉、陇海两路的开通，郑州成为两路交汇处，而开封则偏于东隅，丧失了区位和交通优势，但人口增速并不慢，1925 年时为 226 758 人，1933 年为 252 945 人[⑧]，1935 年底增加至 303 341 人[⑨]，与当时的郑州人口数基本齐平。开封人口数量的增加，一方面是其工商业的吸引力所致；另一方面还是因为开封为省垣，拥有一定资源，特别是省府在此地设立救济灾民的粥厂，遂致大批灾民来此。1922 年，开封城内“难民在坑满坑，在谷满谷，目所见

---

① 《本埠新闻·豫省灾民集郑待车》，《申报》1929 年 7 月 10 日，第 4 张第 14 版。

② 《灾民待车惨不忍睹》，《益世报》（天津）1929 年 7 月 25 日，第 2 张。

③ 安徽省民政厅：《安徽全省第一次户籍调查报告书（1928 年）》，安庆三江印书馆 1929 年版。转引自蚌埠市地方志编纂委员会：《蚌埠市志》，方志出版社 1995 年版，第 98 页。

④ 蚌埠市政筹备处：《蚌埠市政筹备工作报告》，编者 1946 年印行，蚌埠档案馆存件。

⑤ 郑州市地方史志编纂委员会：《郑州市志》（第 3 分册），中州古籍出版社 1997 版，第 3 页。

⑥ 陈建棠：《郑县地方概况》，国民经济研究所：《河南省地方概况》，编者印行，年份不详，第 1 页；张玲：《铁路与郑州城市地理变迁（1904—1954）》，天津师范大学 2014 年硕士学位论文，第 38 页。

⑦ 程子良、李清银：《开封城市史》，社会科学文献出版社 1993 年版，第 212 页。

⑧ 开封市计划生育委员会：《开封市人口志》，中州古籍出版社 1991 年版，第 47 页。

⑨ 王知常：《开封省会未来人口之推测》，《河南统计月报》第 3 卷第 3 期，1937 年 3 月，第 160 页。

者，皆难民穷饿褴褛之形相，耳所闻者，皆难民乞丐讨饭之声音”①。1936 年春，河南“因去岁水灾过重，外县灾民值此青黄不接时期，难以维生，其逃来省垣，向省赈会要求加入粥厂就食者，不知凡几”②。结果该年开封人口陡增，据调查有 75 856 户 457 011 人③。其中人力车夫陡增，原因系“年来灾患频仍，农村破产，一般农民，感于谋生之不易，咸向都市寻觅出路”，“开封城市人口三十一余万，而人力车夫有一万二千余人，车辆一万零一百余辆，因一家中有父子，或兄弟，或叔侄同拉一车者，故其数较车辆数为多”，而车夫“生意最好时。一日可得五六角，……最坏时一日不得一文。整日楞腹，亦为人力车夫常有之事。以故每有机会辄争先恐后，贬价夺取，是种现象，盖有目共睹者也”④。

徐州自古以来为兵家必争之地，军事地位重要，经济也较为发达，但自近代水运衰落以后，市面不旺，1843 年城市人口约为 4.3 万人⑤。此后，随着津浦、陇海两路交汇于此，地位开始上升。如《申报》所载：“陇海铁路陇秦豫苏四省，为东南一大干线。现在已经完成之路，中间有要点二：一为郑州，与京汉路交错；一为徐州，与津浦路交错。而徐州于政治军事商业各方面，均超过郑州以上。因徐州旧为府治，领域广大。且津浦路沿线经过地方，如济南、蚌埠等处，皆为鲁皖省会，所以鲁南、皖北、豫东商贾，莫不以徐州为萃聚地。”⑥ 随着工商业发展，大量外来及周边人口骤集而来，徐州人口迅速增加，1919 年为 12.5 万人⑦，至抗日战争前夕已达 16 万人之多⑧。

淮河流域铁路沿线兴起的小城镇也成为人口流动的去向，人口数量增加显著。津浦铁路沿线的宿县、滁县，陇海铁路沿线的牛山镇、运河镇、老窑，平汉铁路沿线的信阳等，均呈现人口的集聚效应，主要原因都是铁路通车后，沿线各地货物转运至此，而致商人、转运业者、服务业者及搬运业者云集。例如，在宿县，津浦铁路通车后，宿州车站的货运量大增，1931—1933 年，农产品运量分别为 23 413 881 公斤、30 051 912 公斤和 15 504 474 公斤⑨，由此形成“转运业者之数顿增”的状况。当时的粮行、粮栈、山杂皮油行多至

---

① 《开封难民充斥之现象》，《大公报》1922 年 12 月 31 日，第 2 张。

② 《本省民政要闻》，《河南民政月刊》第 2 卷第 4—5 期合刊，1932 年 5 月。

③ 陈建棠：《开封县地方概况》，国民经济研究所：《河南省地方概况》，编者印行，年份不详，第 1 页。

④ 《开封人力车夫概况》，《河南统计月报》第 2 卷第 7 期，1936 年 7 月，第 177 页。

⑤ 顾朝林：《中国城镇体系——历史现状展》，商务印书馆 1996 年版，第 154 页。

⑥ 《陇海铁路东段完成后之徐州》，《申报》1925 年 10 月 10 日，第 3 张第 11 版。

⑦ 何一民：《中国城市史纲》，四川大学出版社 1994 年版，第 324 页。

⑧ 曹洪涛、刘金声：《中国近现代城市的发展》，中国城市出版社 1998 年版，第 36 页。

⑨ 《津浦铁路货运统计说明附表》，档案号 28－13 807，中国第二历史档案馆藏。

100余家，同时石油、烟草、纱布、食糖、海味等商业也发展起来。20世纪20年代以后，宿州有大小商号300余家，其中较大的有双合城、范裕和、岐丰、义记、泰纶、长兴泰、大盛、泰昌、豫泰生等①。至1928年，宿县计有152 179户、766 192人；1933年全国实行保甲制度时，宿县登记户数196 929户，人口数为966 740人，较1928年人口增加26%强②。滁县在津浦铁路未通之前，交通闭塞，地广人稀，集镇不大，19世纪末人口统计约在7万余人，津浦铁路通过该地后，初始因“近宁沪各大商埠，大宗交易，均为所夺，商业日见衰败”③。20世纪20年代以后，在沿线工商业的带动下，人口也开始呈现快速增长趋势，1919年为115 398人，1928年为143 509人，1934年时已增长至157 411人④。

运河镇、新安镇、牛山镇和连云港在陇海铁路敷设之前人烟稀少。运河镇，在铁路未通之前只是一个小村落，居住着数十户人家。新安镇，在铁路未通之前还称不上是中心城镇，人口也不是很多。牛山镇，本名茅墩，在铁路未修之前只住有数十户人家。连云港口所在地老窑，是一个海上孤岛，古时犯人常流放此地，因犯人在此烧窑，故名“老窑”；老窑长期无人关注，民国建立后，其也不过是一个有几十户渔民的小渔村⑤。陇海铁路开通后，上述区域均吸引大量人口前往谋生，运河镇、牛山镇和新安镇遂成为邳县、东海县和新沂县的县城。

平汉铁路沿线的信阳、驻马店、漯河和许昌等也出现人口快速增长的情形。信阳物产丰富，属豫南富饶之地，但苦于交通不便，商业一直不发达；铁路开通后，市面始渐趋繁荣，居民日众，特别是20世纪30年代信阳成为灾民流动的目的地之一，据《重修信阳县志》记载：“信阳向属富庶之区，谋生较易，街头巷尾，乞丐虽多，大都来自北方，询其籍贯，本地人百不获一。田家收获平稳之年居多，荒欠较少，是以各县灾民，恒到此地就食。……民国十年（1921）秋阴雨成灾，北来难民满道。旅长冯玉祥演电影戏募振捐，商会、红十字会并分途劝募振济之，信义中学柏校长出美国捐寄之款办工振成西关外为马路。民国十七年（1928），本省灾情奇重，十（月）冬间灾民乘车北来者，日千数百计，啼饥号寒，旦夕待毙。……至于灾民，以豫东人为

---

① 宿州市地方志编纂委员会：《宿州市志·商业》，上海古籍出版社1991年版，第167页。

② 安徽省宿县地方志编纂委员会：《宿县县志》，黄山书社1988年版，第43页。

③ 《地方新闻·滁县实业之新希望》，《民国日报》1919年11月2日，第2张第7版。

④ 滁州市（县级）地方志编纂委员会：《滁州市志》，方志出版社1998年版，第158页。

⑤ 张忠广：《陇海铁路中东段的修建和沿线地区社会经济的变迁（1909—1949）》，安徽大学2012年硕士学位论文，第77页。

最多，南阳人次之，豫西、豫北亦有之。民国二十一年（1932）春，商城县……潢、光、固、罗各县……难民逃来信阳者络绎不绝，城关车站几有人满之患，其颠连困苦情形，不堪言状。”①

据1934年行政院农村复兴委员会调查，信阳南五县（光山、罗山、固始、潢川和商城）因为“乱”，“中等以上的人家都搬到信阳，所以信阳的人口突然增加，房租也特别贵。现在刘镇华的军队调到这里，他自己驻在潢川，逃亡出去的人家，因此逐渐有些回去的”②。据1933—1936年调查，信阳有64 882户、374 931人③；驻马店1936年时城内居民约在3万以上④；漯河到1933年，包括漯河镇在内的郾城县常住人口多达41.7万人⑤；许昌1935年人口数达454 895人⑥。

与蚌埠、郑州、徐州、信阳、漯河等城市人口迅速增加形成鲜明对比的，是一部分原本人口稠密的商业大镇出现了人口缓慢增长，甚至是负增长的情形，比较典型的是河南朱仙镇和周家口、安徽正阳关和临淮关、江苏的板浦镇和清江浦，以及山东的济宁等地。

铁路运输直接推动了近代淮河流域内人口流动频率的急剧增加，形成了人口在区域内外空间地理上的沿铁路线的有限扩散。人口流动的加速，打破了传统社会人口要素的稳定性，促进了不同区域间经济、文化的交流与融合，推动了区域城镇化的发展。当然，近代淮河流域人口流动最主要的动因是逃荒，在没有技能和就业机会的困境下，诸多离乡之人沦为流民，也引发了流民危局。

第二节　文教卫生传播

铁路是社会系统的子系统，子系统的运转和构建必然会对社会系统产生影响。铁路部门因铁路兴筑与运营需要大量的铁路工人和员司，而工人和员司又有文化教育和医疗卫生的“刚需”，因此铁路自身文教卫生事业的发展，

---

① 河南省信阳县志总编辑室：《重修信阳县志》，编者1985年印行，第187页。

② 行政院农村复兴委员会：《河南省农村调查》，商务印书馆1934年版，第107页。

③ 《河南信阳县社会调查》，《政训月报》第18期，1936年3月，“调查”，第14页；《河南各县社会调查》，《河南统计月报》第1卷第8期，1935年8月，第73页。

④ 草盦：《驻马店见闻录》，《朝气》第7号，1936年2月，第8页。

⑤ 崔宗埙：《河南省经济调查报告》，财政部直接税署研究室1946年印行，第5页。

⑥ 内务部统计科：《内务统计第七编·河南人口之部》，《河南统计月报·河南人口统计专号》第2卷第7期，1936年7月，“人口统计”，第1页。

也为区域内社会文化和卫生事业的进步做出了贡献。

一、铁路教育的举办

近代以来铁路系统的文化教育，可分为高等教育、职工子弟教育及职工教育三种。铁路的高等教育即为交通部、铁道部主办的交通大学，淮河流域内并无，职工教育和职工子弟教育成为该区域铁路文化教育的主要形式。

职工教育的开展主要是基于铁路事业发展的需要。1922 年，交通部长叶恭绰在《铁路职工教育旬刊》的发刊词中指出："吾国路工，未受教育，故工作效率很低而损失亦大。此就国家生产力计，职工教育，实不容缓。"① 也就是说，铁路职工文化素质的低下阻碍了国家铁路事业的发展，因此铁路职工教育亟待进行。1924 年 11 月，叶恭绰又重新强调职工教育的重要性："有健全之国民，乃有健全之事业，即以铁路而论，望其业务增进，亦在于有健全之职工。吾国工人，大率未受教育，其知识能力，殊不足称其职务。故今汲汲欲恢复职工教育者，一方面为启发职工之智能，另一方面为增进劳动之效率。"②

南京国民政府成立之后，大力发展铁路交通事业成为国家建设的重要内容。铁道部长孙科上任伊始，就提出 6 年修筑近万公里的宏大筑路计划。因此，无论是新修铁路，还是整理因战争破坏的各路，都需要有具备一定文化水平的铁路员工。然而，当时铁路员工大部分来自下层社会，文化水平很低。据 1932 年铁道部劳工课的调查，在 13 个路局中，除胶济与广韶两路的职工不识字与略识字率低于 60%外，其余 11 个路局均超过 60%，其中津浦和陇海两路最高，达 84.21%和 80.87%③。铁路是"国营重要事业"，而"全国职工人数十余万中，不识字者占大多数"，所以"能率低劣，影响生产，知识浅薄"，致使"影响路政，百弊丛生，因果相乘，公私俱病"，因而推行职工教育是"当前要政"，其中识字教育则是实施职工教育的首要任务④。

鉴于职工文化水平的低下，从叶恭绰时期的北洋政府交通部至国民政府铁道部，铁路当局一直在断断续续地推行职工教育。例如，北洋政府交通部先后设立职工教育筹备处和职工教育委员会作为主管机关，以举办职工学校、职工讲演所和出版职工刊物为主要教育形式。但因政局动荡而未能大规模展

---

① 《总长叶恭绰发刊词》，《铁路职工教育旬刊》第 1 卷第 1 期，1922 年 3 月 5 日，第 5 页。

② 《叶总长恭绰训词》，《铁路职工教育旬刊》第 1 卷第 7 期，1925 年，第 2 页。

③ 赵启凤：《最近设施的我国铁路职工教育》，《教育与民众》第 5 卷第 3—4 期合刊，1933 年 12 月 28 日，第 573 页。

④ 《铁道部职工教育委员会二十一年工作总报告》，出版者及年份不详，"引言"，第 1 页。

开，只在部分路局有所成效。京汉、陇海和津浦等路淮河流域境内有少量的职工学校和职工讲演团。京汉铁路设有郑州和信阳两所职工学校，郑州学校于 1921 年 3 月 15 日开学，有专任教员 4 人、义务教员 12 人，开设普通班 2 个、补习班 1 个，共有 230 多名职工入学；信阳学校于同年 3 月 14 日开学，有专任教员 4 人、义务教员 9 人，开设普通班 2 个、补习班 1 个，接受教育职工 180 多名[①]。1925 年，京汉铁路两校办学规模均有所扩大，郑州学校开班 10 个，入学职工 445 名，每年经费 7 208 美元；信阳学校开班 5 个，入学职工 227 人，每年办学经费 6 189 美元[②]。另外，当时职工讲演团经常性的讲演地点，包括津浦铁路的蚌埠、兖州、徐州和泰安 4 站，京汉铁路的信阳州、驻马店和郑州 3 站[③]。讲演团所到之处颇受欢迎，京汉铁路职工讲演团 1921 年 3 月在郑州车站讲演时，听讲者达1 000余人；4 月在信阳和驻马店两站讲演时，听讲者约一两百名[④]。

国民政府铁道部建立之后随着政局的稳定，铁路职工教育有了较之前明显的发展。1931 年 10 月，铁道部颁布《铁道部实施铁路职工教育计划纲要》，对铁路职工教育的办学体系、学制课程、教学对象及办学经费等进行规定。1932 年 5 月，铁道部设立职工教育委员会，专门负责各铁路局职工教育事宜。

铁道部将铁路职工教育分为职工“补助教育”和学校教育两大部分。由于铁路职工受教育程度普遍较低，铁道部拟定先只设立职工识字学校、职工公民学校以进行各类“补助教育”，待实施初步教育后再推行职工技术教育与职工高等教育。在学制与课程方面，规定职工识字学校为半年、职工公民学校为一年，识字学校开设识字、写字和注音符号课程，职工公民学校则开设三民主义、国语、算术、社会、公民、绘图和职工常识等课程。学习时间上则规定职工在业余时间参加。为保障职工教育的顺利开展，铁道部核准各路按月拨发各类职工教育机构经费，包括开办经费、每月公费、受雇人员薪资以及购用临时物品费用等，如职工识字学校开办经费为 6 500 元，职工识字班为 60 元，职工识字处为 20 元，职工公民学校和教育馆为 12 000 元，职工教育分馆为 6 500 元，职工游息所为 1 500 元，并分别给予 5～100 元不等的公费[⑤]。

为推行识字教育，铁道部还出台《铁路职工识字教育强迫实施办法》，规

① 交通部、铁道部交通史编纂委员会：《交通史总务编》，编者 1936 年印行，第 423—424 页。
② 《交通部铁路职工学校一览表》，《铁路职工教育旬刊》第 1 卷第 8 期，1925 年，第 21 页。
③ 《铁路职工讲演团暂行简章》，《铁路协会会报》第 106 期，1921 年 7 月 25 日，第 65—66 页。
④ 交通部、铁道部交通史编纂委员会：《交通史总务编》，编者 1936 年印行，第 426—427 页。
⑤ 《铁道部实施铁路职工教育计划纲要》，《铁道公报》第 215 期，1931 年 10 月 21 日，第 3—7 页。

定“凡设有职工识字学校、职工识字班或处的地段，凡不满40岁不识字的职工，应于学校或班、处开学时一律强迫入学，凡40岁以下者在规定期限2年内不毕业者，教育机关得呈请路局主管机关开除其职务”，并规定了学生考勤和奖惩方法[①]。这一系列的措施推动了铁路职工教育的稳步发展。1930年，全国各路参加第一期职工识字的职工人数达55 419人，开办班级381个，实施教育人员有238人[②]。此后，职工学校的规模渐有扩大，各国有铁路在职工人数较多的地段，大多设有职工学校。职工学校所开设的班级种类多样，有电报班、车务班、识字班、公民班、艺员养成所、学徒补习班、司机班、车务见习所、客车招待生训练所、养路职工训练所，以及各路党部所创办的职工临时夜校等。

淮河流域境内，平汉铁路除原有郑州和信阳两所职工学校外，30年代还增设许昌、郾城两所职工学校。1935年6月，郑州职工学校有学员301人，教员6人，共有班数10个，其中识字班7个（识字第四班至第十班）、公民班3个（公民第一班至第三班），每月经费184元；许昌职工学校有学员63人，教员2人，识字第一班，每月经费73元；郾城职工学校有学员84人，教员3人，识字第一班，每月经费108元；信阳职工学校有学员55人，教员2人，识字第一班[③]。1937年，郑州职工学校有学员138人，教员4人；许昌职工学校有学员42人，教员2人；信阳职工学校有学员43人，教员2人[④]。职工学校主要开设识字和公民两班，以识字班为最多，内容也最为浅显，公民班则教授略深的课程。

津浦铁路在淮河流域内，至1937年时共设立铁路职工学校4所，分别在蚌埠、徐州、临城和兖州。据《铁道年鉴》统计，1935年6月，蚌埠职工学校有识字班4个，教员8人，学员180人，每月经费418元；徐州职工学校有识字班3个，教员5人，学员125人，每月经费308元；临城职工学校有识字班3个，教员5人，学员119人，每月经费308元；兖州职工学校有识字班5个，教员8人，学员147人，每月经费478元[⑤]。1937年初，蚌埠职工学校有教员7人，学员203人；徐州职工学校有教员5人，学员180人；临城职工学校有教员5人，学员119人；兖州职工学校有教员6人，学员184人[⑥]。

---

① 《铁路职工识字教育强迫实施办法》，《铁道公报》第380期，1932年10月19日，第1—2页。
② 铁道部铁道年鉴编纂委员会：《铁道年鉴》（第1卷），编者1933年印行，第564页。
③ 铁道部秘书厅：《铁道年鉴》（第3卷），商务印书馆1936年版，第1 010—1 011页。
④ 谢奋程：《一年来之铁路职工教育》第2卷第1期，1937年1月1日，第72—73页。
⑤ 铁道部秘书厅：《铁道年鉴》（第3卷），商务印书馆1936年版，第1 016页。
⑥ 谢奋程：《一年来之铁路职工教育》第2卷第1期，1937年1月1日，第73页。

陇海铁路职工学校举办较迟，1934 年 5 月才在郑州筹办职工补习学校。1935—1936 年，职工学校得到重视，发展迅速，至 1936 年 6 月，全路共成立 10 所职工学校，其中位于淮河流域境内的有 6 所，分别在连云[①]、运河、铜山、商丘、开封和郑州[②]。1937 年，郑州职工学校有教员 6 人，学员 185 人；开封职工学校有教员 6 人，学员 179 人；商丘职工学校有教员 4 人，学员 88 人；运河职工学校有教员 2 人，学员 50 人；徐州和连云两职工学校的教员分别为 8 人和 4 人，学员人数不详。1933 年 5 月，该路党部设立民众临时夜校，共计 9 处，其中位于淮河流域内的有郑州、开封、商丘、徐州、新浦和海州 6 处，民众夜校经费每班每期 15 元。郑州民众临时夜校办班 1 个，学生 55 人，教员 6 人；开封民众临时夜校办班 1 个，学生 64 人，教员 3 人；商丘民众临时夜校办班 1 个，学生 56 人，教员 3 人；徐州民众临时夜校办班 2 个，教员 6 人；新浦民众临时夜校办班 1 个，学生 42 人，教员 2 人；海州民众临时夜校办班 2 个，学生 92 人，教员 3 人[③]。

职工子弟教育在形式上分为两种，一是扶轮中小学，一是职工子弟补习学校，前者为主要形式，后者则是在 20 世纪 30 年代由国民党铁路特别党部创办的，以补扶轮中小学教育之不足。铁路当局之所以要创办职工子弟教育，目的在于"一为铁路员工子弟谋求学之便利，藉以普及教育；一为开通民智，以利铁路交通之推进"，可"免除员工内顾之忧，补助地方教育之不逮，而开通风气，发扬民智，又大可为交通推进之一助也"[④]。在此动因的促使下，北洋政府时期即有京汉、津浦、北宁和京绥 4 路共同组成铁路同人教育会，筹措经费，在铁路沿线员工子弟比较集中之地创办扶轮中小学。铁道部成立后，在部内成立教育整理委员会，对扶轮教育进行整理：1931 年，颁布扶轮学校章程；1932 年 1 月，修正公布扶轮学校 10 多个规章，对扶轮学校各类事项进行统一规定；1933 年，又颁布学校管理和视察制度，以及教职员的任免、待遇、奖惩、抚恤等规章，使扶轮学校的管理进一步完善；1935—1936 年，又相继颁布扶轮学校管理规则，统一部立扶轮中、小学管理办法。以上铁道部所颁的各种规章和管理办法，为扶轮教育的发展提供了制度保障[⑤]。

扶轮中学全路共有 2 所，其中淮河流域境内有 1 所，即郑州扶轮中学。郑州扶轮中学创立于 1928 年，1929 年 2 月建成，先设各地补习班，9 月正式

---

① 谢奋程：《一年来之铁路职工教育》第 2 卷第 1 期，1937 年 1 月 1 日，第 72—73 页。
② 《铁道部施政成绩》，《铁路杂志》第 2 卷第 1 期，1936 年 6 月，第 87 页。
③ 铁道部秘书厅：《铁道年鉴》（第 3 卷），商务印书馆 1936 年版，第 1 023—1 024 页。
④ 江楫：《扶轮教育史略》，《铁路协会月刊》第 5 卷第 6 期，1933 年 6 月，"研究资料"，第 17 页。
⑤ 黄华平：《国民政府铁道部研究》，合肥工业大学出版社 2011 年版，第 130—131 页。

招生入学，首届初小 4 个班有 125 名学生，1931 年增设高中普通科，到 1932 年底共有初中 6 班、高中 2 班，学生 314 人，教职员 33 名。1933 年度在校学生 447 名，1934 年度在校学生 437 名；毕业生中，初中 160 名、高中 45 名，教职员发展到 44 名；1933 年度经费 75 000 元，由平汉、陇海两路摊解。1934 年后，此项经费预算没有再增减①。

扶轮小学数量众多，在国民政府铁道部成立之前约有 50 所（不计东北地方），学生约 7 000 余名。铁道部成立后对扶轮小学加强管理，根据需要增减数量，至 1932 年时全路共有小学 47 所，在校学生数增加至 12 800 人，教职员工 531 人，教育经费约为 460 956 元，毕业生中，高级小学 937 人、初级小学 1 471 人②。1933 年，部立扶轮小学达 59 所，在校学生 17 624 人，1934 年学生增加到 21 436 人，两年共毕业高小学生 3 680 人，初小学生 9 360 人；1933 年与 1934 年，在职教员分别为 792 人和 894 人，教育经费也有大幅度提高，1934 年时为 983 506 元③。

在淮河流域，1931 年底，平汉铁路有郑州扶轮第一小学校 1 所，有教学班 12 个，教职员工 20 名，学生数达 572 人。

津浦铁路有扶轮小学 2 所，分别为蚌埠和徐州第一扶轮小学校。蚌埠小学校有教学班 6 个，教职员工 11 人，学生数 224 人；徐州小学校有教学班 6 个，教职员工 12 人，学生数 252 人。

陇海铁路计有徐州第二扶轮小学校、商丘扶轮小学校、开封扶轮小学校和郑州第二扶轮小学校共 4 所。徐州第二扶轮小学校有 2 个教学班，教职员工 3 人，学生数 67 人；商丘小学校有教学班 2 个，教职员工 3 人，学生数 71 人；开封学校有教学班 4 个，教职员工 6 人，学生数为 127 人；郑州第二扶轮小学校则有教学班 5 个，教职员工 8 人，学生数达 180 人。

合计这一时期淮河流域内各铁路共有扶轮小学校 7 所，教职员工共 63 人，教学班级 37 个，学生数约为 1 493 人④。至 1934 年度下学期，平汉路郑州第一扶轮小学校，学生数增加至 647 人，教员达 26 人；陇海路徐州第二扶轮小学校的学生数和教职员工数增至 444 人和 19 人，商丘、开封和郑州第二扶轮小学校的学生数分别为 136 人、199 人和 413 人，教职员工数分别为 7 人、11 人和 19 人；津浦路蚌埠和徐州两校学生数分别增加至 447 人和 627

---

① 铁道部秘书厅：《铁道年鉴》（第 3 卷），商务印书馆 1936 年版，第 1 001 页。

② 铁道部铁道年鉴编纂委员会：《铁道年鉴》（第 1 卷），编者 1933 年印行，第 551 页。

③ 铁道部秘书厅：《铁道年鉴》（第 3 卷），商务印书馆 1936 年版，第 1 001—1 002 页。

④ 《铁道部部立扶轮中小学校二十年度十一月份概况表》，《铁道公报》第 246 期，1932 年 2 月 9 日，“统计”。

人，教职员工则分别为 20 人和 19 人；合计该年度区域内学生数共计为 2 913 人，教职员工数为 121 人，分别较之前增加近 95％和 92％①。

1934 年度，津浦铁路的蚌埠和徐州扶轮小学校分别毕业学生 225 人和 210 人，平汉铁路的郑州扶轮第一小学校毕业学生 260 人，陇海路徐州第二扶轮小学校毕业学生 206 人，商丘、开封和郑州第二扶轮小学校分别毕业学生 59 人、119 人和 200 人，合计上述小学校共毕业学生 1 279 人②。

扶轮中小学乃专为铁路员工子弟所设，非员工子弟，除非有余额，不能收受。但在实际中，无论是扶轮中学，还是各路之扶轮小学校均招收非员工子弟上学。

1933 年，铁道部所设的扶轮学校共有小学 47 所，学生 14 012 名，其中铁路工人子弟占 57.9％，员司子弟占 32.4％，路外人员占 9.7％；扶轮中学有学生 799 名，其中铁路工人子弟占 11.3％，员司子弟占 55.3％，路外人员占 33.4％③。具体到淮河流域各扶轮学校也是如此，1933 年度下学期，蚌埠扶轮小学校非路员工子弟有 19 人，徐州扶轮小学非铁路员工子弟有 12 人，分别占所有学生数的 2.85％和 2.36％；平汉路的郑州扶轮第一小学校有非铁路员工子弟 28 人，占总学生数的 4％；陇海路的徐州扶轮第二小学校非铁路员工子弟数最多，达 30 人，占比为 24.2％④。

平汉、陇海和津浦等路，还有国民党特别党部和工会举办的员工子弟补习学校，至 1935 年，平汉路有 10 所，津浦路有 11 所，陇海路有 9 所。具体到淮河流域内，平汉路有郑州、许州、郾城和驻马店 4 所，在校学生数分别为 252 人、94 人、332 人和 142 人；津浦路有临城、兖州和泰安 3 所职工补习学校，学生数分别为 330 人、280 人和 280 人；陇海路员工子弟学校由该路工会举办，有新浦、徐州、民权和开封 4 所，在校学生数分别为 39 人、138 人、23 人和 81 人⑤。

铁路当局推行职工教育和职工子弟教育是出于铁路事业发展的初衷，许多铁路职工通过识字班学习，文化水平得到提升，而铁路职工子弟通过扶轮中小学的学习和职工补习学校教育，获得基本知识，甚至掌握了一定技能。特别是扶轮中小学不仅招收铁路员工子弟，也为非铁路员工子弟提供学习机会，其自身逐渐成为一支重要的社会办学力量。

---

① 铁道部秘书厅：《铁道年鉴》（第 3 卷），商务印书馆 1936 年版，第 1 005—1 009 页。
② 铁道部秘书厅：《铁道年鉴》（第 3 卷），商务印书馆 1936 年版，第 1 008—1 009 页。
③ 江楫：《扶轮教育史略》，《铁路协会月刊》第 5 卷第 6 期，1933 年 6 月，“研究资料”，第 23 页。
④ 铁道部秘书厅：《铁道年鉴》（第 3 卷），商务印书馆 1936 年版，第 1 002—1 004 页。
⑤ 铁道部秘书厅：《铁道年鉴》（第 3 卷），商务印书馆 1936 年版，第 1 012—1 024 页。

二、铁路卫生的建立

铁路医疗卫生是指铁路当局开展的医疗服务和卫生防疫，其目的既是为促进铁路员工的身心健康、铁路运输的正常运转，更是推动铁路事业的向前发展。为此，自铁路初创以来，铁路医疗卫生作为铁路事业的一部分也被引入中国。民国时期，铁路医疗卫生事业发展迅速，铁路沿线各主要车站都设有铁路医院，部分沿线人员较为集中的小站则设有诊疗所。至1936年底，铁路系统共有各类医疗机构111家，其中路局自办铁路医院46所，自办诊疗所38处，特约医院27所。路局自办医疗机构合计占总数的75.7%，且以铁路医院居多，构成20世纪30年代国有铁路医疗服务机构的中坚[①]。而淮河流域境内平汉、津浦和陇海等路的铁路医院和诊疗所也为数不少。

津浦铁路初建时，因南段员工众多，且工地时有传染病发生，造成部分筑路人员死亡，于是工程局聘请徐步瀛、赵新畲和吴遵瀚3名医生，分驻下关、滁州和蚌埠3地，每名医生还配备药剂师1人作为助手。此后，南段工程局又先后聘请金陵医院西医金士礼为总局医生，兼诊浦口至滁州路段员司工役；西医夏珍臣为驻南宿州医生；赵新畲为驻蚌埠医生；江苏省教会西医魏德谟、黄肇歧和镇江医院西医欧伯等为各段员役看病。另聘刘国华为南段总局医官，负责医疗卫生事务[②]。民元之后，随着铁路运营，铁路医疗机构逐渐增多。1915年，南宿州医院成立；1917年，路局将南宿州医院改设徐州，是为津浦铁路徐州医院。1916年，路局设立蚌埠药房；1921年，蚌埠药房升格为医院；1928年，路局又增设兖州医院[③]。至1936年底，津浦铁路全线共有6所医院和9处诊疗所，其中位于淮河流域的有徐州、蚌埠、兖州3所医院，以及临城、乌衣警察教练所和泰安3处诊疗所[④]。

民元前陇海铁路建有开封铁路医院和洛阳、郑州2处诊疗所[⑤]。陇海铁路向东筑路过程中，陇海铁路工程局又先后建立铜山医院、新浦医院和墟沟诊疗所。1934年11月，连云港码头工程部分完工，路局将墟沟诊所移至连云，改为连云医院。台赵支线开工后，路局将新浦医院移往运河，改称运河医院。

---

① 铁道部秘书厅：《铁道年鉴》（第3卷），商务印书馆1936年版，第1 099—1 120页。

② 《津浦铁路沿革纪实》，《津浦铁路月刊》第4卷第2期，1934年2月28日，第2页。

③ 陈琰英：《津浦铁路医院成立经过情形暨将来整饬之计划》，《津浦铁路公报》第13期，1928年12月20日，"研究"，第1—2页；山东省卫生史志编纂委员会：《山东省·卫生志》，山东人民出版社1992年版，第598页。

④ 铁道部秘书厅：《铁道年鉴》（第3卷），商务印书馆1936年版，第1 108—1 109页。

⑤ 根据《铁道卫生季刊》记述，洛阳和郑州两诊疗所又称为汴洛医院和郑州医院。参见《全国铁路医务沿革史》，《铁道卫生季刊》第1卷第1期，1931年8月，第53页。

至 1935 年 6 月，陇海铁路共有 9 所医院，其中淮河流域境内有连云、运河、铜山、商丘、开封和郑州 6 所[①]。

平汉铁路虽建立的铁路医院和诊疗所众多，但位于淮河流域的仅有郑州、信阳 2 所医院，以及郾城诊疗所。

淮河流域各铁路医院和诊疗所，除平汉和陇海两路各自的郑州医院规模略具外，其余均不甚完备，只有基本的医疗设施和医护人员。

20 世纪 30 年代，津浦铁路沿线各医院均配有办公室、诊病室、割症室、配药室、洗伤室、养病室、浴室、厨房、厕所、太平间和药料储藏室，简要的外科器械如显微镜、血压表、消毒器、担架床也已配置[②]。1933 年，蚌埠医院有病床 12 张，兖州医院有病床 8 张，徐州医院因系租用庙宇且地处山上，故仅有医院之名，而少病床之设备；蚌埠医院设主任医师 1 人、医师 1 人、司药及帮司药各 1 人、护士暨司事 1 人，共 5 人，徐州医院有 4 人，比蚌埠医院少 1 名司药[③]。1933 年 7 月—1935 年 6 月，蚌埠医院有医师 3 人，职员工役共 11 人，三等病床 8 张，接诊 29 829 人次；徐州医院有医师 2 人，职员工役 13 人，二等病床 4 张，三等 6 张，接诊 27 813 人次；兖州医院有医师 2 人，职员工役 11 人，二等病床 2 张，三等病床 4 张，接诊人数 35 155 人次；乌衣警察教练所诊疗所有医护人员 4 人，接诊人数 16 556 人次；临城诊疗所有医护人员 8 人，接诊 9 080 人次；泰安诊疗所有医师 8 人，接诊 10 135 人次[④]。

陇海铁路方面，郑州医院初建时有员工 6 人，房屋 10 间[⑤]，经 1932 年、1933 年的两次扩充，房舍达 33 间，病床达 20 张，员工增至 16 人[⑥]。1933—1935 年，陇海路的连云医院有医护人员 8 人，三等病床 2 张，受诊人数 16 988人次；运河医院有医护人员 5 人，三等病床 4 张，受诊人数 13 134 人次；铜山医院有医护人员 10 人，三等病床 8 张，受诊人数 56 547 人次；商丘医院有医护人员 6 人，二等和三等病床各 2 张，受诊人数 15 047 人次；开封医院有医护人员 7 人，三等病床 4 张，受诊人数 31 261 人次；郑州医院有医

① 铁道部秘书厅：《铁道年鉴》（第 3 卷），商务印书馆 1936 年版，第 1 121—1 122 页。

② 铁道部参事厅第四组：《铁道年鉴》（第 2 卷），汉文正楷印书局 1935 年版，第 1 100 页；铁道部秘书厅：《铁道年鉴》（第 3 卷），商务印书馆 1936 年版，第 1 109 页。

③ 郭培青：《铁路医务的前瞻后顾》（再续），《交通杂志》第 1 卷第 9 期，1933 年 7 月，第 109 页。

④ 铁道部秘书厅：《铁道年鉴》（第 3 卷），商务印书馆 1936 年版，第 1 108—1 109 页。

⑤ 郑州市地方史志办公室：《郑州大辞典》，中州古籍出版社 2002 年版，第 567 页。

⑥ 参见《筹画设计建筑郑州医院新屋》，《铁路杂志》第 1 卷第 1 期，1936 年 1 月，第 153 页；《建筑郑县医院新屋》，《铁路杂志》第 2 卷第 12 期，1937 年 5 月，第 123 页。

护人员 17 人，头等病床 4 张，三等病床 10 张，受诊人数 63 373 人次[①]。

平汉铁路方面，1935 年底，信阳医院有医护工役 8 人，病床 20 张；郑州医院有医护工役 16 人，病床 26 张；郾城诊疗所有医护工役 6 人。从 1933 年 7 月—1935 年 6 月的两年内，三家诊疗机构的年均接诊人数为 9 663 人次、33 937人次和 8 364 人次[②]。

淮河流域境内铁路医疗机构的建立与发展，有三个积极作用：首先，它为铁路员工的身心健康提供了一定的保障，为区域内铁路的正常运营提供了支持。其次，它也为非铁路的社会人员提供医疗服务。尽管近代国有铁路开设医疗机构的初衷和目的是解决铁路员工的医疗需求，属于企业办医疗性质，因此它的服务对象是特定的，即主要为铁路员工和其直系亲属，但同时 20 世纪 30 年代中期，各路局均制定有路外人员的诊疗规则，“这表明，近代中国铁路医疗机构不仅仅只是把医疗服务提供给本路员工，还把这项服务看作是一项社会责任，给路外人士提供了一定的医疗资源。当然，这种医疗资源是非常有限的，其能接纳的路外人士数量也很有限”[③]。再次，铁路医疗机构的西医化，促进了该区域西医的传播，对传统医学向现代医学转变起到推动作用。

除了铁路医疗服务外，铁路卫生防疫体制在区域内的逐步形成和实施，影响更为明显。铁道部和各路局建立的卫生防疫规则通行于淮河流域铁路各站，郑州、徐州、蚌埠、开封、商丘等地亦是卫生宣传、卫生稽查和疫苗接种的主要站点。例如，陇海路局第一届卫生运动大会当天，路局总务处副处长黄学周、医务长朱森基和郑州医院院长叶景荀先后在郑州站发表演讲，墟沟、运河、铜山、商丘和开封等站也由各地铁路医院负责宣传[④]。津浦铁路管理局卫生稽查的人数，1935 年 6 月共有 9 人，蚌埠、徐州和兖州站为常设稽查点，负责对平浦（北平—浦口）通车、津浦（天津—浦口）快车“厕所，卧车之被褥，餐车之饮食，以及各站台、各办公室等清洁，均由各驻站稽查，随时检查并办理车辆或房屋消毒各事项”[⑤]。

铁路卫生防疫，不仅针对铁路部门和铁路员工，社会人员也包括在内。例如 1932 年 8 月，陇海铁路最东段的大浦、墟沟等地相继发现霍乱，当地人民日有死亡，陇海铁路防疫委员会当即委派张尚山医官前往该地，协同新浦

---

① 铁道部秘书厅：《铁道年鉴》（第 3 卷），商务印书馆 1936 年版，第 1 121—1 122 页。

② 铁道部秘书厅：《铁道年鉴》（第 3 卷），商务印书馆 1936 年版，第 1 101 页。

③ 黄华平：《略论近代平汉铁路医疗事业的建立与发展（1908—1937）》，《井冈山大学学报》（社会科学版）2014 年第 1 期，第 135 页。

④ 《京沪沪杭甬两路之卫生运动》，《卫生月刊》第 4 卷第 5 期，1934 年 5 月，第 232 页。

⑤ 铁道部秘书厅：《铁道年鉴》（第 3 卷），商务印书馆 1936 年版，第 1 108 页。

铁路医院赵辛余院长设法预防。另外，防疫委员会主任朱森基于8月1日会同铁道部卫生专员王畏三，携带大批霍乱疫苗及药品前往墟沟视察。由于两地居民仅有百户，路局防疫人员给该地居民实施疫苗注射后，很快控制住了疫情[①]。而路局的卫生知识宣传也会直接惠及旅客和货商。

简而言之，铁路系统对于教育和卫生的需要，由本身而影响至整个社会系统，为推动区域社会进步做出了贡献。

第三节　社会职业群体成长

铁路作为新式产业，其兴筑和经营管理本身，既需要大量的普通劳工，也需要具有专门技术的工作人员，由此诞生了新的社会职业群体——铁路职工。同时，由铁路而推动的工矿企业和商业的进步，也逐渐集聚了比原本更多的产业工人和商业从事者，逐渐改变了淮河流域传统社会的职业结构。本节将探讨在铁路影响下，淮河流域社会职业结构的变动及其发展概况。

一、铁路职业群体产生

近代以来，铁路职工作为一个新的职业群体，是伴随着我国铁路事业的发端和发展而诞生并壮大起来的。这个群体既包括兴筑铁路的劳工，也包括铁路管理和运营的员司与工人，还包括铁路附属的文教卫生系统的员司和工人。但由于近代，我国铁路部门和政府机关在铁路职工群体的数据统计上，都将大量的临时聘用人员和筑路劳工排除在外，因此本节所述的铁路职工只包括两类，一是铁路员司，二是铁路劳工，员司是指“劳心者而言”，工人（劳工）则指“劳力者也”[②]。

具体而言，铁路员司在民国时期即是由交通部、铁道部委任、荐任、聘用和各路局选任、委派、委任之人员，为铁路系统中的高级管理人员。依据1916年交通部颁布的《国有铁路局局员月薪分级章程》和1930年铁道部颁布的《国有铁路局职员薪级对照表》，铁路管理局主要员司有局长、副局长、处长、副处长、秘书、课长、医院长、所长、段长、副段长、分段长、副分段长、一等站长、二等站长、三等站长、副站长、车长，以及厂长、警务长、

---

① 朱森基：《陇海铁路防疫之经过》（续），《医药评论》第5卷第6期，1933年6月15日，第53—59页。

② 武书常：《关于铁道部施行惠工计划之管见》，《铁路世界》第1卷第2期，1928年2月，第1—3页。

督察长、司账、材料点查员、司账员、号志稽查、锅炉稽查、医官、卫生稽查，等等①。

铁路工人则指工作在铁路部门的体力劳动者，他们没有生产资料，“完全以手足的劳力，实际从事于铁路事业内与其有关联的运输事项”②，并依靠出卖劳动力来维持他们本人及其家人的生活。铁路工人主要包括路局所属的总务、车务、机务和工务四大处各类技术工人和非技术工人，总务处为一般差役的劳工，车务处为车辆调动、车辆运输和电务等工人，机务处为掌管机车之行驶及在机厂和修理厂劳动的工人，工务处则为负责道路、桥梁、隧道保养和修缮工作的工人。少数路局还设立会计处和材料处，北宁铁路还附港务处，也需要一定数量的铁路工人③。根据 1933 年国有铁路劳工统计，以津浦铁路为例，总务处的工人分听差、号差、看守夫、医院夫役、押运夫、长工和杂役等；机务处的工种最多，主要分翻砂匠、木匠、油漆匠、擦车匠、机器匠、机车匠、锅炉匠、铜匠、铁匠、镶配匠、机器匠目、翻砂匠目、锅炉匠目、机车匠目、司机、司机夫目、材料夫、水泵司机、油漆匠目、验车匠目、擦车夫、各项小工、洗客车夫、学徒、更夫、浇油夫、司机、车辆等；车务处工人主要有闸夫、号志夫、钩夫、看车夫、押运夫、看守车夫、行李夫、货物夫、路签夫、擦车夫、长夫、清洁夫、听差、信差及厨夫等；工务处工种也较多，包括道班工头、飞班工头、道班工人、飞班工人、木工、铁工、瓦工、材料夫、起重工、铁工助手、木工助手、瓦工助手、测地夫、摇车夫目、摇车夫、更夫及杂项小工等④。

淮河流域内的平汉、津浦、陇海三条国有铁路干线，运营里程均超过 1 000 公里以上，所需要的铁路工作人员众多。但由于近代我国铁路统计数据极不完善，对于铁路工作人员的确数没有统计，即使有些数据，也比较笼统，没有将铁路员司和普通劳工分开，故而上述各路职工人数的数量只能作大概的阐述。

根据北洋政府交通部路政司、铁道部和平汉路局的相关统计，1916—1936 年，平汉铁路的铁路职工群体呈现逐年增加的趋势，1916 年为 11 761 人，20

---

① 《国有铁路局局员月薪分级章程》，参见蔡鸿源：《中华民国法规集成》（第 8 册），黄山书社 1999 年版，第 254—257 页；《国有铁路局职员薪级对照表》，《铁道公报》第 52 期，1930 年 3 月 26 日，“插页”。

② 徐协华：《铁路劳工问题》，东方书局 1931 年版，第 15 页。

③ 《铁道部直辖京沪沪杭甬（北宁、津浦、胶济、平汉、平绥、粤汉湘鄂段、粤汉路广韶段、广九）铁路管理局编制专章》，《铁道公报》第 45 期，1930 年 3 月 1 日，第 1—57 页；《北宁铁路管理局附设港务处编制专章》，《铁道公报》第 48 期，1930 年 3 月 12 日，第 34—36 页。

④ 铁道部总务司劳工科：《国有铁路劳工统计：第一种（民国二十二年）》，编者 1934 年印行，第 28—37 页。

世纪 30 年代初期已突破 2 万人，至 1936 年 1 月初统计达 23 647 人，较 1916 年增长 1 倍强。

表 4-2　平汉铁路员司和劳工人数一览表（部分年份）

年份	员司	劳工	合计	劳工占员工群体的比例
1916	3 599	8 162	11 761	69.40%
1917	3 941	8 236	12 177	67.64%
1918	3 967	9 144	13 111	69.74%
1919	4 503	10 184	14 687	69.34%
1920	4 788	11 784	16 572	71.11%
1921	5 020	12 760	17 780	71.77%
1922	5 560	14 656	20 216	72.50%
1923	6 357	16 160	22 517	71.77%
1924	4 335	19 088	23 423	81.49%
1929	3 728	14 648	18 376	79.71%
1931	4 275	15 172	19 447	78.02%
1932	7 467	16 299	23 766	68.58%
1933	9 372	15 044	24 416	61.62%
1936	4 439	19 208	23 647	81.23%

数据来源：交通部路政司：《交通部国有铁路会计统计总报告（民国七年分至民国十三年分）》，编者印行，年份不详，“会计统计表”，第 42 页；《民国九年至十八年中国国有铁路人员总数比较表》，《铁道公报》第 43 期，1930 年 2 月，第 23 页；平汉铁路管理委员会：《平汉年鉴》，编者 1932 年印行，第 3—4 页、第 33—42 页；《员工统计》，《中华民国二十五年一月份国有铁路统计月刊》第 1 期，1936 年，第 50 页；铁道部总务司统计科：《民国二十一年中华国有铁路统计总报告》，编者印行，年份不详，第 101—102 页；铁道部总务司统计科：《民国二十二年中华国有铁路统计总报告》，编者印行，年份不详，第 105—106 页。

津浦和陇海两路员工数与平汉路一样也呈现增长态势。1916 年时，津浦与陇海两路各有铁路劳工 10 793 人和 1 039 人。至 1929 年，津浦铁路劳工增加至 11 684 人，加上该路员司 2 967 人，全路人员达 14 651 人；陇海铁路劳工增加至 4 509 人，加上该路员司 683 人，全路共计员工 5 192 人[①]。20 世纪

① 《民国九年至十八年中国国有铁路人员总数比较表》，《铁道公报》第 43 期，1930 年 2 月，第 23 页；《民国十八年铁道部直辖各路工人人数统计表》，《铁道公报》第 39 期，1930 年 2 月，23 页；津浦铁路年鉴编纂委员会：《津浦年鉴》，南京大陆印书馆 1933 年版，“第 2 编”，第 3—4 页；陇海铁路管理局：《陇海年鉴》，编者 1935 年印行，第 37 页。

30年代以后，两路员工人数又呈大幅度上升趋势，1936年两路总人数分别为22 279人和12 751人[①]，较1929年分别增加52.06％和145.59％。如果将三路铁路员工数合计，1929年为38 219人，1936年为58 677人，三路员工数占当时国有铁路员工总数108 728人和125 099人的35.15％和46.90％[②]，均超过三成，为近代我国铁路员工群体的主要组成部分。

由于平汉、津浦和陇海三路都是部分过境淮河流域，因此只有部分铁路员工分布于淮河流域，究竟有多少也无相关的统计说明。我们可以根据铁路运营里程来估算，即按照上述各路平均每公里员工数乘以其位于淮河流域境内的运营里程。以1929年和1936年为例，三路中除陇海路外其他两路均为一次性建成，运营里程总数没有变化，两路淮河流域境内运营里程占总运营里程的21.18％和46.38％。1929年和1936年陇海铁路运营里程分别为819公里和1 228公里，其位于淮河流域内的里程，1929年约为537公里，1936年全部完工则为565公里，即陇海路淮河流域运营里程占比分别为65.58％和46.01％。这样测算下来，1929年三路局在淮河流域的铁路员工总数为14 091人，1936年为21 207人。

淮南铁路1936年正式运营，其员工数包括煤矿局共计11 000余人，当然其中绝大部分为煤矿工人[③]。

由于铁路工作的特殊性，铁路员工分布于铁路沿线的各个站点、运行中的列车上及附设的机车修理厂、铁路医院和铁路学校等处。当然，路局及各处、段的驻地，两条铁路的交汇处等，铁路员工的人数相对集中，例如平汉与陇海交汇的郑州、津浦与陇海交汇的徐州，以及开封、许昌、信阳和蚌埠等重要站点。此外，津浦铁路“工人最集中的地方是三个机厂：(1)天津(2)济南(3)浦镇。尤以济南为最多，因济南机厂规模特别宏大，厂内职工一千五百余人，再加车房和车站的职工总数近三千人；其次是滋阳(兖州)、铜山(徐州)、蚌埠；再其次是沧县、德县、泰安、济宁、临城、滁州、浦口；又其次是沿路各小站。但道工是每数人为一班，散处于沿路，道房所在工作地段则是另当别论”[④]。而郑州站既是陇海铁路管理局驻地，又是平汉铁路三个总段之一(另外两个总段为长辛店和江岸)，更是两

① 《员工统计》，《中华民国二十五年一月份国有铁路统计月刊》，1936年1月，第50页。

② 参见黄华平：《国民政府铁道部研究》，合肥工业大学出版社2011年版，第63页；《民国十八年铁道部直辖各路工人人数统计表》，《铁道公报》第39期，1930年2月，“统计”，23页。

③ 程东美等：《淮南市人口自然发展的几个阶段》，淮南地方志办公室：《淮南方志通讯》1987年第4期，第22页。

④ 《劳工生活：津浦铁路工人生活状况》，《国际劳工通讯》第4卷第6期，1937年6月，第57页。

路的交汇站，所以铁路员工人数最多。据记载，仅平汉铁路郑州第二总段就有铁路劳工 3 423 人，平汉铁路郑州机厂有劳工 481 人①。徐州站因是津浦与陇海两路交汇站，铁路工人也较多，1921 年 11 月，津浦路徐州段工人总数达 1 000 人，陇海铁路工人 1 000 余人，加上机器大厂工人，铁路员工达 3 500人②。

各路局在重要车站和员工比较集中地方均设有铁路医院和扶轮中、小学，也有数量不等的铁路员工。如 1935 年 6 月，陇海铁路有连云、运河、铜山、商丘、开封、郑州、洛阳、陕州和潼关 8 所医院，其中以郑州医院人数为多，有医师 4 名、职员 5 人，其他各院医师和职员配备为 1 至 2 名，总计该路有医务人员 78 人③。

淮河流域各条铁路的职工来源主要有两种：一、铁路员司一般为毕业的学生（国内学生和海外留学生）以及其他部门的专业技术人员或者管理人员；二、铁路劳工则多数来自沿线破产的农民。

铁路员司为铁路中高级管理人员和技术人员，需要一定的专业知识和管理经验，从表 4—3 可知，1929 年陇海铁路督办公署的秘书处和总务处共有员司 23 人，除吕根心 1 人出身不详外，其余 22 人均具有一定学历，最低者为中学毕业，多数为国内本科毕业，高者为硕士毕业，其中有 6 名员司是从英国、美国和日本回国的留学生。而且从这些人的履历来看，都具有相当的管理经历和技术水平。由此可见，铁路员司的工作岗位是破产农民或者城市无业者难以胜任的。

表 4-3　陇海铁路督办公署秘书处、总务处人员一览表

机构	姓名	职务	籍贯	出身	履历
秘书处	樊光	秘书长	浙江	日本中央大学毕业	前浙江提法司科长、禁烟总局参事、外交部参事等
	龚凤锵	秘书	江苏	北洋大学	工商部秘书、参议院秘书等
	薛桂轮	秘书	江苏	哈佛大学硕士	运河工程总局工程师、直隶临城矿务局工程师等
	息宪讲	秘书	浙江	美国康奈尔大学工程硕士	交通部参事、纽约道路局助理工程师等

① 徐协华：《铁路劳工问题》，东方书局 1931 年版，第 41—48 页。
② 徐州工会 88 周年丛书编委会：《徐州工人发展史》，江苏人民出版社 2009 年版，第 30 页。
③ 铁道部秘书厅：《铁道年鉴》（第 3 卷），商务印书馆 1936 年版，第 1 122 页。

（续表）

机构	姓　名	职　务	籍贯	出　身	履　历
	宋子良	处长	广东	英国伦敦大学	美国经济名誉学会会员、工商部工商设计委员会委员
	汤国琛	文牍股主任	浙江	北京吏部学治馆法政学堂毕业	浙江公立法政学堂教员、浙江常山县知事等
	陈　哲	文牍股副主任	浙江	浙江优级师范学堂毕业	缙云县高小及师范各校教员、浙江省党部改组委员会组织部科长等
	萧之安	处员	湖南	遂生云道学社毕业、医士	参议院会计科科员、前督办中俄会议公署事务员
总务处	吕根心	处员	安徽	不详	中俄督办公署秘书、胶济铁路驻京办事处科员
	崔士良	处员	山东	国立东南大学商科学士	不详
	朱文鹏	处员	江苏	江苏省铁路学堂业务科毕业	胶济铁路营业编译两课课员、蚌埠商埠督办公署采运股主任等
	杨学赍	处员	浙江	美国麻省纽彼福纺织专门学校毕业	芜湖裕中纱厂副经理、常州大纶纱厂经理等
	冯毓光	处员	浙江	江西官立法政专门学校毕业	交通部路政司监理科任事、财政部赋税司办事等
	庞嗣元	处员	江苏	上海震旦大学院理科学士	海州盐务稽核所英文副秘书、陇海路港务处通译等
	王　荦	编辑主任	浙江	上海师范学校毕业	浙江体育专门学校校长，中外日报、四明日报、浙江潮报总编辑
	程启霖	事务员	安徽	直隶高等学校理科毕业	胶济铁路管理局总务处营业课主任课员等
	顾在埏	事务员	江苏	震旦大学理科毕业	京汉铁路局材料课课员、财政部科员
总务处	赵义澄	事务员	江苏	省立中学	上海交通银行文书员、南京特别市政府财政局会计课课员
	余礼安	事务员	甘肃	北京中国大学法学士	绥远都统署秘书等
	孙显忠	事务员	浙江	安定中学毕业	黑山县八道壕煤矿事务员、国民革命军兵站总监部第二大队第四中队队长
	单海秋	书记	山东	莱芜师范传习所肄业	莱芜国民小学教员及警察局书记等
	方云龙	书记	浙江	浙江省立工业学校毕业	黄岩县公署政务科科员等
	胡　镛	书记	江苏	浙江省立第十一中学毕业	瓯海道尹公署办事员、浙江全省警务处事务员

资料来源：陇秦豫海督办公署：《陇秦豫海铁路职员录》，编者1929年印行，第2—7页。

相较于铁路员司，铁路上的多数工种技术性要求很低，工作简单，没有学历和经验要求，通常仅需要身体强壮即能胜任，而且铁路需要大量的劳动力从事筑路、养护路段和提供服务等工作，再加上近代以来我国农村经济凋敝，灾难频发，淮河流域尤为严重，因此许多破产农民不得不离开家乡，外出谋生，这时铁路工人便成为其不错的选择。

一般认为，近代铁路工人的工资较其他行业工人的收入要高。1930 年，交通部职工事务委员会曾对铁路、邮政等部门和其他一般性工人的工资进行比较，认为铁路与邮政两类工人的收入相近，但较一般工人为多，高薪铁路工人与高薪的其他行业工人的收入差距比较明显①。另外，“20 世纪 30 年代，铁路工人可享有退休养老金，免费医疗，本人可在职工学校接受免费教育，子女在扶轮学校和路局、工会或党部开办的铁路职工子弟学校入学者，可免收学费，工人因公受伤或病故，本人或家属可得抚恤金，在消费合作社可低价购物，在年终有红利可分，各铁路都设有公共食堂和浴室，低价为工人服务，部分路局还建有工人宿舍，工人以较低的价格入住”②。

尽管这些福利并非是无条件的，但“一般人谈到中国劳工的生活，大家都羡慕着铁路工人，以为铁路是国家富有的机关，铁路工人，一定享受着优裕的生活”③。在铁路工人的群体中，机械修理工、铁匠及木匠等需要一定的技术，属于技术性工人，这就需要原先的手工业者、其他行业的技术工人，或者铁路部门主办的培训机构的毕业生来充任。

淮河流域境内的铁路员工来源地有两个特征：（一）铁路员司和铁路工人中的技术性工人多来自东南沿海各省区，如表 4－3 中所示，陇海铁路督办公署秘书处和总务处 23 人中，只有 4 人来自安徽、湖南和甘肃这三个内陆省份，其余 19 人均属籍江苏、浙江、山东和广东，尤以江浙两省居一半以上。铁路工人中的技术性工人的来源地也是如此，多来源于福建、广东、湖北等地。当年比利时和法国初办芦汉铁路时，就曾赴东南沿海的福州招聘了很多机械工人④。京汉铁路大罢工中死难的工人共 52 名，籍贯是福州的就有 9 位，并且大多是机械工人，如林祥谦是机匠、王先端是镶配匠、林开庚是验车

① 马超俊：《中国劳工运动史》，商务印书馆 1942 年版，第 37 页。

② 孙自俭：《民国时期铁路工人群体研究——以国有铁路工人为中心（1912—1937）》，郑州大学出版社 2013 年版，第 180—181 页。

③ 郭曙南：《铁路职工生活状况之一般》，《劳工月刊》第 2 卷第 3 期，1933 年 3 月 1 日，第 41 页。

④ 刘明逵：《中国工人阶级历史状况（1840—1949）》（第 1 卷第 1 册），中共中央党校出版社 1985 年版，第 172 页。

匠[①]。（二）铁路工人中的非技术性工人则多来源于铁路沿线。20 世纪初，京汉、汴洛、津浦铁路修筑时，大量河北、山东等省的工人“咄嗟立至”，包工招募非技术工人也以河北、山东、河南等省为主要来源[②]。京汉铁路郾城车站，刚开始有铁路工人 300 余名，都是由郾城车站附近的民工和苦力转化过来的，至 1920 年时该站机务、工务和车务三个部门共有铁路工人 500 名[③]。

据 1935 年铁道部总务司劳工课统计，当时国有铁路工人共 84 923 人，其中来自河北、山东、河南三省的就有 46 677 人，占总数的 67.47%[④]，江苏与安徽两省也有相当的比例。具体而言，平汉铁路工人主要来自河北、河南和湖北等省，陇海铁路则主要来自江苏、河南、河北和山东等省，津浦铁路以河北、江苏、安徽和山东等省为主[⑤]。

二、工矿业工人群体壮大

铁路的兴筑与运营，推动了铁路沿线工矿企业的发展，促进其由传统向近代的转变。而工矿业的发展直接吸引了大量谋生的民众加入，工矿企业工人群体迅速壮大，特别是煤矿开采企业的工人增加明显，人数也是最多的，成为近代以来中国工人阶级的中坚力量。淮河流域的中兴煤矿、徐州煤矿、淮南煤矿即在津浦、陇海、淮南等路通行后，因煤矿业务发展之需要而矿工人数大增。

中兴煤矿经历中兴矿务局和中兴煤矿公司两个主要阶段。中兴矿务局为该矿开办之初的管理机构，因基本以旧式老煤窑的生产方式进行生产，故业务不振，煤产量也不济，加之当时津浦和陇海两路均未开通，煤销有限，煤矿工人数量仅 400 余名，至 1896 年该矿倒闭之前工人数约 3 000 名[⑥]。中兴煤矿公司 1899 年初创时，雇佣矿工 60 多人恢复旧井。随着生产的发展，职工队伍日益壮大。1916 年，外工多达 1 000 余人；到 1925 年，公司有职员 631 人、里工 2 831 人、外工 5 000 多人，总计员工 8 000 多人[⑦]。

1925 年以后，津浦铁路沿线成为战区，铁路运输不畅，乃至运输中断时

---

① 中华全国总工会工运史研究室、中华全国铁路总工会工运史研究室、河南省总工会工运史研究室：《二七大罢工资料选编》，工人出版社 1983 年版，第 297—303 页。

② 凌鸿勋：《中国铁路概论》，（台北）编译馆 1950 年版，第 236 页。

③ 漯河市史志档案办公室：《漯河革命史》，河南人民出版社 1999 年版，第 15—16 页。

④ 孙自俭：《民国时期铁路工人群体研究——以国有铁路工人为中心（1912—1937）》，郑州大学出版社 2013 年版，第 37 页。

⑤ 《国有各路工人籍贯比较表》，铁道部总务司劳工科：《中华民国二十四年国有铁路劳工统计：第二种》，南京京华印书馆 1935 年版，第 8 页。

⑥ 枣庄矿务局志编纂委员会：《枣庄矿务局志》，煤炭工业出版社 1995 年版，第 401 页。

⑦ 枣庄矿务局志编纂委员会：《枣庄矿务局志》，煤炭工业出版社 1995 年版，第 401 页。

常发生，中兴公司煤炭堆积如山，难以运销，加之军阀和国民政府的勒索，煤矿亏损严重，1928年公司不得不减工停产。煤矿公司停产后，解雇里工约400人、外工3 000余人。1929年公司重新复工，职员和工人的人数都在不断增加。1929年初复工时，“计有业工人，只电务处159人，机务处139人，井下585人，铁路工人242人，抬煤413人，炼焦处28人，砖窑工人15人，木棒厂17人，材料厂11人，石灰窑9人，筐绳厂11人，医院28人，地放处12人，杂工288人，共1 957人”①。到1931年，职工总数已达到7 631人，其中职员617人、里工2 831人、外工4 183人②。外工大部分是采煤工人，由包工头根据生产的需要增减，人数极不稳定。采矿处外工的日出勤人数，1931年平均为3 792人，其中最多为4 665人，最少为2 450人；1935年平均为4 138人，最多有5 176人，最少只有588人③。

中兴煤矿的技师和机匠是从上海、广东等地雇来，而一线的采掘工多为山东各县的破产农民④。据1931年的调查，在2 752名外工中，山东籍2 678人，占97.3%；在2 268名里工中，山东籍1 564人，占68.9%，河北籍373人，占16.4%。山东籍工人中，以峄县最多，占本省籍的89.4%；滕县次之，占6%。从来矿前的职业来看，对采矿处、电务处、机务处985名里工的调查，内有工人225人、农民434人、小商小贩100人、无业者226人⑤。

徐州煤矿的经营史比较复杂，经历多次破产和重振，经理人换了好几茬，从民元至1937年，就经历了贾汪煤矿有限公司、远记公司和华东煤矿公司。在贾汪煤矿有限公司接手前，该矿已经营多年，煤矿工人已有一定的数量，1894年时统计，正式雇佣的工人有500人左右，加上其他各种临时性工人，约在1 000人左右⑥。

民国初年，津浦铁路开通后，煤矿的发展有了便利交通，工人数量开始增加。1917年，贾汪煤矿公司经包工头雇佣的外工（包头工雇佣的小工）共约“千人之谱”。这一年的煤炭产量为8.1万余吨。1919年后即递增为14万吨以上，1923年达到创纪录的18万余吨；外工的人数也随之增加，最多时2 000余人⑦。20世纪20年代中后期，津浦铁路沿线成为军阀混乱的主战场，

① 《中兴煤矿公司工人生活概况》，《国货评论刊》第2卷第9号，1929年4月，第5页。
② 枣庄矿务局志编纂委员会：《枣庄矿务局志》，煤炭工业出版社1995年版，第401页。
③ 枣庄矿务局志编纂委员会：《枣庄矿务局志》，煤炭工业出版社1995年版，第402页。
④ 王汉筠：《中兴煤矿企业史研究（1880—1937）》，苏州大学2004年硕士学位论文，第46页。
⑤ 枣庄矿务局志编纂委员会：《枣庄矿务局志》，煤炭工业出版社1995年版，第407页。
⑥ 余明侠：《徐州煤矿史》，江苏古籍出版社1991年版，第207页。
⑦ 刘季辰、赵汝钧：《苏北皖北地质矿产报告》，《地质汇报》第1号，1919年7月，第51—73页。

贾汪煤矿受到严重影响，煤炭无法运出，终致破产。1929 年，煤矿的矿工罢工，1 000 余名工人被开除，只留工人 300 余名①。20 世纪 30 年代华东公司接手后，经刘鸿生的重整，大有起色。1932 年时，该矿六、七号井全面开工后，全矿工人恢复至 1 000 多名，每天分三班下井工作，早上 6 点到下午 2 点为第一班，下午 2 点到晚上 10 点为第二班，晚上 10 点到翌晨 6 点为第三班，每天下井人数约为 900 名②。

据 1932 年 10 月的一份调查，华东煤矿公司工人主要分布在采矿课、机电课和土木课，以采矿课最多；是年里工 74 名，外工 600～700 名，还包括监工、包工头和记账员 17 名；里工的工种分为井监工、井大钩、井拉钩、井上监工、井下监工、井记账、井上大钩、井上帮牌、井上揽闸、井上翻滚笼、井上倒空车、井上装空车、井上运材料、看家具房、抹牌、割牌、拉蛤车、井下大钩、井下帮钩、井下看风门等③。1934 年，随着华东煤矿公司夏桥矿区的投产，以及稳定的路局关系，煤矿产量剧增，煤矿的外工人数由 1935 年时的1 700余名逐年增加④，到 1937 年全面抗战爆发时，已达到五六千人之众⑤。

20 世纪 30 年代初期，淮南煤矿开始产煤，1932 年时矿局共有职员 40 人，井下工人约 700 人，井上工人约 300 人，合计 1 000 余人⑥。此后，矿局煤产量一路攀升，到 1934 年底，月产量已突破 2 万吨。1934—1936 年，淮南铁路开始兴筑，并逐次通车运营，矿局煤业发展进入更加快速发展阶段。1935 年时该矿共有里工 600 人，外工约 1 500 人，采煤多属外工，间有里工，而土木工作有里工及外工，至机电方面，则全属里工⑦。路局还常年设有矿警，1930 年刚开办时有驻矿路警 60 余名⑧，后不断招募，至 1935 年已有矿警 194 人⑨。1936 年，淮南铁路全线通车后，淮南煤炭进入长江流域各大城市更为快速与便捷，产销均有大幅提升，加之淮南煤矿兼并了原来民办的大通煤

---

① 《国内要闻 · 徐州贾汪煤矿发生工潮》，《申报》1929 年 1 月 31 日，第 3 张第 10 版。

② 余明侠：《徐州煤矿史》，江苏古籍出版社 1991 年版，第 295 页。

③ 黄伯达：《徐州贾汪华东煤矿近状》，《矿业周报》第 232 号，1933 年 3 月 28 日，第 1 041—1 042 页。

④ 《贾汪华东煤矿工潮》，《矿业周报》第 324 号，1935 年 2 月 28 日，第 178 页。

⑤ 余明侠：《徐州煤矿史》，江苏古籍出版社 1991 年版，第 295 页。

⑥ 《淮南煤矿近况》，《矿业周报》第 203 号，1932 年 8 月 21 日，第 549 页。

⑦ 中国第二历史档案馆：《中华民国史档案资料汇编》第 5 辑第 1 编，财政经济（5），江苏古籍出版社 1994 年版，第 899 页。

⑧ 《开采淮南煤矿之进行》，《矿业周报》第 90 号，1930 年 4 月 14 日，第 661 页。

⑨ 中国第二历史档案馆：《中华民国史档案资料汇编》第 5 辑第 1 编，财政经济（5），江苏古籍出版社 1994 年版，第 899 页。

矿，煤矿工人数也增加明显，至1936年底该矿工人数至少在6 000人以上[①]。

除煤矿工人之外，在火车站和铁路沿线城镇，其他行业的从业工人和服务人员的群体也在不断增加。如1919年，许昌辖境内已有从事卷烟的家庭和作坊600多处，从业工人1 800余人；城内有几家作坊生意兴隆，每处雇用工人30余人，拥有木斗子30多个，日卷烟3担[②]。之后，随着烟业交易的发达，还出现了许多“脚行班”，即使用独轮木车推运烟包的搬运工，当时许昌城“脚行班”已发展到10多个，搬运工人近千余名[③]。至1920年左右，许昌有产业工人万余人，其中外资企业工人2 000多人、官办和官商合办企业工人4 400多人、民族资本企业工人4 000多人[④]。

在漯河，1912年，浙江人阮文忠从宁波来漯河创办元芳蛋厂，生产干蛋黄、干蛋白和盐黄等蛋制品，远销沿海各大城市并出口海外。在此后的数年内，漯河又相继建有元丰、祥盛魁、德和、美丰、鼎丰等蛋厂。各个蛋厂均招收当地工人，因为是手工打蛋，每厂利用工人数目均不少。随着10多家蛋厂的兴建，漯河出现了人数仅次于铁路工人的蛋业工人[⑤]。

1903年，清政府借比利时和法国外债修建陇海铁路。当时开封有铁路工人600多人，还设有汴洛机车厂。1904年，清政府创办河南铜元局，职工最多时达2 000人。此后，河南实业厅又创办开封实习工厂、开封阜民工厂、省立第一和第二贫民工厂、省印刷局等。在民族资本企业方面，开封也先后创建有普临电灯公司、永丰面粉公司、天丰面粉公司，以及4家火柴公司和几家蛋品厂。随着近代工业的创建与初步发展，开封工人群体也日益形成和壮大起来。到1921年，据不完全统计，开封产业工人已达6 640人，加上手工业、商业和其他行业工人，合计达24 000多人。开封工人的来源，一部分是城市市民和无业游民，一部分是破产的农民[⑥]。

蚌埠在津浦铁路开通后，机器工业有一定发展，出现了面粉、烤烟、电力、纺纱、火柴、肥皂等近代工业，产业工人数增加。据1930年蚌埠工会调查，从事航运业者2 753人，木业349人，卷烟业429人，机器业350人，面

① 程东美等：《淮南市人口自然发展的几个阶段》，淮南市地方志办公室：《淮南方志通讯》1987年第4期，第22页。

② 许昌市政协学习文史资料委员会：《许昌文史资料》（第15辑），编者2001年印行，第6页。

③ 李耕五：《许昌烤烟发展史话》，编者1992年印行，第56页。

④ 许昌市政协学习文史资料委员会：《许昌文史资料》（第15辑），编者2001年印行，第6页。

⑤ 漯河市史志档案办公室：《漯河革命史》，河南人民出版社1999年版，第15—16页。

⑥ 开封市总工会工运研究室：《开封市工会志》，编者印行，年份不详，第1—2页。

粉业 470 人，纱厂业 520 人，五金业 584 人[①]。同年的另一份调查报告显示，蚌埠工人数如下：人力车业 2 542 人，建筑业 3 540 人，运输业 2 210 人，长淮轮业 194 人，挑水业 463 人，浴业 420 人，挑粪业 50 人，水力业 650 人，厨业 249 人，刨烟业 240 人，卷烟业 2 204 人，织机业 1 800 人，垃圾挑运业 36 人，驳运业 560 人，长淮航业 24 000 人，竹业 70 人，理发业 414 人，电灯厂 466 人，麦粉厂 322 人，中西成衣业 525 人，统计 40 535 人，又临淮关火柴厂 1 167 人[②]。

20 世纪 30 年代，包括铁路、煤矿工人在内的徐州产业工人数在 20 000 余人。除铁路和徐州煤矿外，利国驿铁矿 1 000 余人，电业工人近 300 人，电报业工人 300 余名，机器工人 1 000 余人，烟草从业人员 600 余人，酿酒工人 1 000 余名，织布工人 800 余名[③]。

三、商业群体迅速增长

铁路的运营给铁路沿线各城镇带来工商业的发展与繁荣，由此城镇中的商业群体的人数不断增加。

转运业是指专门承揽客商货物，以公司名义向铁路部门报运并负完全责任的一种商业，其从业人员包括经营者、店员等，货栈业者也属于此类。转运业者是客商的货物报运代理人，是铁路与客商交易的媒介和中间人。他们一般没有运输工具，只代客办理委托铁路运送货物的各项手续，帮忙装卸货物，代办保险并缴纳捐税，其中规模较大的转运公司还兼营押汇、仓储等业务。近代转运业的发展与铁路运营制度存在密切的关系，初期由于我国铁路实行货主负责制度，即货物损坏或遗失均由货主负责，而且规章复杂，“普通商人知识浅薄，不易谙悉，是故直接向铁路报运颇为困难”[④]，遂至转运业兴起，20 世纪 20 年代中期至 30 年代初期达到全盛时期，铁路沿线各站均有分布；但自 1930—1933 年国民政府铁道部先后恢复铁路联运制度和推行货物负责运输制度后，转运业开始衰落。“自各路实行负责货运以后，因负责制度与以往之不负责制度比较，大有变更，各地之转运业不免受其影响。”[⑤]

---

① 章建：《铁路与近代安徽经济社会变迁研究（1912—1937）》，合肥工业大学出版社 2015 年版，第 296—297 页。

② 《地方通信・蚌埠》，《申报》1930 年 6 月 22 日，第 3 张第 10 版。

③ 徐州工会 88 周年丛书编委会：《徐州工人发展史》，江苏人民出版社 2009 年版，第 1—13 页。

④ 刘金泉：《中国铁路转运公司》，国立交通大学研究所北平分所：《铁道问题研究集》（第 1 册），编者 1936 年印行，第 156 页。

⑤ 谭沛霖：《铁路施行负责货运后转运业之地位及其营业》，《铁路杂志》第 1 卷第 1 期，1936 年 1 月，第 50 页。

在铁路转运业兴起的背景下，转运业者这一职业群体人数迅速增长。在平汉、津浦、陇海等路经过的淮河流域的主要城镇、客货站点都集中有大量的转运公司或称货栈，从业人员甚众。

平汉与陇海两路交汇的郑州站，从西关外至车站间转运业发达，多从事棉花、药材、烟草、面粉、粮油等商品的转运业务。20 世纪二三十年代，在郑州从事棉花的堆栈有七八家，转运公司有 10 余家，外地驻郑州收购棉花的商家有三四家，另有花行数家①。抗日战争前，郑州的大药行就有 28 家，另有坐庄商 200 余家②。转运商人数量也较多，1937 年前，转运业同业公会所属商店共有店员 317 人，是本地数量较多的同一类商人③。

驻马店转运业也比较发达。1932 年，驻马店已经成为平汉铁路沿线重要的粮油市场，有粮行 140 家，以粮食业为主业的转运公司、货栈 60 余户④。同年加入转运业同业公会的 66 家商号共有店员近 170 人，每家 3～8 人不等⑤。

许昌烟草业的发展促使转运业的兴起。1933 年前后，许昌较大的转运公司有协和、三成、大昌、云龙、宝大、玉成、利丰、宝昌、聚兴、宏康、五成、同成、裕华、互惠、烟丰、振昌、晋泰、长安、德兴、信孚、恒裕、志兴、五盛、宏记、民生、华兴、同孚、烟通、盛丰、豫业、利达、玉盛、东方、南通、元顺、润记、公兴存等 30 余家⑥。

漯河转运业在 30 年代初期已发展到 20 余家，较著名的有大同、豫庆、大东、东方、和丰等，到 1935 年，转运业已经增至 35 家⑦。

1931 年，陇海铁路开封站附近有转运公司 8 家，店员 56 人⑧。1934 年，商邱车站附近的 15 家转运公司共有店员 67 人，每家最多 11 人，最少 2 人；

① 河南农工银行经济调查室：《河南之棉花》，编者 1941 年印行，第 42—43 页。

② 中共郑州市委政策研究室：《郑州市情》，河南人民出版社 1986 年版，第 19 页。

③ 《河南郑县商会公会商店会员名册》，《河南郑州商会卷》，档号：422（4）-8 758，中国第二历史档案馆藏。

④ 驻马店市志编纂委员会：《驻马店市志》，河南人民出版社 1989 年版，“大事记”，第 3 页，第 343 页。

⑤ 《河南确山县驻马店转运业同业公会会员名册》，《河南驻马店转运同业公会会卷》，档号：422（4）—8 043，中国第二历史档案馆藏。

⑥ 朱兰兰：《20 世纪初至 30 年代英美烟公司与河南烟草业》，郑州大学 2004 年硕士学位论文，第 35—39 页。

⑦ 张福祥：《漯河市转运业发展史》（上），《漯河地方通讯》1987 年第 2 期，第 19 页。

⑧ 开封市工商行政管理局：《开封市工商行政管理志（1965—1994）》，编者 1996 年印行，第 51—52 页。

1935年，同业公会所属商店共有店员75人，在车站商会中有代表5人①。

1914年，蚌埠已有正式注册的利兴、元成、悦来、广汇长和汇源5家转运公司及一些未注册的转运公司，大部分转运盐粮。至1920年，转运公司已发展到百余家②；1930年，从业人员达1 206名。

除转运业外，淮河流域沿铁路线各城镇，商业服务人员也迅速增加。在郑州，铁路通车后，郑州的商业贸易趋于繁荣，最初各类商贩多集中于火车站附近，后来商贸活动范围逐渐扩大到大同路、二马路、操场街一带。20世纪初，郑州被辟为商埠后，商业更形繁华，从火车站到老城区的各商业街连成一片，形成了新的发展区域，范围扩充至5.23平方公里。火车站及其周边出现了经营各色商品的店铺和客栈，1921年左右，新式栈房更增至数十家之多③。至抗战前，郑州上等级的饭店已经发展到70余家，集中在火车站一带的大小旅馆也有60多家，洗浴业16家，理发业100余家，洗染业也发展到16户④，相关的从业人员肯定不在少数。

1937年，许昌有杂货店120多个，从业人员781人，杂货行40多家。另外，有“饭馆40多家，旅店20家，理发店10家，照相馆3家，浴池2家，火车站周围有许多饮食小吃摊”⑤。

民国时期的蚌埠服务业中，浴业、理发业、盐粮行、厨业、旅馆业、百货业及照相业较为繁荣，到1934年该市已有注册商户4 443户，占城市人口总户数的17.8%⑥。

20世纪30年代，连云港的旅馆业发达，连云、墟沟两镇设有旅馆20多家⑦，三和新药店、益龄医院等中西医药号亦应运而生，医疗卫生机构至抗战前有12家⑧。

开封作为当时河南的省会，旅馆业、浴业、绸缎业、杂货业等较为发达。据统计，1931年开封有旅馆业106户，从业人员686名；浴业13户，从业人员532名；绸缎业16户，从业人员321人；粮业12户，从业人员127人；时业13户，从业人员160人；中药业54户，从业人员187人；饭店业（亦称熟

---

① 《河南商邱县第十区车站镇转运业同业公会会员名册》（民国二十三年三月二十五日填），《河南省商邱县车站商会公会会员名册》（民国二十四年六月十六日），《河南商邱县车站转运业同业公会卷》，档案号：422（4）—8 236，中国第二历史档案馆藏。

② 蚌埠市地方志编纂委员会：《蚌埠市志·商贸》，方志出版社1995年版，第423页。

③ 胡朴安：《中华全国风俗志》（下·卷二），河北人民出版社1986年版，第53页。

④ 郑州市地方史志编纂委员会：《郑州市志》（第5分册），中州古籍出版社1998年版，第7页。

⑤ 许昌市地方史志编纂委员会：《许昌市志》，南开大学出版社1993年版，第327页。

⑥ 蚌埠市地方志编纂委员会：《蚌埠市志·商贸》，方志出版社1995年版，第411页。

⑦ 连云港市地方志编纂委员会：《连云港市志·商业分志》，方志出版社2000年版，第328页。

⑧ 连云港政协：《连云港市文史资料》（第7辑），编者1983年印行，第164—169页。

业）96户，从业人员389人，等等[①]。至1933年，开封有酒馆73家、饭庄27家、饭馆183家、饭铺324家、番菜馆4家、茶馆320家、油膜油茶铺115家，共计1 146家，当时各类商业店铺总数为6 621户，餐饮业占总商铺数的17.30%[②]。1936年初，开封的大小饭庄、饭铺、流动摊贩总数则达1 528家，占全市商业总户数6 824户的22.39%[③]。

上述内容表明，近代时期，淮河流域内以铁路、工矿业和转运业为主体的职业群体已初步形成，每个职业群体都具有一定的规模，改变了淮河流域原来传统的社会职业结构。而每个职业群体都存在着利益诉求上的趋同性，又为结成社会组织奠定了基础。

第四节　社会力量凝聚

关于铁路与社会力量的关系，业师朱从兵教授认为，近代我国早期的铁路建设体制和机制引发了社会力量的成长。他所指称的社会力量，“并非学术界较多提到的‘绅商’阶层的同义语。它包括绅商阶层，也包括新知识分子群体（新式学堂里的学生和海外留学生），甚至还包括与铁路发生关系的农民（某些省份的租股承担者）和小手工业者、小商业者，等等，是与政府力量或官僚阶层相对的概念。绅商阶层是社会力量的重要组成部分，在清末则应当是核心组成部分（立宪派大多来自绅商阶层）”。他认为：“社会力量的表现形式是多种多样的：从组织形式来看，可以表现为各式各样的同乡组织或同乡群体，可以表现为业缘关系的组织或群体，甚至表现为基于某种目的、目标的带有在野的近代政党性质的组织。”[④]

业师的观点主要基于对早期粤汉铁路建设过程中的认识，延伸来说，近代以来无论是铁路筹建还是运营，都促成了社会力量的凝聚。本节借用社会力量一词，考察在铁路宏观影响下淮河流域境内社会组织的建立及其功能。

---

① 开封市工商行政管理局：《开封市工商行政管理志（1965－1994）》，编者1996年印行，第51—52页。

② 《开封省会户口统计表》（1934年），河南省政府秘书处统计室：《河南统计月报》第1卷第2—3期合刊，1935年3月，第10页。

③ 王命钦：《开封商业志》，中州古籍出版社1994年版，第281页。

④ 朱从兵、章建：《铁路与近代社会力量的成长——以粤汉铁路建设的体制和机制为切入点的分析》，《江海学刊》2012年第5期，第158页。

一、社会组织的产生与发展

本书考察的社会组织主要包括同业公会、铁路工会和其他产业工会。

同业公会的名称正式出现于1917年，是年，北洋政府农工商部颁布《工商同业公会规则》。同业公会并无特别含义，它与会馆、公所、庙、殿等皆为同业行会之别称，由同业的公司和行号共同组成，是以“联络同业，维持利益，矫正营业上之弊害”[①] 为宗旨。很显然，同业公会的核心特征是经济上的团体或组织，同时它也具有一定的社会功能，甚至是政治功能。

同业公会是随着社会经济基础的不断发展而壮大起来的，在淮河流域工商业较为发达的城镇，同业公会才有一定的规模，特别是在该区域铁路运营之后。例如，平汉铁路沿线的郑州、许昌、驻马店、漯河、信阳，津浦铁路沿线的徐州、蚌埠、凤阳，陇海铁路沿线的开封、商丘、连云港，以及淮南铁路沿线的淮南、合肥等城镇，同业公会像雨后春笋般快速发展，涉及转运业、煤业、洗浴业、理发业、旅馆业、杂货业、酿酒业、钱业、照相业、酱果业、木业、茶业、绸缎业、粮业等行业。

郑州在民国初期已建立的同业公会多数是传统行业组织，如盐商、绸缎、药材、钱行、南货、京货、杂货、瓜子、酱菜、估衣等，但也不乏煤炭、花行、转运、煤油等新式行业所建立的，这些新增行业与铁路交通的发展、新式商业的繁盛不无关系[②]。例如，随着郑州棉花集散地的形成，从事棉花的花行日渐增多，1916年郑州花行同业公会成立[③]。至1935年，依据《河南统计月报》所作的统计，郑州的商业同业公会数目已位居全省第一，“计40家以上”，而开封和洛阳均只有30余家[④]，故郑州“贸易颇盛，为河南之冠”[⑤]。再加上手工业公会，则涉及行业至少在40个以上。

开封是当时河南省的省会，商业服务向来比较繁荣，在民国初年即设立船商公会，以维护省内民船利益。初成立时，当局曾拨款400元为开办费，设立事务所。后来又据沿河各县请求，在河口码头设立分会[⑥]。此后随着铁路和商业的发展，开封的钱业公会、馆业公会、照相同业公会，淮阳的牲畜业

---

① 《工商同业公会规则》，《安徽实业杂志》续刊第3期，1917年7月10日，“法令”，第7—8页。

② 张丹瑞：《民国时期河南同业公会研究》，河南师范大学2015年硕士论文，第17页。

③ 冯次行：《中国棉业论》，北新书局1929年版，第127页。

④ 《郑县、通许调查》，《河南统计月报》第1卷第1期，1935年1月；《各县社会调查：尉氏、长葛、开封、洧川、广武、中牟》，《河南统计月报》第1卷第2—3期合刊，1935年3月；《各县社会调查：洛阳、滑县、舞阳、泌阳》，《河南统计月报》第1卷第6期，1935年3月。

⑤ 《日趋繁荣之郑县》，《河南政治月刊》第2卷第5期，1932年5月，“调查”，第7页。

⑥ 陈浴春：《先父陈灼三和河南船商公会》，《巩义市文史资料》1997年第19期，第85—91页。

公会、棉业公会等相继成立。1929 年，国民政府颁布《同业公会组织法》后，开封各行业公会进行重组。至 1931 年，同业公会涉及 43 个行业，加入公会 1 098户，包括银行业 1 户、染业 20 户、牲畜业 33 户、馆业 40 户、古玩业 19 户、油业 11 户、时货业 13 户、军衣业 37 户、花生业 28 户、估衣业 57 户、陶布业 35 户、帽业 33 户、照相业 16 户、粮业 12 户、旅栈业 66 户、浴业 13 户、本业 13 户、南纸业 52 户、钱业 104 户、面粉业 3 户、绸缎业 16 户、杂货业 32 户、洋布业 12 户、鞋业 35 户、中药业 54 户、熟油业 2 户、酱果业 36 户、书笔业 30 户、碎货业 14 户、海味业 18 户、转运业 8 户、卷烟业 48 户、银楼业 4 户、酒业 14 户、五金业 10 户、土绸业 10 户、茶业 7 户、京货业 25 户，从业人数达 6 179 人①。

许昌自铁路通车以后，工商业日益繁盛，转运业、盐厂、蛋厂、煤业均较之前发达，并产生了近代的银行业和卷烟业。原来各业建立的行会逐渐向同业公会转变，20 世纪二三十年代先后有厨业公会（灶君会）、屠业公会、浴池业公会（大仙会）、理发业工会（罗祖会）、建筑业工会（亦称八作工会）等由行会转变而来的同业公会②。同时还产生一批新式的同业公会，例如随着卷烟的发展，1930 年，许昌烟帮同业公会成立，并在西关北后街开设烟行多处，北后街逐渐成为烟行街③。据调查，民国时期许昌共有同业公会 25 个、职工工会 5 个，主要包括烟业公会、香油公会、盐业公会、纸业公会、卷烟业公会、粮食业公会、杂货业公会、客栈业公会、饭庄业公会、茶业公会、百货业公会、浴池业公会、茶业公会、建筑业工会、理发业工会及印刷业工会等④。

驻马店、漯河和信阳也都随着火车站的建立，凭借货物集散地的地位使得工商业较之前有快速发展，各类行业遂有同业公会组织的产生，主要行业类型与郑州、开封和许昌等地基本是一致的，包括杂货、浴池、茶业、客栈、转运等。但也有些差别，比如漯河牲畜市场比较发达，1914 年已有牛行 12 家，至 1924 年牛行达 25 家，1935 年牛行更达 140 余家，牲畜上市 80 余万头，成交 28 万头，因此 1923 年时该地就成立了牲畜同业公会，或称马王

---

① 开封市工商行政管理局：《开封市工商行政管理志（1965—1994）》，编者 1996 年印行，第 50—51 页。

② 李彬凯：《许昌文史》1989 年第 2 期，第 81—82 页。

③ 《河南烟草志》编纂委员会：《河南烟草志》（第 1 卷），“评审稿”，编者 2011 年印行，第 351 页。

④ 许昌市魏都区政协文史委员会：《魏都文史资料》（第 4 辑），编者 1994 年印行，第 85 页。

会[①]。驻马店则有棉商同业公会和煤炭同业公会。信阳在民国时期，有杂货业、京广业、茶酒食品业、医药业，织染棉业、转运业、钱摊业、蛋业、行店业、五金瓷器业、酱菜业、山货业、美术业、盐业、靛青业、文艺业、粮秣业、厨业等18个同业公会，同时外地商人纷纷来此设店开行，当时本区还设有山西、陕西、天津、江西、湖北和湖广等会馆[②]。

徐州因工商业日益繁荣，近代时已有商帮、会馆等工商业组织，而同业公会的产生相对比较迟。民国初年，徐州理发业公会较早成立，主要任务是为同业谋福利，如购买义冢地，若某理发师家有丧事无钱殡葬，公会就出面向理发店老板和师傅募款买棺材埋葬；外地师傅来徐州，公会可代找工作；回去无路费，公会也可代为筹措；部分会费用于养活罗祖庙的和尚[③]。1930年，徐州（铜山县）棉织业同业公会成立，大约有200户从事织布、织袜、织毛巾及鞋帽生产的资方代表参加公会，推选沈钟歧为棉织业公会第一任会长。此后，铜山丝革业、土线业公会次第成立，由李犷志、张广汉分别担任会长[④]。同年8月，包括徐州国民银行、交通银行、中国银行、江苏银行和平市官钱局等在内的16家金融机构联合设立铜山县银钱业同业公会[⑤]。总计至1930年底，徐州已成立的同业公会达36个[⑥]。20世纪30年代后，徐州城市各业的同业公会继续发展壮大，至1937年，已有同业公会48个，其中以南货、纱布、广磁、绸缎“四大行业”为最大，资金雄厚，其他较突出的还有粮米、皮行、酱行、药业、木业、卷烟等同业公会[⑦]。

蚌埠自津浦铁路开通运营以后，工商业呈现快速发展势头，“沿铁路一带，变为主要货物的集散地，商业日盛，因此旅馆、仓库和转运公司等等的机关，也逐渐的增加，居民生业又多了一途”[⑧]。随着同业工商企业的不断增加，为协调彼此之间存在的问题，民国初年蚌埠开始出现同业公会，至1928年，蚌埠同业公会达到48个，为当时省内成立同业公会最多的城市[⑨]。其中

---

① 吕宜年：《许昌地区供销合作志》，河南人民出版社1988年版，第286页；黄正林、张艳、宿志刚：《近代河南经济史》（下），河南大学出版社2012年版，第60页。

② 信阳地区地方史志编纂委员会：《信阳地区志》，生活·读书·新知三联书店1992年版，第584页。

③ 沈华甫：《徐州理发业话旧》，《徐州史志》1986年第4期，第32页。

④ 姜新：《苏北近代工业史》，中国矿业大学出版社2001年版，第148页。

⑤ 中国银行总管理处经济研究室：《全国银行年鉴（中华民国二十四年）》，编者1935年印行，“第四章·银行公会”，第109页。

⑥ 江苏省地方志编纂委员会：《江苏省志·商业志》，江苏人民出版社1999年版。

⑦ 江苏省地方志编纂委员会：《江苏省志·民俗志》，江苏古籍出版社2002年版，第223页。

⑧ 去非、严新农：《安徽省一瞥》，商务印书馆1931年版，第58页。

⑨ 蚌埠市地方志编纂委员会：《蚌埠市志》，方志出版社1995年版，第482页。

商户较多、影响较大的有粮业公会、盐业公会、淮盐运商业公会、棉布业公会、百货业公会、银钱业公会，这些同业公会构成了商会的基层组织。同业公会的头目，大多是同业中生意较大、有一定行业实力或与官府关系密切的；有的同业公会实际是商业把头性质，与普通商户是剥削与被剥削的关系。20世纪30年代，蚌埠的同业公会又增加了人力车公会①。

商丘的同业公会规模不大，1925年，在车站附近只有粮食业和转运业两个同业公业；至1936年增加到18个，主要包括烟行业、银楼业、粮食业、中药业、酱菜业、杂货业、西药业、照相业、皮业、盐业、颜料业、山货业、旅栈业、饭馆业、钟表业、洋车业、茶叶业及京广业等②。

铁路工会是随着铁路工人群体的壮大而诞生的，自20世纪二三十年代产生以来，即成为当时我国早期工会组织中最为重要的组成部分，铁路工会与海员工会一并成为当时著名的陆、海两大交通业工会③。淮河流域铁路沿线的各车站也都纷纷建立铁路工会或铁路工会分会。

陇海铁路工会创建最早，1921年之前，洛阳、开封和徐州等站已经成立了旧式的工人组织“老君会”。1921年11月，该路工人因为讨薪举行全路大罢工，罢工过程中洛阳、开封和徐州等站的“老君会”改称铁路工会；次年1月15日，在中国劳动组合书记部的指导下，各站工会代表齐集开封，成立陇海铁路总工会，选举冯万祥为会长，凌必应、王福顺、胡长清为副会长，游天祥为秘书，总工会下设郑州、开封、洛阳和徐州等分工会。1923年，京汉铁路工人大罢工失败后，军阀吴佩孚下令封闭工会，陇海铁路总工会被迫停止活动。自1925年夏开始，陇海路沿线各站工会先后得以恢复与发展，首先是徐州、开封和洛阳三站工会恢复，复由开封工会发起，经各工会之赞助，于1925年7月20日正式成立陇海铁路总工会。

国民政府成立后，在陇海铁路着手建立由国民党控制的铁路工会。1928年10月，在国民党中央党部派员指导下召开了第一次全路工人代表大会，选举王福顺等人为执委；1931年，又召开第二次全路工人代表大会，改委员制为理、监事制④；同年，改分工会为分事务所（1934年10月恢复分会名称），

① 蚌埠市地方志编纂委员会：《蚌埠市志》，方志出版社1995年版，第171页。

② 商丘地区商业局：《商丘地区商业志·评审稿》，编者1991年印行，第41页。

③ 李平衡：《中国工会运动之过去及现在》，《劳工月刊》第1卷第2期，1932年5月15日，“言论”，第1—62页。

④ 《铁路工会之沿革及现状》，《劳动季报》第1期，1934年，第162页。

至1934年该路共设9处分事务所，工会会员约5 000名[①]。位于淮河流域的分事务所包括郑州、开封、商丘、徐州、新浦和海州6处，郑州分事务所有会员777名，常务干事阎万元；开封分事务所有会员642名，常务干事刘增海；商丘分事务所有会员396名，常务干事程胜贤；徐州分事务所有会员1 402名，常务干事杨世荣；新浦和海州分事务所分别有会员465名和1 091名，常务干事为马玉卿和杜玉珍[②]。

京汉铁路工会创建于1922年。在1922年前，该路的郑州、许州、郾城、驻马店、信阳和长辛店等16站已有工人组织的酝酿，称为工人俱乐部[③]。1921年初，这些工人俱乐部逐次改称京汉铁路工会某分会，是年底该路共组织成立了包括长辛店、琉璃河、高碑店、保定、正定、顺德、新乡、黄河、郑州、许州、郾城、驻马店、信阳、广水、江岸等在内的16个分会[④]，其中位于淮河流域境内的有郑州、许州、郾城、驻马店和信阳5个铁路工会分会。

郾城车站分会的前身，是1922年春在中国劳动组合书记部武汉分部推动下成立的京汉铁路郾城火车站工人俱乐部。同年10月10日，根据京汉铁路总工会筹备委员会的命令和《京汉铁路总工会章程草案》规定，“京汉铁路郾城俱乐部”与该站“慈德公益会”合并，正式成立“京汉铁路总工会郾城车站分会”，委员长为卢存善，会员380余名，会址设在漯河平汉前街[⑤]。

驻马店铁路工会由胡文秀、何继模等人于1922年3月成立的驻马店铁路工人俱乐部转变而来，同年夏工人俱乐部改称铁路工会，工会会员由最初的300余人增加至500多名[⑥]。

许昌车站最初成立了“工人劳动补习学校”，1922年春又成立了工人俱乐部，骆生担任俱乐部长，9月成立铁路工会许昌分会[⑦]。

信阳铁路工人俱乐部成立于1922年2月，同年11月改称信阳铁路分

---

① 绿藤：《最近两年来各地工会概况》（续），《劳工月刊》第3卷第5期，1934年5月1日，第3页；郑州市政协文史资料研究委员会：《郑州文史资料》（第3辑），编者1987年印行，第58页。

② 陇海铁路管理局：《陇海年鉴》，编者1933年印行，第71页；秦哲：《陇海路工会概况》，《铁路职工半月刊》第97期，1934年11月，第14—15页。

③ 张特立：《“二七”前后工会运动略史》，《新青年》第2号，1925年6月，第14—32页；《铁路工会之沿革及现状》，《劳动季报》第1期，1934年，第155页。

④ 邓中夏：《中国职工运动简史》，人民出版社1949年版，第85页。

⑤ 漯河市史志档案办公室：《中国共产党漯河历史纪事（1919—2000）》，中共党史出版社2001年版，第14页。

⑥ 驻马店老区建设促进会：《驻马店革命老区》，编者2009年印行，第194页；驻马店市政协文史委员会：《驻马店市文史资料》（第1辑），编者1991年印行，第8页。

⑦ 许昌县志编纂委员会：《许昌县志》，南开大学出版社1993年版，第289页。

工会[①]。

在郑州车站，1921年9月，由工人高斌、姜海世（士）等发起成立郑州铁路工人俱乐部，高斌被推选为总干事；次年8月，在工人俱乐部的基础上成立郑州铁路工会，不久改称京汉铁路郑州分工会，高斌任委员长[②]。

随着京汉铁路沿线车站工会组织的相继成立，1922年4月9日，京汉铁路各车站工会代表在长辛店召开第一次会议，筹商组织成立总工会，以使全路工会得以整饬和划一。同年8月和次年1月5日，全路代表又在郑州举行两次大会，认为成立总工会的时机已经成熟，决定于1923年2月1日在郑州正式举行总工会成立大会，并通过《京汉铁路总工会章程草案》。《草案》对京汉铁路总工会的宗旨、会员、组织、职权、规约、经费、附则等做了规定，其中第11条规定："每次代表大会，举定十五人组织执行委员会，每四个月由委员会召集开会一次，并得开临时会。"第12条规定："由执行委员会互举委员长一人，副委员长二人，任期一年，但随时得由执行委员会改选之。"第13条规定："由执行委员会派定干事若干人，组织干事局，设总干事一人，其余干事分作秘书、调查、庶务、教育、交际等科办事。"第14条规定："凡人数满百人的车站，须组织分会，名曰'京汉铁路总工会某站分会'，凡人数不满百人者，举出代表，加入临近的车站分会，设立执行委员会，其组织法，由总工会执行委员会，另行审定之。"[③]

1923年2月4日，京汉铁路总工会在郑州成立，成为当时规模最大、组织最完备的工人组织。

二七大罢工失败后，京汉铁路沿线各站工会均被取缔，郑州、许昌、漯河、驻马店和信阳等5站的全路总工会和各站分工会被迫解散。但次年2月，由全国12条铁路线、45名工人代表参加的中国铁路总工会正式成立[④]。中国铁路总工会成立的宗旨为："谋生活之改良，地位之向上，及全体铁路工友之福利；实行感情之联络与互助，消弭地方上及职业上感情之隔膜，排除工人间之纷争，促使工会之统一；促进劳动者知识之向上及阶级之自觉；协助各路工人组织各种总工会，并与全国各业之工会及世界各劳动团体结密切之关系。""总工会的最高权力机构为代表大会，审议本会之预算决算及一切重大事件，大会闭会期间，由执行委员会行使代表大会权力，委员会设正副委员

① 信阳市志编纂委员会：《信阳市志》，中州古籍出版社2001年版，第23页。

② 河南省文物局：《河南革命史迹》，中原农民出版社1993年版，第64页。

③ 邓中夏：《中国职工运动简史》，人民出版社1949年版，第85—88页。

④ 乐生：《全国铁路总工会第二次代表大会之经过与结果》，《向导周报》第104期，1925年2月28日，第870页。

长；执行委员会下设干事局，设总干事、秘书各一名，干事局中设调查、庶务、组织、交际、财政、教育和宣传等部；另外，代表大会还设有教育委员会、工作介绍处和管理消费合作社委员会等特设机关。总工会的经费由各路工会征收之，各路工会以每月经常收入的10%纳充总工会经费，各路工会应按时将该会之业务及进行状况报告总工会，如有罢工事件发生，须先得总工会同意。”① 其他各路的工会组织在形式上也大体仿照总工会，只不过对基层组织的规定更为详细，如沪宁路车务工会规定，每 10 人组成 1 小组，每 10 小组组成分区会，分区会下设干事会负责日常事务②。

在全国铁路总工会的帮助之下，京汉铁路各站工会又逐次恢复。1925 年元月，京汉铁路郑州分工会率先恢复，选举汪胜友为委员长，工务处司文德为工人总代表，下设俱乐部、阅览室等，编印有《工会日刊》。2 月 7 日，京汉铁路总工会恢复成立③。2 月初，驻马店铁路工会恢复，有会员 400 余人④。6 月，京汉铁路总工会派康景星到许昌帮助恢复许昌火车站工会组织，同月工会组织正式恢复，辖区北至新郑，南至临颍共 5 个小站，全站除站长、段长外，343 名工人全部加入工会⑤。

1932 年，国民党为达到控制铁路工人的目的，在平汉铁路筹组成立铁路国民党特别党部，专司监督、训育铁路员工。在其控制下，1932 年平汉铁路“黄色工会”⑥ 建立。1933 年，全路工会成员达 26 272 人，分事务所（分工会）共计 18 处⑦。至 1934 年，郑州铁路工会有会员 1 285 人，许昌铁路工会有会员 409 人，郾城铁路工会有会员 444 人，驻马店铁路工会有会员 479 人，

---

① 王清彬、王树勋、林颂河：《第一次中国劳动年鉴》（第 2 编），北平社会调查部 1928 年版，第 103—106 页。

② 王清彬、王树勋、林颂河：《第一次中国劳动年鉴》（第 2 编），北平社会调查部 1928 年版，第 103—111 页。

③ 《郑州工会志》总编室：《郑州工会志》，中州古籍出版社 1990 年版，第 92 页。

④ 中共驻马店市委组织部：《中国共产党河南省驻马店市组织史资料（1926—1987）》，河南人民出版社 1991 年版，第 11 页。

⑤ 许昌县总工会：《许昌县工人运动史（1902 年—1999 年 6 月）》，编者 1999 年印行，第 355 页。

⑥ “黄色工会”一词源于西欧，是指为资产阶级所收买、控制的工会。1887 年，法国蒙索明市工人罢工，资本家收买工贼组织了一个假工会来破坏工人罢工。当时罢工工人打碎了这个工会会所的玻璃窗，资方改用黄纸糊窗子。从此，资本家操纵的工会被称为“黄色工会”。中国的“黄色工会”，是指从土地革命战争开始（即 1927 年大革命失败后），被国民党反动集团所操纵、收买、控制，为国民党反动统治服务效劳的工会，与其相对应的是中国共产党领导的“红色工会”。参见中国共产党历史大辞典编辑委员会：《中国共产党历史大辞典（增订本）新民主主义革命时期》，中共中央党校出版社 1991 年版，第 390 页。

⑦ 《铁路工会之沿革及现状》，《劳动季报》第 1 期，1934 年，第 156 页。

信阳铁路工会则有会员 959 人[①]。

“津浦铁路工人于京汉铁路‘二七’事件时，即有组织工会之酝酿。”[②] 铁路沿线主要车站，如浦口、徐州、济南、天津等先后建立工会。此后，该路工会在军阀的破坏下，被迫解散。1925 年后，各站分会逐次恢复；同年 9 月，津浦铁路总工会在浦镇成立，下设各站分会共 14 个，亦称分事务所[③]。

1931 年 4 月，在各站国民党特别党部的指导下，津浦铁路第一届全路工人代表大会召开，选举产生理事会和监事会，理事为李振和、李庆羲、黄锦荣、张振东、徐治国、刘文琴、张焕藏、廖桢成、李保奎等 9 人；监事为梁流、荆珊、张云阁、黄标、陈文彬等 5 人；理事和监事均有候补。会所设在浦镇，有分事务所 14 处，包括浦口、浦镇、蚌埠、徐州、临城、兖州、泰安、济南、德州、沧州、天津、大槐树机厂（今济南机车工厂——作者注）等，各所置常务干事 1 人，全路会员总数为 16 117 人[④]。

津浦铁路沿线位于淮河流域的分工会包括蚌埠、徐州、临城和兖州 4 处，其中蚌埠铁路工会成立于 1922 年 10 月，参加者约有 200 人，工会领导人赵兴旺、王顺，工会办公地点设在一所小学校里，只吸收工人参加[⑤]。1923 年，工会被迫解散；1925 年 11 月，蚌埠铁路工会恢复，有会员 350 余名[⑥]。

1922 年 6 月，中国劳动组合书记部北方分部委员、津浦铁路工会委员长、共产党员王荷波来徐州，帮助建立徐州铁路工会，姚佐唐任会长[⑦]。

至 1935 年 6 月，津浦铁路的分工会中，第四分会辖明光至固镇段，会员 1 148 人，李学伦、杨心成和杨云海 3 人为常务干事；第五分会辖石门山至南宿州段，会员 1 890 人，常务干事为蒋连昌、李少亭和曹逮臣；第六分会辖南宿州至利国驿段，会员 1 502 人，陶连科、李凤翔和王宝善 3 人为常务干事；第七分会辖韩庄至两下店段，会员 913 人，常务干事为赵以珂、房孔修和刘宪才；第八分会辖邹县至大汶口段，会员 829 人，崔敬諲、任士信和魏春舫

① 绿藤：《最近两年来各地工会概况》（续），《劳工月刊》第 3 卷第 5 期，1934 年 5 月 1 日，第 2—3 页。

② 邢必信等：《第二次中国劳动年鉴》（中册），北平大北印书局 1932 年版，第 70 页。

③ 绿藤：《最近两年来各地工会概况》（续），《劳工月刊》第 3 卷第 5 期，1934 年 5 月 1 日，第 1 页；李平衡：《中国工会运动之过去及现在》，《劳工月刊》第 1 卷第 2 期，1932 年 5 月 15 日，第 22—24 页。

④ 济南铁路总工会工运史编写组：《济南铁路工运史资料选编》（第 5 辑），编者 1986 年印行，第 52 页。

⑤ 中共蚌埠市委党史研究室：《中国共产党蚌埠地方史》，安徽大学出版社 2007 年版，第 11 页。

⑥ 中共中央组织部、中共中央党史研究室、中央档案馆：《中国共产党组织史资料》（第 1 卷），中共党史出版社 2000 年版，第 368 页。

⑦ 徐州工会 88 周年丛书编委会：《徐州工会组织发展史》，江苏人民出版社 2009 年版，第 2 页。

为常务干事[①]。

淮河流域内的其他产业工会，是在产业工人群体不断发展与壮大的基础上建立起来的。此类产业工会中煤矿工会规模最大，在近代工会组织中也占有重要地位，而这些煤矿企业及其会员也基本上沿铁路线分布。

徐州煤矿最早的产业工会成立于1929年5月，初名为贾汪煤矿厂工会，1934年3月改名为贾汪煤矿产业工会，最高组织为理监事会，时有会员包括里工和外工合计452名[②]。

中兴煤矿产业工会的建立与发展较为复杂，最早酝酿于1925—1926年。1926年12月，在中共的领导下，枣庄中兴煤矿公司矿工赤色工会秘密建立，张福林任工会主席，该工会是枣庄矿工的第一个工会组织[③]。1927—1928年，中兴煤矿工人中出现了两个并存的工会组织，一个为外工会，一个为里工会。外工会是在北伐军到达鲁南之后，在国民党支持下建立起来的，当时国民党想借工人的力量向资本家施压，便同意工人们组织工会的要求。1927年11月，枣庄煤矿失业工人工会办事处（称外工会）成立，张福林、郭长清、蒋福义、王文彬等人被选为工会负责人。外工会的主要任务是动员广大失业工人，团结互助，为失业工人谋利益，向资本家提出要求复工和救济、发还拖欠的工资等条件。外工会成立之初，有会员700余人，通过广泛地宣传和发动，会员很快发展到1 000余人，形成了一支不可忽视的力量。里工会亦称中兴矿工同业筹备处，是资本家对抗外工会而成立的，会员600余名。里工会秉承资本家的旨意，在工人中间招摇撞骗，挑拨离间，企图破坏外工会的威望。里工会的几个头目按照资本家的旨意经常派人监视外工会的活动[④]。

因为外工会和里工会之间的矛盾和冲突不断，1928年8月，国民党中央民众训练委员会派员对其进行了整理，将外工会和里工会统统取消，另行成立工会整理委员会。至1930年12月，正式成立峄县中兴煤矿公司工会；1931年，该会有会员6 600余名，工会经费除由公司按月津贴500元外，其余由工人担负者计有入会费、经常费及临时费三种。入会费每人大洋1角；临时费无定时、无定额，实际亦很少征收；经常费系按照工人工资之多少征收[⑤]。

---

① 铁道部秘书厅：《铁道年鉴》（第3卷），商务印书馆1936年版，第1 221页。

② 江声远：《各地矿业工会概况》，《劳工月刊》第3卷第10期，1934年10月1日，第1页。

③ 中共枣庄市峄城区党史征集研究委员会：《枣庄市》，编者1989年印行，第19页。

④ 中共枣庄市委党史研究室：《中国共产党枣庄地方史》（第1卷），中共党史出版社2005年版，第41页；邢必信等：《第二次中国劳动年鉴》（中册），北平大北印书局1932年版，第82页。

⑤ 李文海：《民国时期社会调查丛编·城市（劳工）生活卷》（下册），福建教育出版社2005年版，第922页；邢必信等：《第二次中国劳动年鉴》（中册），北平大北印书局1932年版，第83页。

另外，津浦铁路沿线的烈山煤矿也建立有工人组织。1925 年 6 月，烈山煤矿成立"沪案后援会"；1927 年 5 月，成立烈山煤矿船运工会；1928 年 6 月，烈山煤矿工会成立，由梁文焕任会长；是年该矿建立秘密赤色工会，有骨干会员 29 人①。

除煤矿产业工会之外，20 世纪二三十年代，淮河流域主要城市郑州、开封、许州、连云港、蚌埠等，还建立有邮务、棉纺织、烟草业和电力等产业工会。

1927 年之前，郑州已建立河南省总工会（1925 年）和郑州总工会（1927 年），除京汉、陇海和郑州 3 个铁路工会外，还包括豫丰纱厂、中华蛋厂、电报、邮务和电灯等数十个产业工会，会员 3 万多名，占当时工人总数 5 万名的 60%。1927 年后，国民党对郑州工会进行改组，建立起受国民党控制的官办工会，其中豫丰纱厂工会成立于 1925 年，1927 年后经国民党改组成为"黄色工会"，1934 年被取缔②。

开封主要有面粉业、硝盐业、建筑业、邮务业和铁路等 5 个产业工会，全城各类产业工人数约 25 000 人中有超过 15 000 人参加了各类工会组织③。许昌主要有建筑业、印刷业、鞋业等产业工会④。据 1930 年《工商半月刊》所载，蚌埠产业工会计有建筑业、煤业、竹业、电机、航运、机器业、卷烟业、印刷业、窑业、纱厂业和面粉业等数十个，包括各类职业工会，共计 31 个，其中建筑业工会会员 3 250 人，煤业工会会员 426 人，转运业工会会员 1 206人，码头业工会会员 4 560 人，工会会员共计 25 000 余人，"其他尚有数工会未成立，总计一万余人，以全市工人计算当在三四万以上"⑤。

二、社会力量的功能及展现

不断壮大的同业公会和产业工会，构成了淮河流域社会力量凝聚与成长的重要组织形式和平台，既在各业群体谋求其经济利益方面发挥重要作用，也日益承担了若干的社会功能，甚至是超社会功能。

首先，无论是同业公会，还是铁路工会和其他产业工会，都把维护群体

---

① 《中国煤炭志·安徽卷》编纂委员会：《中国煤炭志·安徽卷》，煤炭工业出版社 1999 年版，第 467 页。

② 郑州市地方志编纂委员会：《郑州市志》（第 2 分册），中州古籍出版社 1998 年版，第 366—367 页；《豫丰纱厂工会完全结束》，《纺织时报》第 1 087 号，1934 年 5 月 24 日，第 4 版。

③ 河南省统计学会、河南省统计局《统计志》编纂办公室、《河南统计》编辑部：《民国时期河南省统计资料》（下册），编者 1986 年印行，第 380 页。

④ 许昌县总工会：《许昌工人运动史》，河南人民出版社 1993 年版，第 58—60 页。

⑤ 《蚌埠全市工人之调查》，《工商半月刊》第 2 卷第 23 号，1930 年 12 月，"工商消息"，第 24 页。

的共同利益作为其社会组织的第一要义。为此，同业公会和铁路工会开展了协调同业秩序、维护商利、提高收入、改善待遇的活动，直到组织罢工。

例如，郑县银行业为了维持和增进同业之公共利益及矫正营业中之弊害，于 1933 年 12 月成立郑县银行业同业公会，其章程中明确规定，该会的任务是“处理同业商号之争执及请求事项”，“研究同业改良、挽救同业利益，以期工商业之发展；接受政府及本县商会委办的事项”等[①]。按照章程规定，郑州银行业公会有权利调节同业商号之间的争执，协调它们之间的矛盾，并对会员的请求作出回应。

为维护商利，同业公会还对当时政府的各类苛捐杂税进行抵制。如 1931 年，安徽省政府为弥补财政缺口，向商民征收“米照捐”和盐斤附捐，蚌埠商会、蚌埠 36 家同业公会及蚌埠淮盐运商同业公会联合抗捐，并向上海各界致电求援：“安徽米照捐，抗令苛征，迭经国府明令撤销在案，讵料该各米照捐，藐抗功令，目无法纪，仍复于沿淮一带，扣留船只数千余艘，强迫勒征，横暴已极。冬日怀远航商千余名，以生活所关，齐赴该稽征局请愿陈诉，不意该主任宗缄三、詹心培胆敢喊令卫警，向航商开枪百余响，致航商王长发、葛兰金二名，身受重伤，命在旦夕，其余受轻微伤者不计。现在全市震动，尤其苦力劳工两万余名，受交通阻断之影响，生计已陷于绝境，以致人心惶惶，莫可终日，除电呈国府，迅令驻军强制撤销，以维民命外，合再电请贵会（系指上海市总商会），主张公道，仗义援助。”[②] 而皖省盐斤捐，因蚌埠“淮盐运商同业公会等反对正烈，且各运商所运食盐均堆积船上不肯运岸报捐，以为消极抵制，故事实上亦无捐可收。现财政厅又派科长左某来蚌催促开征，皖北征收总局复于宿县设立分局，征收东盐附捐。于滁县、来安、全椒三县，责成盐商代征票盐附捐。至淮河下游，因西坝来盐不多，盱眙，五河暂不设立分局。闻宿县方面已与盐商商定每担减征一元五角（原定每担二元四角）”[③]。

各同业公会为维护自身行业利益，往往还与铁路当局发生直接利益交涉。1931 年，在由铁道部举办的全国铁路商运会议上，蚌埠淮盐运商公会就曾提交一份议案，认为：“海州为陇海东段终点，向以盐产为大宗，每年产额之可揽归路运者达拾陆万吨之多，近年因陇海路所定食盐运价过高，计自大浦至徐州一段运过道之车租在内每吨需九元四角之多，较之他路每吨每公里二分二厘不啻一倍有余，是故运盐运商多改趋海运，不特国税商本咸受损失，且

---

① 杨达：《抗战前银行业及其同业公会》，《管城文史资料》1990 年第 2 期，第 25 页。

② 《国外要电・公电》，《申报》1931 年 3 月 4 日，第 2 张第 8 版。

③ 《要闻：皖北盐米捐仍在征收》，《申报》1931 年 2 月 1 日，第 3 张第 12 版。

于铁路收入亦受重大影响”，因此要求路局“参照各路食盐运费，迅定运盐专价，并取消徐州过道车租”[1]。

该公会的另一份议案则直指铁路员司私卖车皮、收受贿赂等不良行为：“年来军事迭起，车辆缺乏，商货停滞，急待运输，狡黠者遂不免持贿于求，而贪污者更因之乘机要挟，贿卖车皮，需索陋规，彼以贿求，此以车应，贿赂公行，恬不为怪。陋规黑费视为当然，闻其名目之多，为数之巨，几与正当运费相伯仲。清廉员司感独醒之为难，正当商人受把持之影响。铁路当局亦未尝不有所闻，布告示禁三令五申，顾知其情者，不愿声述，能建言者不明底蕴。皇皇文告，视等具文。贪污之风未见稍杀，长此以往，不仅长贪污之恶习，仰且阻路政之发展。现奉统一告成，建设开始，复值大部励精图治，整顿交通，亟应铲绝贪污，祛除积弊，俾路政得以进展，商人蒙其福利。”[2]

同年5月，蚌埠各同业公会还联合起来向铁道部呈文，请求减低运价。《申报》记载如下：“当津浦路未筑之前，豫东皖北一带所产豆麦杂粮，多由长淮水道运出，及津浦路告成初订运价甚轻，故客商悉改由车运，蚌埠居长淮中游，为舍舟登陆之枢纽，故近十余年来商业日臻繁盛，而运输业在蚌亦占重要位置，约计不下七八十家，虽供过于求，然各家尚能安定营业。自国府实行裁厘后，皖苏两省所有关卡，一律撤销，千里长淮，畅行无阻，长淮上游豆麦杂粮等货，于是以船价低廉之故，所有船户客商遂舍陆运而就水运，以致蚌埠各运输公司各粮行营业皆受影响，视前大有一落千丈之势。至于进口之大宗货物，如绸布京广食盐铁货糖纸等，向日皆由浦口车运至蚌，现在常关厘卡既已裁撤，所有长淮装运杂粮船只至上海常州无锡镇江各埠卸载后，即就便购买上项各货或至西坝购盐运回皖北一带销售，各粮船既长驱直下，至蚌并不稍停，蚌埠商务，因之异常凋敝，即津浦路局之收入亦顿形减少。此间运输同业公会，以为若不设法救济则各业前途势将不堪设想。月初，特推派代表孙企骞、汪墨卿向津浦路局要求，将蚌浦间运价减轻。路局仅允减至九折，但孙等希望减至七折，方足以抵制水运。及返蚌报告后运输同业公会复联合盐业、粮业、糖纸业、铁货业各同业公会开会讨论救济办法，当经决议会同函请商会，转呈铁道部呼吁请予核减车价或援照京沪路糖棉纱等货车价办法，将由蚌至浦豆麦杂粮之车价另订专价，庶可挽回陆运营业。”[3]

与同业公会不同，铁路工会在经济上的诉求主要是改善工人生活、提高

---

① 铁道部铁路商运会议办事处：《全国铁路商运会议汇刊》，编者1931年印行，第196页。
② 铁道部铁路商运会议办事处：《全国铁路商运会议汇刊》，编者1931年印行，第213页。
③ 《蚌埠运商请核减车价》，《申报》1931年5月26日，第2张第7版。

其待遇。在20世纪30年代之前，罢工是铁路工会维护铁路工人经济利益最惯用的方式。1921年陇海铁路工人的第一次罢工就与经济待遇有密切关联，起因是洛阳铁路工人受到苛待，而迅速引起东起海州、西至陕州（今三门峡市）的全路大罢工。各站工人所受苛待均包括经济方面，如开封机厂工人罗列的苛刻待遇就包括“向来工人有病故者，公司发给恤薪三月以资葬埋，乃经伊免去”，“向来因公受伤者，照常发给工资以资调养，乃经伊取消”，“工人每天向来工作十小时，另外加点，按点发给工资，伊亦免去”等①。1925年9月，陇海铁路工会向路局提出改善工人待遇的要求：“工人每年支双薪一月，每月大礼拜两日及三大节均给双薪”；“车头办工10点以外者应给加点工资，洗炉歇工，不得扣除工资”；“生活程度日高，工人所得不足以维持生活，每人每日加工资一毛”；“出差伙食太不公平，应改为司机一元（京汉有例可援），工匠一元，升火五毛，小工五毛”；“每年给工人家属免票一次，工头司机是二等免票，工人等三等免票。”结果，河南省政府、路局和工会三方协商，将条件略加修改，使工人的待遇和收入有所提高②。

20世纪30年代后，铁路工会罢工次数有所减少，但仍会集合工人力量，争取适当的经济利益。津浦铁路就多次发生以罢工方式进行索薪的事件。如1932年，津浦铁路原本应允逐步还清1925—1927年欠工人的工资，但至该年11月，眼见年终将至，路局根本没有支付工资的意思。工人的愤懑终于爆发：“各组组长百六十人，由工会常委率领，前往津浦路管理委员会请愿。”迫于工会的压力，路局答应将欠薪的兑现和路局的收入挂钩，并制定还薪办法：“全路每月收入不及一百万时，为维持支出计，可不提发。满百万元时，准予月提二万元，满一百二十万元时，提三万，满一百四十万元时，提四万元，满一百六十万元，提五万元，满一百八十万元，提六万元，满二百万元，即以七万元为限。”规定特别要求，欠薪从当年十二月期即行提发，又规定：“每月须于第二月十日前核明全路收入后，始得发给。”欠薪发放，由特别党部、铁路工会及铁路管理委员会各派代表组成的欠薪委员会主持。结果，“各工友等，当以结果圆满，遂各安心工作矣”③。但是，“津浦路工资向颇凌乱，有月薪、日薪，领日薪者为临时工，实则此种工人仍多经常做工，只是便于主管人员克扣，乃按日计算。往往工人业已离职，另有冒名顶替者领取日薪，更有做工多而领薪少，及做工少而领薪多之事，皆由主管人员有意

① 《国内要闻：陇海路罢工风潮之汴讯》，《申报》1921年11月26日，第3张第11版。

② 罗平海：《罗章龙与早期铁路工人运动》，中共浏阳市委办公室、中共浏阳市委宣传部2007年印行，第53—54页。

③ 实业部劳动年鉴编纂委员会：《民国二十一年中国劳动年鉴》，编者1933年印行，“第二至三编”，第202页。

为之。津浦路工会负责人特向路局交涉，要求取消日薪，一律改为月薪，冒名顶替有工作能力者补为正式工人，按照工作需要，补足员额，以防吃额中饱，路局当即接受，积弊以除。津浦路局员司，可以请假，工人则不能，请假即扣薪，而年终奖金、养老金、抚恤金，亦只有员司有之，工人则无，工会亦向路局交涉，得到同等之待遇。津浦路员工年终奖金，向由路局量为给予，员工不敢争议。1933年，津浦路工人听闻京沪路年终奖金为两个月薪金，而津浦路只有一个月，愤愤不平，后经工会与路局多次交涉，路局同意年终奖金为一个月又四分之一薪金"[①]。

在铁路工会的领导下，一些苛待铁路工人的员司和工头受到惩处，工人的合法权益得以维护。例如1922年2月，郑州机务处全体工人发表宣言，历述厂首陈福海"任意剥夺工人的自由，待遇工人如牛马，种种劣迹"，提出撤换陈福海等5项要求。京汉路工会和全国各地工会纷纷表示"极端赞助"，并以"全体力量为之后盾"，从而迫使路局答应工人的要求[②]。在陇海铁路，工人们经常受到监工和各级头目的苛责与欺凌，1921年11月，在铁路工会的组织下，全路举行罢工，要求罢免该路总管法国人若里，机务处员司及工厂厂长等执行公务，须依照章程，不得虐待工人或以不逊之态度对待之。1922年2月，在陇海铁路总工会的督促下，若里被开除职务[③]。1925年，京汉路郾城工务223号道棚工人闫毛与乡人发生讼案，被乡人势力所迫，解送郾城县署羁押，并受责打；该事报告工会后，工会派人营救，工人才重获自由[④]。

其他产业工会也把维护工人利益作为首要任务。例如，豫丰纱厂是郑州最大的棉纺织企业，工人数量众多，20世纪20年代，该厂工人深受中外资本家的压迫剥削，平时工作达12～14小时，工人月工资平均不过4.8元，再被工头克扣、强迫送礼后所余无几，难以维持生活；特别是女工、童工，与成年男工同样劳动，所得不过男工三分之二或一半。在厂内，工人被洋人和工头、监工任意打骂，上下班被流氓厂丁抄身侮辱，工伤事故频繁发生。工人们迫切要求改善政治、经济地位。1925年8月，该厂4 000余工人在工会的领导和组织下，发动罢工，提出包括"工厂增加工人及开革工人，须经工会

---

① 中国劳工运动史编撰委员会：《中国劳工运动史》，中国劳工福利出版社1966年版，第969—970页、第1177—1178页。

② 中华全国总工会中国工人运动史研究室：《中国工运史料》（第1—8期），工人出版社1984年版，第552—554页。

③ 罗章龙：《椿园载记》，生活·读书·新知三联书店1984年版，第240—259页。

④ 罗平海：《罗章龙与早期铁路工人运动》，中共浏阳市委办公室、中共浏阳市委宣传部2007年印行，第31页。

许可”，“全厂男女童工一律加工资洋六分”，“童工的工作时间应由十二小时改为八小时”及“工厂须辅助工会，设立学徒、童工、女工补习学校”等12项要求[①]。在工会的斗争下，豫丰纱厂资方最终妥协，答应“工厂不得无故开除工人”，“全厂男女童工，于罢工一月内，一律加洋五分，全厂摇纱工人，布机工人按照最近所增加者外，于一月后再酌加，自增资后应尽力工作，务使出品精良，废品减少”，“布间工作时间由十二小时改为十小时，童工工作时间及改班问题，暂行保留待机实行”，“厂辅助工会设立学徒、童工、女工补习学校，除补助开办费五百元外，每月再拨工会费用五十元，教育经费二百五十元，共三百元”及“工人作工受伤以致不能作工者酌发给抚恤金”等条件[②]。1933年，该厂工会再次与资本家就劳资问题发生纠纷，最终迫使厂方发给工人失业维持费[③]。

又如，中兴煤矿工会多次就改善工人劳动条件、增加工资等与资方进行交涉。1931年3月，资方与工会方面达成协议，其内容包括增加工人工资；提高外工待遇，外工因公死亡，除丧葬费50元外，另给恤金150元，外工因公残废不能工作者，给一次抚恤金150元；摊派花红职工一律；改变工作时间，凡轮班者以实在工作8小时为一工，不轮班者以实在工作9小时为一工，等等[④]。

其次，同业公会、铁路工会和其他产业工会，在谋求各自经济利益的同时，也促成各自力量的凝聚，在遇到社会问题时能积极参与和介入，承担部分社会功能，并随着其自身力量的成长，承担的社会功能也愈加丰富。

民国时期，同业公会开展公益活动的重点主要是在生活救济和同业教育这两个方面，其他方面的公益活动开展得并不很多[⑤]。例如，一战后帝国主义重新加紧对中国的经济侵略，我国市场洋货充斥，河南省内的工商界也缺乏实力与外商竞争。为挽救工商界的颓败局面，1929年5月，位于开封的河南省总商会及其下属各业公会积极商议筹办商人训练班，由工商厅派专门人才担任教师，每晚7～9点授课，许多人积极参加，各业公会也都选送行业人员来参与商人训练，以期培养出一批工商人才，促进河南工商业的发展。除工商业外，在教育方面，河南同业公会的公益还覆盖省内中小学校或专门学校，

---

① 刘英贤：《关于一九二五年郑州豫丰纱厂的罢工斗争》，《河南工运史研究资料》1983年第2期，第46—65页。

② 《郑州豫丰纱厂罢工胜利》，《民国日报》1925年8月30日。

③ 《豫丰纱厂纠纷解决》，《申报》1933年2月24日，第2张第7版。

④ 李文海：《民国时期社会调查丛编·城市（劳工）生活卷》（下册），福建教育出版社2005年版，第922页。

⑤ 魏文享：《中间组织：近代工商同业公会研究（1918—1949）》，华中师范大学出版社2007年版，第371页。

如一些中小学校经费不足，学校董事便函请当地一些同业公会予以资助[①]。

近代时期同业公会的社会公益，主要集中于积极参与淮河流域内各类灾害引发的难民救济。“由于同业公会受商会和政府的领导，所以其赈灾活动一般随政府和商会进行，各业公会收取的事业费中就有一部分专门用于公益慈善事业，遇到灾情的时候这部分公益经费就发挥作用。除此之外，如果有临时需要，同业公会还会组织会员捐资以助公益。政府用以救灾的物资有许多是由商会和同业公会供给的，各个同业公会或出钱或出物，或直接组织会员参与施粥散赈，如各县政府在难民流离之处一般都设有粥厂，这些散布于全省各县的粥厂帮助许多难民存活下来，在这些粥厂中，有一部分就是由各县商会及其下属的同业公会提供粮食和人员而维持的。同业公会的救济活动多局限于省内救灾。此外，在赈灾物品的捐赠中，除社会慈善团体的捐赠和一些个人捐赠外，各业公会也会积极组织各个工厂或商号为难民捐赠，如许多粮业、药业、衣业、鞋业等同业公会都会积极捐衣食、赠药品。其他公会如面粉业等还直接提供许多面粉给赈灾会用来救济难民，钱业公会也会积极捐赠资金给慈善机构如救济院或者儿童教养院等，一些公会还联合举办一些义演或义卖活动，通过这些活动筹募资金捐给难民。许多公会的领导者甚至担任救济团体的领导人员，积极参加救灾活动。”[②]

此外，同业公会还进行捐资助学等社会公益活动，如 1931 年，“蚌埠市运输业同业公会捐该市私立江淮中学经费五万七千余元”，并因此获得国民政府教育部颁布的一等奖状[③]。产业工会中的工人虽然生活异常艰难，但仍有社会公益之心，1937 年四川发生大旱灾，中兴煤矿产业工会向其捐款 340 元[④]。

铁路工会在社会层面的介入，主要表现在对本会困难的工人给予救济和抚恤，以及举办各类休闲、娱乐活动，并开展以提高铁路工人知识技能为目的的职工教育等方面。

在铁路工人救济和抚恤方面，1924 年 2 月，全国铁路总工会成立时，即明确提出解决工人失业及救济问题：“对于‘二七’事件中死伤之工友，吾人既已竭力设法抚恤，则对于此后为工会奋斗而失业之工友，不仅应与以慰问，并应请求救济之道而恢复其职业。”[⑤] 并通过《关于中国济难会之决议案》：“本会当竭全力谋中国济难会之发展，藉以扩大工人阶级的救护事业，凡本会

① 河南省地方史志编纂委员会：《河南省志》（第十四卷·工商业联合会志），河南人民出版社 1997 年版，第 390 页。

② 张丹瑞：《民国时期河南同业公会研究》，河南师范大学 2014 年硕士学位论文，第 37—38 页。

③ 《教育消息·要闻·教部褒奖捐赀兴学者》，《申报》1931 年 6 月 10 日，第 3 张第 10 版。

④ 《四川旱灾捐款报告》，《益世报》1937 年 5 月 20 日，第 3 张第 9 版。

⑤ 中共唐山市委党史研究室：《唐山革命史资料汇编》（第 7 辑），编者 1991 年印行，第 228 页。

有工会所在的地方，有济难会之组织的，本会会员须全体加入，以扩大其组织；无济难会之组织的，本会会员当促此项组织之实现，使这种救护机关，因本会之努力而能普及全国，不但于工人阶级的救护事业收莫大的效益，亦所以充实我们战斗力量的一种有效方法。在铁路各级工会出版物上经常宣传济难会工作亦为促进此项组织之道，宜注意之。”[①]

在铁路总工会的呼吁下，包括铁路工会在内的社会团体纷纷捐款募资。陇海路徐州铁路工会发动全体路工，连续8个月每人每月捐献“一毛钱”，援助遇难的“二七”烈士家属[②]。除救济罢工的工友，铁路工会还推行会员内部的救济帮扶，如京汉路许昌铁路工会内就设有救济会，凡工友病故者，全体工友出半日工资以助其家。1925年9月，陇海铁路局在同意工会的要求中即有一项：在路服务20年以上，年满55岁不能工作之工人，按原工资之三分之二给予养老金[③]。铁路工人出险遇难时，铁路工会往往还会协助被难家属办理后事及申请抚恤。1934年1月25日，陇海铁路大浦码头飞班工人朱炳立在推运车皮过程中，不慎摔倒，致右腿碾伤过重，沦为残疾，经过新浦分事务所向路局申请，该工人获得路局100元的救济金[④]。

铁路工会为促进铁路职工的身心健康、提高其知识技能和普及工人子弟教育，还举办多种形式的学习、休闲及娱乐活动。20世纪二三十年代，铁路工人学习的方式有多种，包括职工识字学校、识字班、职工补习学校、技能养成班等，工人子弟教育则包括扶轮中小学和职工子弟学校等，路局是承办的主体，也有相当数量的学校为铁路特别党部和铁路工会所举办[⑤]。1934年初，陇海铁路工会“开封分事务所以扶轮学校，教室狭小，未能尽量容纳工人子弟，本会曾令就原有之工人子弟校舍，从新修整，续办工人子弟学校，由该所常务干事刘增海兼任校长，业于三月十二日正式开课，并于十八日补行开学典礼。又徐州分事务所以扶轮第二小学校舍虽充，仍不足收容多量学生，以致失学儿童，尚有一百数十名之多，本会不忍坐视工人子弟，错过学龄，乃令筹办工人子弟学校，暂分三班教授，开办费由该所募集，经常费每

---

① 罗平海：《罗章龙与早期铁路工人运动》，中共浏阳市委办公室、中共浏阳市委宣传部2007年印行，第88—89页。

② 中国铁路工会徐州分局委员会：《徐州铁路工人运动史大事记，1898—1987》，编者1989年印行，第16页。

③ 罗平海：《罗章龙与早期铁路工人运动》，中共浏阳市委办公室、中共浏阳市委宣传部2007年印行，第33—54页。

④ 《陇海工会二十年度二月份重要工作报告》，《路工半月刊》第2卷第1期，1934年1月10日，第27页。

⑤ 潘文安：《改进铁路职业教育之意见》，《教育与职业》第177期，1936年9月，第499—513页。

月一百零九元，亦由该所暂垫，并聘陈星樵同志为校长，现已开学上课”[①]。至1936年，陇海铁路工会“在各大站均立扶轮学校，有五大站设立工人补习学校”。除学习外，陇海路的休闲和娱乐活动也不少，“郑州有员工消费合作社，各大站设分社，郑州有图书馆，各大站均有医院，郑州有交谊会以为员工聚会及娱乐之所，并出版《路工半月刊》，以灌输工友智识，提高工友技能，增进路局生产为宗旨，销数甚广”[②]。陇海路工会设立的交谊会，其活动分智育、体育、游艺三方面，智育方面，设有阅报室，内遍贴国耻挂图，借以警惕阅报之员工，并常请名人演讲，激发员工智趣，增助员工学识；体育方面，有国术、球类、滑冰等，球队经常往开封、洛阳等处做友谊比赛，颇得好评；游艺方面，有电影、平剧、音乐、象棋、灯谜等，平剧成绩最好，在郑州尤为驰名[③]。

与陇海铁路工会基本一样，津浦铁路工会也普遍设立有扶轮学校，以及多种职工补习教育的机构和休闲设施。津浦铁路淮河流域内的蚌埠、徐州、临城、兖州、泰安等分事务所皆有职工子女小学校之设立，并出版《工训周刊》以宣传主义[④]。

平汉铁路淮河流域内的郑州铁路工会，设有工人俱乐部1所，内有种种娱乐、武术及电影机设备，有藏书4 000余册的图书馆1座[⑤]。许州铁路工会设置阅报室，除本路工会机关报外，还有《国民新报》《工人周刊》《京汉工人流血记》《一九二五年中国工会》等书刊；工会俱乐部还设有三弦、箫、笛、象棋及留声机等，以助工友暇时之娱乐；另外，工会还设有工人补习学校，“学生尚为发达”[⑥]。

再次，除经济功能和社会功能之外，同业公会、铁路工会和其他产业工会还在凝聚同业人员、铁路工人和产业工人参与具有政治性的活动方面发挥了重要作用，特别是20世纪20年代时的铁路工会和产业工会具有鲜明的政治色彩，受中国共产党的影响甚大。

同业公会参与的政治性活动，主要体现在维护国货、抵制外货倾销方面。

---

① 《陇海铁路工会三月份重要工作报告》，《路工半月刊》第2卷第6期，1934年3月25日，第24页。

② 实业部劳动年鉴编纂委员会：《民国二十二年中国劳动年鉴》，编者1934年印行，第19页。

③ 中国国民党陇海铁路特别党部：《民国二十四年陇海铁路调查报告》，编者1936年印行，第26页。

④ 实业部劳动年鉴编纂委员会：《民国二十二年中国劳动年鉴》，编者1934年印行，第19页。

⑤ 高爱娣、冯巍、卢权、禤倩红、梁文郁：《中国近代工人阶级和工人运动》（第5册），中共中央党校出版社2002年版，第975页。

⑥ 罗平海：《罗章龙与早期铁路工人运动》，中共浏阳市委办公室、中共浏阳市委宣传部2007年印行，第26—33页。

例如，1925年五卅惨案发生后，河南同业公会在河南商会的领导下开展抵制英、日两国货物运动，并制定如下的行动方案：电上海慰问伤亡同胞；电政府请力争；电全国商联会及华侨各商会，请一致援助上海被案同胞；即日通知各商号，速电沪、汉分庄，停办英、日劣货，实行与之绝交，拒绝使用其钞票；组织筹款团，提倡捐款；推代表加入各界联合会，协同动作；组织劣货检查团，实行检查，并研究现存劣货及已购妥而未运到劣货办法[①]。九一八事变和七七事变发生后，河南省内各商会和同业公会也掀起抵制日货运动。1931年8月，蚌埠各界对于万宝山案及韩人惨杀侨胞事件，无不深为愤慨，“各机关各同业公会代表，特于二日下午三时，在区党部开会，讨论进行办法，是日到会四十余人，议决：（一）即日成立蚌埠反日援侨市民大会筹备处；（二）推公安局、商会、区党部负责筹备；（三）筹备处组织，分总务、宣传、纠察三部；（四）总务部推商会担任，宣传部推区党部担任，纠察部推财政部税警特务团、蚌埠公安局、长淮水上公安局，共同担任；（五）筹备经费，定一百八十元，由各机关团体各银行分别摊认；（六）定于八月六日上午八时，在横铁路北空场搭台举行，天雨改在商民舞台；（七）筹备处假区党部办公”[②]。

1921—1927年，铁路工会在政治上公开反对地方军阀和帝国主义，与中国共产党关系密切；1928—1937年，铁路工会受国民党控制，成为官办的工会组织，其政治色彩发生逆转。

1921—1927年，铁路工会组织和领导工人运动，公开反对北洋军阀统治和帝国主义侵略。京汉铁路二七大罢工即是工会反对北洋军阀统治的鲜明代表。1923年2月1日，京汉铁路各站工会决定在郑州成立京汉铁路总工会，结果开会代表被军阀吴佩孚军队所阻，难以进入会场。“全体（代表）大愤，先推代表再三理论，终不允许，相持二小时久，最后乃不顾生死，冲开阵线，拥入会场，但会场已被军警包围，代表及来宾所住旅馆，皆被重兵包围，不许偶语，总工会在酒馆所定的酒席也不准开售。代表及来宾完全失去自由，饮食不得。各团体所赠匾额对联等，也尽被摔毁，弃置道旁。总工会会所，被军队占领，驱逐职员，捣毁一空。”[③] 总工会遂于当晚决定2月4日举行全

① 庞守信：《五卅运动在河南》，河南人民出版社1986年版，第45页。

② 《蚌埠市民开反日大会》，《申报》1931年8月5日，第3张第9版。

③ 中华全国总工会工运史研究室、中华全国铁路总工会工运史研究室、河南省总工会工运史研究室等：《二七大罢工资料选编》，工人出版社1983年版，第6—7页。

路总罢工，并向吴佩孚提出五项复工条件[①]。2月4日，郑州铁路工人首先罢工，沿线郾城、许昌、驻马店和信阳等地工会纷纷响应，全路罢工得以实现。2月7日，吴佩孚采取大规模镇压工人罢工的报复手段，对京汉铁路沿线重要车站的铁路工人进行逮捕和杀害，淮河流域境内的郑州、信阳、漯河和驻马店铁路工人受难颇重，信阳铁路工会执行委员胡传道，“因军警强迫开车，不允，竟被断去一臂”[②]。2月9日，罢工失败，总工会亦被解散。在罢工过程中，铁路工人提出“全世界的劳动者联合起来”和“打倒军阀”等政治口号。正如陈独秀所言：“‘二七’运动，是中国工人阶级开始和军阀血战之第一幕。”[③] 国民革命期间，铁路工会积极组织铁路工人参与讨伐北洋军阀的斗争。1925年9月，京汉铁路总工会和陇海铁路总工会在郑州集会，成立河南全省总工会，发出“打倒亲日卖国军阀，援助国民革命的军队”[④] 的号召。京汉南段、陇海东路及津浦中段均有铁路工人组成的交通队，协助国民革命军，破坏敌人的铁路，因此而“死伤入狱（者），在在皆有”[⑤]。

反对帝国主义是1921—1927年铁路工会另外一个鲜明的政治立场，声援五卅运动充分体现这一点。1925年5月30日，五卅运动爆发后，为声援上海工人运动，全国各地工人、商人、农民和学生纷纷进行游行、集会、罢工、罢课和罢市。京汉铁路总工会也迅速响应，在《时事新报》刊文称：“全路工友，闻之发指，此而可忍，我四万万同胞将万劫不复矣！望全国各界同胞共起奋斗，非达到废除不平等条约，取消全国租界，收回领事裁判权之目的不止。不仅惩办行凶捕警，赔偿死者家属，并向我国道歉，而为善后之保证已也。我京汉铁路全体3.7万工友，愿取一致行为，誓为后盾。”[⑥] 为了在经济上援助上海工人，京汉铁路工会向路局自请每月增加工作一日，即以所得薪资，援助上海罢工工人。6月22日，京汉铁路工会联合陇海铁路工会召开援沪大会，两路局警务、机务、车务和电务等处职员均加入，会上决定“每人

---

① 五项复工条件：（一）要求由交通部撤革京汉局长赵继贤和南段段长冯沄；要求吴、靳及豫省当局撤革查办黄殿辰。（二）要求路局赔偿成立大会之损失六千元。（三）所有当日在郑被军警扣留之一切牌额礼物，要求郑州地方长官军警奏乐送还总工会郑州会所。所有占住郑州分会之军队立即撤退，郑州分会匾额重复挂起，一切会中损失郑州分会开单索偿，并由郑州地方官到郑州分会道歉。（四）要求每星期休息，并照发工资。（五）要求阴历年放假一星期，亦照发工资。参见陈素秀、丁春萍等：《京汉铁路工人大罢工史料汇编》，河南人民出版社1999年版，第132页。

② 罗章龙：《椿园载记》，生活·读书·新知三联书店1984年版，第256页。

③ 独秀：《“二七”纪念日警告铁路工友》，《向导》第187期，1927年2月7日。

④ 《豫总工会成立》，《晨报》1925年9月22日。

⑤ 罗平海：《罗章龙与早期铁路工人运动》，中共浏阳市委办公室、中共浏阳市委宣传部2007年印行，第14—15页。

⑥ 陇海铁路管理局：《陇海年鉴》，编者1933年印行，第71页。

捐一日工资，约5万元以上，汇沪”[①]。

1921—1927年，铁路工会与中国共产党关系密切，具体表现在两个方面：

一是铁路工会是在中国共产党筹划下成立的。1921年中国共产党成立之初，即将发动工人运动作为其中心工作，特别是要全力组织全国铁路工会。因此，在二七大罢工之前，中国共产党已在北方诸铁路工人中进行党团活动，联络工人，并宣传马克思主义。1921年秋，中国劳动组合书记部就曾派李震瀛等人赴陇海铁路的郑州、洛阳、开封、徐州等站进行活动，组建铁路工人组织[②]。次年，中国劳动组合书记部又着手加强京汉铁路工会的建立，派李震瀛赴郑州向河南境内各站铁路工人宣传马列主义，传播革命思想，启发工人觉悟，是年底促成该路各站工会纷纷建立。二七大罢工后，为尽快恢复被解散的京汉和陇海铁路工会，1925年，共产党员马文彦、张昆弟、王荷波和李震瀛等人来到郑州，积极开展工作；2月，京汉铁路总工会在郑州恢复，李震瀛主持日常工作；7月，陇海铁路总工会在开封正式恢复；8月，发表《陇海铁路总工会恢复宣言》[③]。

二是中国共产党在铁路工会的历次运动中起到关键作用。如1921年11月，陇海铁路工人举行第一次罢工并取得胜利，这与中国劳动组合书记部在其中发挥的决定性作用不无关系。中国劳动组合书记部在该路工人罢工首日，即决定派北方部主任罗章龙赴洛阳联络该路罢工指挥机关，并发挥领导作用；同时中国劳动组合书记部还派员赴津浦、平汉等路，动员各路工人积极响应该路工人罢工。二七大罢工也是在中国共产党直接领导下发动起来的，京汉铁路50多名共产党员是主要策划者和实施者，这包括时任中共北方区委与劳动组合书记部负责人兼京汉铁路总工会党团书记罗章龙，党团成员史文彬、许白昊、李震瀛、康景星、林育南、项英、吴雨铭、李求实、林祥谦及施洋等人[④]。罢工委员会的领导层也多为共产党员，杨德甫为罢工委员会委员长，凌楚藩、史文彬为副委员长、项德龙（项英）为总干事；高彬、姜海士、刘文松在郑州执行总工会的命令，吴汝明、史文彬、洪尹福在长辛店执行总工会的命令，林祥谦、罗海澄、曾玉良在江岸执行总工会的命令[⑤]。五卅运动期间，中国共产党积极策动全国各地铁路工会声援。在京汉铁路工会，全国总工会代表王若飞、京汉铁路总工会秘书李震瀛及李立三等共产党人，参加并主持包括铁路工会在内的郑州各界反帝爱国运动大会。

---

① 《郑讯》，《晨报》1925年6月26日。

② 罗章龙：《椿园载记》，生活·读书·新知三联书店1984年版，第164页。

③ 开封市总工会工运研究室：《开封市工人运动大事记》，编者1988年印行，第24页。

④ 罗章龙：《椿园载记》，生活·读书·新知三联书店1984年版，第240—259页。

⑤ 柳建辉：《中国共产党史稿》（第1卷），四川人民出版社2011年版，第323页。

1928—1937年，铁路工会的政治色彩发生逆转，完全成为国民党的官办工会。其原因，一方面是铁路工会受铁路国民党特别党部的监督和指导，另一方面则受制于《工会法》和《铁路员工服务条例》的约束。《工会法》明确规定，工会的主要功能是“关于改良（工人）工作状况，增进会员利益之事业”，禁止工会举行罢工、怠工[①]。《铁路员工服务条例》也明文规定，“员工藉端聚众罢工、怠工或聚众要挟妨害秩序”将面临开除和刑责惩办[②]。在国民党的控制下，铁路工会的罢工很少，偶尔有之，或者只是为了纯粹的经济利益，或者是全民族达成共识的爱国运动，如抗日爱国运动等。1928—1937年，铁路工会最主要的活动都是配合国民党的政治行动，为其摇旗呐喊。如1933年李济深、陈铭枢等发动福建事变，建立中华共和国人民革命政府，反对蒋介石的对外妥协投降，主张抗日。事变发生后，陇海铁路工会公开发电进行谴责：“陈铭枢、李济深辈，负隅闽海，背叛中枢，标榜人民政府，不惜勾结匪共，盗拥护农工之美名，施剥削人民之毒计，揭竿怪诞，腾笑外邦，此贼不谶，民无噍类，本会誓以至诚，谨率全路七千职工一致拥护中央，声讨叛逆。”[③] 由此可见，此时的铁路工会在政治上俨然成为国民党的附庸，与1921—1927年铁路工会的政治色彩有着天壤之别。

由此可见，1921—1927年是近代铁路工会最具进步性和最能体现其社会力量的阶段。它使得原来涣散的工人群体集合起来，逐渐形成巨大的社会力量，并在马克思主义思想的传播和引导下，从自由的工人阶级趋向于成为一股自觉的政治力量。部分工人加入中国共产党，成为无产阶级先锋队中的一员。

同业公会、铁路工会和其他产业工会的建立，是淮河流域社会力量凝聚的初始阶段。随着这些社会组织为了维护各自利益而进行越来越紧密的内部协作，其凝聚度也逐步深入，最后甚至成为社会的革新力量。

本章小结

本章重点揭示了铁路对区域社会进步的推动作用，以区域社会中人口流动、文教卫生、职业群体和社会组织为考察对象，探讨了在铁路影响下淮河流域人口流动上升、职业群体成长和社会组织的建立与壮大，以及区域内文

① 《工会法》，《南浔铁路月刊》第7卷第11—12期合刊，1929年12月，第18—20页。

② 《铁路员工服务条例》，《交通公报》第125号，1930年3月15日，第40—42页。

③ 《一周大事汇述》，《中央周报》第288期，1933年12月11日，第11页。

教卫生得以传播等数端史实。具体来说，铁路加速了区域内人口流动的数量和频次，既减少了人们出行的时间，扩大了人们活动的空间范围，也促进了区域内外经济与文化的发展和交流，造成人口城市化的趋向，在近代淮河流域，还为许多被灾流民逃离家乡提供可能；铁路部门为解决自身的教育和卫生需要，举办了铁路教育和卫生事业，带动了铁路沿线社会区域内的教育和卫生事业的发展；铁路不仅催生了铁路职工群体，还促进煤矿业工人和其他商业群体的成长；铁路促成了社会力量的凝聚，在职业群体成长的基础上，同业公会、铁路工会和其他产业工会等社会组织建立并壮大起来，它们谋求同业者利益，承担若干社会功能，乃至演变为新社会的变革力量。

需要说明的是，铁路对近代淮河流域社会进步的推动作用，上述几个方面并非是全部，而只是一部分。其他如政权统一、军事输送、风俗改良和现代生活方式传入等诸多方面，铁路所能发挥的作用，尚待后续研究。

第五章 铁路与区域社会冲突
——近代淮河流域铁路犯罪、行车事故与水患

尽管铁路对人类社会的影响充满积极和正向的作用，但铁路与所有的现代科学技术一样，也是把“双刃剑”。我们在研究铁路对社会经济、政治和文化等方面的积极作用之时，也应该关注其另一面。世界上如英、美、日这些曾经铁路非常发达的国家，都经历过铁路所带来的社会问题，其中多发的铁路行车事故就比较明显；同样在近代中国，铁路引发的社会冲突可谓“繁多”，不良影响也很大。本章从铁路犯罪、行车事故和铁路水患三个方面，考察铁路在淮河流域引发的社会冲突，以及铁路部门的治理措施。

第一节 铁路犯罪猖獗

近代，随着铁路交通事业发展，依托铁路为载体的新型犯罪也随之产生，且在当时纷繁复杂、无序动荡的社会体制下愈加凸显。而淮河流域正是近代以来我国区域社会发展最为凋零的代表，铁路犯罪问题更是常态，且犯罪类型很多，包括铁路走私、贩运烟土、铁路盗窃及沿线匪患等。

一、铁路走私和贩运烟土

铁路走私和贩运烟土，即依托铁路运输走私不经海关检验及征税的货品和违禁烟土、鸦片及军火等。在淮河流域境内，不法分子经常通过平汉、津浦和陇海等铁路从事此类非法活动，不仅损害路局声誉，更加剧了社会异化的程度。

依托铁路走私、贩运烟土，包括平汉、津浦和陇海在内的各铁路均时常发生。20世纪20年代军阀混战时期，正是各地军阀利用铁路贩运私货和走私军火较为严重的时期。30年代中期，津浦、平汉和陇海等路更成为“华北走私”的重要孔道，包括淮河流域腹地也充斥着走私的货品和烟土。

“华北走私”是指“1934—1937年，日本在华北地区进行大规模的偷运和武装走私。这个活动初以偷运白银出口为主，1936年后则以人造丝、砂糖、卷烟纸为主。日本对华北走私活动是以大连为基地，天津为集散点，再通过沿海地区倾销内地，波及西北、西南一些偏远地区，并同以香港、台湾为基地的华南走私网连成一气”①。当时，日本人（也包括朝鲜人）通过海、陆两路将走私品输入中国内陆腹地，海路方面“自芦台至秦皇岛一带海岸，现已形成私运船只丛集之区，私货一经起岸，即可随意运输，无虞查缉。陆路方面，由秦皇岛经北宁铁路运至天津及内地各处，与由津浦路南运之私货，亦极形充斥，则华北走私之范围非狭小而广泛也”②。

走私品经海、陆两路流入华北后，除在当地销售一部分外，主体集中至天津日租界内从事走私的洋行之中，再从日本租界运往车站，转经“津浦、平汉、平绥等铁路线，以及大路、公路、内河等远销至华东、华中、西北，和深入于河北、山东等省腹里内地”③。这些走私活动多是通过津浦、平汉和陇海等路输入内地，其中津浦铁路北段（济南至天津段）为“华北走私”最为猖獗的路段。据《申报》载：“浪人自津向沧济以南私走货物，半月间已成惯例，搭十时四十分津浦三零五次车起运，每次约装运人造丝九六十件，卷烟纸二十余捆，砂糖数十包。走私浪人受某军司令部指挥，编为五班，每班四十人，暗藏短铳、尖刀等物，为随身武器，无论何时，倘有关员、路员及地方军警干涉，则出枪刀示威，其受恫吓而辟易者固可无事，若强欲截扣者，则恃众动殴。所以（天）津东站驻在之关员、路员，不只不能缉私，即浪人装车强占旅客位置时，亦不便伫视，而自速祸，津浦路每夜南下旅客，在购票不得坐位，与车守剪票员口角冲突者，无可统计，终以浪人蛮横，不可理喻，争执迄无结果而已。”④

又据《中央日报》报载：“天津总站（1936）五月二十八日电，二十七日

① 中国社会科学院近代史研究所经济史研究室：《中国近代经济史论著目录提要（1949.10—1985）》，上海社会科学院出版社1989年版，第70页。

② 艾三：《华北走私问题之谛视》，《东方杂志》第33卷13号，1936年7月1日，第103页。

③ 简萍：《试析1933—1937年间华北走私及其影响和冲击》，《中国经济史研究》2004年第3期，第33页。

④ 《华北缉私困难，缉私分处将不设立》，《申报》1936年6月12日，第2张第8版。

东站有日鲜人约五十名，自携未税人造丝一百零五件，卷烟纸三十件，强登一零五次车。又据五月二十八日济南电，二十八日三零五次车到站有日鲜人十数名，携带人造丝及卷烟纸一百二十余件由三等客车内自行卸下，并强迫脚夫肩出站台，态度粗横，不能制止。又据五月二十八日徐州电，二十七日夜四零一次车到站，由东站起运至商丘糖车。北宁路二十车，车号为一五三二及一四六六，均无海关凭证。"①

津浦路北段与南段交接的淮河流域地界，是"华北走私"输入内陆腹地和南下的必经之路，走私活动也异常频繁，如"徐州（1936）四月二十三日中央社电告，津浦路由津南下之走私，月达五万吨。五月五日天津专电更声称，五月四、五两日，走私砂糖人造丝总数述三千吨"②。徐州和蚌埠则是"华北走私"的重要中转站，据1936年6月《申报》报道，"自私货倾销皖北以来，日韩无聊浪人纷纷来蚌，兜售漏税白糖，明目张胆，毫无忌惮。自上月底，在津浦路货站攒殴海关驻蚌关员后，益骄横恣睢，不可理喻。昨午后四时，又有韩籍浪人李善庆、卜云瑞二人乘津浦快车，由济南抵蚌，下车后，即有驻站军警上前索验护照，该浪人等声称未将护照带身。军警即上前阻止，不准进街，二人竟不听劝阻，硬冲入市，直至二马路交通别墅，偕同留蚌。已久之韩籍浪人金利圣（有游历护照）、崔光灏（无护照），东西奔走，招摇过市……"③

"华北走私"货品中有许多就是在淮河流域铁路沿线各地进行销售，《申报》记述了走私白糖在蚌埠销售的情形及其危害："华北走私，日趋严重，首当其冲者，厥为糖业。闻走私之糖，均系日产，旬日以来，大批私糖，逐渐向南倾销，而最近运蚌销售者，更源源不绝。而韩国浪人之来蚌兜销白糖者，时发现于各大旅社中。据熟悉糖业情形者谈，近来由天津运抵蚌站之私糖，每月不下百吨，以林姓某糖号囤积最多，其它各糖商之运糖囤聚者，亦各数十吨不等，多为漏税白糖。过去糖价，赤糖每担二十一元，现已跌至十七元，白糖每担跌至十八元，太古车糖因私糖倾销，大受影响。闻此项运蚌之私糖，无须在津缴价，俟由某商包运到蚌后，即就地收款，现在行销市面者，什九俱为私糖，而由沪海关报税之糖，反日见滞销。从前上等车糖，向银行押汇，每担可押二十元。现在各银行以私糖充斥，糖价日跌，大多不愿抵押放款。此间社会人士，以市面私货充斥，影响关税甚巨，希望各界仿照徐州杜私办

① 《津浦路沿线日鲜浪人走私情形》，《中央日报》1936年6月3日，第1张第4版。
② 《经济专刊·走私问题的检讨》，《申报》1936年5月18日，第4张第15版。
③ 《日韩浪人在蚌滋事》，《申报》1936年6月28日，第3张第9版。

法，联合督促商人，拒销走私货物贷款，并望当局将私贩糖商，予以严峻惩处，以杜来源而维国税。”①

除徐、蚌之地外，私货无孔不入，“现在就是直通国都的京沪线上也充满了私货。据（1936年5月）十九日南京专电所传，其被缉获的就有数十起之多。此外比较小的县份也有私货出现。例如江苏北角的沛县，素称交通梗塞之区，然据五月十二日该县通讯，近来却有许多远道小贩，肩负着人造丝织品兜销，每匹十元，比市价便宜一半”②。在缉私力度加大时，“华北走私”的货品则避开徐州，“多在苏鲁各小站卸货，再以人力车运销苏北各县，致苏鲁省界僻县穷乡，私货充斥，国货影响颇深”③。“华北走私”中还夹杂着毒品的贩运，包括鸦片、吗啡、海洛因等在内常以行李包裹方式在津浦路上运输，输入苏皖豫陕各省，徐州郊区各车站就曾连续破获多起韩人运毒案件④。

除“华北走私”这种公然的走私外，零星的走私在淮河流域境内各路也时有发生，贩运烟毒者不仅有外籍人士、普通民众，还有武装的官兵和路局不肖员工参与。据津浦铁路管理委员会1932年5月份呈报，在津浦铁路安徽段的蚌埠、临淮、明光和滁县等站，均设有皖北特税分处稽征烟税，每逢有烟土运至上述各站，就有大批武装官兵护送烟土出站，经皖北特税分处查验放行⑤。津浦路局曾在南宿州站查获货票司事参与烟土贩运案⑥，为此，津浦路局于1931年制定严查私运鸦片办法三条⑦，要求路局员工切实遵照。1936年5月，津浦路局在临淮关车站，查获“偷运私货之日人中冈宗四郎，及华人张世昌二名，并所携帆布包四件，柳条包一件，均系内装卷烟纸计重二百

---

① 《蚌埠私糖充斥》，《申报》1936年5月20日，第3张第9版。

② 骆耕漠：《惊动全球的华北走私问题》，《关声》第4卷第12期，1936年6月15日，第77页。

③ 《时评·苏鲁边境，走私货物充斥》，《申报》1936年7月25日，第2张第7版。

④ 《津浦平汉两线，大宗走私已绝迹》，《中央日报》1936年8月19日，第1张第3版。

⑤ 《查办安徽省于津浦线蚌埠临淮明光等站设立特税分处稽征烟税案》，国民政府禁烟委员会：《禁烟委员会民国二十一年四五六月份工作报告》，编者1932年印行，第25页。

⑥ 《检查私运鸦片》，《铁路月刊——津浦线》第1卷第4期，1931年1月，“路政纪要记事”，第4页。

⑦ 严查私运鸦片办法三条：（一）凡车上之总查验员、查票员，各段查验长、查验员，以及各总分段长、副分段长、在列车行驶或到达一站时，应随时随地执行查验行李车包件，以及守车并列车上认为可以藏匿鸦片及其他代用品之一切地点；（二）在列车上之行李包件，各车或守车以及其他任何地点查获烟土及鸦片之代用品时，除将该直接负责员工（如行李司事、包件司事、车队长等）停职并送由法院依法究办外，所有该列车之随车负责人员，均间接有连带责任，分别严予惩处，以为失察之诫；（三）本处随时派员沿路密查，无论列车行驶或留停车站，均得施以检查，倘有纵容庇护、徇隐匿报情弊，一经发觉，除将负责员工按照上项办法惩办外，该管段长，亦应负失察之咎。参见《严查私运鸦片》，《铁路月刊——津浦线》第1卷第13期，1931年10月31日，“工作概要”，第4—5页。

四十七公斤”[①]。

在陇海和平汉两路，此类零星的私运和贩运烟毒也很猖獗。1936 年 9 月 16 日，平汉铁路郑州站于“晚 11 时北来第 71 次平汉间直达客货混合列车抵站时，行李夫自车上卸下联运木箱两个，均系天津瑞兴号交天津北宁站起运，一件运洛交义聚长号收，一件运灵宝交广发号收，托运单上及木箱上均注明内系机器字样，行李夫以该两木箱分量甚轻，不似机器铁质之重量，颇为怀疑，即通知值班检查路警，由路警报告警务总段长及车务段长，将两木箱会同起开检查，发现内装巨量毒品，为金龙牌的红丸，两箱共计一百袋，重九十六公斤，毛重 103 公斤，另装有棉被三条，毛巾 103 条，估计此项毒品之价值，约值洋一万数千元以上……”[②] 同年 12 月，路局在郑州站又查获两名日本人铃木修次、佐竹喜代次私自携带毒品红丸，共计 40 袋，每袋重 25 两[③]。

1935 年 8 月 23 日，陇海路军警在徐州站检查一名携带皮箱旅客时，“在箱内搜出吗啡四十九包，重三十六斤四两，值洋万元。该旅客当检查时，藉取余件逃脱”[④]。

二、铁路盗窃

铁路偷盗为铁路犯罪形态中最多的一种，作案地点包括铁路车站、旅客列车及货物列车，盗窃对象是铁路部门、过往的旅客和货商。

这种盗窃有个专有名词叫作“吃火龙的”，“火龙”就是指火车，其偷窃的物件，既有铁路的基础设施，如道钉、钢轨、木材和路签等，也包括旅客和货商的钱财和货物。当时的报刊多有关于津浦、平汉和陇海等路偷盗案件的报道。

1921 年 5 月 31 日《申报》载：“张弧之眷属，前日乘津浦车南下，在车被窃珍珠钻石金镯等值价二万数千元，查系车守顾龙翔串窃，已将顾拘送警厅押究。”[⑤] 同年底，又据《申报》刊载，津浦铁路的柳泉、茅村、三堡、符

---

① 《津浦路临淮关站运私日人解京》，《申报》1936 年 6 月 3 日，第 3 张张 9 版。

② 《平汉路郑州车站破获大批毒品》，《河南禁烟季刊》第 2 期，1936 年 9 月，“纪闻·本省纪闻”，第 20 页。

③ 《郑站查获二日人携带红丸四十袋》，《河南禁烟季刊》第 3 期，1936 年 12 月，“纪闻·本省纪闻”，第 16 页。

④ 《各地简讯：陇海特快车发现偷运吗啡巨案》，《拒毒月刊》第 92 期，1935 年 9 月 15 日，第 39 页。

⑤ 《南京快信》，《申报》1921 年 5 月 31 日，第 2 张第 7 版。

离集和徐州等站的信号灯先后被窃[1]。

陇海路曾致函江苏省政府，提到“敝路沿线道钉，屡被偷窃，行车危险，在在堪虞！虽经严饬路警会同各道棚日夜巡查，极力防范，奈因窃犯咸系当地土著，出没无定，乘隙行窃，防不胜防”，为此路局请求“贵府转饬沿线各县府，并转各保卫团负责保护，认真查缉。如破获盗钉匪犯，应即送请该管县署按照破坏交通罪从严惩办，以遏盗源，而维行车”[2]。

平汉路的偷盗现象，则在当时人的作品中找到了绝佳的证据。一则是陈数旬撰写的《铁路英雄们》，其文如下：

一切在平汉铁路上找油水的家伙——游民、痞子、散兵，都叫荒骑游勇。这是铁路人员给他们取的诨名，他的历史也许同铁路的寿命一样古老。

这一些家伙，说不定是农人的儿子，亦工友的兄弟，总之，他们是没有了土地，没有了工作，为了生活的进攻，学会了偷鸡摸狗的勾当。又因为铁路给与他们偷窃的机会，于是就到这儿来找油水了。

很明显的，他们不是员工，也非旅客，但每天都在车里钻进钻出，站上跑来跑去。钻，跑干吗？自然是贩运私货窃取行李，偷煤炭，骗乡老。总之是干着一切不规则的把戏！

北方的海洛英（白面），仗他们运到汉口，南方的烟土，也仗他们运到北京。他们是瘾君子的救命恩主，人间罪恶的推销员（制造罪恶另有其人），但自己不明白对社会的利害，只知道能够获到油水，什末（么）也愿干！

所谓私货，不单是毒品，凡是能够赚钱而又逃脱关税的买卖都包括在内。譬如磁州（在河南河北两省间，曹操七十二冢在这儿）出梨枣，贩到汉口赚钱两倍，回头带铜子到北平，可得十分之四的摩（毛）利，来往不放空，有的是油水。

不过做这买卖，最少要具备：一，资本，二，声望。没本钱做什末（么）生意？没活动能力岂敢冒险运私？普通的游民，痞子不敢而且也不能来这一套，所以干这买卖的，大都另有背景，或归荒骑游勇中的老英雄直接经理。至于初出茅庐的穷家伙，则各依自己的本领，找寻吃饭的路径，年龄小的半节子，只好偷煤炭。可是他们人虽小，本事可不寻常，煤车离站二三里，便一跃跳进车厢，上面抬起煤块向下甩，下面有人往别处搬，追车进扬旗（离站半里左右），他们已工作完毕，溜过对面的荒地了。每列煤车停站，最少有几吨煤的损失。沿途虽有警兵押护，也难照顾周到。煤偷的先决条件，便是

① 《地方通信·徐州》，《申报》1921年12月2日，第3张第11版。

② 《查缉偷窃陇海道钉匪犯》，《江苏省政府公报》第690期，1931年3月14日，“司法”，第14页。

学会抓车，无论速度快慢，都要上下自如（自然也有殉难的），使押车的就是赶去也抓他不住，要想开枪，又觉事体太小。其实，煤炭是他们的生命，纵然枪刀架颈，也要夺回生命的。而且他们的服装与煤灰混合，恰成天然的保护色，如果是在朦胧的夜间，便谁也分辨不出他是人还是煤炭！

窃取行李的，大都是筋强力壮的少年英雄，不但抓车的本领高强，而且偷窃的技巧件件皆能，因为一年三百六十天，天天都在练习这项技术。他们能够巧妙的化装，混在旅客中，要偷军人，自己便扮装一个军官，总之，随着买卖的不同，他们的装束也得随时改变，给他们窃取的，自然以小东西为多，（如皮包，礼帽，小箱）但有时连被盖卷，大皮箱，也给他们盗走，往往大功告成，失主还不知觉，纵然发觉很早也奈何他不得，因为他可以跳下火车。做这生意，大致都是几个人在一道：有人巡风，有人动手，有人挡住失主，一切都安排的很好，失风的事很少见的。不过在快车的头二等里，比较要费点力，这儿有宪兵，警察，而且客人较少，不易藏躲。假若在慢车那就很随便，这儿没有高贵的旅客，也没有宪警保护，只要看中某项东西，十有九分可以到手。假如乘慢车由汉口出来，人的拥挤，真使你闭气，其中有大部分都是来找油水的。只要过了横店，人数就觉减少，但这时最少可以听见几个人在嚷闹，说是丢掉东西。火车的头一小站，平素很少查票，因此想找油水的也特别多。到了站口，不管达到目的与否，大都跳下车去等对面车来，以便找回头生意。

还有一种跑荒车的散兵，因为自己有一套破军服或旧符号，乘坐慢车，煤车，是很自由的，于是常常奔走于平汉道上，一则干那偷鸡摸狗的勾当，同时还可欺骗老百姓。欺骗的方法，不外：一，假装招募委员：三五个人逡巡在街头巷尾，扯起招兵纸旗幌来幌去，见着年青小子就吹：那儿地方繁华，那个部队待遇很好——三餐大米饭，十几元大洋的薪饷，说的天花乱坠，口角油流；于是勾引了学徒，勾引了农人的儿子。等到报了名，又故意宣传给家长知道，假如家长不愿意儿子当大兵，便要花钱赎取。否则投军人的衣服和银钱，也要给“招募员”骗走。二，携带旅客：乡壩（巴）佬总是爱钱，想出门很吝惜车费，散兵访得这消息，于是自告奋勇愿带某人前去，只要几毛茶钱，一切都可保险。乡壩（巴）佬贪图便宜，又知道兵大爷有这本领，于是东摸西摸摸出几毛钱，缩脚缩手的跟兵大爷上了车。可是不久兵大爷溜走不见了。自己又得摸钱补票——也许被赶下车。

我们到了黄河北岸，假如注意一下，每个大站（新乡，彰德，顺德，保定等）都可见着手摇纸旗的招募委员，这就是欺骗老百姓的散兵。同时每一部慢车，煤车，都装满了灰色动物，这当中最少有大半是荒骑游勇。这些家伙干吗爱在黄河北岸活动？据我的推想，也许由于北方的穷小子羡慕南边的大米饭！

整个平汉路，都给荒骑游勇做了活动的地盘。不过因为地域环境不同，也产生各种角色：北方制造海洛英，毒贩也特别多。彰德产煤，偷煤的小子可以编成队伍。致于李鬼之流的剪径客（旧时白话——拦路抢劫），则首推汉口至信阳州最多，就中要算广水与武胜关之间，为英雄用武之地。他们不单劫夺行李，有时还送你回老家：我在这一段地带，曾经遇着两次甩人下轨道。据同车人说：头一回是复仇，第二次乃因失主反抗，当时我真有戒心，觉得行路之难，胜过上青天！这些家伙爱在这儿生事，无非因为山岭较多，便于逃匿，并不是像别人所谓：湖北佬原不规矩！

铁路英雄们，在表面看来，自然是各显神通，无人管束，其实内里却有严密的组织，各有活动的范围，煤偷不能劫行李，黄河北岸的荒骑，不能越过南岸截夺财喜（也有勾通的时候）。每个组织均有严格的纪律，有最高的领袖（头子）；小家伙在外面冲锋陷阵，所得的财喜，一古脑儿交给头子，由他自由分配。不过头子虽然坐地分金银，可是平时也得养活小家伙，同时若惹出什末（么）祸事，也要十分的担承。情形和哥老会的差不多。

“头子”这尊衔和地位，全凭斗争得来的，在荒骑游勇的历史上，不知记下了多少汗马功劳，而今平汉路上的泼皮，无赖，能有生活的地盘，都是头子们挣下的基业。他称孤道寡统领群众，也是千该万该，要知堂堂的交通机关，居然给他们打进打出，谁说头子没有功劳，没有本领呢？

如果挣下一名“荒骑头子”，等于揭扬岭上的张横、李俊，可以称霸一方；谁敢喊他一声游民、痞子？谁敢说他坏蛋？假如他要抖一下威风，马上可以号召几百个弟兄，也许交通机关，要给他捣乱不堪呢！①

另一则则是署名“健群”的人写就的《怎样过流浪生活？》一文，该文提到平汉铁路的慢车，文中是这样描述的：

据我所知，平汉路上的“加点车”和“煤车”是可以不收车费的。假如你在汉口急于要去北平，那就不必迁延时日活动路费，很可以乘坐这种便宜车前去，虽然吃苦一点。还有，慢车和快车的车费相差很远，譬如上海到南京，特别快车要三元七角多，而慢车的四等只要两元，位置有时并不怎样拥挤，耽搁的时间也只三个多钟头，你如果愿意节省的话，最好还是赶慢车。

不过你要切实的注意，慢车上的小偷很多，他们不敢到那宪兵、警察保

① 陈数旬：《铁路英雄们》，《申报》1935年3月17日，增刊第2版。

护周密的特别快车里去挖高贵旅客的财喜，只好跑上乘坐慢车的穷朋友中来寻生意，一旦有了机会，他们是不会顾及你的穷困而要把你的唯一的财产夺去了的。防避的方法自然很多，然而也要懂得其中巧妙，才不致白费精力，轮船开行前和抛锚后都是小偷“用武”的时候，你要注意自己的行李，等到船已开行，才可安稳的休养精神。至于坐火车，则最要注意第一次停站，因为小偷们总是在车开行不久，乘着旅客混乱中偷窃东西，到了第一个站口，便要下车，好回返城市。这情形在平汉路上表现得最明显，因为平汉路上的小偷比别处更多。[①]

三、沿线匪患

铁路因运输货物和车站有大批营收，在近代常成为土匪劫掠的对象，淮河流域各路沿线的匪患更是猖獗异常。

据京汉路局报告：“新郑县境为京汉铁路必经之地，近来该处土匪异常猖獗，（1922）三月二号忽有土匪五六十人身御军服，手持快枪，窜至车站将京汉路车站票房内抢劫一空，站长、办公人员受伤至七人之多，幸公款随车报解无大损失，次日该匪又纠聚二百余人赴和尚桥车站，大为抢掠，行栈公司损失在万元以上，并闻有教士一人亦被抢。”[②]

郑州至许昌之间的匪患也非常严重，据京汉路局称：“旧年马庄蒋（姓）站长被匪枪毙，抢去巨款，工头胡耀春领饷归棚，行至柳林李家寨之间遇匪被劫殒命，虽获犯解县，迄未明正典刑。近如高邑车队长瞿桂林、杨子厚寓内被匪洗抢一空，又薛店车站工人马东烈被匪架去枪毙，又九月底群匪闯入郑州附近第二零二号道棚，勒索多金未遂，迳将棚首郑柏松之妻架去数日，始行放回。他如揭帖告白、限期索款、结队鸣枪，扬言劫站，指名恫吓，近站焚抢之事更指不胜屈。在路华洋员司人人惶惧，原有护路兵警为数无多，每站不过数名，防不胜防。”[③]

匪患在淮河流域表现最为严重的则是津浦铁路沿线，特别是在该路的山东、安徽和江苏三省交界之处，所谓“苏鲁皖豫四省之交，向为匪薮”[④]。这些土匪有一定规模，有一定武装，影响地区广泛。他们往往数百人啸聚，任意劫掠，肆无忌惮。在为数众多的匪案中，以 20 世纪 20 年代的临城劫车案

① 健群：《怎样过流浪生活？》，《申报》1935 年 9 月 8 日，增刊第 3 版。

② 《京汉车站被劫》，《时兆月报》第 17 卷第 4 期，1922 年 4 月，“世界要闻”，第 11 页。

③ 《京汉路请咨行豫省派队剿防郑许间盗匪》，《铁路协会会报》第 120 期，1922 年 5 月 25 日，第 71 页。

④ 默：《临城匪劫之善后说》，《申报》1923 年 5 月 11 日，第 3 张。

规模空前，影响至巨，还招致严重的外交危机，被称为“民国第一大案”，“义和团运动后中国最严重的涉外事件”[①]。

据津浦铁路向交通部呈报，“本月（1923年5月）六日夜三时，由浦口北来特别快车，行至沙沟、临城站间，突被匪徒预先拆毁轨道，夜深未能缭见。司机查觉，赶紧停驶，已将机车、邮车及三等客车二辆颠出轨外。土匪千余，开枪肆劫，搭客纷纷逃避，枪伤搭客英人一名，即时惨毙。华人搭客一人、路警一名，均受重伤。其余中外搭客被掳者，约百余人。旅客随身行旅被劫一空”[②]。由此可知，参与事件的土匪约千余人，被绑架的中外旅客约百余人，有1名英国旅客被打死，2名中国人重伤，旅客财物被抢劫一空。车上的外国乘客大约来自六七个国家，有美国人、英国人、法国人、意大利人、墨西哥人和罗马尼亚人，起初还有日本人，“可不知什么原因，当车到徐州车站时，他们便中途下了车，神秘地消失在茫茫的夜色之中”，整个车上的旅客大约有200人[③]。由于劫匪绑架多名外国人质，致驻北京外国公使团向北京政府施压，要求和平解决危机，保障人质安全，甚至提出由外国人掌控，组建铁路护路警察，保障外国人安全。

在临城劫车案和平解决后，北京政府交通部确实加强了对铁路沿线匪患的清剿，并针对津浦与胶济两路制定了防匪办法七条[④]，但效果不明显。据1923年8月外国使团调查，仅该年8月上半月津浦铁路沿线又发生匪案15起、京汉3起、京绥1起，“尤以皖境张八岭一带匪众为最注意”。津浦路临城东韩龙山发现匪3 000余人，滕县西南有匪200余人，符离集西睢溪口有大股匪2 000余人，济宁县北有匪300余人[⑤]。而且这一地区不仅有成群之土匪，还有诸多从战场上溃退下来的兵匪，使人防不胜防。桑园站就发生过兵匪滋事的事件，而比较恶劣的是，此次事件的主角正是原驻防于此的部队，“驻桑第四十九师二百九十二团第一营，因奉令他调，致生哗变，抢掠地面，架去

① 《津浦路临城大劫案续闻，外交团共同派兵之酝酿，外人未脱险者至少尚有十四人》，《申报》1923年5月9日，第2张第7版。

② 菊蓉：《临城劫车案文电一组》，《历史档案》1981年第2期，第57页。

③ ［美］约翰·本杰明·鲍威尔：《匪巢历险记——一个外国记者回忆临城劫车案》（袁亦梦、王彦丽译），《文史精华》1996年第3期，第37—38页。

④ 津浦与胶济两路沿线防匪办法七条：（一）沿路军警协同路警保护列车；（二）随车守站及保护路线诸事为路警之专责；（三）各军队在其防区内各站酌派队伍，并与路警联络；（四）军队、县警、路警随时采查匪情，互相通报；（五）遇有附近匪警如需车应报军署，通知路局备车；（六）紧要时路局须挂军用车辆；（七）关于军队布置，由军队长官详细规划。参见《护路办法》，《兴华》第20卷第21期，1923年6月6日，第29页。

⑤ 《匪祸》，《兴华》第20卷第32期，1923年8月22日，第29—30页。

多人。车站为驻站张连所抢，事先将电话电报机损坏，查明被劫公款四百六十元七角五分，另站警枪械子弹及站员衣物银钱等件被劫一空”[①]。

20 世纪 30 年代，随着政局的稳定和护路警备力量的加强，津浦路沿线匪案有所减少，但也偶有发生。“津浦路三次南下客车，（1934）一月七日晚间至泰安南首站东北堡时，当午夜十二时二十二分，有匪徒三十余名，化装旅客购票上车。甫出站约四公里，行至大汶口北二十里许，在黑虎潭地方，夹道突发现枪声，车上匪伙立时活动，一方勒令机车停开。此时车下匪众约百数十名，蜂拥窜出，向车身轰击。司机者乃即停车，随车保安四队警兵四十余名，因匪势太多，未便抗战。匪乃纷纷登车，将车上旅客衣物行李钱钞，搜劫一空，并缴去保安队匣枪两枝，步枪两枝，余枪藏匿，未为搜去，轰伤保安班长刘宅仁及茶房陶光风、汪月廷，浇油李勒堂四名。饭车中枪最多，遇险约一小时，匪乃呼哨下车。”[②]

陇海铁路匪患较之京汉、津浦两路略轻，相关报载内容并不多见，但也有发生。例如 1929 年夏，陇海路东段“海属一带素称多匪，阿湖东南一带毛家围地方，日前发现大股土匪，数约三五百人”[③]。另据载：“（1931 年 6 月）十三日晚西来四次票车，附挂开支车一辆，行抵砀山西杨集车站时，正下午十时左右，突有土匪二三十人，图谋劫车，因见车上武装压（押）车人颇多，且其大部尚未赶到，乃未敢动手。该车在站，少事停留，即转输东驶，当车开动时，匪见机缘已过，乃放枪射击，卒以车行甚速，究未命中。嗣匪大部赶到，睹车已无踪，乃迁怒该站站长，至其办公室寻衅，站长刘声远（刘本任车队长因该站长请假调其暂代）视此汹汹情状，乃手足失措，即将所燃煤油灯熄灭，以图幸免，不料匪众多疑，恐刘另有预防，与彼不利，乃实弹对刘射击，刘之左肩被击中一枪，附近民团闻枪声发现，乃聚集往援，与匪接触，不时匪即逃逸。”[④]

除上述事件外，因铁路问题而引发的杀人案件也多有发生。例如，1918 年 4 月，在京汉铁路列车上就发生一起杀人案件：“十四日夜半，由郾城开之二六二货车行至小商桥临颍间时，司执轮卢义于该列车中间之空车内，查见身穿军服之偷搭车人二名，遂即向前索票，致起冲突。其一人即用刀将司执

---

① 《电呈桑园站被匪抢劫情形乞鉴核由（民国十八年三月二十七日）》，《津浦铁路公报》第 19 期，1929 年，“公牍”，第 14 页。

② 《大汶口北津浦客车被劫》，《铁道》第 5 卷第 2 期，1934 年 1 月 11 日，“路事纪要”，第 65—66 页。

③ 《陇海津浦两路剿匪状况》，《兴华》第 26 卷第 32 期，1929 年 8 月 21 日，第 41 页。

④ 《陇海路股匪劫车未果》，《铁路月刊——津浦线》第 1 卷第 9 期，1931 年 6 月 30 日，第 6—7 页。

轮卢义刺伤前胸甚重，移时毙命，是时护车巡警闻声赶至向前提拿，因力不敌致该犯跃下窜逃。”[①] 1928 年 10 月 26 日，在徐州车站头道扬旗处发生一起杀人案件，“二十一点下行货（车）加车由徐州于二十一点四十一分开行，驶至头道扬旗处有形似流氓者五六人强欲乘坐机车，经司炉驱逐致遭被刀戳毙一人，受伤一人，凶手脱逃”[②]。

针对铁路盗匪横行的问题，时人分析指出：“盗匪之来源，大都是吾同胞因衣食无着而出此末路，值兹农村经济破产之际，欲求温饱，殊非易事，而国难临头，为政者忙于应付危亡，民间疾苦，大有不闻不问之概，则百姓之欲不充为匪，只有坐以待毙之一途耳。然人孰愿死哉？因之盗匪之充斥，是政治不清明之征兆，劫车案之发现，不特危及行旅，也是对于政治不修明的一个警告。”[③]

四、铁路部门的应对

铁路犯罪猖獗，产生的社会负面影响显而易见，如烟毒泛滥给社会带来的危害就包括摧残身体、崩溃精神，祸及家族和影响社会稳定，因为“一个人无论其身体如何健全，精神如何充盈，但一嗜鸦片毒品，则消化不良，贫血，羸弱诸症，由是发生，且工作能力，亦随之减退，对职务则流于疏怠，缺乏兴趣，对道德则视如敝屣，置之不顾，及其结局，或流为乞丐，或流为盗贼，误尽一生，实堪浩叹”；“一个家庭中，如果有人沾染烟毒，则不惟一家钱财，可耗完尽，即土地、房屋、妻子，亦常相继鬻于他人，常见家藏万贯，田连阡陌之人家，因沾染烟毒，初则仅家庭经济拮据，旋即当卖田地房屋，俟田地房屋一无所有，智穷计生，则设法卖其妻、子，致使子也堕于奴隶途径，妻也入于非人生涯，父母也或炊烟不继，或流离道途，全家瓦解”[④]。烟毒最终的危害不仅仅是社会衰落，而是民族复兴无望，因“人民深中烟毒，不但丧财误事，使个人立陷于倾家破产之境，且因个人体格的衰弱，因而民族精神衰落至一蹶不振，若再任其延蔓，十百年后恐全国将尽成烟民病夫，不待人家侵略，我们自己也会自趋灭亡了”[⑤]。为此，铁路当局从一开始就采

---

① 《京汉路局呈交通部为刺毙钩夫凶犯王荫喜业处死刑抄录布告请察核文》，《交通月刊》第 22 期，1918 年 10 月 1 日，第 6—7 页。

② 《津浦铁路行车事变月报十月份》，《津浦铁路公报》第 13 期，1928 年 12 月 20 日，“表册”，第 3 页。

③ 《津浦车被劫》，《十日谈》第 17 期，1934 年 1 月 20 日，第 1 页。

④ 毛振岐：《说明烟毒之祸害》，《河南禁烟季刊》第 2 期，1936 年 9 月，第 15 页。

⑤ 陆京士：《禁烟与民族复兴》，《申报》1936 年 4 月 20 日，第 1 张第 12 版。

取了应对之策。

一是组织路警和护路队。津浦铁路方面，在修筑之际工程局即在南、北两段招聘募勇（或称巡勇）组成铁路巡兵队，以维护勘路人员、工地及材料安全，其警务人员有警察、护路兵和稽查队等多种名目。民初至30年代，该路警务行政经历多次变更：1914年1月，交通部在津浦路局设警务处，并将铁路巡兵队改称警备队；1915年，改警务处为警务课；1922年，改称警察处；1925年，因军阀内战津浦路分南北两路局管理，警察处也变为两个；1927年10月，南局警务处改为警务课，由总务处管辖；次年南北两路合并，北局警务处并入总局警务课。1932年4月，为指挥和监督国有铁路警察行政事宜，铁道部在部内设立直辖的路警管理局，各地方路局则相应成立直辖于路警管理局的警察署，津浦路局遂于1932年7月1日改警务处为警察署，其地位已远远超过路局总务处、车务处等机构[①]。

在津浦路局警务行政中枢不断加强的同时，路局包括警务段和护路队在内的警务力量也不断壮大。警务段方面，1925年时全路共设总段3个，分段15个，另设警察所4个，各段所一、二、三等警察长178名，警察1 602名，差警47名，夫役178名[②]。20世纪30年代时，全路总段、分段和警察所在数量上、职责范围上均基本稳定，至1934年初，各段所一、二、三等警察长增加至319名，警察增至3 077人，差警和夫役则分别增至148人和303人[③]；1934年较1925年，全路警察长和警察的数量分别增加79%和92%，路警力量得到加强。

护路队是津浦路局警务力量中另一支重要组成部分，主要职责是押护行

---

① 津浦铁路年鉴编纂委员会：《津浦年鉴》，南京大陆印书馆1933年版，“第2编第6章”，第1—2页；杨江鲁：《旧津浦铁路警察组织沿革》，《铁道部郑州公安干部管理学院学报》2000年第3期，第55页。

② 津浦路警察段分3个总段：第一总段天津至济南，包括第1至第5分段，以及护局警察所、济南机厂护厂警察所；第二总段济南至利国驿（徐州附近），包括第6至第10分段；第三总段利国驿至浦口，包括第11至第15分段，以及浦镇机厂护厂警察所和浦口护厂警察所。另有15个分段：第1分段，天津至独流及陈唐庄枝路；第2分段，静海县至姚官屯；第3分段，沧州至安陵；第4分段，桑园至禹城；第5分段，晏城至党家庄；第6分段，岗山至泰安；第7分段，东北堡至曲阜；第8分段，兖州至邹县及兖济枝路；第9分段，雨下店至官桥；第10分段，临城至韩庄及临枣枝路；第11分段，利国驿至三铺；第12分段，曹村至固镇；第13分段，南宿州新桥至小溪河；第14分段，石门山至担子街；第15分段，乌衣至浦口。还有4个警察所：护局警察所、济南机厂护厂警察所、浦镇机厂护厂警察所和浦口护厂警察所。参见交通部、铁道部交通史路政编纂委员会：《交通史路政编》（第11册），编者1935年印行，第2 428页。

③ 沈崧：《我国铁路警察之过去与现在》，《交通杂志·一年来之交通专号》第2卷第5期，1934年3月，第65页。

车、警备路防，属于流动的警务力量，初创于1923年，称为游击队，后称保安队，至1931年始称该名。1932年时，全路共有护路大队2个，护路分队（后改称护路中队）7个，有队长及队员计1 049人①。此外，20世纪30年代中后期，路局还添设3支消防队，分驻浦口、徐州和济南。据统计，1933年7月—1935年6月，全路警察办理移送刑事案件467件，违警案件653件和查获无主遗物498起②。

津浦路上述的警务力量，分布于淮河流域境内的分别是：第二分段驻滁州，管辖担子街、滁州、沙河集、张八岭、三界、管店、小卞店、明光和石门山各站；第三分段驻蚌埠，管辖蚌埠、小溪河、板桥、临淮关、门台子、长临淮、曹老集和新马桥各站；第四分段驻南宿州，管辖固镇、任桥、西寺坡、南宿州、符离集、李家庄、夹沟及曹村各站；第五分段驻徐州，管辖三铺、徐州、茅村、柳泉及利国驿各站；第六分段驻临城，管辖韩庄、沙沟、临城、山家林、邹坞及枣庄各站；第七和第八分段分别驻滕县和兖州两站③。据1929年统计，路局警务段第二分段至第八分段共有警察890名，占全路警察总数的42.50%④。

平汉路与津浦路一样，其警务行政机构中枢经历多次变更，最初设总务处警务股；1914年改称警务课；1920年设立警察处，直隶于管理局；1924年改称警务处；1928年警务处取消，分设南、北两局总务处警务课，后改称督察室；1932年，平汉铁路警察署正式成立。其警务力量由段警和警队（亦称巡路队、护路队）共同组成，并不断扩充。段警初称铁路巡警，始设于宣统元年（1909），有巡官及巡警173名，1910年人数增至540人。民国成立后的1913年，包括总巡官、总段长、分段长及巡兵在内，已达811名；1921年则增达2 270名；1931年为3 052名⑤；1934年6月则为3 353名⑥。

警队始设于1913年，称巡路队，类似于津浦路的护路队，分5个分队，计141名；1918年，扩充兵额至352名；1922年增设第六分队，兵额增至404名；1923年后，巡路队先后改编为巡路营、保安警察队、督察队和保安队；1930年初，始改称护路队；1931年，全队官兵共计1 027名；1932年，

① 津浦铁路年鉴编纂委员会：《津浦年鉴》，南京大陆印书馆1933年版，“第2编第6章”，第7页。
② 铁道部秘书厅：《铁道年鉴》（第3卷），商务印书馆1936年版，第1 101页。
③ 津浦铁路年鉴编纂委员会：《津浦年鉴》，南京大陆印书馆1933年版，“第2编第6章”，第6页。
④ 《津浦铁路警察分段支配数目表》，《津浦铁路公报》第18期，1929年，“图表”，第31页。
⑤ 平汉铁路管理委员会：《平汉年鉴》，编者1932年印行，第136—140页。
⑥ 铁道部秘书厅：《铁道年鉴》（第3卷），商务印书馆1936年版，第1 035页。

护路队员增加至1 274名[①]；1934年6月则为1 282名。

据统计，1933年7月—1934年6月，平汉全路警务力量查办各类案件计922起，其中抢劫案件90起、盗窃案件447起、毒品案131起、损坏公物案件116起。1934年7月—1935年6月，全路警务力量查办案件计1 097件，其中盗窃案、毒品案、违警案和抢劫案位列前四，分别达566起、136起、248起和95起[②]。

平汉路的护路队为流动警务力量，1935年时共分5个中队，负责客货车辆的安全。警务段为驻站警察，1935年共有郾汉（郾城至汉口）、顺郾（顺德至郾城）和平顺（北平至顺德）3个警务段，警务段下设第一至第九分段，以及长辛店、郑州、江岸和汉口4个护厂警察所。平汉铁路淮河流域沿线各站警务，由第二和第三警务段负责。郑州为第二警务段总巡官驻地，警员包括段内谢庄、新郑、许州和郾城4站派出所在内，共计50名；第三警务段管辖区域涉及淮河流域的驻马店、信阳和西平等站，警员约45名[③]。

陇海铁路的警务行政也经历了总务处警务课和路局警务处的不断变更，至1932年由铁道部统一改称警察署。警段，初时称“弹压”，有“总弹压”和“分弹压”之分，1925年之前组织极为简单，巡警人数也不多。随着全路通车里程的不断增加，警段有较大扩充：1925年设铜山、开封和洛阳西站3个总段，下设8个分段，巡警数为497名；1926年增加至608名；1930年又增至805名；1935年6月为1 385名[④]。

陇海路护路队初称铁路防营，人数160余名。1923年改称护路队，1930年初为应付沿线土匪问题，路局几经扩充，护路大队先后增设5个中队，全队人数增加至600余名[⑤]，1935年6月又增至745名。据统计，1933年，全路警务力量共查办各类案件388起，1934年度则增加至607起，其中以违禁毒品、伤害死亡、偷窃、妨害交通和冒充官吏等案件为主[⑥]。

二是制定打击铁路犯罪的规制。1910年，清政府邮传部、吏部、法部和陆军部会奏《匪徒窃毁轨路要件治罪专章》，拟定四等罪名[⑦]；1910年，邮传

① 平汉铁路管理委员会：《平汉年鉴》，编者1932年印行，第140—144页。

② 铁道部秘书厅：《铁道年鉴》（第3卷），商务印书馆1936年版，第1 035—1 037页。

③ 交通部、铁道部交通史编纂委员会：《交通史路政编》（第8册），编者1935年印行，第955—956页。

④ 铁道部秘书厅：《铁道年鉴》（第3卷），商务印书馆1936年版，第1 082页。

⑤ 陇海铁路管理局：《陇海年鉴》，编者1935年印行，第342—344页。

⑥ 铁道部秘书厅：《铁道年鉴》（第3卷），商务印书馆1936年版，第1 082—1 084页。

⑦ 曾鲲化：《中国铁路史》，参见沈云龙：《近代中国史料丛刊》（第98辑），（台北）文海出版社1973年版，第532页。

部又颁布《工人查护铁路章程》[①]。1911 年，清政府编修的《路律》订立《铁路犯罪条例》，但未经议决，清廷已灭亡[②]。民元以后，我国铁路警务有所发展。1922 年 10 月，制定《铁路警察服务规则》；1923 年，交通部公布《交通部路警总局组织大纲》和《交通部路警总局组织条例》[③]，使得近代铁路警务有了正式规制。

国民政府铁道部成立之际，铁路治安仍非常混乱，盗窃、抢劫等案件在各路时有发生。为此，1929 年，铁道部颁布《整理警务大纲》，要求各路切实整理警务工作。次年，铁道部重新颁布《铁道警察服务规则》和《整理路警施行大纲》。其中《整理路警施行大纲》规定，路警执勤时应“振刷精神，勤慎服务”，“鞋帽衣裤领章等项应一律鲜明整洁”，执行职务时应“勤慎勇敢”[④]；而《铁道警察服务规则》则具体规定了铁道警察的服装、职权、守望、缉捕、护车、报告、驻防和出差等内容[⑤]。

1932 年，铁道部在部内设立直辖的路警管理局，各国有铁路设警察署，负责各路治安，同时颁布统一的《铁道部直辖路警管理局派驻国有各铁路警察署办事规则》《铁道部直辖路警管理局派驻国有各铁路警察署护路队办事规则》《铁道部直辖路警管理局派驻国有各铁路警察署所属警察段所办事规则》[⑥]，以及《国营铁道附属物品防范规则》《铁道警察适用违警罚法令》和《各路警署长警补助教育实施奖惩办法》[⑦] 等系列规章，明确路警行政体制及职责，加强对铁路及沿线的保护。

津浦、平汉和陇海三路除遵行部令外，还制定本路局的警务服务规则。如津浦路局 1915 年制定《警备队监护货车规则》，1918 年制定《警备队服务规则》，1922 年制定《侦查目兵随车服务规则》[⑧]，1928 年制定《津浦铁路管

① 《工人查护铁路章程》，参见商务印书馆编译所：《大清宣统新法令》（第 20 册），商务印书馆 2010 年版，第 51 页。

② 曾鲲化：《中国铁路史》，参见沈云龙：《近代中国史料丛刊》（第 98 辑），（台北）文海出版社 1973 年版，第 535 页。

③ 交通部、铁道部交通史编纂委员会：《交通史路政编》（第 1 册），编者 1935 年印行，第 269 页。

④ 《整饬路警施行大纲》，《南浔铁路月刊》第 7 卷第 3 期，1929 年 3 月，“法制”，第 1—3 页。

⑤ 《铁路警察服务规则》，参见立法局编译处：《中华民国法规汇编》（第 10 编），中华书局 1934 年版，第 794—808 页。

⑥ 参见《铁道公报》第 495 期，1933 年 3 月 4 日，第 1—7 页。

⑦ 《各路警署长警补助教育实施奖惩办法》，《铁路杂志》第 1 卷第 4 期，1935 年 9 月，第 106 页。

⑧ 津浦铁路管理委员会车务处：《津浦铁路规章汇览》（第 9 期），编者 1922 年印行，第 733—760 页。

理局总务处警务督察室办事细则》[①]，1929年制定《津浦铁路管理局总务处各警务段所官长巡查规则》，等等[②]。

在《警备队监护货车规则》中，津浦路局规定："押车目兵于货车将开之前，倘见有装载不妥或易于被窃、遗失或封锁不备或篷布束缚不严，火漆不固，印烙不明以及绳索不力情形，应即告知站长，立饬长夫整理妥协"，"押车目兵换班应互相眼同查验封锁篷布，火漆有无破绽，当面交接明白至货车终止之站，亦即如法交站长验收"及"车行途中遇贼行窃，经押车目兵觉察，应即乱鸣警笛，打旗夫等闻声须即打旗停车，不得迟延以便该目兵下车缉捕"等[③]；为鼓励铁路警察打击犯罪分子，路局的《警备队服务规则》中还制定"升降赏罚规则"，规定："目兵当差勤奋，一年无过犯者，记名候升"，"该管段内三个月无寻常窃案者，官长、目兵一律记功，连记功三次者，记名候升"，"如当场拘获现行犯者，酌量情节轻重给予奖赏或记功拨升"，"如三个月内连出寻常窃案三次者，官长、目兵一律记过，连记三次者，分别降革，凡窃案能于三日内破获，准免记过"及"窃案一次在百元以上者，官长、目兵一律记过，限一星期破获，如限满不能破获者，官长罚薪，目兵降革，另派得力目兵侦缉，如三星期仍不能破获者，官长降革"[④]。20世纪30年代，津浦路针对沿线匪徒劫车事件频发，于1933年、1934年分别拟定《防范路线行车安全办法》六条[⑤]和津浦路"防匪办法"三条及奖惩办法[⑥]。

京汉路局在光绪三十二年（1906）制定《河南新设铁路巡警章程》，光绪

---

① 《津浦铁路管理局总务处警务督察室办事细则》，《津浦铁路公报》第14期，1928年12月30日，"法制"，第4—5页。

② 《津浦铁路管理局总务处各警务段所官长巡查规则》，《津浦铁路公报》第15期，1929年1月10日，"法制"，第4—5页。

③ 津浦铁路管理委员会车务处：《津浦铁路规章汇览》（第9期），编者1922年印行，第757—758页。

④ 津浦铁路管理委员会车务处：《津浦铁路规章汇览》（第9期），编者1922年印行，第752—753页。

⑤ 《防范路线行车安全办法》六条：（一）实行检查旅客。（二）加派便衣警随车服务。（三）指派专警守护机车。（四）加紧巡查路线。（五）联络地方团警以通消息。（六）从速装置装甲汽车以资严密防范。参见《工作报告：一月来之总务》，《津浦铁路月刊》第3卷第11期，1933年11月30日，"工作报告"，第1页。

⑥ 津浦路规定"防匪办法"三条：（一）所有协防队警，一律分配于沿路各站，以厚实力。（二）每次列车，增加押车警力，照原额加一倍。（三）厉行检查上车旅客，由各站驻军宪兵会同检查，无驻军宪兵站者，由路警负责。津浦铁路防匪奖惩办法：事先侦悉防患未然者、当场破案人证俱获者、击毙人犯者，均分别给奖；事先无查（察）觉者、临事退缩者、遗失枪枝者，均分别重惩。参见《津浦路规定防匪办法》，《铁路月刊——津浦线》第4卷第1期限，1934年1月31日，"路界纪闻"，第1页。

三十三年（1907）制定《京汉铁路巡警章程》；进入民国后的1922年，制定《勤务督察办事规则》和《各段队办事细则》[①]，1935年又制定《派驻平汉铁路警察署所属消防队暂行办法》[②] 和《本路宪兵队护路队合组随护快车暂行守则》，等等[③]。津浦铁路临城劫车案发生后，平汉路制定了严密的防匪办法，要求沿线各警加强巡逻，其中驻豫巡护队负责顺德至信阳段，其巡逻办法“一就职营（指驻豫巡护队）原有铁甲车随挂每次所开特别快车以资防范；二立饬各队令所属目兵距原驻地点两站五里以内分班轮往，认真逡巡；三逐日各列票车除已由路警第二总段加派武装长警随车防护外，如遇必要时当立抽目兵协同防护”[④]。

铁路部门针对铁路犯罪要求课以重罪。1913年12月，交通部致函大理院称：“铁路轨道上之物件，无论巨细均紧要，设有偷窥损坏易生绝大危险，是以妨害交通。刑律定有专章，用意至为郑重。乃近来各处审判人员对于此等案件，其依律判决者固足以资惩儆，而仍照普通窃犯科罪，以致顽民无所儆畏者亦在所不免。”故要求该院：“通令各省高等审判厅、力行各地方法院暨各县帮审员一体知照，嗣后遇有偷窃损坏已成路轨上物件之案件，务须核其情节按照妨害交通罪内所定各条分别科断，勿得仅以普通窃盗论。”[⑤] 这项建议得到大理院的肯定答复。1928年，交通部咨商司法部、内政部，并获一致意见：凡偷盗铁路道钉等物件均以妨害交通罪从重治罪[⑥]。1929年，津浦路局为使民众知悉妨害交通罪，特将《刑法》上的交通罪量刑进行布告：放火烧毁火车的重处无期徒刑，轻的处7年以上有期徒刑；倾覆火车重的处无期徒刑，轻的处5年以上有期徒刑；损坏轨道以致火车往来发生危险或倾覆者，处10年以下有期徒刑；偷窃钉板枕木等材料，处5年以下有期徒刑或500元罚金；妨害铁路，处5年以上有期徒刑或500元罚金；凡是收受赃物的照赃物罪，处5年以下有期徒刑或3 000元以下罚金[⑦]。

---

① 交通部、铁道部交通史编纂委员会：《交通史路政编》（第8册），编者1935年印行，第976—983页。

② 《派驻平汉铁路警察署所属消防队暂行办法》，《铁路月刊——平汉线》第58期，1935年2月，第265—268页。

③ 《本路宪兵队护路队合组随护快车暂行守则》，《铁路月刊——平汉线》第30期，1932年10月，第212—213页。

④ 《京汉路已加严防匪》，《申报》1923年5月17日，第2张第7版。

⑤ 《大理院复交通总长解释因偷窃而损坏铁路轨道上对象等案应比较妨害交通罪与窃盗罪从重处断请查照函》，中国第二历史档案馆：《政府公报》（第20册），上海书店出版社1988年版，第411页。

⑥ 《国民政府交通部咨第499号》，《交通公报》第1卷第31期，1928年10月1日，第4页。

⑦ 《布告第9号》，《津浦铁路公报》第21期，1929年3月10日，“公牍”，第21—22页。

1936年，铁道部加重对铁路偷窃的惩处力度，“本部……近奉军事委员会令，如有不肖员工及莠民希图破坏交通，藉端生事者，概以妨害军事论罪，由所在地军警，切实缉拿，依军法严惩”[①]。

第二节　行车事故频发

铁路交通事故是指“铁路机车车辆在运行过程中发生冲突、脱轨、火灾、爆炸等影响铁路正常行车的事故，包括影响铁路正常行车的相关作业过程中发生的事故，或者铁路机车车辆在运行过程中与行人、机动车、非机动车、牲畜及其他障碍物相撞的事故。铁路运输事故一般分为行车事故、旅客伤亡事故、行李包裹事故和货运事故。此外，还有路外伤亡事故（包括道口事故）”[②]。在近代，由于铁路技术、管理、设备均极不健全，以及某些不可预测因素，铁路交通事故较多且极为频繁，成为传统社会问题中一个新增的社会问题。

一、各路行车和伤亡事故

行车事故在铁路交通事故中占据首位，也最为常见。

在平汉铁路，宣统三年（1911）发生列车出轨28次、冲突12次、车辆分离9次、路线阻碍6次、火灾1次，共计56次；1912—1924年，各年度事故总数分别为62次、86次、111次、83次、137次、108次、123次、89次、66次、69次、50次、91次和67次[③]。20世纪30年代，该路铁路行车事故仍处于高发状态，在1933年1月份铁道部全国铁路行车事故统计中，平汉路最多[④]。另据《铁道年鉴》统计，平汉铁路1933年度（1933年7月—1934年6月）共发生撞车4次、出轨53次、脱钩39次、失火3次及烧轴237次；1934年度（1934年7月—1935年6月）共发生撞车11次、出轨64次、脱钩55次、失火9次及烧轴164次[⑤]。综计1934年1月—1935年6月，该路共发生

① 《破坏交通以妨碍军事论罪》，《铁道半月刊》第1卷第15期，1936年12月16日，第87页。

② 陈松岩：《走进交通世界》，山东科学技术出版社2013年版，第209页。

③ 交通部、铁道部交通史编纂委员会：《交通史路政编》（第8册），编者1935年印行，第1 231—1 232页。

④ 《铁路行车事变统计》，《申报》1933年6月10日，第3张第9版。

⑤ 铁道部秘书厅：《铁道年鉴》（第3卷），商务印书馆1936年版，第762—779页。

各类行车事变 1 543 次，占这一时期国有铁路行车事变总数 6 787 次的 22.73%[①]，依旧为各路最多。

陇海路行车事故的统计资料较为缺乏，据《交通史路政编》上的零星记载，1913 年 12 月—1914 年 6 月，共发生机车出轨 1 次、机车内左边牵脱落 1 次、机车撞碎路上骡车或牛车 3 次，并造成 9 人死亡。1924 年度，该路发生出轨事故 7 次、冲突 2 次、车队分离 4 次、误入歧途 3 次、路线阻碍 1 次、其他事故 8 次[②]。20 世纪 30 年代，《铁道年鉴》的记载如下，1932 年陇海路发生列车出轨 17 次、冲突 2 次、脱钩 34 次、误入歧途 3 次、路线障碍 15 次、火患 6 次、及车辆奔逸 2 次[③]。1933 年度发生撞车 1 次、出轨 20 次、脱钩 21 次、烧轴 3 次及车辆逸走 1 次；1934 年度发生撞车 3 次、出轨 23 次、脱钩 45 次、烧轴 1 次及车辆逸走 1 次[④]。

津浦铁路方面，1920 年共发生行车事故 58 次[⑤]；1933 年度发生撞车 5 次、出轨 30 次、脱钩 18 次、失火 5 次，以及烧轴事故 2 次；1934 年度发生出轨 45 次、脱钩 26 次、失火 5 次及烧轴 15 次[⑥]。

铁路行车事故产生的后果一般都比较严重，因为火车速度快且自重大。轻者列车机件损坏，交通中断；重者则是车毁人亡，使事故上升为人员伤亡事故。

据《申报》报道，1926 年 5 月京汉铁路三家店发生列车出轨事故，约 40 名乘客死亡；同月该路货车在杨家寨出险，共有 78 人遇难[⑦]。1935 年 2 月，广水车站附近发生一起严重旅客伤亡事故，据《益世报》报道："平汉铁路，于本月（2 月）十七日夜间一时三十分，有某军兵车一列，挂敞篷车八辆，由广水站向北开行，不料此时有平汉第一百三十五号小机车一辆，停于站内，兵车急驶进站，因预先未得电传，亦未见号志标示，乃驶至洋旗地方，砰然巨响，与兵车相撞，后经调查，两车车头，破碎不堪，兵车内有团长喻德卿一名，大名人，年三十八岁，当被震死，更有士兵十三名，亦死于非命，受重伤及断臂残腿者约五十余人，情形极惨……"[⑧]

---

① 刘传书：《中国铁路行车事变之检讨及其防范方法》，《铁路杂志》第 1 卷第 10 期，1936 年 3 月，第 18—19 页。

② 交通部、铁道部交通史编纂委员会：《交通史路政编》（第 14 册），编者 1935 年印行，第 627 页。

③ 陇海铁路管理局：《陇海年鉴》，编者 1935 年印行，第 118 页。

④ 铁道部秘书厅：《铁道年鉴》（第 3 卷），商务印书馆 1936 年版，第 762—779 页。

⑤ 《第 30：国有各路车辆所遭变故回数表》，《交通部国有铁路 1920 年统计总报告》，"北洋政府交通部档案"，档案号：1 056 - 20，中国第二历史档案馆藏。

⑥ 铁道部秘书厅：《铁道年鉴》（第 3 卷），商务印书馆 1936 年版，第 762—779 页。

⑦ 《北京要讯》，《申报》1926 年 5 月 16 日，第 2 张第 4 版、第 5 版。

⑧ 《平汉广水站撞车惨剧，死伤五十余人》，《益世报》1935 年 2 月 21 日，第 2 张第 8 版。

1928 年 1 月，津浦路在德州附近发生撞车事故，造成严重伤亡。据报载："前（十五）日满载客货，由津开行南下之第二十次特别车，行至德州附近，与由南方北进之列车冲突，时正午后一点五分也。由南北进之列车，系军用列车，重量较轻，由津南下之特别车，因满载客货，重量较重，故军用列车，当时脱轨颠覆。该车内搭乘多数军人，或被列车压毙，或因冲突激励，致车内所积载之弹药俄然爆炸，而被爆炸者血肉横飞，其惨状不堪寓目，死伤之数，达数百人，其中有旅长一名，亦毙命，南下列车中之乘客，损害较轻，死伤亦极轻微。"[①]

1929 年 4 月 24 日，津浦路乌衣站附近发生货车与运兵车相撞事故，也同样造成了严重伤亡。据《申报》载："输送四十六师范熙绩部赴蚌埠临淮一带之兵车一列，昨日（二十四）下午二时由浦口开出北上，三时半至乌衣，与由蚌埠南来之货车一列，在站南里扬旗铁桥上互撞，死十二人，伤四十六人"，"两车头即全部损坏，兵车一辆亦成粉碎，货车两辆倾于轨道之两旁"[②]。

1932 年 1 月，陇海路客车在郑州东站出险，据载："十二晨由郑东开之陇海特别快车，在郑站以东出轨，覆客、货车各一辆，伤路警四人死一人。"[③]而 1931 年 6 月发生于该路观音堂与渑池之间的列车出轨事故，更是惨烈。据《申报》报道："是日（5 月 31 日）八次客车十一时由观音堂开行至距渑约十五里之十里铺地方，该地地势系下坡，车行该处均须按闸缓行。此次客车除普通车在十余辆外，尚有平民车（免费备灾民乘用）及军用车各两辆。该车行过一小桥，车头因压量过重，忽然炸裂，于是紧随车头后之平民车、军用车及其它车辆共七辆均倒倾道旁之小河中（两边铁道有小河但无水）……据调查结果，当场死亡者四十八名，轻重伤者五十余名。乘平民车之二百余灾民幸免者百余而已，然已受惊不小。"[④]

铁路行车事故所引发的伤亡人数究竟有多少，因路方不注重统计工作，因而难以掌握。20 世纪 30 年代以后，铁道部编撰的《铁道年鉴》对各路的旅客伤亡人数有个大概的统计：1933 年度津浦路全年因行车事变共造成 34 人死亡，68 人受伤，1934 年度为 55 人和 43 人；平汉路 1933 年度死亡 76 人，致伤 240 人，1934 年度为 76 人和 213 人；陇海路 1933 年度遇难 35 人，受伤 30 人，1934 年度则为 38 人和 44 人[⑤]。

---

① 《津浦撞车之惨剧》，《申报》1928 年 1 月 27 日，第 3 张第 11 版。

② 《津浦路乌衣站撞车惨剧》，《申报》1929 年 4 月 26 日，第 3 张第 9 版。

③ 《陇海快车出轨》，《申报》1932 年 1 月 14 日，第 2 张第 8 版。

④ 《陇海路出轨之惨剧》，《申报》1931 年 6 月 11 日，第 3 张第 9 版。

⑤ 铁道部秘书厅：《铁道年鉴》（第 3 卷），商务印书馆 1936 年版，第 762—779 页。

上述行车事故和旅客伤亡事故，有很多是发生在淮河流域境内的铁路沿线，通过当时的报纸可以印证这个事实。总体而言，津浦路在淮河流域内事故频繁，陇海次之，平汉最次。

20世纪20年代发生在津浦路淮河流域的行车事故，基本上是年年有之。1921年在管店车站发生撞车事故，造成6人死亡，50余人受伤①。1924年5月29日，《申报》报道："津浦南段在本月内曾出轨四次，一次在南宿州，其余三次均在花旗营至滁县站间，幸均系货车，损失不巨，合之此次张八岭撞车，共为五次。"其中，张八岭撞车有人员伤亡，事故情形如下："津浦路南段张八岭车站前夜（二十五日）十一点三十分时第三十八次上行加车与六十七次下行加车发生相撞惨剧。查此次肇事原因，纯系下行车司机石福森误事，上行机车为二五一号，下行机车为二六九号均已撞成粉碎，并连带撞坏四十吨货车两辆，一为棚车，一为高边车，铁轨亦为机车带弯，并有道房一所亦被波及。所幸双方均是加车，未载乘客，仅有一人，系兵士装束跟车南下，在两车未接触时，伊从车跳下，致被跌毙。其余尚无伤人情事。闻比次损失，仅机车两部，约需款二十万元，余尚不计。兹将车队长冯汝珍报单录下，查六十七次在临淮站共挂重轴九十五根，尚有四十吨风闸车四辆，并带半闸车六辆。开车前已会同站长查验，均皆适用。开行后，途中均妥善。至明光机车上水，正点开车，不料过小卞庄，速度骤加，计由小卞庄至张八岭站，仅行五十四分，共早一点三十六分，其车将至岭站时，北头两道号志均未落下，且车队长深知该站系下坡道，当即督饬闸夫紧闭，奈该司机并未将机车汽门紧闭，无法令其停驶，遂致闯过车站与三十八次相撞云云。据此报单观之，亦可见系司机石福森之疏忽矣，现石已于出事时逃避无踪矣。"②

1928年4月13日，津浦路蚌埠站附近发生一次撞车事故，据《申报》载："津浦路于十二日夜间（即十三日晨）二点钟有兵车一列由曹老集南开行，抵离蚌埠十余里之大桥与蚌埠北开四次车在桥上相撞，将八六号、八五号两车头撞毁，并毁轨道一条，枕木十余根，又撞翻车辆三节堕水。闻是项车辆尚不难起出，计被撞死者查明已有三人，伤者尚未查明实在数目，该两号车头闻都由沪杭路借来。其原因以蚌埠刘副站长锦全遗忘曹老集站有南下兵车情事，遂误发北行四次车路牌，致酿此祸（从前原有之路签已为直鲁军带走，是以代以路牌）。该局局长、车务处长闻讯后已电蚌埠警务长将刘副站

① 《本埠新闻·管店站车撞惨剧之昨讯》，《申报》1921年1月9日，第3张第10版。

② 《张八岭撞车后车头损坏情形》，《申报》1924年5月29日，第2张第7版。

图 5-1 张八岭撞车事故现场

图片来源：《张八岭撞车后车头损坏情形》，《申报》1924 年 5 月 29 日，第 2 张第 7 版。

长及长夫等先行收押，候示发落，并飞派工程司前往赶修。”[①]

据津浦路局向交通部呈报的 1928 年 9 月—10 月行车事故的统计，9 月份共发生 15 次行车事故，其中 8 次发生于淮河流域境内，分别发生在徐州站十号岔道、小溪河站南岔道、官桥南 591 公里、乌衣站北岔道、新桥固镇间第 795 公里、小卞庄三股道、徐州三道及蚌埠站大地磅等处[②]。10 月份该路淮河流域行车事故有所上升，达 9 次之多：10 月 1 日，临淮关站发生跳车事故，致 1 人被轧伤；10 月 3 日，曹村站发生火车轧死 1 人事故；10 月 5 日，固镇车站发生兵士跌落受伤事故；10 月 7 日，桑园站北闸外发生旅客上车跌落受伤事故；10 月 12 日，大汶口站发生 1 名兵士私爬车顶摔落致死事故；10 月 12 日，柳泉站发生列车锅炉爆炸事故，造成 5 人死亡、伤数 10 人，损坏轨道 4 节、枕木 17 根；10 月 12 日，蚌埠车站十股道发生机车倒车撞车事故；10 月 17 日，担子街中间 23 英里处发生乘客吸烟致失火事故；10 月 31 日，曹老集肥河桥上发生车辆分离事故[③]。

到了 20 世纪 30 年代，津浦路淮河流域内行车事故仍屡见报端。1930 年 8 月 9 日《申报》报道了蚌埠站发生的一起旅客伤亡事故：“昨日（四日）下午八时，由浦口开来二次普通快车一列，车顶之无票露天乘客，较寻常特多，故车到蚌站已误点三小时许。路员见车顶盖上面，军民杂坐，不下数百人，恐车开发生危险，当令护路队警士，攀登驱逐。兵士仍踞坐不动，未购票之

---

① 《津浦路撞车纪》，《申报》1928 年 4 月 15 日，第 3 张第 9 版。

② 《津浦铁路行车事变九月份月报》，《津浦铁路公报》第 11 期，1928 年 11 月 30 日。

③ 《津浦铁路行车事变月报十月份》，《津浦铁路公报》第 13 期，1928 年 12 月 20 日，“表册”，第 1—4 页。

老百姓，亦多恃兵士有家乡关系为护符，此驱彼上，彼驱此上，扰攘良久，愈见其多，甚至车顶无容膝地，或蹲或立，或坐或伏形状不一，路员见无法驱逐，只得令司机开车。车开驶未数步，逼近天桥，平时车行桥下，坐于车顶之人，多伏卧顶盖上面，以防桥栏对撞。此次车顶之人太多，无法屈伏，多偻身而立，故车由桥下经过时，车顶上立被桥之铁座撞下九人，均跌落铁轨之两旁，一时轰动车站。比路警上前救护，铁路两旁，已纵横卧伏，血迹模糊。贫民王友德之妻，被撞跌受伤，立刻气绝。王友德等八人被撞跌受伤者，当由吴站长派人抬至车站津浦铁路医院救治。今日调查，王友德之妻已由公安局派人掩埋，重伤者四人。王友德右耳，被天桥铁座削掉，其长子三鸦（年四岁）头皮撞裂，已经医生缝合。任永明右大腿骨断，右肩脱节。陈远义左锁骨断，王友德之次子鸦头及王永忠赵大明曹书林四人受伤微重，闻中有兵士二人，业已出院而以王友德妻死子伤，全家遭祸为最惨。”①

1932 年 10 月 12 日，津浦路蚌埠站偏北的三界南站附近发生人员伤亡事故，其情形如下：“津浦路第六次普通快车于十二日上午七时，由浦口开驶北来，至十一时四十分行抵三界南，距车站尚有二里许，中节车忽然脱钩，前节车及机车互相牵连，犹向前行。后段车因速度尚足，亦随之行走，司机人见将抵车站，开驶稍缓，讵脱钩之车，速度未减，前慢后快。转瞬间，后车追及前车，轰然一声前后相撞。司机人闻声，始知肇事，立即停驶，而后车之前节已越过前车之后节，车厢全被撞坏，铁轨亦稍有损。毁事后查视，见一乘客，头被辗落气绝身死，惨不忍睹。又有由浦口上车之某部兵士一人亦受重伤，其它旅客尚无伤亡，由四师军需处派人在沪采办之军用品如卫生衣、皮鞋、擦枪油等物，装载后车，由科员韩某等五人押运，物件颇有损坏，五人幸告无恙。比即将各项物件卸存三界车站，第一段及三界车站路员据报，立派工人前往修理，并另敷简便岔道，将车分别起运移开，从事修理。经五六小时之久，始修理就绪，然后开车，至当晚九时乃开到蚌站。一二两次特别快车均被阻碍，致延误数小时之久。”②

1934 年和 1935 年，仅《申报》报道的淮河流域津浦沿线发生的出轨类事故，就达 20 多次。

平汉和陇海两路，在淮河流域内的行车事故见诸《申报》的数量较津浦路要少很多。通过检索，陇海路出轨事故《申报》报道的约 15 次，撞车事故仅 2 次；平汉路出轨事故《申报》报道的约 31 次，撞车事故约 16 次。例如，

---

① 《要闻·蚌埠车站发生惨剧》，《申报》1930 年 8 月 9 日，第 3 张第 9 版。

② 《要闻·津浦路撞车惨剧》，《申报》1932 年 10 月 15 日，第 3 张第 10 版。

1936年7月23日《申报》报道："平汉北上快车，二十三日在信阳南出轨，原因不明，损失未详，到郑晚六小时。"① 1936年10月31日《申报》报道："二十九晨陇海货车在郑北站出轨，三辆轨道阻碍，东西来郑快车均折回。"②除此，尚有其他报刊载有平汉和陇海两路在淮河流域内出险事故，如1929年7月在开封站附近发生陇海路出轨事故，据《兴华》刊载："（七月）十五日晨三时，由徐西开票车，行抵开封与陆间六六公里九十公尺铁桥上，因车行太速，客车出轨，堕桥下者二辆，倒地二辆，死伤百余人，内有徐州某公司押货伙友死四人。"③

二、行车事故原因

铁路行车事故的原因是多方面的，时人刘传书曾撰写一篇名为《中国铁路行车事变之检讨及其防范方法》的文章，认为"行车事变之原因，不外车机工三方面之人事及技术，军人干涉行车，及受害人自不小心各项"。这里的"人事""技术"和"自不小心"可以对应为人事、设备和旅客：人事即指铁路行车管理制度落实不到位和铁路工作人员疏忽，设备指铁路基础设施破损与老化，旅客则指乘车人员不遵守铁路旅行规则。

刘传书通过对1934年1月—1935年6月各路行车事故原因的分析，指出："平汉、北宁、粤汉南段均以'机务人事'一项为多。津浦、胶济则以'机务技术'一项为多。京沪沪杭甬、正太、广九、道清均以'自不小心'及'机务技术'两项为多。陇海、平绥以'自不小心'及'机务人事'两项为多。湘鄂以'机务人事'及'机务技术'两项为多。南浔则以'自不小心'项为多。而车机工人事过失之总数，竟占各种原因百分30.60。人事不臧，实为肇事最大原因，已无可讳。"④根据刘传书的结论，平汉和津浦两路行车事故分别以"机务人事""机务技术"为最多，而陇海路则以"自不小心"和"机务人事"为多。下表是1936年各月三路的行车事故原因一览表。

① 《平汉快车出轨误点》，《申报》1936年7月24日，第3张第9版。

② 《陇海路货车在郑出轨》，《申报》1936年10月31日，第4版。

③ 《中外大事记：陇海路出轨堕车惨剧》，《兴华》第26卷第28期，1929年7月24日，第44页。

④ 刘传书：《中国铁路行车事变之检讨及其防范方法》，《铁路杂志》第1卷第10期，1936年3月，第20—21页。

表 5－1　1936 年平汉、津浦和陇海三路每月行车事变起数及原因表

月份	事变原因名称	平汉铁路	津浦铁路	陇海铁路
一月	铁路"人事"	7	4	1
	铁路"技术"	35	102	0
	自不小心	18	6	12
	天灾及其他	9	0	37
二月	铁路"人事"	0	4	5
	铁路"技术"	96	84	0
	自不小心	12	21	12
	天灾及其他	17	2	17
三月	铁路"人事"	2	6	0
	铁路"技术"	99	90	2
	自不小心	33	15	18
	天灾及其他	10	10	67
四月	铁路"人事"	0	6	22
	铁路"技术"	63	82	0
	自不小心	31	14	15
	天灾及其他	11	7	46
五月	铁路"人事"	0	8	21
	铁路"技术"	49	81	0
	自不小心	23	23	8
	天灾及其他	5	7	46
六月	铁路"人事"	14	7	16
	铁路"技术"	58	71	0
	自不小心	25	20	11
	天灾及其他	6	9	46
七月	铁路"人事"	0	65	16
	铁路"技术"	84	88	1
	自不小心	23	27	13
	天灾及其他	10	5	42

（续表）

月份	事变原因名称	平汉铁路	津浦铁路	陇海铁路
八月	铁路“人事”	1	4	12
	铁路“技术”	81	88	2
	自不小心	27	33	20
	天灾及其他	5	3	31
九月	铁路“人事”	16	2	12
	铁路“技术”	46	74	0
	自不小心	22	16	11
	天灾及其他	6	3	26
十月	铁路“人事”	14	3	21
	铁路“技术”	61	54	1
	自不小心	22	12	9
	天灾及其他	5	5	37
十一月	铁路“人事”	6	6	8
	铁路“技术”	51	45	3
	自不小心	24	12	4
	天灾及其他	7	4	28
十二月	铁路“人事”	16	4	10
	铁路“技术”	15	34	0
	自不小心	15	16	6
	天灾及其他	7	12	36

资料来源：《铁道部业务通令行车类第七号》，《铁道公报》第 1 490 期，1936 年 6 月 4 日，第 6 页；《铁道部业务通令行车类第八号》，《铁道公报》第 1 510 期，1936 年 6 月 27 日，第 7 页；《铁道部业务通令行车类第十二号》，《铁道公报》第 1 589 期，1936 年 9 月 29 日，第 2—3 页；《铁道部业务通令行车类第十五号》，《铁道公报》第 1 611 期，1936 年 10 月 16 日，第 7 页；《铁道部业务通令行车类第十六号》，《铁道公报》第 1 623 期，1936 年 11 月 9 日，第 6—7 页；《铁道部业务通令行车类第十七号》，《铁道公报》第 1 628 期，1936 年 11 月 16 日，第 6—7 页；《铁道部业务通令行车类第十八号》，《铁道公报》第1 632 期，1936 年 11 月 20 日，第 6 页；《铁道部业务通令行车类第十九号》，《铁道公报》第 1 664期，1936 年 12 月 28 日，第 5—6 页；《铁道部业务通令行车类第 1 号》，《铁道公报》第 1 689 期，1937 年 1 月 28 日，第 173—174 页；《铁道部业务通令行车类第 1 号（1）》，《铁道公报》第 1 710 期，1937 年 2 月 22 日，第 151—152 页；《铁道部业务通令行车类第 1 号（2）》，《铁道公报》第 1 756 期，1937 年 4 月 19 日，第 114—115 页；《铁道部业务通令行车类第 1 号（3）》，《津浦铁路日刊》第 1 766 号，1937 年 2 月 2 日，第 88 页。

上表数据表明，1936 年在三路的行车事故中，因路局“技术”问题而导致的事故，为数最巨，次之为“自不小心”，铁路“人事”排在第三。这虽与刘传书所述结论不一致，但并不矛盾，一是路局对于行车事故原因的认定，并不严谨；二是“自不小心”和铁路“技术”因素，也包含铁路管理制度不落实和不到位的问题。据北洋政府交通部的一份统计，1914 年上半年，因铁路“人事”原因，平汉路发生车辆碰撞事故 4 次，旅客员役伤亡 9 次、出轨 4 次、脱钩 1 次、脱逸 1 次。津浦路发生出轨 7 次，旅客员役伤亡 5 次、脱钩 1 次、车中火灾 2 次、损坏设施等事故 5 次；因铁路“技术”原因，平汉路发生车辆损坏 1 次，津浦路发生出轨 1 次，车辆损坏 1 次；因“自不小心”原因，平汉路发生旅客员役伤亡事故 16 次，津浦路为 12 次；因路外人员干涉，平汉路发生出轨 1 次，停车超 20 小时事故 1 次；另外，平汉路因大雾、水灾、雨雪而发生轨道障碍 1 次，津浦路发生出轨 1 次①。

当然，刘传书的观点还不够全面，从上表及 1914 年交通部的统计均可知，包括平汉、津浦和陇海等路在内，因天灾原因导致的事故也时有发生，而天灾又以水灾占据主要。据《申报》载，1931 年 7 月 13 日晨，陇海路 372 次加车，由洛阳东开，在洛河 74 号道牌附近，因水毁道路而造成出轨事故②。

淮河流域境内行车事故发生的原因也不出上述几点。铁路“人事”方面，前述津浦铁路 1924 年 5 月 25 日和 1928 年 4 月 12 日，发生于张八岭和蚌埠站曹老集的两次撞车事故，均为铁路工作人员失误所致。同样，1936 年 10 月 1 日晨，津浦铁路北上 306 次平浦通车与南下 267 次货车在枣庄柳泉站发生的正面相撞事故，“毁机车二部、客车一辆、死机工二名、重伤旅客二名、轻伤者十二名、路警一名、路工九名、毁轨道一段”，“此次出事原因为南下车司机人不慎，于下坡道入站时，未将风闸关闭，至欲停不能。同时该处为大弯道，两旁山冈阻碍视线，致司机未睹站外列车，因而闯祸”③。

铁路“技术”方面，如 1931 年 5 月 31 日，发生在陇海路的第 8 次客车出轨而造成多人伤亡事故，其原因有二，“车头机件陈旧”和“铁路年久失修，直接、间接均可归罪于国内战事之影响”④。还有些事故则是路外人员的行窃、偷窃铁路行道物件所致，如 1932 年 6 月 22 日，平汉路广水站南 48 里处，路

① 《交通部直辖各路三年上半年期行车事变一览表》，《铁路协会会报》第 25 期，1914 年 10 月 15 日，第 41 页。

② 《陇海车因大水出轨》，《申报》1931 年 7 月 15 日，第 3 张第 9 版。

③ 《平浦通车肇祸》，《申报》1936 年 10 月 2 日，第 4 版。

④ 《陇海路出轨之惨剧》，《申报》1931 年 6 月 11 日，第 3 张第 9 版。

轨因被匪拔去道钉，致一列货车在此出轨，上下车均停[①]。

三、行车安全规制的制定

行车事故会引发路局与事故受害方之间的矛盾，甚至引起冲突，原因主要在于路局在行车事故发生后，对事故危机应付不力，诸如抢救伤员不及时、财物损失赔偿不够和伤亡家属安抚工作不到位，以及肇祸者追责不严等。对铁路部门而言，即便其不顾及社会层面的不良影响，行车事故所造成的铁路部门财产严重损失，也致使铁路安全性受到质疑，声誉受损，累及营收减少，这是必须要顾虑的。为此，铁路部门也积极制定了防范行车事故的规制。

1919 年，北洋政府交通部起草《铁路行车规则草案》，但未实行，至 1922 年才正式颁布《国有铁路行车规章》，共 9 编[②]。20 世纪 30 年代，国民政府铁道部在前交通部制定的《国有铁路行车规章》基础上，对各编、章等目次进行重新调整、编排及删减，从而形成章节比较规整、条理更为清晰的铁路行车技术管理制度。例如，《铁路行车通则》共 6 章 242 条，分别就号志及标志（分眼望号志、手作号志、耳听号志、标志和号牌）、行车制（分电气路签、普通路签及路牌、电报行车和分道制）、列车及车辆的运转、车辆的载重、列车的开行、公务车辆的开行、列车与车辆的调移、列车与车辆的检查和气轫的运用，以及处理各类行车事变进行技术操作规范的规定[③]。除《铁路行车通则》外，铁道部所颁涉及铁路行车安全的规则还有《国营铁道机车检查规则》《国营铁道客货车检查规则》和《国有铁路联运车辆检验及修理规则》[④] 等。这些都成为包括津浦、平汉等地方路局在内的国有铁路保障行车安全的主要规则。同时，30 年代铁道部还就防范行车安全进行具体的指导，比

① 《平汉货车出轨》，《申报》1932 年 6 月 23 日，第 4 张。

② 交通、铁道部交通史编纂委员会：《交通史路政编》（第 2 册），编者 1935 年印行，第 1 409—1 455 页。

③ 《国有铁路行车通则》，《铁道公报》第 1 355 期，1935 年 12 月 25 日，第 1—5 页。

④ 《国营铁道机车检查规则》，《京沪沪杭甬铁路日刊》第 1 341 号，1935 年 7 月 26 日，第 177—179 页；《国营铁道客货车检查规则》，《京沪沪杭甬铁路日刊》第 1 344 号，1935 年 7 月 30 日，第 201—203 页；《国有铁路联运车辆检验及修理规则》，《京沪沪杭甬铁路日刊》第 1 059 号，1934 年 8 月 23 日，第 153—154 页。

如1936年2月发布的业务通令《预防行车事变三原则》[①] 和《行车事变之防范办法》[②]。

津浦、平汉和陇海路局也制定了更为具体的防范行车安全规则和措施。如在津浦铁路，1924年制定了《津浦铁路行车简要规则》[③]；1936年6月，又在部颁《铁路行车通则》的基础上，路局自定《津浦铁路行车附则》34节[④]。

---

① 《预防行车事变三原则》：（一）各路车、工、机段长，对于所辖段内一切行车设备，如号志、辙尖、路牌、电报、电话等等，每月必须会同检验一次，如有失常状态或应修改之处，应即随时加以整理，并呈报各该主管处核办；（二）行车员工，如司机、司炉、号志夫、司轫夫、调车夫、转辙夫等，应由主管人员随时加以考验，并应印发各种行车人员须知小册，如司机须知、号志夫须知等，积极灌输行车常识及必要之规章，以资训练；（三）凡各种行车员工，责任重大，在执行职务时间以内，应绝对不准擅离职守，如司机、司炉不得离开机车，司轫夫不得离开指定之地位，以免疏虞，致肇事变。参见《津浦铁路日刊》第1465号，1936年2月10日，第58页。

② 《行车事变之防范办法》：一、防范撞车应行注意者：(1) 闭塞法行车制，务须绝对遵守。(2) 站长对于将进站号志显示平安，准许列车进站之前，应先查明辙尖部位有无乖误，经行路线有无障碍，暨妨碍经行路线之调车工作是否停止。(3) 如遇两列车同时驶近一站交会时，务须照章先令两列车各在进站号志外停止，然后酌量情形，先令一列车进站停妥后，再令其他一列车进站。(4) 司机开行列车，应以绝对遵守号志为第一要务。(5) 列车到站停止时，必须使首尾两端各停在警冲标以内。二、防范列车出轨，应行注意者：(1) 随时注意枕轨有无瑕疵，轨距有无相差，湾道地点之内外轨超高度，是否适合，道钉有无松动，路基有无损坏。(2) 随时查验车轮各站，如轴项有无损坏，轮箍有无松动，轮缘有无磨薄。(3) 平车及敞车所装货物，必须捆载稳固，以免中途坠下，垫出车辆。三、防范列车脱钩应行注意者：(1) 查验车钩各部有无瑕疵，注意钩舌厚度有无磨薄，车钩中心高低之差度，是否适合，车钩钩舌中心与车钩臂垂直距离是否合格。(2) 列车行驶时，不得骤然猛增或猛减速率，行驶上坡道时，尤应注意。四、防范失火，应行注意者：(1) 凡爆炸及危险物品，必须装于坚固安全之保险箱桶内。(2) 凡平车及敞车之装有易燃货物者，不得紧接挂于机车之后。(3) 客车中旅客有无遗弃燃火烟头等物，应随时注意。(4) 客车中之电线设备，应时加检验。(5) 列车内应置备相当救火器具。五、防范烧轴，应行注意者：(1) 货车装载货物，不得逾重。(2) 轴箱内之毛线五金铜瓦等件，是否妥适，应随时检查。六、防范车辆逸走，应行注意者：(1) 车辆之停于有坡度之股道者，应将各车之手轫绞紧。(2) 如遇发生飓风，除将各车手轫绞紧外，并应将止车楔横锁轨道。七、防范机车损坏，应行注意者：(1) 机车驶出机车房前，对于各项机件，务须详加检验。(2) 各项机车务须按期认真洗炉，铲除水锈。八、防范伤亡人命，应行注意者：(1) 列车于开行之先，必须将各车车门妥为紧闭。(2) 列车行动后，严禁旅客上车或下车。(3) 列车行驶中途，如见轨道上有人行走，必须鸣汽警告。(4) 列车行经长桥，隧道，平交道，车站两端，及障碍视线之直道湾道之前，必须鸣汽警告。(5) 在平交道，长桥，隧道各处，应设置警告图标，以资警惕。九、防范转坏辙尖，应行注意者：(1) 扳置辙尖，务须严密。(2) 由号志房管理之转辙器，当列车经过迎面辙尖时，应将节制关系辙尖之杆紧贴构架，并锁扣严紧。(3) 由转辙夫手扳之辙尖，当列车经过迎面辙尖时，应将把柄用脚踏紧。(4) 调移车辆时，不得将机车或车辆停留于辙尖之上。十、防范损坏车钩，应行注意者：(1) 随时检查车钩各部之机件。(2) 接挂车辆时，务须谨慎从事，勿使猛撞。(3) 列车行经上坡道时，不得骤然猛增速率。十一、防范撞坏栅门，应行注意者：(1) 栅门夫应随时注意站中之电铃信号及列车之鸣汽信号。(2) 开关栅门时，行动务须迅速确实。(3) 栅门号志及号志灯，务须维持清洁明晰，以便了望。参见《津浦铁路日刊》第1 491号，1936年3月11日，第70—71页。

③ 《津浦铁路行车简要规则》，《津浦铁路管理局公报》第200期，1924年，第25—27页。

④ 《新编行车附则定期实行》，《津浦铁路日刊》第1 557号，1936年5月28日，第190页。

针对行车事故发生主要在于“行车员工不遵行车规章及疏于职守”的原因，1936年10月，路局特向所属机车处、车务处转饬“避免行车事变车机两方应特加注意各事项”，规定机务总、分段长“注意各车房对于机车之修理、洗炉，及检查等事，是否认真办理”，“注意验车员工检修车辆之机件，是否完好”及“应分别讲解各司机、司炉、验车匠、浇油夫等，以铁路行车通则、行车附则、司机司炉须知、暖气须知、浇油夫目须知、浇油夫须知”等；司机“应熟读铁路行车通则，行车附则，各司机司炉须知”，“应熟悉沿线坡度高低，弯道大小，各车岔道情形，以及各站间公里，各站间驶行时刻”和“注意站上所指示之号志，并绝对遵守规章”等；车务段长“查考各站站长于列车开到站时，是否亲自接送，并在站指挥一切”，“查考各站站长是否谙熟行车规章，并切实奉行以上各节，由各段长用笔试或面试方法考验，分别填注旬报呈核”等；各站站长“查考号志夫，辙尖夫，路签夫等，是否谙熟规章，称其职守（至少每星期亲自测验，及召集工役讲习一次，并登入专册内备查。)”及“随时检查号志路签机等，是否完好，运用是否灵活，并检查号志灯岔尖等，是否擦拭干净，号志灯及站灯等，至夜间是否燃点明亮”等[①]。

津浦铁路机务处为谋行车安全起见，1936年还制定《行车工匠查考及奖惩办法》4条，规定：“为考核各段随车车辆匠、电灯匠职务，胜任与否，采用考试方法，加以甄别，不及格者，不得随车，调段训练。热轴事件每六个月内，如发生三次，负责车辆匠及浇油夫，应予停止加薪一年，及取消其随车资格，调段训练。车辆匠，电灯匠考试方法，由处派员会同总段长或电厂厂长执行之。司机行车，在二年内不生事变，并每年连续行驶满五万公里者，奖给银牌，五年内不生事变，并连续行驶满二十万公里者，奖给金牌，随车车辆匠及浇油夫，在二年内，不生事变者，特予晋薪一级，以资鼓励。”[②]

对于铁路行车员工存在的“缺乏相当训练，习于怠情，疏忽工作。或以积习相沿不循章制。如列车出发或到站时，站长车长不亲自举示旗灯，列车车辆行经辙尖时，闸夫不在闸位工作，列车中途行驶时，轫钩夫不在指定地点看管车闸”等各种恶习，1937年1月，路局制定《取缔员工有碍行车安全之恶习暂行处罚办法》25条及《取缔行车员工恶习主管段长连带处分暂行办法》7条[③]。

---

① 《避免行车事变车机两方应特加注意各事项》，《津浦铁路日刊》第1680号，1936年10月21日，第129—130页。

② 《规定行车工匠查考及奖惩办法》，《津浦铁路日刊》第1471号，1936年2月17日，第106页。

③ 谢文龙：《津浦铁路防止行车事变之回顾》，《铁道月刊》第2卷第11期，1937年7月1日，第88页。

平汉路局1934年订定《司机升火在行车途中落灰烧毁枕木罚则》，规定："司机第一次（烧毁枕木）罚薪二元，第二次罚薪五元，第三次则从严议处，升火之罚锾，比照司机罚锾之半数。"[①]

在具体行车事故的防范措施上，1934年初，"津浦路近以匪氛披猖，时有劫车案件，该路为维护行车安全计，特自即日起增派护路队百二十人，并加派便衣警，随车侦察，必要时检查旅客，特别快车及平沪通车加挂武装车，装置机枪及探照灯，如于夜间行驶，则加开压道车"[②]。1936—1937年，该路主要采取"改进行车设备"和"加强行车员工训练"两个方面的措施。"改进行车设备"包括：改良联锁装置、迁移进站号志、增设外进站号志、添置安全侧线、添设灭火机及救火器具、增设栅栏及鸣汽牌、添用错车牌、整理各站号志灯闸灯及守车边灯尾灯和修理标准守车等。例如，在柳泉站增设安全侧线，乌衣等19站增设外进号志，140余辆旅客列车装设灭火机；"加强行车员工训练"则包括：开设车务训练班、编印服务须知、消防训练、闸夫训练、改编车班考验车长及会查各站行车设备等[③]。平汉路局在防范措施上分事前防止和事后补救两种，事前防止包括训练及考核行车员工、改良行车设备、制定防范行车伤亡人命办法，事后补救则包括厘订事变之处理及处分办法、设立行车保安委员会研究事变之改进事宜等[④]。

第三节　铁路水患严重

无论是铁路建设，还是铁路运营，都会对铁路沿线的生态环境产生影响。在铁路建设时期，主要影响植被、生物的环境、土地资源、景观、水资源和大气环境等；在运营时期，则会有水、噪声和空气污染等问题。近代以来，由于我国工业化水平较低，铁路网的密度稀疏，上述诸多铁路生态问题虽已有产生，但很少有明显的社会影响，唯有铁路对水、水系的影响相对来说比较突出。

---

① 《平汉路订定司机升火在行车途中落灰烧毁枕木罚则》，《铁道公报》第966期，1934年9月17日，第6页。

② 《津浦路维护行车安全》，《申报》1934年1月30日，第2张第6版。

③ 谢文龙：《津浦铁路防止行车事变之回顾》，《铁道月刊》第2卷第11期，1937年7月1日，第83—88页。

④ 梁永璋：《平汉铁路防止行车事变之回顾》，《铁道月刊》第2卷第11期，1937年7月1日，第97—100页。

已有研究认为："通常情况下，道路建设不至于直接影响水资源情况，但是对于铁路来说，因为其线形要求高，同时对纵坡也有一定的限制，所以铁路或多或少要影响到水资源。在河流或者湿地地区，由于铁路的修建，有时需要对原有的水道进行修改，造成在多条水道汇集的地方产生很大的流量，增加了水的流速，改变区域的条件，出现洪水或者水土流失加剧，以及渠道的改变和下流淤泥的增加。同时，铁路的排水和挖掘会使得周围区域的水位降低，相反填堆等会使得地下水位升高。地下水的改变会产生一系列潜在的影响，如植被恶化、侵蚀增加、供农业及饮用的水资源减少，以及鱼类和野生物的生境改变。在铁路建设过程中，由于施工管理等问题，将铁路施工中的弃土、弃渣等固体废弃物直接丢至水体；桥梁施工过程中，施工材料落入水中；以及在运输施工材料的过程中，施工材料的泄漏水中；施工过程中，施工机械的油类进入水中；以及施工人员的生活废弃物直接丢至水中，都会影响地表水质量的下降，甚至有时还会影响地下水质量的下降。"①

不考虑铁路对于水资源质量这种相对较深层次的影响，仅铁路对于河道改变和水流宣泄的路径影响，在近代的铁路生态方面表现得较为明显，因为"铁路本身并不足以成为导致水灾的关键性因素；不过铁路对水利的影响也并非无足轻重，因为几乎每一座铁路桥梁都具有壅水作用，而且不乏……堵塞和缩减河道的现象"②。

就淮河流域而言，铁路管理部门构筑的铁路工程对于水利的影响，主要表现在铁路轨道、桥梁涵洞和农田毁坏事件时有发生。灾害程度虽因各年雨水之多少而呈现差异，但铁路工程性影响也助长了水患，甚至会出现由于铁路方面协调不力，而转化成铁路部门与地方民众之间的矛盾。

一、铁路水患概略

淮河流域各路所受水患的情形，在各路局所编的年鉴和当时的报纸上均有反映。在平汉铁路，据《平汉年鉴》载：

本路路线，复因邻近山麓，每值夏秋多雨之际，辄山洪暴至，或河流四溢，侵损路堤，妨碍交通，几至无岁无之。逊清末叶光宣间，西平、遂平一带因洪河决口，轨道悉被淹没者，暂置勿论，即自民元以来至二十年年底止，

① 李波涛：《铁路生态环境影响评价指标体系的研究》，西南交通大学2007年硕士学位论文，第10页。

② 岳钦韬：《以上海为中心：沪宁、沪杭甬铁路与近代长江三角洲地区社会变迁》，中国社会科学出版社2016年版，第218页。

其水患之侵蚀，先后计达十次，而受创最巨者莫过于二十年，六、八、十一、十三、十八等年次之，余如民国四年、七年、十五、十七等年，虽未云甚，然损害亦复不少……

民国四年　是年八月，北段自临洛关至丰乐镇间山洪暴发，虽浸淫泛溢，而路工损害甚微，南段则荥泽大石桥间，各河水流漫溢，就中以郑州之涡河为最烈，轨道冲刷十有四处，南阳、小李庄附近，两铁桥亦被冲毁。……

民国八年　五月间孝感之娄家河水涨，横跨该河之桥因之圮塌。六月，和尚桥许州间水患发生，冲刷路堤十余处。七月，新乐之沙河暴涨，水势汹涌，致将二二九公里五一七公尺处九孔（每孔宽十二公尺）之石桥，及二二八公里零六八公尺处七孔（每孔宽三十公尺）及十六孔（每孔宽十八公尺）之两大桥冲毁。

民国十一年　自六月至八月发水区域，随处皆是。北段如鸭鸽营镇内、马头镇、光禄镇、濬县、高迁村、塔岗、卫辉、路王坟等站，以及周口店、临城两支路，均被冲刷，桥梁只正定一座略受微伤。南段则荥泽至南阳、郭庄至大刘庄、确山至黄山坡、长台关至广水等处，河流泛滥，路堤山沟冲毁十余处，而小李庄之涡河、长台关之淮河，水势尤猛，涡河之钢梁竟被冲毁，淮河之四十余公尺大桥，幸保无恙。……

民国二十年　是年入夏以来，阴雨连绵，以致河水泛滥，扬子江流域水系由六月一日起，至八月十九日止，自三十八英尺达至五十三英尽七寸四分。六月三十日孟庙庄郾城间因沱漯河决口，路堤以西之乡民，田舍屋宇全被淹没，自动将本路该处路堤挖掘者计有十一处，长者三十公尺，短亦五六公尺。同时，北段周口店支线被冲轨道，约共一百公尺，路基被毁约共四十公尺。七月中旬，郾城至西平一带路堤，复被乡民自动挖去二十六处，该处八八零公里，六零五公尺处，三孔四公尺五门轨梁南首桥座，冲毁桥墩二个，又八八一公里八九四公尺处，一孔五公尺门横梁桥座，及路基亦被冲毁，及九五一公尺处二孔，十五公尺门桥南桥首座冲坏，其后面路基亦冲去一十公尺，冲毁绵长五十余公里，其间大小桥梁全部冲塌者凡六座，路基冲断者约七十余处，有将轨道陷入路旁土坑之内者，有堤身下塌，改枕木翻在钢轨上面者，有将路堤土台冲走，仅存枕木钢轨悬挂空中者，有将桥庄及床下之土冲去深至数公尺者，有将桥座转角蛮石全部冲失者，以上种种情况足见水力之大，迥非历年水患所可比……①

上述记载表明，平汉铁路北段和南段水患都很严重。南段线路自郑州至

---

①　平汉铁路管理委员会：《平汉年鉴》，编者 1932 年印行，第 451—455 页。

信阳段，水患虽不及靠近长江流域附近线路，但也经常发生，重点包括许州、驻马店、漯河和信阳等地区。1931 年 6 月夏季，因漯河水涨，“平汉路偃（郾）城北孟庙村方面桥梁被水冲毁三座，北上车暂通驻马店，南下车票售至许州”[①]。平汉两地通车也基本中断，据《申报》报道：“平汉路由偃（郾）城至大刘庄一带十一起被水，冲坏十三处，交通复阻十四起，北上二次快车及二九次混合车开至驻马店折返，由平南下车及由郑下行混合车亦均北返。”[②]

津浦铁路水患也非常普遍，据《申报》和《津浦铁路月刊》等记载，1917 年和 1931 年水患比较严重。1917 年水患主要地段集中于津浦铁路北段，即天津至德州间，致北上列车行至德州不能前行赴津，而南下列车则因天津水患严重，更是难以开出。沪宁沪杭甬两路与津浦铁路联运车，则因“津浦铁路北段因被水淹，已三日（1917 年 9 月 25 至 27 日）不通车，旅客均赴沪改由海道赴津”[③]。1917 年 9 月底，水患更趋严峻，“往浦口之搭客均已买票，及后车站将票退还，乃各将行李折回或拟改由海道南下，亦有暂住津门，俟后再行止者。至于前日（28 日），由浦口开来之快车，直至昨（29 日）早四点始到陈唐庄，而昨日（29 日）北来之车则至夜十一时，尚无到津消息”[④]。1931 年水患则集中于津浦路南段，自韩庄以下至浦口。据《津浦年鉴》记述：

民国二十年，淮河及长江流域水患之烈，为历来年仅见。本路韩浦工务段内蚌埠所辖之临淮关站北公里八五三至公里八五八间路堤护石，于七月十九日被水冲塌数处，紧急防护，幸未出险。该处地形低洼，乃以淮河之水陡涨，路线两旁几成泽国。蚌埠站大铁桥下，河堤岸渗漏多处，当用麻袋堵塞，并以块石保护桥脚，曹老集、新桥、南宿州各站亦相继发生水患，堤坡坍陷，桥翅冲刷，均经预防得力，未致肇事。是年夏季，皖境沙河流域，河水泛滥，顺流泻经池河入淮，因池河淤浅，水流漫溢，各乡堤防溃决，滁州分段所辖之明光站大铁桥下，水位高逾桥座，桥西流水尤为湍激，高出桥东一尺，致桥翅背面卒被冲塌数处。七月十一日二十五日及八月六、七等日，明光站附近一带路堤悉被淹没，危险堪虞，当经赶运救急材料，垒砌石坡，以保桥翅，一面填堵倾塌之堤坡，客车驶经该处，由工程司登车导行，得以安全通过。浦镇分段所辖之花旗营站、东葛站之间，因大雨连绵，山洪暴发，又值江水盛涨，宣泄不畅。七月二十六日水忽漫过轨顶，冲坏铁路桥翅护石及路堤，

① 《平汉路桥梁被冲毁》，《申报》1931 年 7 月 3 日，第 2 张第 7 版。
② 《平汉交通阻滞》，《申报》1931 年 7 月 15 日，第 2 张第 8 版。
③ 《南京快信》，《申报》1917 年 9 月 27 日，第 2 张第 7 版。
④ 《天津水灾两日记》，《申报》1917 年 9 月 30 日，第 2 张第 6 版。

一片汪洋，交通阻断，当督率员工昼夜抢护，二十九日全部修复，恢复通车。[①]

其他年份，津浦路南段水患也时有发生。如《申报》1921 年 7 月 22 日报道："津浦路蚌埠新桥车站之间轨道被水冲坏，各车不能直达，已志前报。昨日（1921 年 7 月 21 日）沪宁沪杭二路车务处又接津浦路来电云，明光车站间又发生水灾，往来浦蚌之间客车业已停驶，致沪宁沪杭二路当即通电各站停售津浦全路之联票，昨晚往蚌埠等站之乘客及邮件亦已停往矣。"[②] 同年 8 月，"津浦兖州站南，被水冲毁轨道数十丈"[③]，而自 8 月 15 日起"连日风雨交加，夜以继日，沿津浦路线之田大受损伤，秋收恐将无望。津浦路之蚌埠大铁桥，桥基亦有摇摇欲动之势，故列车到此皆不敢过桥。所有桥之北首，轨道毁坏约计二十余里，他处小受损坏者尚不计，连日南段之客货车一律停驶，将车移装石子，以修路线。前日仅开三四次客车往返各一次，但皆以新蚌为起讫，其萧条情形不堪言状。沪宁路联运各货，近仍不通，镇江江边车站又因水不能装货，致沪宁两地空货车积有一百余辆之多"[④]。次年，津浦路南宿州被水冲毁数丈[⑤]。1928 年 7 月，"滁州三界站南五里，铁道旁土山，因五日下午暴雨崩塌，土石压覆轨道，未能通车。张八岭路轨被水毁，五日津浦车中阻"[⑥]。

陇海路东段沿线水患较为频繁，自郑州至连云之间，尤其是开（封）徐（州）海（州）段最突出。1926 年，"本年夏季，东路多雨，小坝以东积水甚多，尤以徐海段各河流均告猛涨，运河海州间几成泽国，路堤被水淹没及冲断者，计有十数处，而被乡民掘断以宣泄路北之水者计小坝黄口间共有四处，炮车曹浦间共达五处"。1931 年，"本年入夏以来，东段霪雨连绵，至七月下旬路线两傍积水甚多，低洼之处均已淹没，复因大雨滂沱，河渠均告泛滥，平均水深数尺，田庐淹没，牲畜漂流，灾情之重为数十年所未见。八月二日本路杨集东二五二公里四九零公尺处，沙河钢桥所垫之枕木首被河水冲去，桥端路基亦被冲断，此后西自黄口东达海州路堤之被水冲刷而损坏者，计有十处，被水淹没而倾陷者计有十二处，为乡民挖掘以泄积潦者计有十四处，每处均有五公尺至十公尺之长，历时半月始克次第修复，损失之巨，视民十

---

① 津浦铁路年鉴编纂委员会：《津浦年鉴》，津浦铁路管理委员会 1933 年印行，"第二章工务"，第 44 页。

② 《津浦车浦蚌间停驶之沪闻》，《申报》1921 年 8 月 22 日，第 4 张第 14 版。

③ 《专电二》，《申报》1921 年 8 月 10 日，第 3 张第 10 版。

④ 《铁路局所受风雨之损失》，《申报》1921 年 8 月 23 日，第 4 张第 14 版。

⑤ 《南京快信》，《申报》1922 年 7 月 30 日，第 3 张第 10 版。

⑥ 《津浦路大水为灾》，《申报》1928 年 7 月 7 日，第 2 张第 8 版。

五（1926）奚啻倍蓰”[①]。

1935年夏秋之际，陇海路先是西段发生严重水患，9月东段也遭水灾。9月初“陇海路八义集及运河站，均因运河不老河泛滥出岸，已陷泽国。同时，台赵支路之横阻，水流不畅，致邳境已有三分之二被灾，两河堤埝频告溃决，堵不胜堵。据报，如黄水源源下注，邳邑将沦沉没，人民疲于奔命，无法防护”[②]。8日、9日“陇海东段水势益大，中运流量宣泄不足，路线十分危险，路北水势将平路基。路南民众群集堵塞涵洞，而路北民众则谋掘路泄水”[③]，“大许家站东路基平水，坍塌多处，路间虽拨三列车运石轮抢护，亦有未及”[④]，而台赵支线全淹没于水中，交通中断。同年12月，“徐州连日大雨，邳县水涨，陇海东段台赵支路又被附近农民折断”[⑤]。

二、水患危害及协调

铁路沿线的水患因何频频发生，上述多则史料表明，既有雨水过多的因素，也包含铁路路基工程对雨水的宣泄不足。正是由于铁路路基工程对泄洪的阻碍，结果一些地方又出现了沿线乡民为保护身家性命和农田而屡次挖断铁路的事件，导致交通中断，也由此引发路方与乡民之间的矛盾。

在京汉铁路南段，淮河流域境内的西平站至遂平站之间经常发生水患，铁轨被水淹没、冲毁，以及线路被乡民掘断的情况屡有发生。1910年8月，“京汉铁路线在汴境西平遂平一段被水冲毁交通阻滞”[⑥]；1912年，“连日大雨水势陡涨，京汉铁路河南境西平遂平间之路，被水冲断，水势过大不能流出，乡民益掘路以排泄之”[⑦]。为根除该段水患，1912年路局就此讨论过解决方案。遂平县绅民张恩浩联名39人向京汉铁路局提议增加桥洞，其理由就是铁路轨道阻碍雨水通道，其呈文如下：

窃以铁路为国家要政，自不能以个人利害，阻挠破坏。但地势之所宜，民命之所关，不能不筹善策以救民命。遂邑大河南北沿岸数十村，铁路未修以前并不知水患为何物，自铁路成后，南北横截东流之水并无所出，河水一

① 陇海铁路管理局：《陇海年鉴》，编者1933年印行，第217—218页。

② 《徐东不老河溃决后，水势汹涌灌淹两区，陇海路基被水包围大许站下尽成泽国，灵璧县府愿助八千民人修筑黄河故堤》，《申报》1935年9月7日，第1张第3版。

③ 《陇海路东段水势增涨》，《申报》1935年9月9日，第2张第3版。

④ 《徐北西堤险工百出，沈百先视察中运水势，不老河决口围筑套堤》，《申报》1935年9月9日，第2张第3版。

⑤ 《陇路东段交通暂阻》，《申报》1935年12月4日，第2张第8版。

⑥ 《鄂督人京陛见情形详志湖北》，《申报》1910年8月30日，第1张后幅第2版。

⑦ 《京汉铁路之中断》，《申报》1912年7月21日，第6版。

发极目浩淼，沿路数十村如在低釜底。善后之策，非多开水道不可，南岸则新庄之东，北岸则张磨口之东修建铁桥数孔，以泄积水等情，知县等曾周历履勘，察度地势系属实在情形，业蒙宪台轸恤民命既于东站下游新庄地方加造铁桥，似足以疏消水路，不应再烦劳费。惟西去六十余里之嵖岈山一带，万峰重叠，夏雨陡涨，势如建瓴，漰湃赴此，为尾闾之积，仅修桥洞一处恐仍不足以资宣泄，将来一被水灾不惟民命，可怜库币损失，当汹汹惶急，势将挖毁路轨，轻则停车待修，重且酿成祸乱亦，甚非铁路公司之福。理合据情，禀请查核，可否俯准所请，即饬在北岸张磨口之东再行修造铁桥数孔，以免水患而保民命。[①]

但京汉路局养路处却有另一番见解，不认可乡民的看法："查遂平一带已有桥洞多处，均甚宽大，足敷泄水。至患水各处并非受铁路之影响，其理甚明，但使堤决四十及八十法尺等处，合理完固便无水患，若弃堤不修或修而不固或将堤挖开数处，复如现在情形，即便添开桥洞亦属无济，苟徇乡民之请，将来本路添筑桥洞势必增多，此端一开于本路所损甚大，再四筹思，惟有将该县及绅民等所请增筑九法尺桥一座，所有经费悉归该县自行筹出，方可代修，诚能如此，庶不致再有人要求筑无用之桥洞矣。"路局弃乡民的要求而认可了养路处的观点："添筑九法尺铁桥仍恐无补于事，推原其故，皆由铁路靠西之河堤决口颇多，必须就决口处加修坚固，疏通水道以杜后患，方为一劳永逸。"[②]

此后，该段水患并没有根除，1913 年夏季又遭大水冲断[③]。1930—1935 年，更是年年受灾。1935 年"七月八日，遂平山洪骤发，大雨如注，一昼夜不息，以致石羊河之水，容纳不下，沙河水又由石羊河，越堤北贯，沿铁路北流，两岸沿路各村，倒塌房屋，数百余间，两岸河堤，冲决河口四十余处，淹没牲畜田禾无算"。为此，遂平县、河南省政府分别向路局和国民政府铁道部咨请，认为"平汉铁路，经过遂平一带，涵洞桥梁较少，以致石羊河发水，害及民田"，请求添设涵洞[④]。同年，铁道部转饬路局，令其添设涵洞[⑤]。

平汉铁路漯河段附近也是水患的重灾区，因为此处是漯河和沙颍河的交汇处。每逢雨季河水暴涨，洪水漫堤乃至淹没轨道。1929 年 8 月 13 日，因洪水被路所阻，"偃城北六零七、八零六两道牌亦被孟庙村乡民掘毁，冀免水

① 中国第二历史档案馆：《政府公报》（第 7 册），上海书店出版社 1988 年版，第 209—210 页。
② 中国第二历史档案馆：《政府公报》（第 7 册），上海书店出版社 1988 年版，第 209—210 页。
③ 《专电》，《申报》1913 年 7 月 17 日，第 2 张。
④ 《一月之建设·水利·遂平铁路添设涵洞》，《河南政治月刊》第 5 卷第 8 期，1935 年 8 月，第 2 页。
⑤ 《铁道部指令工字第 4284 号》，《铁道公报》第 1171 期，1935 年 5 月 21 日，第 11 页。

患，平汉车十三日暂不通汉站，北上车十三日仅售偃城票”[①]。

1931年6—7月，漯河段再遭暴雨冲刷，路轨桥梁悉数被毁。沿线乡民为自保，再次掘路，平汉路管理委员会车务处处长关荇麟、副处长梁永璋，7月2日向路局报告称：“关于第八三四公里处被乡民挖断，及八三二公里零八二九公尺处桥梁被水淹没，交通阻断各节，业于本日代电呈报在案。兹据报称西平、郾城之间洪水暴发、路堤被淹。上月（6月）三十日由汉北开之二次快车，由西平作为一次快车折回汉口。又据报孟庙、郾城间一带乡民，仍继续挖掘路堤，以泄水势。目前，漯河泛滥，水势浩大，交通恢复，一时尚难预料。三十日由北平开之一次快车由许州作为二次开回北平等情据此，除饬段在交通未恢复以前暂将一次下行快车开至许州作为二次折返，二次上行快车开至驻马店作为一次折返，暂维客运……”[②]

1932年，国民政府救济水灾委员会致函铁道部，认为该段被水，“决口原因虽由新堤土松，确因铁路桥梁阻水所致，希速电铁部饬平汉路局加添桥孔，以资泄水”[③]。

在津浦铁路兖州至明光段，受黄河和淮河洪水泛滥影响，也饱受水患之威胁，但总体上该路工程对河道水流影响并不明显，桥梁与涵洞泄水能力也足够[④]。而陇海铁路东段，铁路工程对水利的影响就非常严重，铁路沿线乡民为疏通洪水，掘断铁路的事实屡见报端。如陇海路东段与沿线水道的关系，早在该路向东延展时，就受到关注。1916年，全国水利局总裁谷钟秀向大总统黎元洪呈文，就陇海路徐海一段施工应处理好与江北水利的关系，提出几项注意原则，并提议陇海路局与水利局直辖之江淮测量局之间共同协商，制定施工方案：

此路横亘平原为东西一大干线，经过徐州贯达海口，地处卑下淮沂、泗沭交侵互灌之区也，就路工、水利析而言之，一则桥梁之建筑考审流量只以已往之盛衰为根据；一则疏浚工程权衡上下必于全部之支配为排宣；一则经行之轨但视现势而防维；一则规划之途或定迁流之趋向，一以坚固为定体，一以消长为盈虚，不有参酌之规，宁无异同之虑，荦荦指数显而易明，至若工程技术精微商榷之处，尤不止此。夫路政、水利同属国家根本至计，欲祛

① 《中外大事记·各省灾记·平汉路因水阻不通》，《兴华》第26卷第32期，1929年8月21日，第43页。

② 《平汉路南段水灾》，《申报》1931年7月4日，第3张第11版。

③ 《铁道部公函第1102号》，《铁道公报》第343期，1932年9月6日，第13页。

④ 《津浦铁路水灾善后工程之计划》，《铁道部中华民国二十年十一月份工作报告》，编者、年份不详，第15页。

苑枯之弊，宜当相辅而成。

据闻陇海铁路局测量勘察亦于江北水道问题至为审慎，现在本局所测淮沂、沭泗各河纵横断面以及流量、容量各种图表，均已竣事，淮北一区域之平面测量亦将完备，讨论可资。拟请大总统饬下交通部，关于陇海铁路之徐海一段工程应与江北水道利病施工计划，互相考证，妥晰榷商。(12月) 十二日奉大总统训令第六十二号，据全国水利局总裁呈江北水道与陇海铁路关系密切，请饬下交通部接洽磋商，以期完密等语，着该部查照办理。①

1921 年，陇海铁路总公所在拟定徐海段走向时，也考虑铁路工程与水利之间的关系：

陇海铁路由徐至海一段即普通所称为东段者是也，东段路线最初由陇海总公所派员测定之后原拟有南北两条：（一）由徐州东行迤北经过板桥集、大岱山、徐塘集、刘家庄、高唐沟、吴沟、马围集，至东海县境之房山，复由房山东北行经新浦而入灌云县境内之西连岛，此为北线；（一）由徐州出发东行经下毛庄、单集，至邳属境之窑湾，由窑再向东北行经高沅、马围集，而至房山，房山以上与前线所经之路同，此为南线。以南线与北线较，略长及三十英里，其初所以规划及于南线，盖以窑湾为中运河岸之重要市镇，南与宿迁相接，为由清江至徐州之孔道，迂道于此，冀于商业运输一方，稍稍得其便利。但嗣经该路工程师一再核计，乃知北线实优于南线，一则以地势较高可免水患，二则以路线较短可省经费。因此，遂决定弃南而用北……

日前，苏省运河局忽有一公文致陇海路驻京总公所，因就地方水势利害立论，表示对于北线有所怀疑。略谓年来京汉、津浦两路，每逢夏秋，时苦水患，铁轨淹没，既梗交通，水流被阻，亦害农业。现在，徐海一段拟用北线，究竟对于地方水势已否为精密之测量云云。观其论旨所在，盖亦含有赞成改用南线之意，顷闻该公所对于此项公文，曾经一度会议，已将所疑问各点，明晰答复，其大旨：（一）谓北线所经地方地势高于南线，地势既高，自不患水之浸漫；（二）谓南线所经地方，地势既低，土质不甚坚固，土质松则不宜于铺路。其它复有理由数种，盖彼已认定北线优于南线，决意采用，并闻其预定计划主张沿路多设桥梁，多开涵洞，以便水势通行，总以水不害路，路不阻水为宗旨云。②

由上述可知，水利机构、路局和地方均注意到铁路工程与水利之间的密

① 《江北水道与陇海路工之关系》，《申报》1916 年 12 月 21 日，第 2 张第 6 版。

② 《北京通信・陇海路线与苏省水利问题》，《申报》1921 年 2 月 26 日，第 2 张第 6 版。

切关系，也提到两者不相为害的思想，但都没有真正落实和避免，由此引发乡民和地方政府的不满。如1929年8月，江苏省铜山县建设局向省建设厅呈文，指出陇海铁路四号铁桥过于狭窄而致三多河涨水时难以宣泄，要求省府向铁道部咨请拓宽该桥，呈文如下：

职以计划全县整理河道图案，亲赴东乡察勘刑山、房亭二河水道情形，查悉房亭支流有三多河者，道源于大庙，东至大许家东之四号铁桥，而穿过陇海铁道。该河北有汽车路高二三尺，南有铁路高十尺，而地势北高南低，致该河宛处于二堤之间，该处地段之水，胥赖该河为之宣泄。查该河上游在王庄附近，宽三十尺，至大许家附近宽四十二尺，及至穿过铁道处宽仅二十八尺，而该处四号铁桥之宽度则更为窄狭，仅十六又十分之四尺而已。每至大水之时，铁路以北大许、严庄一带，均一片汪洋，水深及腰，为灾甚巨，农民能保麦熟，已属万幸，至于秋收，毫无希望。职察勘至此，招野老咨询，咸以水患出四号铁桥。盖该桥建筑时漫不经心，以致桥孔过于窄狭，束水为害，民众历年所受损失甚巨，该民等知职责司建设，咸以改建该桥为请，情词悲切，闻之悚然。查三多河为房亭河之重要支流，职于整理计划中拟定为宽六十尺，底宽三十六尺，深八尺之河道，该桥似宜加宽至六十尺，桥底须浚深四尺许，始与计划相符，而免束水为灾之患！理合检同三多河地形图，备文呈送，仰祈鉴核府赐转呈铁道部令饬陇海路局，查明改建三多河四号铁桥，以除水患，而利民生，实为公德两便。①

该呈文经江苏省政府转咨铁道部，同年11月5日，铁道部在给陇海路局的指令中，却并不认同铜山县建设局的观点，认为导致洪水难以下泄的原因主要是三多河自身淤塞的问题，单靠扩建桥孔并不能解决问题，同时表示要“咨请江苏省政府先行拟定疏浚宣泄计划，再行核办”②，实际上是婉拒了地方政府拓建铁桥的要求。由于路局对铁路工程与水利之间的关系认识不足，或其他诸如经费限制等因素，从某种程度上说也加剧了徐海地区本来就严重的水患问题。

综上所述，铁路给淮河流域带来的社会新问题，并不仅仅限于铁路犯罪、行车事故和铁路水患，还有其他一些方面，诸如铁路引发的区域性传染病流

---

① 《咨请改建陇海铁桥免束水成灾》，《江苏省政府公报》第209期，1929年8月13日，第7页。
② 《铁道部指令第2989号》，《铁道公报》第13期，1929年11月6日，第58页。

行[①]、铁路沿线军事冲突频发[②]，以及铁路与农村贫困化[③]等问题，也值得关注。

本章小结

本章上述内容展示了铁路影响下的另一个社会侧面，即铁路的作用不都是积极的、正向的，也会产生令人头痛的社会新问题和新矛盾。

铁路犯罪、行车事故和沿线水患是近代淮河流域因铁路关系而产生的三个较为显著的社会问题，其影响不仅有损铁路部门的形象和正常运营，还会导致社会矛盾的激化和更为严重的社会危害，为此铁路部门采取了一些措施，打击铁路犯罪、防范行车事故，竭尽所能地保护商旅人员的人身和财产安全。这样做，既为铁路部门挽回了一定的损失，也在一定程度上维护了淮河流域铁路沿线的社会治安。但是，由于近代以来社会动荡、政局不稳、天灾人祸不断、饥民遍地，以及铁路行车管理制度落后、基础设施不济，铁路犯罪和行车安全形势不容乐观。不仅如此，铁路部门对于严重的水患问题虽有所注意，不过其种种弥补措施真正落实的亦不多。1921 年，交通部河道顾问方维因曾建议设立铁路水利研究机关，最终也没有变成现实[④]。尽管铁路方面的众多举措成效不彰，但也表明了铁路当局对铁路犯罪、行车事故和沿线水患等新的社会问题有清醒的认识，也试图去化解这些问题。

总之，铁路犯罪和行车事故等作为铁路发展过程中的副产品，即便是在科技高度发展的现代也不能完全避免，由此可以想见，在技术落后、管理低下和社会环境恶劣的近代，淮河流域境内的此类现象高发亦是正常的现象。因此，我们不能因为这个而对铁路的积极作用予以否定，诚如美国学者史蒂文·瓦戈所说的，在人类历史上，作为社会变迁驱动力的新技术的积极和消极作用“经常同时发生”[⑤]。

---

① 参见黄华平：《近代中国铁路卫生史研究（1876—1949）》，合肥工业大学出版社 2016 年版，第 202—232 页。

② 参见丁戎：《津浦铁路研究（1898—1937）》，苏州大学 2013 年博士学位论文，第 238—240 页。

③ 参见实：《农村与铁路》，《崇实》第 4 卷第 8 期，1934 年 8 月 10 日，第 1 页。

④ 《拟设立研究铁路水利之机关》，《铁路协会会报》第 109 期，1921 年 9 月 25 日，第 129 页。

⑤ ［美］史蒂文·瓦戈：《社会变迁》（王晓黎译），北京大学出版社 2007 年版，第 3—10 页。

结 语

本书是笔者在泛社会史化浪潮的影响下，从注重铁路基本形态的研究，转向探讨“铁路与社会变迁”之间关系的一次尝试。本书的学术要义主要在于通过对铁路与近代淮河流域社会变革的各种面相之关系进行阐释，试图揭示铁路系统对于社会系统的影响力，以及这种影响力的范围和效果。同时，本书也从“社会影响下的铁路”层面，考察了社会因素对交通事业发展的先决性影响。兹就上述相关研究，谈谈笔者对铁路与社会变迁之间关系的几点浅见。

一、社会因素是路线规划布局、运营的先决性条件

在泛社会史化影响下，一段时间以来，铁路史的研究非常热衷于讨论铁路影响下的社会系统变革，然而这种讨论存在着脱离铁路基本形态研究的倾向和忽视社会系统对于铁路本体影响的倾向。这并不代表学术界对铁路基本形态已经搞清楚，更不是说明政治是影响铁路本体的唯一因素。

事实上，过去学界惯于将铁路问题政治化的研究，也是从社会中的政治因素探讨近代我国铁路事业的艰难历程，当然这只能是一个方面，而不是全部。在考察淮河流域各条铁路的筹建与运营过程中，笔者发现，除却社会中的政治因素外，影响铁路发展的社会因素还有很多，例如经济、自然地理、技术、资金以及人的因素，等等。这些因素不仅影响铁路的筹建过程、路线规划布局，而且在铁路经营阶段也会产生重要影响。

首先，淮河流域各条铁路的筹建是世界铁路浪潮下的必然产物，也是落后国家走向工业化道路的必由之路。在这个过程中，西方资本主义者扮演了

“积极的”推介角色，尽管它们的初衷只是为其经济和政治利益服务。

其次，淮河流域各条铁路的规划和布局，主要是人、政治和经济因素之间进行协调的结果。例如，平汉铁路的启动和建设主要依赖于强人张之洞，淮南铁路则是张静江的杰作；路线选择也受人的左右，平汉路黄河大桥按照传统的驿路，应在开封，但张之洞“错误地”认为桥址宜在上游，而不宜在下游，遂舍开封而定郑州；津浦路南线取道皖北，是由于皖省士绅迫切希望打破本省没有铁路的历史，采取了较为积极的申诉，相反苏北士绅因自谋苏北铁路网而没有去争取津浦路；陇海铁路东段的走向，更反映了地方政治、经济和人的影响。由此可见，在近代诸多社会因素中，除了政府及相关机构对线路的整体规划外，很多情况下，人的因素以及与人密切关联的政治、经济因素也发挥了重要作用，而工程技术和自然因素则往往显得不是那么重要了。

再次，淮河流域各条铁路的运营效益取决于社会因素的优劣，而其自身管理效能的影响不显。这个可以从1925—1930年“三路”的客货运量、营业收支和盈余的急剧变化得以印证。

总之，近代淮河流域境内各条铁路是复杂社会因素共同影响的产物，其线路选择和站点布局是不同利益主体之间博弈的结果，其运营效益受制于政治、军事的影响极大。

二、铁路对于经济变革和社会进步的推动具有一般规律性

自20世纪80年代以来，学术界对于近代中国铁路与中国近代社会进步之间的关系，已有诸多的研究成果。总体来说，在对铁路是推动中国近代经济变革和社会进步的重要催化剂的认识上，学界已达成了共识。近10年来，中国政府对铁路的态度，对于建设高铁的极大热情，也已从行动上对这一结论给予了高度认可。所以可以说，铁路对于经济变革和社会进步的推动具有一般规律性。而从相对微观的区域，或者更小的地理空间来看，皆是如此。

以近代淮河流域社会变迁来说，在经济领域，铁路促进其由传统由近代转变。

首先，铁路交通作为经济领域的一项变革，促成了传统交通方式的衰落和新式交通体系的构建，铁路以其速度、重载、便捷和价廉成为陆路交通的中坚，并与其他交通工具实现对接，缩小了区域内、外市场之间的距离，为物资、人员的流通奠定了基础。

其次，区域内工农业在铁路的推动下，呈现出由传统向近代化的转变。例如，淮河流域内传统的煤业，因运输条件的改善和铁路自身对煤的需求而

呈现产销两旺的局面，为提高产量，煤矿公司还积极进行生产管理方式的改进；农业方面，农产品得以外销，商品化率有所提高，为满足市场需求，铁路沿线出现农作物品种结构的变化，农业生产区域化明显，生产管理技术也有所改进。

再次，作为新式产业，铁路不仅催生与自身相关的产业，还促进了连锁的新式产业兴起。在淮河流域，路局为维保机车，兴建了机车修理厂，能生产简单的零配件；铁路客运使城市人能够便捷前往各地游览，假日产业萌发；而铁路所引发的商品流通不断增加，更使经济活动日益频繁，由此人们对近代金融服务的需求也日趋旺盛。

在社会领域，铁路既引发社会结构的变动，也带来新式的卫生和教育产生。具体来说，铁路使人口流动上升，减少了人们出行的时间，扩大了人们活动的空间范围，并造成人口城市化的趋向，促进了区域内外经济与文化的发展和交流。在近代淮河流域，铁路帮助许多流民逃离家乡；促成职业群体形成，表明区域内工矿产业和商业活动日渐发展，产业工人和商业贸易群体迅速增加；推进同业公会、铁路工会和其他产业工会的发展与壮大，有利于社会力量的凝聚，它们谋求同业者利益、承担若干社会功能，乃至演变为新社会的变革力量；铁路部门为解决自身的教育和卫生需要，举办铁路教育和卫生产业，带动铁路沿线区域内的教育和卫生事业的发展。

当然，尽管铁路对于经济变革和社会进步的推动具有一般规律性，但需要说明的是，这种一般规律性只是一种长时段的向上趋势，并不代表所有区域或有铁路的地方都同步发生这种变迁，但只要有铁路，这种规律总会发生，且最后会由区域性的社会现象上升为社会系统的变迁。

另外，铁路交通对不同区域社会变迁的影响，在影响的范围、深度和广度等方面都存在着某种差异性。

例如，以淮河流域和长江三角洲地区进行比较。在经济领域，铁路推动了淮河流域境内的煤矿业兴起，而长江三角洲地区则根本就没有煤矿业，有的则是以棉纺织业为首的轻工业较为发达；铁路促进淮河流域农业生产区域化，农民开始规模化种植烟草、棉花和花生等经济作物，而长江三角洲地区则多从事养蚕业；铁路也给淮河流域带来了新式产业，促成近代金融业和旅游业的兴起，但对长江三角洲而言，这些新式产业早已发展有年了。因此，毫无疑问从发展程度来说，淮河流域要落后于长江三角洲地区。

在社会领域，这种差异也有体现。例如，铁路促进淮河流域境内的人口流动，流动的方向包括区域外和区域内两个，流动原因主要为逃荒，而长江三角洲地区人口流动方向主要为区域内，多向上海、南京等城市集中，流动目的多样，且有很多人口是从区域外经铁路迁移而来的；在社会力量成长方面，淮河流域境内铁路工会和矿业工会等社会组织规模较大，长江三角洲地区则规模较小，但企业工会和同业公会数量很多；在文教卫生建设方面，淮河流域各条铁路均不如沪宁沪杭甬铁路，长三角地区的铁路教育体系完备，包括了高等教育、职工子弟教育和职工教育，而且铁路医疗卫生事业也比较完善，由此决定了两者对区域内文教卫生的传播效果也是不同的。

除了长江三角洲地区外，如果将淮河流域与华北地区进行比较，则可以发现两者具有极高的相似度，区域相接、铁路相连，差异不是很明显。笔者以为，理论上铁路对华北区域社会系统的影响应该是超过淮河流域的，理由是前者铁路建造时间早、运营里程长、由铁路构筑的交通体系较完备、路港一体化程度较高、对腹地的辐射影响大，加上华北地区开埠时间早，近代化水平也较高，所以铁路对华北地区的影响是超过淮河流域的。

三、铁路对社会领域的影响往往是积极与消极并存

在铁路史研究领域，过去和现在都存在着两种偏向“极端”的铁路价值认知。一种是在铁路研究政治化浓厚的年代，铁路被赋予为侵略者服务的唯一功能；而另一种则是过誉了铁路的经济功能和社会价值，不辨技术在推动社会进步的同时，往往也会产生“双刃剑”的现象。本书的研究，表明铁路对社会领域的影响往往是积极与消极并存。

在淮河流域，尽管铁路推动社会领域的诸多进步，但沿线犯罪猖獗和行车事故频发比较突出，这些都是传统社会中没有的新问题。以走私、贩运烟土、偷盗和匪患为主要形式的铁路犯罪，不仅造成国家与地方财税流失、社会烟毒泛滥、铁路旅客生命与财产受到威胁，还会影响铁路声誉，使铁路交通的“不安全感”成为人们心理的阴影，更严重的会引发社会秩序的大乱。1923年的临城劫车案即是典型的匪患案件，举国震惊，世界谴责。

以撞车、出轨为主要表现的行车事故，社会影响也是非常严重，既造成铁路基础设施的严重损坏，更重要的是导致大量旅客伤亡，铁路的“不安全感”再次得到加强。试想，如果有其他可供选择的出行方式，谁还会甘冒生命危险去乘坐火车呢？铁路犯罪和行车事故，业师朱从兵教授称之为铁路的“反日常”现象，它们都是铁路交通的负能量。铁路部门试图纠正，采取若干措施进行补救，如加强铁路警务力量、制定路警管理制度、制定防范行车事故条例，等等，都是“利日常”的努力。

铁路水患也常常发生，这个问题有两种表现，一是因为铁路沿线水利建设落后，在洪水泛滥之时，会导致铁路线、铁路车站被淹。二是因为铁路工

程性问题，如铁路跨越河道时，桥梁孔道设计过于狭窄，或铁路桥离河道水面过低；又如在铁路与陆地低洼之处交汇时，或涵洞狭小，或铁路线低于陆地平面，都会在雨水较大时积水难以下泄，从而淹没铁路及沿线农田、村庄。前一种表现是社会和自然因素导致的，而后一种表现则是铁路引发的。无论是前者还是后者，都会造成铁路行车受阻，铁路的“不安全”“不便捷”也会由此产生，还会滋长铁路沿线被灾民众与铁路部门之间的矛盾，在铁路部门无法解决水患的时候，沿线民众往往会挖断路轨，以保全自身利益。

铁路对社会的积极影响与消极影响并存，并不是淮河流域独有，长江三角洲和华北地区各铁路沿线都普遍存在。葛玉红的《沪宁铁路与江苏社会（1903—1927）》就考察过沪宁铁路的交通事故和铁路犯罪现象及其危害①，岳钦韬的《以上海为中心：沪宁、沪杭甬铁路与近代长江三角洲地区社会变迁》则考察沪宁、沪杭甬两路与沿线水利的各种交涉②。位于华北地区的平汉和津浦两路北段，行车事故和铁路犯罪的现象也不少于淮河流域；包括北宁、平绥等铁路在内，其沿线水患等问题亦屡见《申报》等媒体报道。

铁路给社会系统的消极影响，并非只有上述三种现象，在铁路医疗卫生事业尚不健全阶段，因铁路运输造成的传染病快速传播而引发的严重社会危机，在拙著《近代中国铁路卫生史研究（1876—1949）》③ 中有详细的论述。近代时期，铁路还往往被军阀当作发动战乱的工具，其产生的社会危害也不言而喻。

四、铁路主体能动性能提升其对社会影响的程度

在社会史视角下研究铁路史问题，铁路是主体，社会系统是作为客体的。由此可知，客体产生什么样的变革，很大程度上取决于主体的能动性。主体能动性的提升必然会产生更强的影响力。当然，过去的铁路史研究普遍否认近代时期我国铁路部门的积极能动性，认为其腐朽、落后，为帝国主义者服务、为官僚资本所垄断。这些认识虽然不无道理，但我们必须辩证来看，铁路部门在复杂的社会因素下，总的要旨还是向上的。

本书在考察铁路与淮河流域社会变迁的关系中发现，铁路部门经常会调整其经营运输制度，以迎合市场和社会需求，由此产生了有利于社会系统的

---

① 参见葛玉红：《沪宁铁路与江苏社会（1903—1927）》，江苏大学出版社 2014 年版，第 250—280 页。

② 岳钦韬：《以上海为中心：沪宁、沪杭甬铁路与近代长江三角洲地区社会变迁》，中国社会科学出版社 2016 年版，第 159—213 页。

③ 黄华平：《近代中国铁路卫生史研究（1876—1949）》，合肥工业大学出版社 2016 年版。

影响。例如，在经济领域，为与沿线煤矿企业实现互利双赢局面，津浦铁路与沿线的中兴煤矿和贾汪煤矿均签订优惠的煤炭运输价格，对这些煤矿企业的发展起到至关重要的作用。同样为促进沿线旅游业发展，淮河流域各路均遵循铁道部颁布的票价规定，向乘客提供低廉且有效期较长的来回游览票，并通过在路内外期刊与报纸上刊登旅游广告、改善路局自办旅馆的条件、调整列车运行时间和开展铁路与公路、水运联运等措施，以方便游客出行。

特别值得一提的是，20 世纪 30 年代以来，受全球经济危机的影响，我国农村和煤炭业呈现全面衰败的景象。铁路部门从自身责任出发，调整、推行旨在复兴农村和救济国煤的运输政策。在复兴农村方面，铁路部门采取了农产品货物联运、减低农产品等别和基本运价率、实行“递远递减”运价等一系列措施，另外还辅以推行农产品生产技术改良，推广美棉和烤烟，进行沿线农产品调查和举办铁展会等。从最终结果看，虽然并没有从根本上改变当时我国农村的衰退面貌，但在许多地区还是产生了积极影响①；在救济国煤方面，铁路部门采取了“暂停各路煤斤加价”“重订煤运特价制度”“临时核减国煤运价”和“制定煤价回扣办法”等多项减价策略，成效明显，为国煤业摆脱危机提供了支持。

在社会领域，铁路部门为帮助区域内人口向外流动，制定优惠、廉价的移民票；在应对重大灾荒之时，路局还会免费向乘客提供车票，对于缓解区域内人道主义危机发挥了重要作用，也成为社会救济的重要手段。在应对“反日常”方面，铁路当局也有一些化解的举措和努力。凡此种种，都有效地提升铁路对社会系统的影响力度。

总而言之，从社会史视角研究近现代铁路问题，是铁路史研究不断深入的表现和必然趋势，是对铁路价值评判的重要手段。该视角的关键词是“社会变迁”，它的总特征是整个社会系统结构性的变革，而导致这个变革的因素众多，铁路只是其中一个因素，因此不能过分夸大铁路对社会的影响力。即使铁路的功能在淮河流域得以淋漓尽致的展现，也只是全局中的一个良性因素而已，还无法改变近代淮河流域社会系统整体的颓废境况。

铁路与社会之间的关系错综复杂，国与国不同，国内各区域之间也不同，面相具有多样化，本书的研究只是一次尝试，内容也只是反映铁路与淮河流域社会部分层面之间的关系，其他方面尚待后续的继续努力。另外，因研究资料还有待挖掘，而本书的结论也不够严谨，故衷心祈望学界方家予以批评指正。

---

① 参见黄华平：《20 世纪 30 年代的铁路运输与农村复兴》，《兰州学刊》2015 年第 9 期，第 76—81 页。

附录一：参考文献

一、报刊资料

《铁道公报》，1928—1937 年，第 1—1 866 期。
《铁道公报·铁道部成立一周年纪念特刊》，1929 年。
《铁道公报·铁道部成立二周年纪念特刊》，1930 年。
《铁道半月刊》1936—1937 年，第 1—2 卷。
《交通杂志》，1932—1937 年，第 1—5 卷。
《铁路杂志》，1935—1937 年，第 1—2 卷。
《铁道》，1931—1935 年，第 1—6 卷。
《交通官报》，1909—1910 年，第 1—30 期。
《交通月刊》，1917—1919 年。
《交通公报》，1927—1937 年。
《建设委员会公报》，1935—1937 年。
《中华国有铁路统计月刊》，1932—1935 年。
《导淮半年刊》，1936 年。
《铁路协会会报》，1913—1928 年。
《铁路职工》，1932—1936 年，第 20—130 期。
《津浦铁路公报》，1928—1929 年，第 8—22 期。
《铁路公报——津浦线》，1930—1931 年。
《铁路月刊——津浦线》，1932—1935 年，第 2—5 卷。
《津浦铁路日刊》，1936—1937 年，第 1 459—1 931 期。
《铁路月刊——平汉线》，1929—1937 年，第 6—87 期。
《陇海线会计统计年报》，1931—1934 年。
《平汉铁路会计统计年报》，1931—1934 年。

《京汉铁路管理局公报》，1918—1928年。

《汉平新语》，1928—1929年，第1卷第1—5期。

《政府公报》，1912—1937年。

《大公报》（天津），1911—1937年。

《华北日报》，1929—1931年。

《益世报》（天津）1922—1937年。

《安徽建设月刊》，1929—1931年，第1—3卷。

《江苏建设月刊》，1935—1936年，第2—3卷。

《河南禁烟季刊》，1936—1937年，第1—4期。

《拒毒月刊》，1926—1937年，第4—113期。

《兴华》，1915—1937年，第12—37卷。

《河南政治月刊》，1928—1937年。

《河南统计月报》，1935—1937年，第1—3卷。

《东方杂志》，1904—1937年。

《矿业周报》，1929—1937年，第49—442期。

《申报》，1872—1937年。

《皖事汇报》，1936年。

The North-China, 1918—1923.

North China Daily News.

二、史料汇编

陈毅编：《轨政纪要初编》，光绪三十三年（1907）刊，（台北）文海出版社1963年版。

邮传部编：《邮传部奏议类编·续编》，参见沈云龙主编：《近代中国史料丛刊》（第14辑），（台北）文海出版社1967年影印本。

邮传部编：《邮传部第一次路政统计表》，编者1907年印行。

邮传部编：《邮传部第二次交通统计表》，编者1908年印行。

邮传部编：《邮传部第三次统计表》，编者1909年印行。

交通部统计科编：《交通部统计图表汇编》（中华民国二年至五年），共和印刷局1919年版。

铁道部总务司统计科编：《中华国有铁路会计统计汇编》（1915—1929），编者1931年印行。

交通部、铁道部交通史编纂委员会编：《交通史路政编》，编者1935年印行。

交通部铁路会计司编：《民国四年上半年国有铁路会计统计总报告》，编者印行，年份不详。

交通部路政司编：《中华民国六年国有铁路会计统计总报告》，编者印行，年份不详。

交通部路政司编：《交通部国有铁路会计统计总报告》（民国七年分），编者印行，年份不详。

交通部路政司编：《交通部国有铁路会计统计总报告》（民国八年分），编者印行，年份不详。

交通部路政司编：《交通部国有铁路会计统计总报告》（民国九年分），编者印行，年份不详。

交通部路政司编：《交通部国有铁路会计统计总报告》（民国十一年分），编者印行，年份不详。

交通部路政司编：《交通部国有铁路会计统计总报告》（民国十二年分），编者印行，年份不详。

交通部路政司编：《交通部国有铁路会计统计总报告》（民国十三年分），编者印行，年份不详。

交通部路政司编：《交通部国有铁路会计统计总报告》（民国十四年分），编者印行，年份不详。

交通部路政司调查科编：《交通部直辖各铁路民国元年兴革事项表》，编者1914年印行。

交通部路政司调查科编：《交通部直辖各铁路民国二年兴革事项表》，编者1915年印行。

交通部路政司调查科编：《交通部直辖各铁路民国三年兴革事项表》，编者1915年印行。

交通部路政司调查科编：《交通部直辖各铁路民国四年兴革事项表》，编者1917年印行。

交通部路政司调查科编：《交通部直辖各铁路民国五年兴革事项表》，编者1918年印行。

铁道部统计处编：《中华国有铁路会计统计总报告》（民国十六年），编者1927年印行。

铁道部总务司统计科编：《民国十七年中华国有铁路统计总报告》，编者印行，年份不详。

铁道部总务司统计科编：《民国十八年中华国有铁路统计总报告》，编者印行，年份不详。

铁道部总务司统计科编：《民国十九年中华国有铁路统计总报告》，编者印行，年份不详。

铁道部总务司统计科编：《民国二十年中华国有铁路统计总报告》，编者印行，年份不详。

铁道部总务司统计科编：《民国二十一年中华国有铁路统计总报告》，编者印行，年份不详。

铁道部总务司统计科编：《民国二十二年中华国有铁路统计总报告》，编者印行，年份不详。

铁道部编：《铁道部工作报告》，编者 1929 年印行。

铁道部编：《铁道部工作报告》，编者 1930 年印行。

铁道部编：《铁道部工作报告》，编者 1931 年印行。

铁道部编：《铁道部工作报告》，编者 1932 年印行。

铁道部编：《铁道部工作报告》，编者 1933 年印行。

铁道部铁路商运会议办事处编：《全国铁路商运会议丛刊》，编者 1931 年印行。

铁道部顾问门泰尔著：《视察津浦铁路报告》，编者印行，年份不详。

铁道部业务司编：《整理全国铁路联运业务计划书》，编者 1933 年印行。

铁道部总务司文书科编：《铁道部职员录》，编者 1929 年印行。

铁道部总务司人事科编：《铁道部职员录》，编者 1930 年印行。

铁道部总务司人事科编：《铁道部职员录》，编者 1931 年印行。

铁道部总务司编：《铁道部职员录》，编者 1936 年印行。

铁道部总务司劳工科：《中华民国二十四年国有铁路劳工统计：第二种》，南京京华印书馆 1935 年版。

京汉铁路管理局编：《京汉铁路总规章》，编者印行，年份不详。

京汉铁路管理局编：《运输规则汇览》（中华民国十一年五月），编者印行，年份不详。

京汉铁路管理局总务处调查课编：《交通部直辖京汉铁路管理局民国二年十二月营业一览》，编者 1913 年印行。

京汉铁路管理局编：《京汉铁路旅行指南》（第四期），编者 1913 年印行。

京汉铁路管理局车务处编辑课编：《京汉铁路旅行指南》（第七期），编者 1916 年印行。

平汉铁路管理局编：《平汉铁路沿线几种重要物产》，编者印行，年份不详。

平汉铁路管理委员会编：《平汉铁路现行规章第一次追加编》，编者印行，年份不详。

平汉铁路管理局编：《中华国有铁路平汉线客货车运输附则——价章》，编者1929年印行。

平汉铁路管理委员会车务处编：《平汉铁路商运咨询会议专刊》，编者1931年印行。

平汉铁路管理局编：《中华国有铁路平汉线客货车运输附则——价章》，编者1932年印行。

平汉铁路管理委员会编：《平汉铁路现行规章第二次追加编》，编者1934年印行。

平汉铁路工务处编：《平汉铁路工务纪要》，编者1934年印行。

平汉铁路管理局编：《中华民国国有铁路平汉线物产一览目录》，编者1934年印行。

陈伯庄著：《平汉沿线农村经济调查》，交通大学研究所1936年版。

平汉铁路工务处编：《二十年平汉铁路御水报告书》，编者印行，年份不详。

津浦铁路管理局总务处编查课编：《中华国有铁路津浦线营业一览》（民国九年分），华新印刷局1921年版。

津浦铁路管理局总务处编查课编：《津浦铁路规章汇览》（第5期），编者1919年印行。

津浦铁路管理局编：《中华国有铁路津浦线货车运输附则：附普通运价表、专价表》（1921年），编者1921年印行。

津浦铁路管理局总务处编查课编：《津浦铁路规章汇览》（第9期），编者1922年印行。

津浦铁路管理委员会总务处编查课编：《津浦铁路旅行指南》，编者1933年印行。

津浦铁路管理委员会车务处编：《津浦铁路货车运输价目表》（中华民国二十二年十一月一日起实行），编者印行，年份不详。

津浦铁路管理局编：《津浦铁路管理局民国十三年报告册》，编者印行，年份不详。

陇海铁路总公所编：《陇秦豫海铁路旅行指南》，法轮星记印书局1918年版。

陇海铁路商务课编：《二十一年陇海铁路全路调查报告》，编者印行，年份不详。

中国国民党陇海铁路特别党部编：《民国二十四年陇海铁路调查报告》，

编者 1935 年印行。

陇海铁路车务股编印：《陇海铁路沿线经济调查报告》，编者 1932 年印行。

王景春、任传榜等编：《中国铁路借款合同全集》，北京日报 1916 年版。

南京国民政府铁道部编：《铁道借款合同丛编》，（台北）文海出版社 1988 年影印本。

国民政府主计处统计局编：《中华民国统计提要》，商务印书馆 1935 年版。

国民政府主计处统计局编：《中华民国统计摘要》，中央训练团 1945 年版。

实业部国际贸易局编：《中国实业志·江苏省》，编者 1933 年印行。

实业部国际贸易局编：《中国实业志·山东省》，编者 1934 年印行。

学术研究与国立中央研究院、北平研究院编：《中国矿业纪要》（第 3 次），农矿部直辖地质调查所 1929 年印行。

去非、严新农编：《安徽省一瞥》，商务印书馆 1931 年版。

实业部地质调查所、国立北平研究院地质学研究所编：《中国矿业纪要》（第 4 次），编者 1932 年印行。

实业部地质调查所、国立北平研究院地质学研究所编：《中国矿业纪要》（第 5 次），编者 1935 年印行。

国民政府救济委员会委托金陵大学农学院农业经济系调查编纂：《中华民国二十年水灾区域之经济调查》，南京金陵大学农学院 1932 年印行。

国民政府禁烟委员会编：《禁烟委员会民国二十一年四五六月份工作报告》，编者 1932 年印行。

立法局编译处编：《中华民国法规汇编》（第 10 编），中华书局 1934 年版。

国民经济研究所：《河南省地方概况》，编者印行，年份不详。

行政院农村复兴委员会编：《河南省农村调查》，商务印书馆 1934 年版。

金陵大学农学院农业经济系调查编纂：《豫鄂皖赣四省土地分类之研究》，金陵大学农业经济系 1936 年印行。

河南农工银行经济调查室编：《河南之棉花》，编者 1941 年印行。

李文治编：《中国近代农业史资料》（第 1 辑），生活·读书·新知三联书店 1957 年版。

章有义编：《中国近代农业史资料》（第 1—3 辑），生活·读书·新知三联书店 1957 年版。

［英］汉猛德著：《汉猛德将军视察中国国有铁路报告》，（台北）学生书局1970年版。

秦孝仪编：《革命文献》（第78辑），《抗战前国家建设史料·交通建设》，（台北）“中央文物供应社”1979年版。

河南省交通史志编辑委员会编：《河南省交通史志资料汇编·古代部分》，编者1982年印行。

中华全国总工会工运史研究室、中华全国铁路总工会工运史研究室、河南省总工会工运史研究编：《二七大罢工资料选编》，工人出版社1983年版。

中华全国总工会中国工人运动史研究室编：《中国工运史料》，工人出版社1984年版。

济南铁路总工会工运史编写组编：《济南铁路工运史资料选编》（第5辑），编者1986年印行。

《交通大学校史》撰写组编：《交通大学校史资料选编（1896—1937）》（第2卷），西安交通大学出版社1986年版。

叶恭绰著：《遐庵汇稿》，上海书店出版社1990年版。

中共驻马店市委组织部编：《中国共产党河南省驻马店市组织史资料（1926—1987）》，河南人民出版社1991年版。

中国第二历史档案馆编：《中华民国史档案资料汇编》（第5辑第1编），财政经济（四），“内外债”，江苏古籍出版社1994年版。

中国第二历史档案馆编：《中华民国史档案资料汇编》（第5辑第1编），财政经济（九），“交通邮电”，江苏古籍出版社1994年版。

中国第二历史档案馆编：《中华民国史档案资料汇编》（第5辑第1编），政治（一），南京国民政府的建立，江苏古籍出版社1994年版。

苑书义、孙华峰、李秉新编：《张之洞全集》（第1册），河北人民出版社1998年版。

中国第二历史档案馆编：《中华民国史档案资料汇编》（第5辑第3编），江苏古籍出版社1999年版。

中共中央组织部、中共中央党史研究室、中央档案馆编：《中国共产党组织史资料》第1卷“党的创建和大革命时期（1921.7—1927.7）”，中共党史出版社2000年版。

杨国安编：《中国烟业史汇典》，光明日报出版社2002年版。

李文海、夏明方、黄光涛主编：《民国时期社会调查丛编》（第2编），“近代工业卷（下）”，福建教育出版社2010年版。

三、年鉴方志

平汉铁路管理委员会编：《平汉年鉴》，编者1932年印行。

津浦铁路年鉴编纂委员会编：《津浦年鉴》，南京大陆印书馆1933年版。

铁道部铁道年鉴编纂委员会编：《铁道年鉴》（第1卷），编者1933年印行。

铁道部参事厅第四组编：《铁道年鉴》（第2卷），汉文正楷印书馆1935年版。

陇海铁路管理局编：《陇海年鉴》，编者1935年印行。

铁道部秘书厅编：《铁道年鉴》（第3卷），商务印书馆1936年初版。

王清彬、王树勋、林颂河等编：《第一次中国劳动年鉴》（第2编），北平社会调查部1928年印行。

邢必信等：《第二次中国劳动年鉴》（中册），北平大北印书局1932年版。

实业部劳动年鉴编纂委员会：《民国二十二年中国劳动年鉴》，编者1934年印行。

中国银行总管理处经济研究室：《全国银行年鉴》（中华民国二十四年），“第四章·银行公会”，编者1935年印行。

武同举编：《淮系年表全编·淮水第五段》，编者1929年印行。

凌鸿勋编：《中国铁路志》（民国四十三年），参见沈云龙主编：《近代中国史料丛刊续编》（第93辑），（台北）文海出版社1982年版。

胡朴安编：《中华全国风俗志》（下），河北人民出版社1986年版。

实业部劳动年鉴编辑委员会编：《民国二十一年中国劳动年鉴》（第5编），参见沈云龙主编：《近代中国史料丛刊》（第3编第60辑），（台北）文海出版社1990年版。

水利部淮河水利委员会《淮河志》编纂委员会编：《淮河志（第二卷）淮河综述志》，科学出版社2000年版。

安徽省政府统计委员会编：《中华民国二十三年度安徽省统计年鉴》，编者印行，年份不详。

安徽地方银行经济研究室编：《三年来之安徽地方银行》，编者1939年印行。

（民国）安徽通志馆纂修：《安徽通志稿》，（台北）成文出版社1985年影印版。

安徽省滁州市文化局编：《滁州市文物志》，编者1987年印行。

安徽地方志办公室编：《安徽水灾备忘录》，黄山书社1991年版。

蚌埠地方志编纂委员会编：《蚌埠市志·商贸》（第6卷），方志出版社1995年版。

六安地区地方志编纂委员会编：《六安地区志》，黄山书社1997年版。

安徽省地方志编纂委员会编：《安徽省志·交通志》，方志出版社1998年版。

《中国煤炭志》编纂委员会、《中国煤炭志·安徽卷》编纂委员会编：《中国煤炭志：安徽卷》，煤炭工业出版社1999年版。

《当代中国的安徽》编辑委员会编：《当代中国的安徽》（下），当代中国出版社、香港出版社2009年版。

林传甲编：《大中华河南省地理志》，商务印书馆1920年版。

白眉初编：《中华民国省区全志》（第3册），《鲁豫晋三省志·第1卷·河南省志》，北京师范大学史地系1925年印行。

方策、裴希度等编：《续安阳县志·卷7·实业志》，北平文岚簃古宋印书局1933年铅印本。

晏兆平：（民国）《光山县志约稿》卷一《地理志·交通》，1936年铅印本。

河南省地方史志编纂委员会整理：《河南新志（民国十八年）》（上册），编者1988年印行。

吕宜年编：《许昌地区供销合作志》，河南人民出版社1988年版。

河南省驻马店市志编纂委员会编：《驻马店市志》，河南人民出版社1989年版。

李春雁编：《郑州妇女志》，河南人民出版社1989年版。

《郑州工会志》总编室编：《郑州工会志》，中州古籍出版社1990年版。

商丘地区商业局编：《商丘地区商业志·评审稿》，编者1991年印行。

河南省地方志编撰委员会编：《河南省志》（卷44），河南人民出版社1993年版。

漯河市烟草志编纂委员会编：《漯河市烟草志》，河南人民出版社1993年版。

襄城县地方史志编撰委员会编：《襄城县志·经济编》，中州古籍出版社1993年版。

许昌县志编纂委员会编：《许昌县志》，南开大学出版社1993年版。

开封市交通志编纂委员会编：《开封市交通志》，人民交通出版社1994年版。

王命钦编：《开封商业志》，中州古籍出版社1994年版。

河南省开封市工商行政管理局编：《开封市工商行政管理志（1965—

1994)》，编者1996年印行。

郑州铁路局史志编纂委员会编：《郑州铁路局志（1893—1991）》，中国铁道出版社1998年版。

确山县地方史志编纂委员会编：《确山县志（民国二十年）点校本》，编者1999年印行。

郑州市交通志编纂委员会编：《郑州市交通志》，方志出版社1999年版。

信阳市志编纂委员会编：《信阳市志》，中州古籍出版社2001年版。

开封市总工会工运研究室编：《开封市工会志》，编者印行，年份不详。

《河南烟草志》编纂委员会编：《河南烟草志》（第1卷），“评审稿”，编者2011年印行。

李长久编：《分省地志·江苏省》，中华书局1936年版。

淮阴市地方志编纂委员会编：《淮阴市志》（上册），上海社会科学院出版社1995年版。

张冠星、王朝堂编：《邳县志》，中华书局1995年版。

江苏省地方志编纂委员会编：《江苏省志·商业志》，江苏人民出版社1999年版。

连云港市地方志编纂委员会编：《连云港市志·商业分志》，方志出版社2000年版。

江苏省地方志编纂委员会编：《江苏省志·民俗志》，江苏古籍出版社2002年版。

山东省卫生史志编纂委员会编：《山东省志·卫生志》，山东人民出版社1992年版。

济南铁路局志编纂领导小组编：《济南铁路局志（1899—1985）》，山东友谊出版社1993年版。

山东省地方志编纂委员会编：《山东省志·铁路志》，山东人民出版社1993年版。

枣庄矿务局志编纂委员会编：《枣庄矿务局志》，煤炭工业出版社1995年版。

《枣庄煤矿志》编纂委员会编：《枣庄煤矿志》，中华书局2001年版。

《石家庄铁路分局志》编辑委员会编：《石家庄铁路分局志（1897—1990）》，中国铁道出版社1997年版。

天津市地方志编修委员会编：《天津通志·铁路志》，天津社会科学院出版社2006年版。

四、专著

曾鲲化：《中国铁路现势通论》，化华铁路学社 1908 年版。

周葆銮：《中华银行史》，商务印书馆 1923 年版。

李遂贤：《京汉铁路沿革史》，编者印行，年份不详。

冯次行：《中国棉业论》，北新书局 1929 年版。

谢彬：《中国铁道史》，中华书局 1929 年版。

唐有烈：《浙江省航政之概况》，浙江省航政局 1930 年版。

徐协华：《铁路劳工问题》，东方书局 1931 年版

胡荣铨：《中国煤矿》，商务印书馆 1935 年版。

全国棉业统制委员会河南省棉产改进所编：《河南棉业》，河南省棉产改进所 1936 年印行。

朱其华：《中国农村经济的透视》，上海中国研究书店 1936 年版。

吴绍曾：《铁路货等运价之研究》，京沪沪杭甬铁路管理局 1936 年印行。

安徽地方银行经济研究室编：《三年来之安徽地方银行》，编者 1939 年印行。

马超俊：《中国劳工运动史》，商务印书馆 1942 年版。

朱子爽：《中国国民党交通政策》，重庆国民图书出版社 1943 年版。

余贵棠：《游览事业之理论与实际》，中国旅行社 1944 年印行。

金士宣：《铁路运输学》，成都正中书局 1945 年版。

陈彩章：《中国历代人口变迁之研究》，商务印书馆 1946 年版。

邓中夏：《中国职工运动简史》，人民出版社 1949 年版。

凌鸿勋：《中国铁路概论》，（台北）编译馆 1950 年版。

陈晖：《中国铁路问题》，商务印书馆 1955 年版。

严中平：《中国棉纺织史稿》，科学出版社 1955 年版。

［英］肯德：《中国铁路发展史》（李抱宏等译），生活·读书·新知三联书店 1958 年版。

中共枣庄矿务局委员会编：《枣庄煤矿史》，山东人民出版社 1959 年版。

王开节：《中国近百年交通史》，（台北）“中国交通建设学会”1960 年版。

李国祁：《中国早期的铁路经营》，（台北）“中央研究院”近代史研究所 1961 年版。

中国劳工运动史编撰委员会编：《中国劳工运动史》，中国劳工福利出版社 1966 年版。

邹依仁：《旧上海人口变迁的研究》，上海人民出版社 1980 年版。

张玉法：《中国现代化的区域研究：山东省（1860—1916）》，（台北）“中央研究院”近代史研究所 1982 年版。

王仁兴：《中国旅馆史话》，中国旅游出版社 1984 年版。

王树槐：《中国现代化的区域研究：江苏省（1860—1916）》，（台北）“中央研究院”近代史研究所 1984 年版。

［德］希·珀金斯：《中国农业的发展（1368—1968）》（宋海文译），上海译文出版社 1984 年版。

陈翰笙：《帝国主义工业资本与中国农民》（陈绛译、汪熙校），复旦大学出版社 1984 年版。

罗章龙：《椿园载记》，生活·读书·新知三联书店 1984 年版。

张萼：《铁路运输学理论与实务》，（台北）商务印书馆 1984 年版。

拉尔夫·威廉（Ralph William Huenemann）：*The Dragon and Iron Horse：The Economic of Railroads in China* 1876 — 1937，Cambridge Harvard University，1984.

吴承明：《中国资本主义与国内市场》，中国社会科学出版社 1985 年版。

刘明逵：《中国工人阶级历史状况（1840—1949）》（第 1 卷第 1 册），中共中央党校出版社 1985 年版。

庞守信：《五卅运动在河南》，河南人民出版社 1986 年版。

中共郑州市委政策研究室编：《郑州市情》，河南人民出版社 1986 年版。

金士宣、徐文述：《中国铁路发展史》，中国铁道出版社 1986 年版。

徐德济：《连云港港史·古近代部分》，人民交通出版社 1987 年版。

张瑞德：《平汉铁路与华北的经济发展（1905—1937）》，（台北）“中央研究院”近代史研究所 1987 年版。

王树槐：《张人杰与淮南煤矿（1928—1937）》，（台北）“中央研究院”近代史研究所 1988 年版。

史州：《皖志综述》，安徽省地方志编纂委员会 1988 年印行。

王林绪、孙茂洪：《徐州交通史》，中国矿业大学出版社 1988 年版。

张圣城：《河南航运史》，人民交通出版社 1989 年版。

《中国近代煤矿史》编写组编：《中国近代煤矿史》，煤炭工业出版社 1990 年版。

陈翰笙：《难民的东北流亡》，上海书店 1990 年影印版。

郭孝义：《江苏航运史——近代部分》，人民交通出版社 1990 年版。

水利部淮河水利委员会《淮河水利简史》编写组编：《淮河水利简史》，水利电力出版社 1990 年版。

［澳］蒂姆·赖特：《中国经济和社会中的煤矿业（1895—1937）》（丁长清译），东方出版社 1991 年版。

王鹤鸣、施立业：《安徽近代经济轨迹》，安徽人民出版社 1991 年版。

滕泽之：《山东人口史》，山东省新闻出版局 1991 年版。

谢国兴：《中国现代化的区域研究：安徽省（1860—1937）》，（台北）“中央研究院”近代史研究所 1991 年版。

余明侠：《徐州煤矿史》，江苏古籍出版社 1991 年版。

张瑞德：《中国近代铁路事业管理的研究——政治层面的分析（1876—1937）》，（台北）“中央研究院”近代史研究所 1991 年版。

马茂棠：《安徽航运史》，安徽人民出版社 1991 年版。

刘嗣懋、欧阳典：《河南公路史》（第 1 册），“古代道路近代公路”，人民交通出版社 1992 年版。

李耕五：《许昌烤烟发展史话》，编者 1992 年印行。

王晓华、李占才：《艰难延伸的民国铁路》，河南人民出版社 1993 年版。

河南省文物局编：《河南革命史迹》，中原农民出版社 1993 年版。

姜涛：《中国近代人口史》，浙江人民出版社 1993 年版。

程子良、李清银：《开封城市史》，社会科学文献出版社 1993 年版。

何一民：《中国城市史纲》，四川大学出版社 1994 年版。

河南近代建筑史编辑委员会编：《河南近代建筑史》，中国建筑工业出版社 1995 年版。

黄锡荃、苏法崇、梅安新：《中国的河流》，商务印书馆 1995 年版。

顾朝林：《中国城镇体系——历史·现状·展望》，商务印书馆 1996 年版。

池子华：《中国近代流民》，浙江人民出版社 1996 年版。

张雨才：《中国铁道建设史略（1876—1949）》，中国铁道出版社 1997 年版。

曹洪涛、刘金声：《中国近现代城市的发展》，中国城市出版社 1998 年版。

漯河市史志档案办公室编：《漯河革命史》，河南人民出版社 1999 年版。

许昌县总工会编：《许昌县工人运动史（1902 年—1999 年 6 月）》，编者 1999 年印行。

葛剑雄、侯杨方、张根福：《人口与中国的现代化》，学林出版社 1999 年版。

朱从兵：《铁路与社会经济——广西铁路研究（1885—1965）》，广西师范大学出版社 1999 年版。

汪敬虞：《中国近代经济史（1895—1927）》，人民出版社 2000 年版。

严中平：《中国近代经济史（1840—1894）》，人民出版社 2001 年版。

仲富兰：《图说中国百年社会生活变迁》，学林出版社 2001 年版。

苑书义：《近代中国小农经济的变迁》，人民出版社 2001 年版。

姜新：《苏北近代工业史》，中国矿业大学出版社 2001 年版。

漯河市史志档案办公室编：《中国共产党漯河历史纪事（1919—2000）》，中共党史出版社 2001 年版。

池子华：《中国流民史·近代卷》，安徽人民出版社 2001 年版。

黎德扬等：《社会交通与社会发展》，人民交通出版社 2001 年版。

谷中原：《交通社会学》，民族出版社 2002 年版。

张治中：《中国铁路机车史》（上），山东教育出版社 2003 年版。

［美］彭慕兰：《腹地的构建：华北内地的国家、社会和经济（1853—1937）》（马俊亚译），社会科学文献出版社 2005 年版。

中共枣庄市委党史研究室编：《中国共产党枣庄地方史》（第 1 卷），中共党史出版社 2005 年版。

苏全有：《清末邮传部研究》，中华书局 2005 年版。

吴海涛：《淮北的盛衰：成因的历史考察》，社会科学文献出版社 2005 年版。

［德］马克斯·韦伯：《经济通史》（姚曾廙译），上海三联书店 2006 年版。

沈世培：《文明的撞击与困惑：近代江淮地区经济和社会变迁研究》，安徽人民出版社 2006 年版。

梁漱溟：《乡村建设理论》，上海人民出版社 2006 年版。

中共蚌埠市委党史研究室编：《中国共产党蚌埠地方史》，安徽大学出版社 2007 年版。

［美］史蒂文·瓦戈：《社会变迁》（王晓黎译），北京大学出版社 2007 年版。

范立君：《近代关内移民与中国东北社会变迁》，人民出版社 2007 年版。

陈义初：《豫商发展史》，河南人民出版社 2007 年版。

罗平海：《罗章龙与早期铁路工人运动》，中共浏阳市委办公室、中共浏阳市委宣传部 2007 年印行。

魏文享：《中间组织：近代工商同业公会研究（1918—1949）》，华中师范大学出版社 2007 年版。

宓汝成：《帝国主义与中国铁路（1847—1949）》，经济管理出版社 2007 年版。

[美] 弗兰克·道宾，《打造产业政策——铁路时代的美国、英国和法国》（张网成、张海东译），上海人民出版社 2008 年版。

胡惠芳：《淮河中下游地区环境变动与社会控制（1912—1949）》，安徽人民出版社 2008 年版。

徐州工会 88 周年丛书编委会编：《徐州工人发展史》，江苏人民出版社 2009 年版。

[法] 约瑟夫·马纪樵：《中国铁路：金融与外交（1860—1914）》（许峻峰译），中国铁道出版社 2009 年版。

杨邦柱、郭振宇：《中国水利概论》，黄河水利出版社 2009 年版。

吴春梅、张崇旺、朱正业、杨立红：《近代淮河流域经济开发史》，科学出版社 2010 年版。

孔勇、孔茜：《济宁民风民俗》，中国社会出版社 2011 年版。

马俊亚：《被牺牲的“局部”——淮北社会生态变迁研究（1680—1949）》，北京大学出版社 2011 年版。

宋霖、房列曙：《安徽通史·民国卷》（上），安徽人民出版社 2011 年版。

朱从兵：《张之洞与粤汉铁路——铁路与近代社会力量的成长》，合肥工业大学出版社 2011 年版。

熊亚平：《铁路与华北乡村社会变迁（1880—1937）》，人民出版社 2011 年版。

郭海成：《陇海铁路与近代关中经济社会变迁》，西南交通大学出版社 2011 年版。

黄华平：《国民政府铁道部研究》，合肥工业大学出版社 2011 年版。

[美] 斯蒂文·J. 埃里克森：《汽笛的声音：日本明治时代的铁路与国家》（陈维、乐艳娜译），江苏人民出版社 2011 年版。

[英] Christian Wolmar. *The Great Railroad Revolution*: *The history of trains in America*. Public Affairs 2012.

苏全有、李长印、王守谦：《近代河南经济史》（上册），河南大学出版社 2012 年版。

黎德扬、高鸣放、成元群：《交通社会学》，中国社会科学出版社 2012 年版。

陈松岩：《走进交通世界》，山东科学技术出版社 2013 年版。

姜新：《区域社会经济》，光明日报出版社 2013 年版。

孙自俭：《民国时期铁路工人群体研究——以国有铁路工人为中心（1912—1937）》，郑州大学出版社 2013 年版。

［英］克里斯蒂安·沃尔玛尔：《铁路改变世界》（刘媺译），上海人民出版社 2014 年版。

欧国立：《轨道交通经济学》，中国铁道出版社 2014 年版。

［英］克拉潘：《现代英国经济史》（上卷·第二分册）（姚曾廙译），商务印书馆 2014 年版。

章建：《铁路与近代安徽经济社会变迁研究（1912—1937）》，合肥工业大学出版社 2015 年版。

岳钦韬：《以上海为中心：沪宁、沪杭甬铁路与近代长江三角洲地区社会变迁》，中国社会科学出版社 2016 年版。

黄华平：《近代中国铁路卫生史研究（1876—1949）》，合肥工业大学出版社 2016 年版。

五、论文

程卫红：《民国时期的旅游业研究》，山东师范大学 2003 年硕士学位论文。

朱兰兰：《20 世纪初至 30 年代英美烟公司与河南烟草业》，郑州大学 2004 年硕士学位论文。

简萍：《试析 1933—1937 年间华北走私及其影响和冲击》，《中国经济史研究》2004 年第 3 期

杨文生：《平绥铁路与人口迁移及其职业变迁》，《河北大学学报》（哲学社会科学版）2006 年第 1 期。

张晓芳：《蚌埠城市历史地理研究》，复旦大学 2007 年博士学位论文。

赵志强：《京汉铁路研究（1897—1937）》，南开大学 2008 年博士学位论文。

汪志国：《近代安徽自然灾害与人口的变化》，《安徽大学学报》（哲学社会科学版）2008 年第 5 期。

刘晖：《铁路与近代郑州城市化进程研究（1905—1937）》，南开大学 2010 年博士学位论文。

范矿生：《社会资本与近代企业：以中兴煤矿公司（1899—1938）为中心的考察》，复旦大学 2011 年博士学位论文。

周德春：《清代淮河流域交通路线的布局与变迁》，复旦大学 2011 年硕士学位论文。

丁戎：《津浦铁路研究（1898—1937）》，苏州大学2013年博士学位论文。

朱从兵、章建：《铁路与近代社会力量的成长——以粤汉铁路建设的体制和机制为切入点的分析》，《江海学刊》2012年第5期。

熊亚平：《近代华北铁路沿线乡村地区人口的社会流动（1905—1937）》，《学术研究》2012年第7期。

李海滨、李自典：《京奉铁路与近代东北移民——以20世纪二三十年代为中心》，《兰州学刊》2013年第10期。

张忠广：《陇海铁路中东段的修建和沿线地区社会经济的变迁（1904—1949）》，安徽大学2014年硕士学位论文。

张丹瑞：《民国时期河南同业公会研究》，河南师范大学2014年硕士学位论文。

张玲：《铁路与郑州城市地理变迁（1904—1954）》，天津师范大学2014年硕士学位论文。

岳钦韬：《近代长江三角洲地区的交通发展与人口流动——以铁路运输为中心（1905—1936）》，《中国经济史研究》2014年第4期。

唐金培：《近代铁路与华北内地煤矿的现代转型》，《河南师范大学学报》（哲学社会科学版）2015年第4期。

黄华平：《20世纪30年代的铁路运输与农村复兴》，《兰州学刊》2015年第9期。

黄华平：《1920—1936年平（京）汉铁路客运票价的调整及其影响》，《历史教学》（高校版）2016年第1期。

马义平：《近代铁路通行与华北地区的农村移民》，《郑州大学学报》（哲学社会科学版）2016年第2期。

附录二：国内铁路史研究成果一览（2015 年 9 月—　）含补录部分

一、2015 年

黄华平：《中国近代铁路史探微》，合肥工业大学出版社 2015 年版。

亢宾：《津沽铁路的历史记忆》，中国铁道出版社 2015 年版。

王麟：《铁路传奇》，山西教育出版社 2015 年版。

郭少丹：《清末陇海铁路研究（1899—1911）》，苏州大学 2015 年博士学位论文。

李广勇：《京汉铁路与民国时期许昌地区社会经济发展研究》，河南大学 2015 年硕士学位论文。

阚晨霞：《清末民初铁路“反日常”现象研究——以 1906—1915 年的〈申报〉报道为中心》，苏州大学 2015 年硕士学位论文。

白洁：《济南津浦铁路宾馆保护与再利用研究》，山东建筑大学 2015 年硕士学位论文。

岳钦韬：《战争后续因素影响下的铁路与上海城市空间的互动》，《城市史研究》2015 年第 1 期。

岳钦韬：《租界扩张与近代上海铁路的关系述论》，《近代史学刊》2015 年第 2 期。

马陵合、江争红：《近代铁路枢纽型城市发展中的权力构成——以蚌埠与石家庄比较研究为中心》，《民国研究》2015 年第 2 期。

庞广仪：《再论清末广东商民与官方对粤汉经办权的争夺》，《五邑大学学报》（社会科学版）2015 年第 3 期。

岳钦韬：《中外抗衡与近代上海城市周边铁路路线的形成》，《中国历史地理论丛》2015 年第 3 期。

马陵合：《铁路交通对近代蚌埠金融业的影响》，《安徽师范大学学报》（人文社会科学版）2015 年第 3 期。

马学斌：《北伐战争期间的铁路企业报刊〈津浦之声〉和〈汉平新语〉》，

《铁道知识》2015年第4期。

夏雪、刘旭兵：《浅谈吕海寰与津浦铁路》，《吉林省经济管理干部学院学报》2015年第4期。

马陵合：《安奉铁路交涉：以清末地方外交为视角》，《安徽史学》2015年第5期。

李强：《铁路与近代淮南城市发展（1912—1952）》，《安徽理工大学学报》（社会科学版）2015年第5期。

崔罡：《滇缅铁路与抗战精神》，《西南交通大学学报》（社会科学版）2015年第5期。

朱从兵、岳鹏星：《南京国民政府战前铁路备战述评》，《中国矿业大学学报》（社会科学版）2015年第5期。

马学斌：《抗日战争期间的铁路企业报》（上），《铁道知识》2015年第6期。

靳学会：《民国国有铁路〈编制通则〉出台小考》，《铁道知识》2015年第6期。

葛玉红：《中英沪宁铁路余利交涉（1916—1924）》，《江海学刊》2015年第6期。

熊亚平、迟晓静：《铁路站厂的“差序化设置”与华北集镇的“差异化发展”（1881—1937）》，《历史教学》（高校版）2015年第7期。

柴晓怡、林青青：《基于不同空间模式的铁路遗产更新探讨——以武汉徐家棚铁路遗产为例》，《华中建筑》2015年第9期。

朱从兵：《北洋政府时期中国铁路之数量分析》，《江汉论坛》2015年第11期。

赵伟：《铁路与近代中国社会变迁——第三届中国近代交通社会史国际学术研讨会综述》，《江汉论坛》2015年第11期。

二、2016年

寇兴军：《中国近代铁路体制演变史（1835—1949）》，中华书局2016年版。

岳钦韬：《以上海为中心：沪宁、沪杭甬铁路与近代长江三角洲地区社会变迁》，中国社会科学出版社2016年版。

黄华平：《近代中国铁路卫生史研究（1876—1949）》，合肥工业大学出版社2016年版。

张婉：《铁路与1920年北五省旱灾救助》，苏州大学2016年硕士学位论文。

朱跃成：《清江浦兴衰研究（1415—1949）——基于交通方式变迁视域的考察》，苏州大学 2016 年硕士学位论文。

王丹：《近代交通大学与圣约翰大学的比较研究——以办学特色的比较为视角》，苏州大学 2016 年硕士学位论文。

方平：《京汉铁路与近代信阳地区经济发展研究（1902—1949）》，郑州大学 2016 年硕士学位论文。

蒋雯燕：《北洋时期铁路教育研究——以教育功能的抉择为视角》，苏州大学 2016 年硕士学位论文。

后文丽：《京绥铁路与内蒙古西部地区城市发展》，内蒙古大学 2016 年硕士学位论文。

马学斌：《抗日战争期间的铁路企业报》（下），《铁道知识》2016 年第 1 期。

黄华平：《1920—1936 年平（京）汉铁路客运票价的调整及其影响》，《历史教学》（高校版）2016 年第 1 期。

朱从兵：《晚清铁路产权争议中的社会、企业与政府——以株昭铁路筹建和建设为例》，《近代史学刊》2016 年第 1 期。

岳钦韬：《民国时期铁路土地征收与社会风潮——以京沪、沪杭甬铁路上海联运总站征地案为例》，《民国档案》2016 年第 1 期。

岳鹏星：《全国铁路沿线出产品展览研究（1933—1935）》，《民国研究》2016 年第 1 期。

黄华平、宋默涵：《1932 年霍乱流行与铁路当局的防控》，《中华医史杂志》2016 年第 1 期。

马义平：《近代铁路通行与华北地区的农村移民》，《郑州大学学报》（哲学社会科学版）2016 年第 2 期。

岳鹏星：《晚清起步阶段国人对铁路与税收关联性的认知》，《郑州大学学报》（哲学社会科学版）2016 年第 2 期。

段海龙：《〈中西闻见录〉对中国近代铁路建设事业的影响》，《内蒙古师范大学学报》（自然科学汉文版）2016 年第 2 期。

钟先锋：《论近代蚌埠城市的兴起》，《蚌埠学院学报》2016 年第 2 期。

靳学会：《清末民初国有铁路招录学校毕业生实习制》，《铁道知识》2016 年第 2 期。

李强、刘杏梅：《铁路与蚌埠城市发展（1912—1949）》，《阜阳师范学院学报》（社会科学版）2016 年第 3 期马学斌：《南京国民政府十年间的铁路企业报刊（1928—1937）》（上），《铁道知识》2016 年第 3 期。

段海龙：《京张铁路隧道修建技术探析》，《广西民族大学学报》（自然科学版）2016 年第 3 期。

马学斌：《南京国民政府十年间的铁路企业报刊（1928—1937）》（下），《铁道知识》2016 年第 4 期。

岳钦韬：《土地征收与“大上海计划”之铁路改造规划的中止》，《上海师范大学学报》（哲学社会科学版）2016 年第 4 期。

冉绵惠：《钱塘江大桥：茅以升的抗日壮举》，《西南交通大学学报》（社会科学版）2016 年第 4 期。

李占才：《铁路与中国近世文明》，《西南交通大学学报》（社会科学版）2016 年第 4 期。

鲜于浩：《四川保路运动是近代中国首次群众性恃法抗争风暴》，《西南交通大学学报》（社会科学版）2016 年第 4 期。

靳会新：《中东铁路史研究的一部力作——评马蔚云著〈从中俄密约到中苏同盟：中东铁路六十年〉》，《俄罗斯学刊》2016 年第 4 期。

崔罡、崔啸晨：《中国铁路史研究综述及展望》，《西南交通大学学报》（社会科学版）2016 年第 5 期。

李国峰：《一部兼具内外史禀赋的全景式铁路史著作——评〈张绥铁路史〉一书》，《内蒙古师范大学学报》（哲学社会科学版）2016 年第 5 期。

程汉明：《罕见手工刻制油印火车票》，《铁道知识》2016 年第 5 期。

靳会学：《民国铁路员司任免权限》，《铁道知识》2016 年第 5 期。

田永秀：《成渝铁路建成通车与民众认同》，《西南交通大学学报》（社会科学版）2016 年第 6 期。

黄华平、高璇：《1937—1949 年铁路卫生事业的劫难与重建》，《中华医史杂志》2016 年第 6 期。

马学斌：《1946 至 1949 年间的旧铁路企业报刊》，《铁道知识》2016 年第 6 期。

丁贤勇：《新式交通与近代江南交通格局的变动》，《史学月刊》2016 年第 7 期。

李强：《近代皖北交通中心变迁再探——以津浦铁路淮河大桥选址变更为中心》，《安徽史学》2016 年第 7 期。

朱从兵、岳鹏星：《晚清中央专项铁路经费探析》，《史学月刊》2016 年第 7 期。

岳鹏星：《晚清台湾地区铁路建设经费主要来源分析》，《中州学刊》2016年第7期。

彭传勇、石金焕：《中东铁路史研究的经典著作——E. X. 尼鲁斯的〈中东铁路沿革史（1896—1923）〉评介》，《边疆经济与文化》2016年第10期。

三、2017年

岳钦韬、王争宵：《抗战时期上海铁路损失及其影响研究》，上海社会科学院出版社2017年版。

王娟：《20世纪二三十年代皖南交通研究》，安徽师范大学2017年硕士学位论文。

刘莉：《京汉铁路工人大罢工再研究——以原因、影响为重点的探索》，苏州大学2017年博士学位论文。

岳鹏星：《晚清铁路与税制变迁研究》，苏州大学2017年博士学位论文。

逯红梅：《1836—1917年俄国铁路修建及其影响》，吉林大学2017年博士学位论文。

胡宁宁：《京绥铁路的管理经营及绥远地区的影响（1905—1937）》，内蒙古大学2017年硕士学位论文。

李文辉：《沪杭甬铁路与近代浙江社会（1897—1937）》，宁波大学2017年硕士学位论文。

柏冠冰：《路事与国事：中华全国铁路协会研究（1912—1936）》，华中师范大学2017年硕士学位论文。

夏雪：《北洋时期铁路警察职能研究——政府在铁路时代的权力表达》，苏州大学2017年硕士学位论文。

李欣丽：《铁路与贵阳城市之勃兴研究》，贵州师范大学2017年硕士学位论文。

柴鹏辉：《西潼铁路筹建史研究（1905—1911）》，曲阜师范大学2017年硕士学位论文。

秦平：《沪杭甬铁路与沿线江浙社会研究（1906—1937）》，上海社会科学院2017年硕士学位论文。

王占西：《日伪时期河南铁路殖民化研究》，河南大学2017年硕士学位论文。

陈心怡：《民国时期扶轮学校研究》，苏州大学2017年硕士学位论文。

李中扬：《民国前期长春铁路工人运动研究（1912—1931）》，东北师范大学2017年硕士学位论文。

田贺元：《民国呼海铁路的建设及其影响》，东北师范大学 2017 年硕士学位论文。

马陵合、马长伟：《中国近代交通体系构建与社会经济变迁——第四届中国近代交通社会史学术研究研讨会综述》，《民国研究》2017 年第 1 辑。

庞广仪：《太平洋战争前中英两国在粤汉铁路贯通与运输中的合作》，《江汉论坛》2017 年第 1 期。

庞广仪：《抗战期间正面战场对粤汉铁路攻防战略述评》，《西南交通大学学报》（社会科学版）2017 年第 1 期。

熊亚平：《第四届中国近代交通社会史学术研讨会综述》，《城市史研究》2017 年第 1 期。

马学斌：《解放战争中诞生的新型路报》，《铁道知识》2017 年第 1 期。

马学斌：《新中国成立前后的〈人民铁路〉》，《铁道知识》2017 年第 2 期。

熊亚平：《近代华北非铁路沿线集镇的兴衰——兼及其对乡村社会变迁的影响（1881—1937）》，《城市史研究》2017 年第 2 期。

王德龙、刘亚中：《论近代烈山煤矿的煤炭运输问题》，《淮北师范大学学报》（哲学社会科学版）2017 年第 2 期。

王方星：《应运而生的“殉路英雄”：“邬纲”传说化的兴起、流变》，《西南交通大学学报》（社会科学版）2017 年第 2 期。

岳钦韬：《1932 年淞沪战争时期京沪、沪杭甬铁路的人员伤亡和财产损失》，《日本侵华史研究》2017 年第 3 期。

曾森、李乾德：《铁路与十九世纪德国统一：基于国家利用技术的视角》，《西南交通大学学报》（社会科学版）2017 年第 3 期。

马学斌：《民国期间铁道部“改良”路报始末》（上），《铁道知识》2017 年第 3 期。

马陵合：《中外铁路交涉中的基层地方官——以高密路案中的县令为例》，《社会科学研究》2017 年第 3 期。

熊亚平：《近代天津与京津冀内河沿线城镇经济关系的变动——以铁路影响为视角的考察（1905—1937）》，《河北广播电视大学学报》2017 年第 3 期。

马学斌：《民国期间铁道部“改良”路报始末》（下），《铁道知识》2017 年第 4 期。

朱从兵：《中国铁路史研究方法漫谈》，《社会科学辑刊》2017 年第 4 期。

李琮：《京门铁路的修建历程》，《北京档案》2017 年第 4 期。

马陵合：《潮汕铁路案中的地方应对》，《社会科学辑刊》2017 年第 4 期。

曲晓范：《民国吉敦铁路工程腐败案形成和被查过程研究》，《社会科学辑刊》2017 年第 4 期。

黄华平：《近代铁路运营效益变化与社会因素——以平汉、津浦和陇海三路为考察中心（1906—1937）》，《重庆三峡学院学报》2017 年第 5 期。

庞广仪：《张之洞与盛宣怀铁路筹办策略异同评析》，《中州学刊》2017 年第 7 期。

雷环捷：《南京铁路枢纽的形成及其经济影响述略：1903—1937》，《自然辩证法研究》2017 年第 11 期。

黄华平：《20 世纪 30 年代国有铁路“民生主义”运价政策施行的动因》，《江西社会科学》2017 年第 12 期。

后 记

2015年1月，在安徽大学新闻传播学院王天根教授引荐、业师苏州大学社会学院朱从兵教授和皖南医学院党委书记王先俊教授的署名推荐下，我进入安徽大学中国史博士后流动站，在吴春梅教授的指导下继续从事近代中国铁路史研究工作。《铁路与淮河流域社会变迁（1897—1937）》一书就是这段时间本人铁路史研究的一个小结。刚进站之初，我并没有考虑研究铁路与区域社会经济关系的选题，而是想着继续从事我的铁路本体问题研究，但吴老师和王天根教授提议我研究铁路与淮河流域社会变迁，而这正是时下铁路史研究领域最为关注的一块，我便欣然同意了。不过，我仍然坚持认为铁路与区域社会关系问题的研究，存在相当难度，主要是缺乏确凿的材料支撑，现有的诸多研究成果都不够严谨，包括拙著在内。

时光如梭，很快就到了出站的时候。2017年11月，我顺利通过了博士后出站答辩，结束了两年多的博士后工作。尽管拙著不尽如人意，也比较粗糙，但它的出版凝聚着诸多学者的建议和意见，在此向他们表达感谢。

感谢尊敬的指导老师吴春梅教授，吴老师（现任合肥市人民政府副市长）公务繁忙，但仍不忘不时关注本人的学业进展，不断给予鼓励和支持。吴老师学术严谨，记得在我博士后论文答辩之前，她还请安徽大学图书馆的老师将我的论文拿去进行文字复制比检测，以督促我严格要求自己，争取有所创新。

感谢安徽大学历史系周晓光教授、江小角教授、张金铣教授、张爱冰教授、徐国利教授、李修松教授、周致元教授，安徽省社会科学院施立业副院长、陈立柱研究员、陈瑞研究员，在本人开题报告时、中期检查时，以及出站答辩过程中对课题研究给予指导，并提出许多具有建设性的意见。他们开阔的学术视野和丰富的学术经验，使我受益匪浅。

感谢我的博士生导师、苏州大学社会学院朱从兵教授，以及安徽大学新闻传播学院王天根教授，在我的学业道路上给予诸多的关怀和指导。

感谢安徽大学历史系朱正业教授对出站报告给予多方面的指导及对于本人工作的关心。

感谢安徽大学历史系王开队博士、卢祥亮博士、范子谦博士，以及安徽大学同门师妹凡樊博士，他们都予我以帮助。

拙著得以出版，感谢我所在单位皖南医学院马克思主义学院的鼎力支持，资助了大部分的出版经费。感谢合肥工业大学出版社责任编辑为拙著的出版付出的辛勤劳动，向他们致以深深的谢意。

黄华平

2018 年夏初于江城芜湖

图书在版编目（CIP）数据

铁路与淮河流域社会变迁（1897—1937）/黄华平著．—合肥：合肥工业大学出版社，2018.8

（中国铁路史研究丛书）

ISBN 978-7-5650-3923-2

Ⅰ.①铁…　Ⅱ.①黄…　Ⅲ.①淮河流域—铁路运输—关系—社会变迁—1897-1937　Ⅳ.①F127.53②D668

中国版本图书馆CIP数据核字（2018）第096410号

铁路与淮河流域社会变迁（1897—1937）

黄华平　著

责任编辑	章　建　张　燕
出版发行	合肥工业大学出版社
地　　址	（230009）合肥市屯溪路193号
网　　址	www.hfutpress.com.cn
电　　话	总　编　室：0551－62903038
	市场营销部：0551－62903198
开　　本	710毫米×1010毫米　1/16
印　　张	19.25
字　　数	340千字
版　　次	2018年8月第1版
印　　次	2018年8月第1次印刷
印　　刷	合肥现代印务有限公司
书　　号	ISBN 978-7-5650-3923-2
定　　价	58.00元